Kompaktkurs C# 7

Hanspeter Mössenböck ist Professor für Informatik an der Universität Linz und Leiter des Instituts für Systemsoftware. Er beschäftigt sich vor allem mit Programmiersprachen, Compilern und Systemsoftware.

Als ehemaliger Mitarbeiter von Prof. Niklaus Wirth an der ETH Zürich war er Mitglied des Oberon-Teams, in dem ein Pascal-Nachfolger samt innovativem Betriebssystem entwickelt wurde. Ferner ist er Autor des Compiler-Generators Coco/R, der heute weltweit als Public-Domain-Software eingesetzt wird. Neben einem Forschungsaufenthalt bei Sun Microsystems in Kalifornien hatte er Gastprofessuren in Oxford und Budapest inne. Er ist Verfasser der Bücher »Sprechen Sie Java?« und »Objektorientierte Programmierung in Oberon-2« sowie Mitverfasser der Bücher »Die .NET-Technologie« und »Ein Compiler-Generator für Mikrocomputer«.

dpunkt.lehrbuch

Bücher und Teachware für die moderne Informatikausbildung

Berater für die dpunkt.lehrbücher sind:
Prof. Dr. Gerti Kappel, E-Mail: gerti@big.tuwien.ac.at
Prof. Dr. Ralf Steinmetz, E-Mail: Ralf.Steinmetz@kom.tu-darmstadt.de
Prof. Dr. Martina Zitterbart, E-Mail: zit@telematik.informatik.uni-karlsruhe.de

Hanspeter Mössenböck

Kompaktkurs C# 7

dpunkt.verlag

Prof. Dr. Hanspeter Mössenböck
Johannes Kepler Universität Linz
Institut für Systemsoftware
Altenbergerstraße 69 · A-4040 Linz
E-Mail: hanspeter.moessenboeck@jku.at
http://ssw.jku.at

Lektorat: Christa Preisendanz
Copy-Editing: Ursula Zimpfer, Herrenberg
Satz: Autor, Birgit Bäuerlein
Herstellung: Stefanie Weidner
Umschlaggestaltung: Helmut Kraus, www.exclam.de
Druck und Bindung: M.P. Media-Print Informationstechnologie GmbH, 33100 Paderborn

Bibliografische Information Der Deutschen Bibliothek
Die Deutsche Bibliothek verzeichnet diese Publikation in der Deutschen Nationalbibliografie; detaillierte bibliografische Daten sind im Internet über <http://dnb.ddb.de> abrufbar.

ISBN:
Print 978-3-86490-631-2
PDF 978-3-96088-681-5
ePub 978-3-96088-682-2
Mobi 978-3-96088-683-9

1. Auflage 2019

Wieblinger Weg 17
69123 Heidelberg

5 4 3 2 1 0

Geleitwort

C# und dessen Entwicklung sind untrennbar mit der darunterliegenden Laufzeitumgebung – dem .NET-Framework – verbunden. Denn obwohl es unter .NET eine Vielzahl von Programmiersprachen gibt, nimmt C# als die Implementierungssprache von .NET eine Sonderstellung ein. Das .NET-Framework verfolgt das Ziel, die Entwicklung diverser Anwendungen auf unterschiedlichen Plattformen wie Windows, Linux, macOS, iOS oder Android zu vereinfachen und den Entwickler dabei im Hinblick auf geforderte Qualitätskriterien wie Sicherheit, Performance und Ressourcenbedarf zu unterstützen.

Heute findet man .NET – und damit auch C# – nicht nur auf Desktop- und Serversystemen, sondern auch auf mobilen Geräten, auf Mikrocontrollern, im IoT-Umfeld sowie in Cloud- und Container-basierten Lösungen. Dank des relativ neuen Konzepts der Web Assemblies gibt es sogar bereits erste Ansätze, C# auch für Web-Frontends einzusetzen.

Um dieser Diversität gerecht zu werden, müssen C# und .NET immer wieder an neue Anforderungen angepasst werden. Beispiele dafür sind moderne CPUs, die Entwickler vor die Aufgabe stellen, sich mit parallelen Anwendungen zu beschäftigen, oder SIMD-Technologien für die Beschleunigung spezieller Berechnungen. Aber auch Spezifika bestimmter Geräteklassen (z.B. kleine Geräte mit limitierten Ressourcen versus große Cloud-Anwendungen) oder die zunehmende Verbreitung von Container-Technologien sind zu berücksichtigen. Um diese Weiterentwicklung auf eine breitere Basis zu stellen, werden zahlreiche .NET-Technologien (z.B. der C#-Compiler) im Rahmen der .NET Foundation als Open-Source-Projekte weiterentwickelt. Neben den etablierten Implementierungen von .NET (z.B. das »klassische« .NET-Framework oder Mono), kam es in den letzten Jahren mit *.NET Core* zu einer vollständigen Neuentwicklung des .NET-Frameworks auf Open-Source-Basis.

Was hat das alles aber mit C# zu tun? Nun, C# wurde so entworfen, dass die Eigenschaften von .NET in dieser Sprache optimal genutzt und Teile von .NET selbst, wie etwa ein Großteil der Klassenbibliothek, in dieser Sprache möglichst einfach implementiert werden können. So ermöglichen zum Beispiel partielle Klassen die effiziente Erweiterung generierter Klassen, Language Integrated Queries (LINQ) erlauben die einfachere parallelisierte Verarbeitung von Daten, und asynchrone Methoden ermöglichen eine bessere Nutzung verfügbarer Ressourcen bzw. die Erstellung benutzerfreundlicherer Anwendungen.

Die Mächtigkeit von C# sowie seine enge Verflechtung mit .NET sind jedoch für manchen Einsteiger ein wenig verwirrend. Genau hier setzt das vorliegende Buch an. Der Autor gibt darin – basierend auf seiner langjährigen Erfahrung mit Programmiersprachen – einen kompakten Überblick über C# für Praktiker. Die Querverweise zu Java sowie zahlreiche Beispiele und Übungsaufgaben mit Musterlösungen ermöglichen ein rasches Einarbeiten in die Materie. Aber auch der Blick hinter die Kulissen der Sprache kommt nicht zu kurz, sodass Leser auch die komplexeren Fähigkeiten der Sprache verstehen und somit sinnvoll in ihren Programmen einsetzen können.

Andreas Schabus
Premier Field Engineer
Microsoft Österreich GmbH

Vorwort

C# ist heute eine der beliebtesten Programmiersprachen, sowohl in der Industrie als auch an Schulen und Universitäten. Als moderne Programmiersprache für Praktiker bietet sie alle relevanten Konzepte der Softwaretechnik wie Typsicherheit, Objektorientierung, Generizität, Parallelität, Ausnahmebehandlung, Versionierung und vieles mehr. Sie enthält auch Elemente funktionaler Sprachen wie Funktionstypen (*Delegates*), Lambda-Ausdrücke, Tupel, Pattern Matching oder Typinferenz und eignet sich hervorragend zur Implementierung komplexer Softwaresysteme auf Desktops, Servern und mobilen Geräten.

Die aktuelle Version C# 7 brachte wieder einige interessante Neuerungen. Zum Beispiel wurden *Tupel* eingeführt, die es erlauben, mehrere Datenwerte zu gruppieren, ohne dafür einen eigenen Datentyp deklarieren zu müssen. Damit lassen sich nun zum Beispiel Funktionen mit mehreren Rückgabewerten realisieren. Wie in vielen funktionalen Sprachen gibt es nun auch in C# das Konzept des *Pattern Matching*, das Fallunterscheidungen bei Typtests und in switch-Anweisungen erleichtert. Ferner dürfen Methoden nun wie in Pascal geschachtelt werden, was eine bessere Strukturierung von Programmen erlaubt und die Lokalität von Variablen fördert. Und schließlich wurde analog zur Parameterübergabe »*by reference*« auch die Rückgabe von Funktionswerten »*by reference*« eingeführt, was die Rückgabe großer Objekte effizienter macht.

C# ist eng mit dem .NET-Framework von Microsoft verknüpft, einer Softwareplattform, die mit vielen Problemen der herkömmlichen Windows-Programmierung aufräumt. Obwohl man unter .NET in vielen verschiedenen Sprachen programmieren kann (unter anderem in Visual Basic .NET, in C++, in IronPython oder in F#), ist C# die Hauptsprache, die das .NET-Framework am besten unterstützt und die von .NET am besten unterstützt wird. Wer also unter .NET programmieren will, kommt früher oder später nicht darum herum, C# zu erlernen.

Inhalt

Dieses Buch beschreibt den gesamten Sprachumfang von C# 7 in kompakter Form. Angefangen von den einfachen Datentypen und Anweisungen über die objektorientierte und komponentenbasierte Programmierung bis hin zu Threads, Generizität, Ausnahmebehandlung, Lambda-Ausdrücken, anonymen Typen oder

der Verarbeitung von Datenströmen mit SQL-artigen Query-Ausdrücken wird der Leser mit allen Eigenschaften von C# vertraut gemacht. Die einzelnen Sprachelemente werden vorwiegend anhand von Beispielen erklärt. Im Anhang findet sich dann die (etwas vereinfachte) Grammatik von C#, die für jedes Sprachelement seine genaue Syntax angibt.

Keine Programmiersprache kommt heute ohne Klassenbibliothek aus. Deshalb gibt dieses Buch auch einen Überblick über die reichhaltige Klassenbibliothek von .NET. Ferner wird das Buch durch ein Kapitel über Fallstudien abgerundet, das auf die Erstellung grafischer Benutzeroberflächen mittels *Windows Forms*, auf die Implementierung von *Web-Services* (Business-to-Business-Dienste im Internet) und die Erstellung dynamischer Webseiten mittels *ASP.NET* eingeht.

Zielpublikum

Dieses Buch richtet sich an Praktiker, die bereits eine Programmiersprache wie Java oder C++ beherrschen und C# kennenlernen wollen. Es richtet sich aber auch an Studenten, die C# in fortgeschrittenen Lehrveranstaltungen zum Thema Objektorientierung, Komponentenorientierung, funktionale Sprachelemente oder .NET-Programmierung einsetzen.

Am Ende jedes Kapitels findet man zahlreiche Übungsaufgaben, zu denen es unter *http://dotnet.jku.at* Musterlösungen gibt. Dadurch ist das Buch auch zum Selbststudium geeignet.

Die Webseite *http://dotnet.jku.at* enthält auch einen umfangreichen Powerpoint-Foliensatz, den ich für eine Vorlesung über C# erstellt habe und der laufend aktualisiert wird. Der Foliensatz soll anderen Vortragenden helfen, C#-Inhalte in ihren eigenen Unterricht einzubauen oder sogar eine eigene Vorlesung über C# zu halten.

Mein Dank gilt meinen Mitarbeitern an der Johannes Kepler Universität Linz für die zahlreichen Kommentare zu diesem Buch sowie für das Korrekturlesen des Manuskripts. Auch Leserinnen und Leser haben immer wieder mit nützlichen Hinweisen zur Verbesserung früherer Versionen dieses Buchs beigetragen. Danken möchte ich auch den Mitarbeitern von Microsoft in Redmond und in Österreich insbesondere für Vorabinformationen zu neuen Sprachversionen von C#. Ganz besonders möchte ich mich aber für die hervorragende Zusammenarbeit mit dem *dpunkt.verlag* bedanken. Angefangen vom Lektorat über die Herstellung und den Vertrieb bis zur professionellen Betreuung der Autoren bietet dieser Verlag einfach alles, was sich ein Autor wünschen kann.

Hanspeter Mössenböck
September 2018

Inhalt

1 C# und das .NET-Framework

C# (sprich: *see sharp*) ist eine von Microsoft entwickelte Programmiersprache für die .NET-Plattform ([HTWG10]). Obwohl man .NET-Programme in ganz verschiedenen Sprachen schreiben kann (unter anderem in C++, Visual Basic, Java, Cobol oder Eiffel), hat Microsoft mit C# eine neue »Haussprache« geschaffen, um damit die Mächtigkeit von .NET voll auszureizen. C# ist eine objektorientierte Sprache, die sich äußerlich stark an Java anlehnt, aber in ihrer Mächtigkeit deutlich darüber hinausgeht. Sie besitzt all jene Eigenschaften, die man benötigt, um Programme nach dem neuesten Stand der Softwaretechnik zu entwickeln.

C# ist keine revolutionäre Sprache. Sie ist vielmehr eine Kombination aus Java, C++ und Visual Basic, wobei man versucht hat, von jeder Sprache die bewährten Eigenschaften zu übernehmen und die komplexen Eigenschaften zu vermeiden. C# wurde von einem kleinen Team unter der Leitung von *Anders Hejlsberg* entworfen. Hejlsberg ist ein erfahrener Sprachdesigner. Er war bei Borland Chefentwickler von Delphi und ist dafür bekannt, seine Sprachen auf die Bedürfnisse von Praktikern zuzuschneiden.

In diesem Kapitel geben wir einen Überblick über die wichtigsten Eigenschaften von C#. Aufgrund der Ähnlichkeiten zu Java stellen wir dabei die Merkmale von C# denen von Java gegenüber, wobei wir davon ausgehen, dass der Leser bereits programmieren kann und eine Sprache wie Java oder C++ beherrscht. Da man als C#-Entwickler nicht umhinkommt, auch die Grundkonzepte von .NET zu kennen, gehen wir am Ende dieses Kapitels auch kurz auf .NET ein.

1.1 Ähnlichkeiten zwischen C# und Java

Auf den ersten Blick sehen C#-Programme wie Java-Programme aus. Jeder Java-Programmierer sollte daher in der Lage sein, C#-Programme zu lesen. Neben der fast identischen Syntax wurden folgende Konzepte aus Java übernommen:

- *Objektorientierung*
  C# ist wie Java eine objektorientierte Sprache mit einfacher Vererbung. Klassen können nur von einer einzigen Klasse erben, aber mehrere Schnittstellen (Interfaces) implementieren.

- *Typsicherheit*
  C# ist eine typsichere Sprache. Viele Programmierfehler, die durch inkompatible Datentypen in Anweisungen und Ausdrücken entstehen, werden bereits vom Compiler abgefangen. Zeigerarithmetik oder ungeprüfte Typumwandlungen wie in C++ sind in Anwendungsprogrammen verboten. Zur Laufzeit wird sichergestellt, dass Array-Indizes im erlaubten Bereich liegen, dass Objekte nicht durch uninitialisierte Zeiger referenziert werden und dass Typumwandlungen zu einem definierten Ergebnis führen.
- *Garbage Collection*
  Dynamisch erzeugte Objekte werden vom Programmierer nie selbst freigegeben, sondern von einem Garbage Collector automatisch eingesammelt, sobald sie nicht mehr referenziert werden. Das beseitigt viele unangenehme Fehler, die z.B. in C++-Programmen auftreten können.
- *Namensräume*
  Was in Java Pakete sind, nennt man in C# Namensräume. Ein Namensraum ist eine Sammlung von Deklarationen und ermöglicht es, gleiche Namen in unterschiedlichem Kontext zu verwenden.
- *Threads*
  C# unterstützt leichtgewichtige parallele Prozesse in Form von Threads. Es gibt wie in Java Mechanismen zur Synchronisation und Kommunikation zwischen Prozessen.
- *Generizität*
  Sowohl Java als auch C# kennen generische Typen und Methoden. Damit kann man Bausteine herstellen, die mit anderen Typen parametrisierbar sind (z.B. Listen mit beliebigem Elementtyp).
- *Reflection*
  Wie in Java kann man auch in C# zur Laufzeit auf Typinformationen eines Programms zugreifen, Klassen dynamisch zu einem Programm hinzuladen, ja sogar Objektprogramme zur Laufzeit zusammenstellen.
- *Attribute*
  Der Programmierer kann beliebige Informationen an Klassen, Methoden oder Felder hängen und sie zur Laufzeit mittels Reflection abfragen. In Java heißt dieser Mechanismus *Annotationen*.
- *Bibliotheken*
  Viele Typen der C#-Bibliothek sind denen der Java-Bibliothek nachempfunden. So gibt es vertraute Typen wie Object, String, ICollection oder Stream, meist sogar mit den gleichen Methoden wie in Java.

Auch aus C++ wurden einige Dinge übernommen, zum Beispiel das Überladen von Operatoren, die Zeigerarithmetik in systemnahen Klassen (die als *unsafe* gekennzeichnet sein müssen) sowie einige syntaktische Details z.B. im Zusammenhang mit Vererbung. Aus Visual Basic stammt beispielsweise die foreach-Schleife.

1.2 Unterschiede zwischen C# und Java

Neben diesen Ähnlichkeiten weist C# aber wie alle .NET-Sprachen auch einige Merkmale auf, die in Java fehlen:

- *Referenzparameter*
  Parameter können nicht nur durch *call by value* übergeben werden, wie das in Java üblich ist, sondern auch durch *call by reference*. Dadurch sind nicht nur Eingangs-, sondern auch Ausgangs- und Übergangsparameter realisierbar.
- *Objekte am Keller*
  Während in Java alle Objekte am Heap liegen, kann man in C# Objekte auch am Methodenaufrufkeller anlegen. Diese Objekte sind leichtgewichtig und belasten den Garbage Collector nicht.
- *Blockmatrizen*
  Für numerische Anwendungen ist das Java-Speichermodell mehrdimensionaler Arrays zu ineffizient. C# lässt dem Programmierer die Wahl, mehrdimensionale Arrays entweder wie in Java anzulegen oder als kompakte Blockmatrizen, wie das in C, Fortran oder Pascal üblich ist.
- *Einheitliches Typsystem*
  Im Gegensatz zu Java sind in C# alle Datentypen (auch `int` oder `char`) vom Typ `object` abgeleitet und erben die dort deklarierten Methoden.
- *goto-Anweisung*
  Die viel geschmähte goto-Anweisung wurde in C# wieder eingeführt, allerdings mit Einschränkungen, so dass man mit ihr kaum Missbrauch treiben kann.
- *Versionierung*
  Bibliotheken werden bei der Übersetzung mit einer Versionsnummer versehen. So kann eine Bibliothek gleichzeitig in verschiedenen Versionen vorhanden sein. Jede Applikation verwendet immer diejenige Version der Bibliothek, mit der sie übersetzt und getestet wurde.

Schließlich hat C# noch eine ganze Reihe von Eigenschaften, die zwar die Mächtigkeit der Sprache nicht erhöhen, aber bequem zu benutzen sind. Sie fallen unter die Kategorie »*syntactic sugar*«, d.h., man kann mit ihnen Dinge tun, die man auch in anderen Sprachen realisieren könnte, nur dass es in C# eben einfacher und eleganter geht. Dazu gehören:

- *Properties* und *Events*
  Diese Eigenschaften dienen der Komponententechnologie. Properties sind spezielle Felder eines Objekts. Greift man auf sie zu, werden automatisch get- und set-Methoden aufgerufen. Mit Events kann man Ereignisse definieren, die von Komponenten ausgelöst und von anderen behandelt werden.

- *Indexer*
  Ein Index-Operator wie bei Array-Zugriffen kann durch get- und set-Methoden selbst definiert werden.
- *Delegates*
  Delegates sind im Wesentlichen das, was man in Pascal *Prozedurvariablen* und in C *Function Pointers* nennt. Sie sind allerdings etwas mächtiger. Zum Beispiel kann man mehrere Prozeduren in einer einzigen Delegate-Variablen speichern.
- *foreach-Schleife*
  Damit kann man bequem über Arrays, Listen oder Mengen iterieren.
- *Iteratoren*
  Man kann spezielle Iterator-Methoden schreiben, die eine Folge von Werten liefern, welche dann mit foreach durchlaufen werden kann.
- *Lambda-Ausdrücke*
  Lambda-Ausdrücke sind parametrisierte Codestücke, die man an Variablen zuweisen und später aufrufen kann. Sie sind eine Kurzform für namenlose Methoden.
- *Query-Ausdrücke*
  Sie erlauben SQL-ähnliche Abfragen auf Hauptspeicherdaten wie Arrays oder Listen.

1.3 Das .NET-Framework

Wer in C# programmiert, kommt früher oder später nicht umhin, sich auch in die Grundlagen des .NET-Frameworks einzuarbeiten, für das C# entwickelt wurde. Das .NET-Framework ist eine Schicht, die auf Windows (und später vielleicht auch einmal auf anderen Betriebssystemen) aufsetzt (siehe Abb. 1–1) und vor allem zwei Dinge hinzufügt:

- Eine **Laufzeitumgebung** (die *Common Language Runtime*), die automatische Speicherbereinigung (*garbage collection*), Sicherheitsmechanismen, Versionierung und vor allem Interoperabilität zwischen verschiedenen Programmiersprachen bietet.
- Eine **objektorientierte Klassenbibliothek** mit umfangreichen Funktionen für grafische Benutzeroberflächen (*Windows Forms*), Web-Oberflächen (*ASP.NET*), Datenbankanschluss (*ADO.NET*), Web-Services, Collection-Klassen, Threads, Reflection und vieles mehr. Sie ersetzt in vielen Fällen das bisherige Windows-API und geht weit über dieses hinaus.

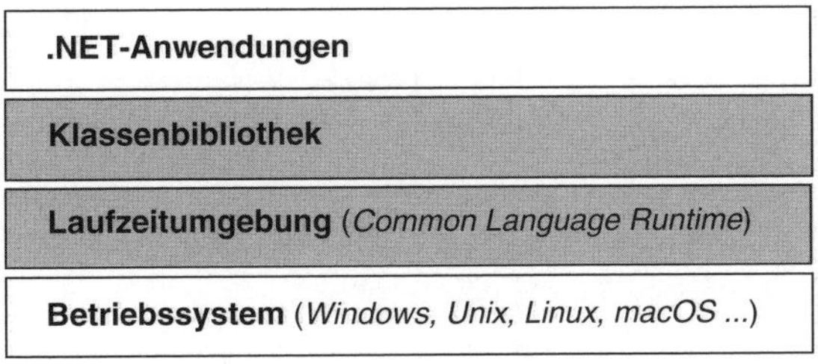

Abb. 1–1 *Grobarchitektur des .NET-Frameworks*

Obwohl .NET von Microsoft entwickelt wurde, basiert es auf offenen Standards. Der ECMA-Standard 335 definiert zum Beispiel die Common Language Runtime und Teile der Klassenbibliothek, der ECMA-Standard 334 beschreibt die Sprache C#, und auch in Web-Services werden allgemeine Standards wie SOAP, WSDL oder UDDI verwendet. Im Rahmen eines Open-Source-Projekts ([Mono]) wurde das .NET-Framework auf Linux portiert, und Microsoft selbst stellt sogar große Teile des Quellcodes der CLR unter dem Namen SSCLI (*Shared Source Common Language Infrastructure*) zur Verfügung ([SNS03]).

Dieser Abschnitt gibt einen Überblick über die wichtigsten Teile des .NET-Frameworks. Eine ausführlichere Beschreibung findet man zum Beispiel in [BBMW03], [NEGWS12]. oder in [SDKDoc]. Teile der Klassenbibliothek werden in Kapitel 19 beschrieben.

Common Language Runtime

Die *Common Language Runtime* (CLR) ist die Laufzeitumgebung, unter der .NET-Programme ausgeführt werden und die unter anderem Garbage Collection, Sicherheit und Interoperabilität unterstützt.

Ähnlich wie die Java-Umgebung basiert die CLR auf einer *virtuellen Maschine* mit einem eigenen Befehlssatz (CIL – *Common Intermediate Language*), in den die Programme aller .NET-Sprachen übersetzt werden. Unmittelbar vor der Ausführung (*just in time*) werden CIL-Programme dann in den Code der Zielmaschine (z.B. in Intel-Code) umgewandelt (siehe Abb. 1–2). Der CIL-Code garantiert die Interoperabilität zwischen den verschiedenen Sprachen und die Portabilität des Codes, die JIT-Compilation (*just in time compilation*) stellt sicher, dass die Programme trotzdem effizient ausgeführt werden.

Damit verschiedene Sprachen zusammenarbeiten können, genügt es aber nicht, sie in CIL-Code zu übersetzen. Es muss auch gewährleistet sein, dass sie die gleiche Art von Datentypen benutzen. Die CLR definiert daher auch ein gemeinsames Typsystem – das *Common Type System* (CTS), das festlegt, wie Klassen, Interfaces und andere Typen auszusehen haben. Das CTS erlaubt nicht nur, dass eine Klasse, die zum Beispiel in C# implementiert wurde, von einem Visual-Basic-Programm benutzt werden kann; es ist sogar möglich, diese C#-Klasse in Visual Basic

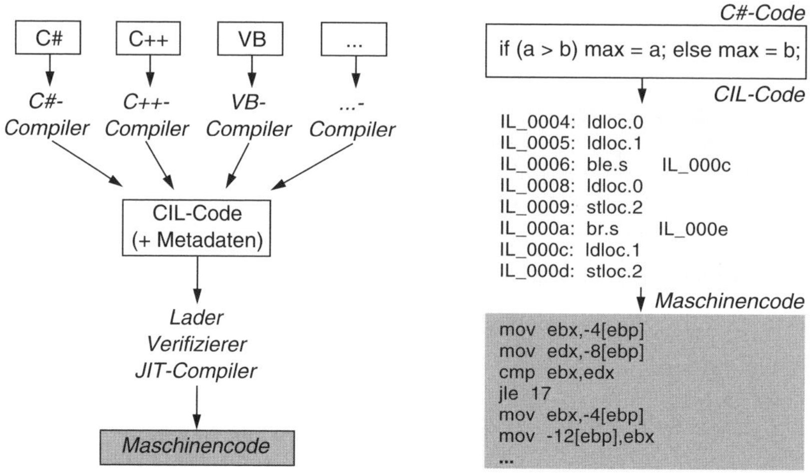

Abb. 1–2 *Quellcode, CIL-Code und Maschinencode*

durch eine Unterklasse zu erweitern oder eine Ausnahme (*exception*), die in C# ausgelöst wurde, von einem Programm in einer anderen Sprache behandeln zu lassen.

Die CLR stellt Mechanismen zur Verfügung, die .NET-Programme sicherer und robuster machen. Dazu gehört zum Beispiel der *Garbage Collector*, der dafür zuständig ist, den Speicherplatz von Objekten freizugeben, sobald diese nicht mehr benutzt werden. In älteren Sprachen wie C oder C++ ist der Programmierer für die Freigabe von Objekten selbst verantwortlich. Dabei kann es vorkommen, dass er ein Objekt freigibt, das noch von anderen Objekten benutzt wird. Diese Objekte greifen dann »ins Leere« und zerstören fremde Speicherbereiche. Umgekehrt kann es vorkommen, dass ein Programmierer vergisst, Objekte freizugeben, obwohl sie nicht mehr referenziert werden. Diese bleiben dann als Speicherleichen (*memory leaks*) zurück und verschwenden Platz. Solche Fehler sind schwer zu finden, können aber dank Garbage Collector unter .NET nicht vorkommen.

Wenn ein CIL-Programm geladen und in Maschinencode übersetzt wird, prüft die CLR mittels eines *Verifizierers*, dass die Typregeln des CTS nicht verletzt werden. Es ist zum Beispiel verboten, eine Zahl als Adresse zu interpretieren und damit auf fremde Speicherbereiche zuzugreifen.

Assemblies

.NET unterstützt komponentenorientierte Softwareentwicklung. Die Komponenten heißen *Assemblies* und sind die kleinsten Programmbausteine, die separat ausgeliefert werden können. Ein Assembly ist eine Sammlung von Klassen und anderen Ressourcen (z.B. Bildern) und wird entweder als ausführbare EXE-Datei oder als Bibliotheksbaustein in Form einer DLL-Datei (*dynamic link library*) gespeichert (siehe Abb. 1–3). In manchen Fällen kann ein Assembly auch aus mehreren Dateien bestehen.

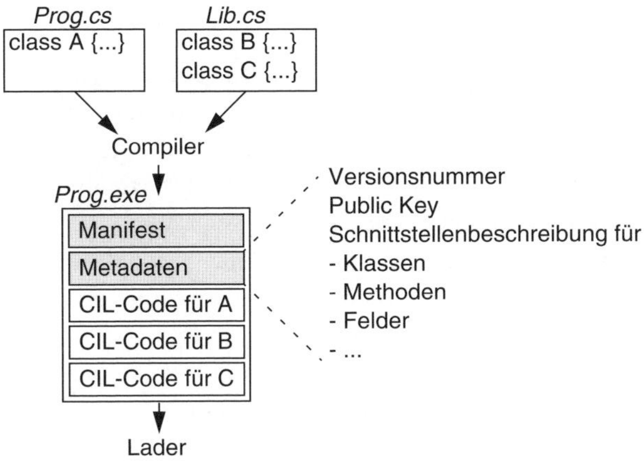

Abb. 1–3 *Vom Compiler erzeugtes Assembly Prog.exe*

Jedes Assembly enthält neben Code auch *Metadaten*, also die Schnittstellenbeschreibung seiner Klassen, Felder, Methoden und sonstigen Programmelemente. Zusätzlich enthält es ein *Manifest*, das man sich als Inhaltsverzeichnis vorstellen kann. Assemblies sind also selbstbeschreibend und können mittels *Reflection* vom Lader, Compiler und anderen Werkzeugen analysiert und benutzt werden.

Assemblies dienen auch der Versionierung, d.h., sie haben eine mehrstufige Versionsnummer, die für alle in ihnen enthaltenen Klassen gilt. Wenn eine Klasse übersetzt wird, werden in ihrem Objektcode die Versionsnummern der aus anderen Assemblies benutzten Klassen vermerkt. Der Lader lädt dann jene Assemblies, die der erwarteten Versionsnummer entsprechen. Unter .NET können also mehrere gleichnamige DLLs mit unterschiedlichen Versionsnummern nebeneinander existieren (*side by side execution*), ohne sich in die Quere zu kommen. Das bedeutet das Ende der »*DLL Hell*« unter Windows, bei der durch die Installation neuer Software alte DLLs durch gleichnamige neue überschrieben werden konnten und dadurch existierende Software plötzlich nicht mehr funktionierte.

Assemblies müssen auch nicht mehr in die Windows-Registry eingetragen werden. Man kopiert sie einfach ins Applikationsverzeichnis oder in den so genannten *Global Assembly Cache* und kann sie ebenso einfach wieder entfernen.

Assemblies sind gewissermaßen die Nachfolger von COM-Komponenten. Anders als unter COM (*Component Object Model*) braucht man Assemblies aber nicht mehr durch eine IDL (*Interface Definition Language*) zu beschreiben, da sie ja die vollständigen Metadaten enthalten, die der Compiler aus ihrem Quellcode gewonnen hat. Das Common Type System stellt sicher, dass Software, die in unterschiedlichen Sprachen geschrieben wurde, die gleiche Art von Metadaten benutzt und somit binärkompatibel ist. Investitionen in die COM-Technologie sind aber nicht verloren. Es ist möglich, COM-Komponenten von .NET-Klassen aus zu verwenden und umgekehrt (siehe Kapitel 24).

ADO.NET

ADO.NET umfasst alle Klassen der .NET-Bibliothek, die für den Zugriff auf Datenbanken und andere Datenquellen (z.B. XML-Dateien) zuständig sind. Es gab bereits eine Vorgängertechnologie namens ADO (*ActiveX Data Objects*), die jedoch mit ADO.NET nur den Namen gemeinsam hat. ADO.NET ist objektorientiert und somit strukturierter und einfacher zu benutzen.

ADO.NET unterstützt das relationale Datenmodell mit Transaktionen und Sperrmechanismen. Dabei ist es unabhängig von verschiedenen Anbietern und Datenbankarchitekturen. Implementierungen konkreter Datenbankanbindungen an MS SQL Server, OLE DB (*Object Linking and Embedding Database*) und ODBC (*Open Database Connectivity*) werden durch gemeinsame Interfaces abstrahiert.

Der Zugriff auf Datenquellen kann verbindungsorientiert oder verbindungslos erfolgen. Im ersten Fall wird eine ständige Verbindung zur Datenquelle aufrechterhalten, im zweiten Fall wird ein Schnappschuss eines Teils der Datenbank in ein DataSet-Objekt geholt und dann lokal weiterverarbeitet. In beiden Fällen greift man auf die Daten in der Regel mittels SQL (*Structured Query Language*) zu.

ASP.NET

ASP.NET ist jener Teil der .NET-Technologie, der die Programmierung dynamischer Webseiten abdeckt. Mit der Vorgängertechnologie ASP (*Active Server Pages*) hat auch ASP.NET nur den Namen gemeinsam. Das Programmiermodell hat sich grundlegend geändert.

Mit ASP.NET werden Webseiten am Server dynamisch aus aktuellen Daten zusammengestellt und in Form von reinem HTML an Klienten geschickt, wo sie von jedem Web-Browser angezeigt werden können. Im Gegensatz zu ASP wird in ASP.NET ein objektorientiertes Programmiermodell verwendet. Sowohl die Webseite als auch die in ihr vorkommenden GUI-Elemente sind Objekte, die man über einen Namen ansprechen und auf deren Felder und Methoden man in Programmen zugreifen kann. All das geschieht in einer compilierten Sprache wie C# oder Visual Basic .NET und nicht wie in ASP in einer interpretierten Sprache wie JavaScript oder VBScript. Daher hat man auch Zugriff auf die gesamte Klassenbibliothek von .NET.

Die Verarbeitung von Benutzereingaben folgt einem ereignisgesteuerten Modell. Wenn der Benutzer ein Textfeld ausfüllt, einen Button anklickt oder einen Eintrag aus einer Liste wählt, wird ein Ereignis ausgelöst, das dann durch serverseitigen Code behandelt werden kann. Obwohl der Server – wie am Internet üblich – zustandslos ist, wird der Zustand einer Webseite zwischen den einzelnen Benutzeraktionen aufbewahrt, und zwar in der Seite selbst. Das stellt eine wesentliche Erleichterung gegenüber älteren Programmiermodellen dar, bei denen der Programmierer für die Zustandsverwaltung selbst verantwortlich war.

ASP.NET bietet eine reichhaltige Bibliothek von GUI-Elementen, die weit über das hinausgeht, was unter HTML verfügbar ist, obwohl alle GUI-Elemente letztendlich auf HTML abgebildet werden. Der Programmierer hat sogar die Möglichkeit, eigene GUI-Elemente zu implementieren und somit die Benutzeroberfläche von Webseiten seinen speziellen Bedürfnissen anzupassen. Besonders einfach ist die Darstellung von Datenbankabfrageergebnissen in Form von Listen und Tabellen, was von ASP.NET weitgehend automatisiert wird. Eine weitere Neuheit von ASP.NET sind Validatoren, mit denen Benutzereingaben auf ihre Gültigkeit überprüft werden können.

Mit der Entwicklungsumgebung Visual Studio .NET kann man Webseiten interaktiv erstellen, wie man das bei Benutzeroberflächen von Desktop-Anwendungen gewohnt ist. GUI-Elemente können mit der Maus in einem Fenster positioniert werden. Über Menüs und Property-Fenster kann man Attribute setzen und Methoden spezifizieren, die als Reaktion auf Benutzereingaben aufgerufen werden sollen. All das verwischt die Unterschiede zwischen der Programmierung lokaler Desktop-Anwendungen und Internet-Anwendungen und erleichtert zum Beispiel das Erstellen von Web-Shops und tagesaktuellen Informationsseiten (z.B. Börseninformationen). ASP.NET wird in Abschnitt 27.3 näher erklärt.

Web-Services

Web-Services werden von Microsoft als einer der Kernpunkte der .NET-Technologie bezeichnet, obwohl es sie auch außerhalb von .NET gibt. Es handelt sich um Prozedurfernaufrufe (*remote procedure calls*), die als Protokolle meist HTTP und SOAP (eine Anwendung von XML) benutzen.

Das Internet hat sich als äußerst leistungsfähig und geeignet erwiesen, um auf weltweit verstreute Informationen und Dienste zuzugreifen. Bisher erfolgte dieser Zugriff jedoch meist über Web-Browser. Web-Services sollen nun eine neue Art des Zusammenspiels zwischen verteilten Applikationen ermöglichen, bei denen die Kommunikation ohne Web-Browser abläuft. Normale Desktop-Anwendungen können sich Informationen wie aktuelle Wechselkurse oder Buchungsdaten über ein oder mehrere Web-Services holen, die als Prozeduren auf anderen Rechnern laufen und über das Internet angesprochen werden.

Die Aufrufe und Parameter werden dabei in der Regel mittels SOAP [SOAP] codiert, eines auf XML basierenden Standards, der von den meisten großen Firmen unterstützt wird. Der Programmierer merkt jedoch von all dem nichts. Er ruft einen Web-Service wie eine normale Methode auf, und .NET sorgt dafür, dass der Aufruf nach SOAP umgewandelt, über das Internet verschickt und auf dem Zielrechner wieder decodiert wird. Am Zielrechner wird die gewünschte Methode aufgerufen, die ihre Ergebnisse wieder transparent über SOAP an den Rufer zurückschickt. Der Rufer und die gerufene Methode können dabei in ganz verschiedenen Sprachen geschrieben sein und auf unterschiedlichen Betriebssystemen laufen.

Damit .NET die SOAP-Codierung und Decodierung korrekt durchführen kann, werden Web-Services samt ihren Parametern mittels WSDL (*Web Services Description Language* [WSDL]) beschrieben. Auch das erledigt .NET automatisch. Web-Services werden in Abschnitt 27.2 dieses Buchs näher erklärt.

1.4 Übungsaufgaben[1]

1. **Eignung von C# für große Softwareprojekte**
   Inwiefern helfen die Eigenschaften von C# bei der Entwicklung großer Softwareprojekte?
2. **Merkmale von .NET**
   Was sind die Hauptmerkmale des .NET-Frameworks? Welche dieser Merkmale ähneln der Java-Umgebung und welche sind neu?
3. **Sicherheit**
   Begründen Sie, warum C# eine sichere Sprache ist. Welche Arten von Programmierfehlern oder gefährlichen Situationen werden vom C#-Compiler oder der CLR abgefangen?
4. **Interoperabilität**
   Warum können unter .NET Programme, die in unterschiedlichen Sprachen geschrieben wurden, nahtlos zusammenarbeiten?
5. **Assemblies**
   Warum sind .NET-Assemblies einfacher zu installieren und zu deinstallieren als COM-Objekte?
6. **Web-Recherche**
   Besuchen Sie die Webseiten [MS], [MSDN] und [CodeGal], um sich einen Überblick über das .NET-Framework und C# zu verschaffen.
7. **Mono**
   Besuchen Sie die Webseite [Mono], um mehr über die Portierung von .NET auf Linux zu erfahren.

1. Musterlösungen zu den Übungsaufgaben in diesem Buch findet man unter [JKU].

2 Erste Schritte

Dieses Kapitel beschreibt die Grundstruktur von C#-Programmen sowie ihre Übersetzung und Ausführung mit dem .NET *Software Development Kit* (SDK). Es zeigt auch, aus welchen Symbolen C#-Programme zusammengesetzt sind.

2.1 Hello World

Wir beginnen mit dem bekannten Hello-World-Programm, das einfach den Text "Hello World" auf dem Bildschirm ausgibt. In C# sieht es folgendermaßen aus:

```
using System;

class Hello {

    public static void Main() {
        Console.WriteLine("Hello World");
    }

}
```

Das Programm besteht aus einer Klasse Hello und einer Methode Main (Achtung: Groß- und Kleinschreibung ist in C# signifikant). Jedes Programm hat genau eine Main-Methode, die aufgerufen wird, wenn man es startet. Die Ausgabeanweisung heißt hier Console.WriteLine("..."), wobei WriteLine eine Methode der Klasse Console ist, die aus dem Namensraum System stammt. Um Console bekannt zu machen, muss man System in der ersten Zeile mittels using importieren. C#-Programme werden in Dateien mit der Endung .cs gespeichert.

Die einfachste Arbeitsumgebung für .NET ist das *Software Development Kit* (SDK) von Microsoft, das man sich kostenlos von [MS] besorgen kann. Es ist kommandozeilenorientiert und bietet neben einem Compiler (csc) noch einige andere Werkzeuge (z.B. sn, ildasm), die in Anhang A.2 beschrieben werden. Wenn wir unser Hello-World-Programm in eine Datei Hello.cs abspeichern, können wir es durch Eingabe von

```
csc Hello.cs
```

im Konsolenfenster übersetzen und mittels

```
Hello
```

aufrufen. Die Ausgabe erscheint wieder im Konsolenfenster.

Der Dateiname (z.B. Hello.cs) muss übrigens unter .NET nicht wie in Java mit dem Klassennamen (z.B. Hello) übereinstimmen, obwohl es aus Lesbarkeitsgründen empfehlenswert ist. Eine Datei kann auch mehrere Klassen enthalten. In diesem Fall sollte sie nach der Hauptklasse benannt sein.

2.2 Gliederung von Programmen

Der Quelltext eines C#-Programms kann auf mehrere Dateien verteilt sein. Jede Datei kann aus einem oder mehreren Namensräumen bestehen, von denen jeder eine oder mehrere Klassen oder andere Typen enthalten kann. Abb. 2–1 zeigt diese Struktur.

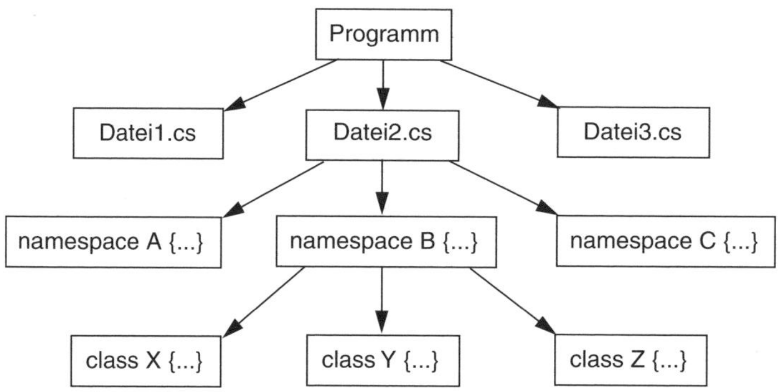

Abb. 2–1 *Gliederung von Programmen*

Unser Hello-World-Programm besteht nur aus einer einzigen Datei und einer einzigen Klasse. Namensraum wurde keiner angegeben, was bedeutet, dass die Klasse Hello zu einem namenlosen Standardnamensraum gehört, den .NET für uns bereitstellt. Namensräume werden in Kapitel 5 und 13 behandelt, Klassen in Kapitel 8.

Programme aus mehreren Dateien

Wenn ein Programm aus mehreren Dateien besteht, können wir diese entweder gemeinsam oder getrennt übersetzen. Im ersten Fall entsteht eine einzige ausführbare Datei, im zweiten Fall eine ausführbare Datei und eine DLL (*dynamic link library*).

Nehmen wir an, eine Klasse Counter in der Datei Counter.cs wird von einer Klasse Prog in der Datei Prog.cs benutzt:

```
public class Counter {                    // Dieser Code steht in der Datei Counter.cs
   private int val = 0;
   public void Add(int x) { val = val + x; }
   public int Val() { return val; }
}
using System;                             // Dieser Code steht in der Datei Prog.cs
public class Prog {
   public static void Main() {
      Counter c = new Counter();
      c.Add(3); c.Add(5);
      Console.WriteLine("val = " + c.Val());
   }
}
```

Wir können diese beiden Dateien nun gemeinsam übersetzen:

```
csc Prog.cs Counter.cs
```

wodurch eine ausführbare Datei Prog.exe entsteht, die beide Klassen enthält.

Alternativ dazu könnten wir aus Counter aber auch eine Bibliothek (DLL) machen, indem wir schreiben:

```
csc /target:library Counter.cs
```

Der Compiler erzeugt auf diese Weise eine Datei Counter.dll, die wir dann bei der Übersetzung von Prog.cs folgendermaßen referenzieren müssen:

```
csc /reference:Counter.dll Prog.cs
```

Aus dieser Übersetzung entsteht zwar auch eine Datei Prog.exe; sie enthält aber nur die Klasse Prog. Die Klasse Counter steht nach wie vor in der Datei Counter.dll und wird beim Aufruf von Prog dynamisch dazugeladen. Die verschiedenen Formen des Compileraufrufs werden in Anhang A.1 genauer beschrieben.

2.3 Symbole

C#-Programme bestehen aus Namen, Schlüsselwörtern, Zahlen, Zeichen, Zeichenketten, Operatoren und Kommentaren. Wir beschreiben diese Symbole hier informell. In Anhang A.3 kann man ihre genaue Syntax nachlesen.

Namen. Ein Name besteht aus Buchstaben, Ziffern und dem Zeichen "_". Das erste Zeichen muss ein Buchstabe oder ein "_" sein. Groß-und Kleinbuchstaben haben unterschiedliche Bedeutung (d.h. red ist ungleich Red). Da C# den Unicode-Zeichensatz benutzt (siehe Anhang A.4), können Namen auch griechische, arabische oder chinesische Zeichen enthalten. Man muss sie allerdings auf unseren Tastaturen als Nummerncodes eingeben. Der Code \u03C0 bedeutet z.B. π, die Zeichenfolge b\u0061ck den Namen back.

Schlüsselwörter. C# kennt 77 Schlüsselwörter, Java nur 50. Das deutet schon darauf hin, dass C# komplexer ist als Java. Schlüsselwörter sind reserviert, d.h., sie dürfen nicht als Namen verwendet werden. Will man ein Schlüsselwort dennoch als Name verwenden, so muss man das Zeichen @ davorsetzen (z.B. @if).

abstract	as	base	bool	break	byte
case	catch	char	checked	class	const
continue	decimal	default	delegate	do	double
else	enum	event	explicit	extern	false
finally	fixed	float	for	foreach	goto
if	implicit	in	int	interface	internal
is	lock	long	namespace	new	null
object	operator	out	override	params	private
protected	public	readonly	ref	return	sbyte
sealed	short	sizeof	stackalloc	static	string
struct	switch	this	throw	true	try
typeof	uint	ulong	unchecked	unsafe	ushort
using	virtual	void	volatile	while	

Namenskonventionen. Bei der Namenswahl und bei der Groß-/Kleinschreibung sollte man sich an die Regeln halten, die auch in der Klassenbibliothek von C# benutzt werden:

- Namen beginnen mit großen Anfangsbuchstaben (z.B. Length, WriteLine), außer bei lokalen Variablen und Parametern (z.B. i, len) oder bei Feldern einer Klasse, die von außen nicht sichtbar sind.
- In zusammengesetzten Wörtern beginnt jedes Wort mit einem Großbuchstaben (z.B. WriteLine). Die Trennung von Wörtern durch "_" wird in C# selten verwendet.
- Methoden ohne Rückgabewert sollten mit einem Verb beginnen (z.B. DrawLine). Alles andere sollte in der Regel mit einem Substantiv beginnen (z.B. Size, IndexOf, Collection). Felder oder Methoden mit booleschem Typ können auch mit einem Adjektiv beginnen, wenn sie eine Eigenschaft ausdrücken (z.B. Empty).
- Da Schlüsselwörter und Namen aus der .NET-Bibliothek englisch sind, sollte man auch seine eigenen Programmobjekte englisch benennen.

Zeichen und Zeichenketten. Zeichenkonstanten werden zwischen einfache Hochkommas eingeschlossen (z.B. 'x'), Zeichenkettenkonstanten zwischen doppelte Hochkommas (z.B. "John"). In beiden dürfen beliebige Zeichen vorkommen, außer das schließende Hochkomma, ein Zeilenende oder das Zeichen \, das als *Escape*-Zeichen verwendet wird. Folgende Escape-Sequenzen dienen zur Darstellung von Sonderzeichen in Zeichen- und Zeichenkettenkonstanten:

\'	'
\"	"
\\	\
\0	0x0000 (das Zeichen mit dem Wert 0)
\a	0x0007 (alert)
\b	0x0008 (backspace)

```
\f      0x000c (form feed)
\n      0x000a (new line)
\r      0x000d (carriage return)
\t      0x0009 (horizontal tab)
\v      0x000b (vertical tab)
```

Um zum Beispiel den Text

```
file "C:\sample.txt"
```

als Zeichenkette darzustellen, muss man schreiben:

```
"file \"C:\\sample.txt\""
```

Daneben können wie in Namen auch Unicode-Konstanten (z.B. \u0061) verwendet werden (siehe Anhang A.4).

Wenn vor einer Zeichenkette das Zeichen @ steht, dürfen darin Zeilenumbrüche vorkommen, \ wird nicht als Escape-Zeichen interpretiert und das Hochkomma muss verdoppelt werden. Das obige Beispiel könnte man also auch so schreiben:

```
@"file ""C:\sample.txt"""
```

Ganze Zahlen. Ganze Zahlen können in Dezimalschreibweise (z.B. 123) oder in Hexadezimalschreibweise (z.B. 0x00a6) vorkommen. Der Typ der Zahl ist der kleinste Typ aus int, uint, long oder ulong, zu dem der Zahlenwert passt. Durch Anhängen der Endung u oder U (z.B. 123u) erzwingt man den kleinsten passenden vorzeichenlosen Typ (uint oder ulong), durch Anhängen von l oder L (z.B. 0x00a6l) den kleinsten passenden Typ aus der Menge long und ulong.

Gleitkommazahlen. Gleitkommazahlen bestehen aus einem ganzzahligen Teil, einem Kommateil und einem Exponenten (3.14E0 bedeutet z.B. $3.14 * 10^0$). Jeder dieser Teile kann fehlen, aber zumindest einer davon muss vorkommen. Die Zahlen 3.14, 314E-2 und .314E1 sind also gültige Schreibweisen desselben Werts. Der Typ einer Gleitkommakonstante ist double, durch die Endung f oder F (z.B. 1f) erzwingt man den Typ float, durch m oder M (z.B. 12.3m) den Typ decimal.

Kommentare. Es gibt zwei Arten von Kommentaren: *Zeilenendekommentare* beginnen mit // und erstrecken sich bis zum Zeilenende, z.B.:

```
// ein Kommentar
```

Klammerkommentare beginnen mit /* und enden mit */. Sie können sich auch über mehrere Zeilen erstrecken, dürfen aber nicht geschachtelt werden, z.B.:

```
/* ein Kommentar,
der zwei Zeilen einnimmt */
```

Zeilenendekommentare werden für kurze Erläuterungen verwendet, Klammerkommentare meist zum Auskommentieren von Code.

2.4 Übungsaufgaben

1. **Übersetzen und Ausführen eines Programms**
   Besorgen Sie sich das .NET-Framework (z.B. von [MS]) und installieren Sie es auf Ihrem Rechner. Öffnen Sie einen beliebigen Texteditor (z.B. *Notepad*). Tippen Sie das Hello-World-Programm aus Abschnitt 2.1 ab und speichern Sie es in einer Datei Hello.cs. Übersetzen Sie das Programm und führen Sie es aus.

2. **Arbeiten mit einer Entwicklungsumgebung**
   Anstatt mit einem gewöhnlichen Texteditor zu arbeiten, können Sie auch eine Entwicklungsumgebung wie *Visual Studio .NET* verwenden, die jedoch im Gegensatz zum .NET-Framework nicht kostenlos ist. Eine kostenlose Entwicklungsumgebung ist zum Beispiel *SharpDevelop*, die von [SharpDev] geladen werden kann. Implementieren und übersetzen Sie das Hello-World-Programm mit dieser Entwicklungsumgebung.

3. **Online-Dokumentation**
   Studieren Sie die Online-Dokumentation zu .NET, die Sie nach Installation des .NET-Frameworks unter *Start* > *Programs* > *Microsoft .NET Framework SDK* > *Documentation* finden. Suchen Sie zum Beispiel im Karteireiter *Contents* die Sprachspezifikation von C# (*Reference* > *Compiler and Language Reference* > C#). Um die Dokumentation einer bestimmten Klasse (z.B. Console) zu erhalten, wählen Sie den Karteireiter *Index* und geben im Suchfeld den Namen der Klasse ein.

4. **Programme in mehreren Dateien**
   Tippen Sie die Klassen Counter und Prog aus Abschnitt 2.2 ab. Erstellen Sie daraus zwei getrennte Dateien Counter.cs und Prog.cs und übersetzen Sie sie wie in Abschnitt 2.2 beschrieben.

5. **Symbole**
   Welche der folgenden Namen, Zahlen und Zeichenketten sind gemäß den Regeln von C# korrekt?

Namen	*Zahlen*	*Zeichenketten*
Length	0027	"one\ntwo\nthree"
base	0x3a	"\u00dcberschrift"
route66	520L	'Hello "John"'
_top	0xF3U	"Hello \"John\""
input-file	3E05	@"Hello ""John"""
3pieces	.001	"quote /* " */ "

3 Typen

Die Datentypen von C# bilden eine Hierarchie, wie das in Abb. 3–1 gezeigt wird. Grundsätzlich gibt es Werttypen und Referenztypen. *Werttypen* sind einfache Typen wie char, int oder float, Enumerationen, Structs und Tupel. Variablen dieser Typen enthalten direkt einen Wert (z.B. 'x', 123 oder 3.14). *Referenztypen* sind Klassen, Interfaces, Arrays und Delegates. Variablen dieser Typen enthalten eine Referenz auf ein Objekt, das in einem dynamisch wachsenden Speicherbereich (dem *Heap*) angelegt wird.

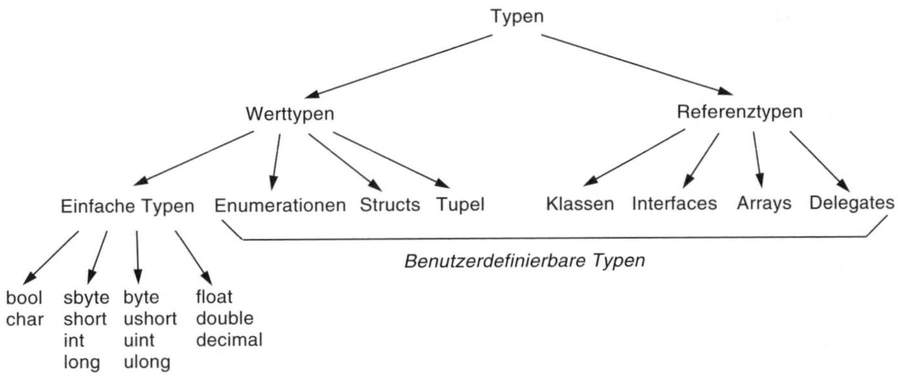

Abb. 3–1 *Typenhierarchie*

C# besitzt ein einheitliches Typsystem, d.h., alle Typen, ob Werttypen oder Referenztypen, sind mit dem Typ object kompatibel: Variablen dieser Typen können object-Variablen zugewiesen werden und verstehen object-Operationen. Tabelle 3–1 veranschaulicht nochmals den Unterschied zwischen Wert- und Referenztypen.

Der in Tabelle 3–1 verwendete Typ string ist eine vordefinierte Klasse und somit ein Referenztyp. Eigentlich ist string aber ein Schlüsselwort, das vom Compiler auf die Klasse System.String abgebildet wird (d.h. die Klasse String aus dem Namensraum System). Auch object wird auf die Klasse System.Object abgebildet.

	Werttypen	Referenztypen
Variable enthält	einen Wert	eine Referenz auf ein Objekt
Variable wird gespeichert	am Methodenkeller oder im enthaltenden Objekt	am Heap
Zuweisung	kopiert den Wert	kopiert die Referenz

Beispiel	int i = 17;
	int j = i;
	i [17]
	j [17]
		string s = "Hello";
		string s1 = s;
		s → Hello
		s1 → Hello

Tabelle 3–1 *Werttypen und Referenztypen*

3.1 Einfache Typen

Wie jede Sprache kennt C# einige vordefinierte Typen für Zahlen, Zeichen und boolesche Werte. Bei den Zahlen wird zwischen ganzzahligen Typen und Gleitkommatypen unterschieden und innerhalb dieser wieder nach Größe und Genauigkeit. Tabelle 3–2 zeigt eine Aufstellung aller einfachen Typen.

Schlüsselwort	Wertebereich	abgebildet auf
sbyte	-128 .. 127	System.SByte
short	-32768 .. 32767	System.Int16
int	-2147483648 .. 2147483647	System.Int32
long	-2^{63} .. 2^{63}-1	System.Int64
byte	0 .. 255	System.Byte
ushort	0 .. 65535	System.UInt16
uint	0 .. 4294967295	System.UInt32
ulong	0 .. 2^{64}-1	System.UInt64
float	±1.4E-45 .. ±3.4E38 (32 Bit, IEEE 754)	System.Single
double	±5E-324 .. ±1.7E308 (64 Bit, IEEE 754)	System.Double
decimal	±1E-28 .. ±7.9E28 (128 Bit)	System.Decimal
bool	true, false	System.Boolean
char	Unicode-Zeichen (siehe Anhang A.4)	System.Char

Tabelle 3–2 *Einfache Typen*

Die vorzeichenlosen Typen byte, ushort, uint und ulong dienen vor allem der Systemprogrammierung und der Kompatibilität zu anderen Sprachen. Der Typ decimal erlaubt die exakte Darstellung großer Dezimalzahlen mit großer Genauigkeit und wird vor allem in der Finanzmathematik verwendet.

Alle einfachen Typen werden vom Compiler auf Struct-Typen des Namensraums System abgebildet. Der Typ int entspricht z.B. dem Struct System.Int32. Alle dort definierten Operationen (einschließlich der von System.Object geerbten) sind somit auf int anwendbar.

Zwischen den meisten einfachen Typen besteht eine Kompatibilitätsbeziehung, die in Abb. 3–2 dargestellt ist. Ein Pfeil zwischen char und ushort bedeutet dabei, dass char-Werte einer ushort-Variablen zugewiesen werden dürfen (ushort schließt alle char-Werte ein). Die Beziehung ist transitiv, d.h., char-Werte dürfen auch int- oder float-Variablen zugewiesen werden. Eine Zuweisung an decimal ist allerdings nur nach einer expliziten Typumwandlung erlaubt (z.B. decimal d = (decimal) 3;). Bei der Zuweisung von long oder ulong an float kommt es zu einem Genauigkeitsverlust, falls die Bits der Mantisse nicht ausreichen, um das Ergebnis darzustellen.

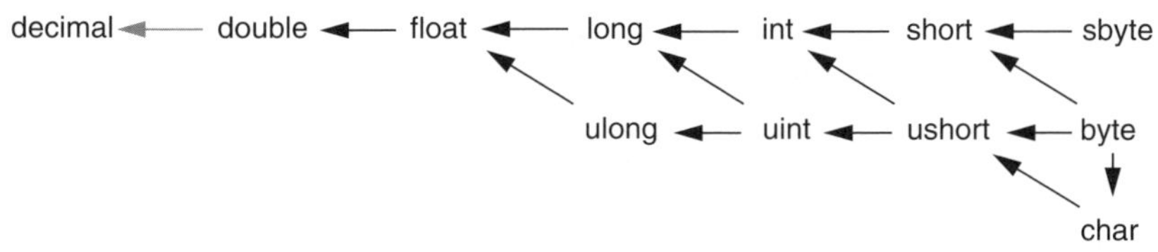

Abb. 3–2 *Kompatibilitätsbeziehung zwischen einfachen Typen*

3.2 Enumerationen

Enumerationen sind Aufzählungstypen aus benannten Konstanten. Ihre erlaubten Werte werden bei der Deklaration angegeben, z.B.:

```
enum Color {red, blue, green}
```

Variablen vom Typ Color können also die Werte red, blue oder green annehmen, wobei der Compiler diese Werte auf die Zahlen 0, 1 und 2 abbildet. Enumerationen sind aber keine Zahlentypen; man kann sie keiner Zahlenvariablen zuweisen und umgekehrt darf man keinen Zahlenwert einer Color-Variablen zuweisen. Auf Wunsch kann der Wert der Enumerationskonstanten bei der Deklaration spezifiziert werden, also

```
enum Color {red=1, blue=2, green=4}
enum Direction {left=0, right, up=4, down} // left=0, right=1, up=4, down=5
```

Enumerationswerte sind in der Regel 4 Byte groß. Man kann allerdings auch eine andere Typgröße wählen, indem man hinter den Typnamen den gewünschten (numerischen) Basistyp schreibt, z.B.:

```
enum Access : byte {personal=1, group=2, all=4}
```

Variablen vom Typ Access sind also 1 Byte groß. Enumerationen können zum Beispiel wie folgt verwendet werden:

```
Color c = Color.blue;
Access a = Access.personal | Access.group;
if ((a & Access.personal) != 0) Console.WriteLine("access granted");
```

Bei der Verwendung müssen Enumerationskonstanten mit ihrem Typnamen qualifiziert werden. Wenn man wie beim Typ Access die Werte als Zweierpotenzen wählt, kann man durch logische Operationen (&, |, ~) *Bitmengen* bilden. Dass dabei Werte entstehen, die keiner erlaubten Enumerationskonstanten entsprechen, stört den Compiler nicht (Access.personal | Access.group ergibt z.B. den Wert 3). Mit Enumerationen sind folgende Operationen erlaubt:

```
==, !=, <, <=, >, >=   if (c > Color.red && c <= Color.green) ...
+, -                   c = c + 2;
++, --                 c++;
&                      if ((a & Access.personal) != 0) ...
|                      a = a | Access.group;
~                      a = ~ Access.all; // Einerkomplement
```

Wie bei logischen Operationen kann auch bei arithmetischen Operationen ein Wert entstehen, der keiner Enumerationskonstanten entspricht. Der Compiler akzeptiert das.

Enumerationen erben alle Operationen von object, wie zum Beispiel Equals oder ToString (siehe Abschnitt 3.7). Es gibt auch eine Klasse System.Enum, die spezielle Operationen auf Enumerationen bereitstellt.

3.3 Arrays

Arrays sind ein- oder mehrdimensionale Vektoren von Elementen. Die Elemente werden durch einen Index angesprochen, wobei die Indizierung bei 0 beginnt.

Eindimensionale Arrays. Eindimensionale Arrays werden durch ihren Elementtyp und eine leere Indexklammer deklariert:

```
int[] a;                              // deklariert eine Array-Variable a
int[] b = new int[3];                 // Initialisierung mit einem leeren Array
int[] c = new int[] {3, 4, 5};        // Initialisierung mit den Werten 3, 4, 5
int[] d = {3, 4, 5};                  // Initialisierung mit den Werten 3, 4, 5 (Kurzform)
SomeClass[] e = new SomeClass[10];    // Array von Referenzen
SomeStruct[] f = new SomeStruct[10];  // Array von Werten (direkt im Array)
```

Durch die Deklaration eines Arrays wird noch kein Speicherplatz angelegt, weshalb man auch noch keine Array-Länge angibt. Der new-Operator erzeugt ein Array eines gewünschten Elementtyps und einer gewünschten Länge (new int[3] erzeugt z.B. ein Array aus drei int-Elementen). Die Werte werden dabei mit 0 (bzw. '\0', false, null) initialisiert, außer es wird eine andere Initialisierung in geschweiften Klammern angegeben. Bei der Deklaration eines Arrays kann die Initialisierung auch direkt (d.h. ohne new-Operator) angegeben werden, wobei der Compiler dann ein Array der passenden Größe erzeugt.

Beachten Sie bitte, dass in einem Array aus Klassen *Referenzen* stehen, während ein Array aus Structs direkt die *Werte* der Structs als Elemente enthält.

Mehrdimensionale Arrays. Bei mehrdimensionalen Arrays unterscheidet C# zwischen ausgefransten (*jagged*) und rechteckigen Arrays. Ausgefranste Arrays enthalten als Elemente wieder Referenzen auf andere Arrays, während die Elemente bei rechteckigen Arrays hintereinander im Speicher liegen (siehe Abb. 3–3). Rechteckige Arrays sind nicht nur kompakter, sondern erlauben auch eine effizientere Indizierung. Hier sind einige Beispiele mehrdimensionaler Arrays:

```
// ausgefranste Arrays (werden mit [][] deklariert)
int[][] a = new int[2][];           // 2 Zeilen, deren Spaltenanzahl noch undefiniert ist
a[0] = {1, 2, 3};                   // Zeile 0 hat 3 Spalten
a[1] = {4, 5, 6, 7, 8};             // Zeile 1 hat 5 Spalten

// rechteckige Arrays (werden mit [,] deklariert)
int[,] a = new int[2, 3];           // 2 Zeilen zu 3 Spalten
int[,] b = {{1, 2, 3}, {4, 5, 6}};  // Initialisierung von 2 Zeilen und 3 Spalten
int[,,] c = new int[2, 4, 2];       // 2 Blöcke zu 4 Zeilen zu 2 Spalten
```

In ausgefransten Arrays können die Zeilen also unterschiedlich lang sein. Dafür darf man bei ihrer Erzeugung nur die Länge der ersten Dimension angeben und nicht die Länge aller Dimensionen, wie das bei rechteckigen Arrays möglich ist. Abb. 3–3 zeigt den Unterschied zwischen den beiden Array-Arten grafisch.

Ausgefranst (wie in Java)

```
int[][] a = new int[2][];
a[0] = new int[3];
a[1] = new int[4];
int x = a[0][1];
```

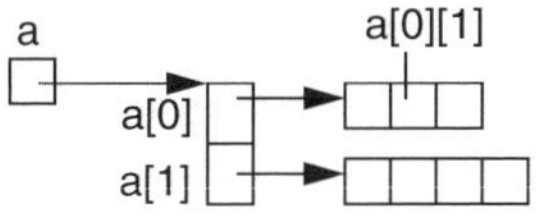

Rechteckig

```
int[,] a = new int[2, 3];
int x = a[0, 1];
```

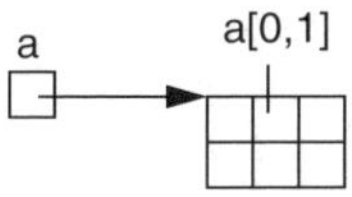

Abb. 3–3 *Ausgefranste und rechteckige mehrdimensionale Arrays*

Array-Operationen. Wie man aus Abb. 3–3 ersieht, enthalten Array-Variablen in C# Referenzen. Eine Array-Zuweisung ist also eine *Zeigerzuweisung*. Das Array selbst wird dabei nicht kopiert. Neben der Indizierung, die in C# immer bei 0 beginnt, kann man mit Length die Array-Länge abfragen.

```
int[] a = new int[3];
int[][] b = new int[2][];
b[0] = new int[4];
b[1] = new int[4];
Console.WriteLine(a.Length);      // 3
Console.WriteLine(b.Length);      // 2
Console.WriteLine(b[0].Length);   // 4
```

Bei rechteckigen Arrays liefert Length die Gesamtanzahl der Elemente. Um die Anzahl der Elemente einer bestimmten Dimension zu bekommen, muss man die GetLength-Methode verwenden.

```
int[,] a = new int[3, 4];
Console.WriteLine(a.Length);           // 12
Console.WriteLine(a.GetLength(0));     // 3
Console.WriteLine(a.GetLength(1));     // 4
```

Die Klasse System.Array enthält noch einige nützliche Operationen wie das Kopieren, Sortieren und Suchen in Arrays.

```
int[] a = new int[2];
int[] b = {7, 2, 4};
Array.Copy(b, a, 2);  // kopiert b[0..1] nach a
Array.Sort(b);        // sortiert b aufsteigend
```

Arrays variabler Länge. Gewöhnliche Arrays haben eine feste Länge. Es gibt allerdings eine Klasse System.Collections.ArrayList, die Arrays *variabler* Länge anbietet (siehe Abschnitt 19.2). Die Operation Add kann dazu benutzt werden, Elemente beliebigen Typs an das Array anzufügen. Die Elemente können dann durch Indizierung angesprochen werden:

```
using System;
using System.Collections;

class Test {
    static void Main() {
        ArrayList a = new ArrayList();      // erzeugt ein leeres Array variabler Länge
        a.Add("Anton");                     // fügt "Anton" an das Array-Ende an
        a.Add("Berta");
        a.Add("Caesar");
        for (int i = 0; i < a.Count; i++)   // a.Count liefert die Anzahl der Elemente
            Console.WriteLine(a[i]);        // Ausgabe: "Anton", "Berta", "Caesar"
    }
}
```

Assoziative Arrays. Die Klasse System.Collections.Hashtable erlaubt es, Arrays nicht nur mit Zahlen, sondern z.B. auch mit Zeichenketten zu indizieren:

```
using System;
using System.Collections;

class Test {
    static void Main() {
        Hashtable phone = new Hashtable();          // erzeugt leeres assoziatives Array
        phone["Mueller"] = 4362671;
        phone["Maier"] = 2564439;
        phone["Huber"] = 6451162;
        foreach (DictionaryEntry x in phone) {      // foreach: siehe Abschnitt 6.9
            Console.Write(x.Key + " = ");           // Schluessel, z.B. "Mueller"
            Console.WriteLine(x.Value);             // Wert, z.B. 4362671
        }
    }
}
```

3.4 Strings

Zeichenketten (Strings) kommen so häufig vor, dass es für sie in C# einen eigenen Typ string gibt, der vom Compiler auf die Klasse System.String abgebildet wird. Eine Stringvariable besteht aus Unicode-Zeichen (siehe Anhang A.4). Man kann ihr Stringkonstanten oder andere Stringvariablen zuweisen:

```
string s = "Hello";
string s2 = s;
```

Strings können wie Arrays indiziert werden (z.B. s[i]), sind aber keine Arrays. Insbesondere können sie nicht verändert werden. Wenn man veränderbare Strings braucht, sollte man die Klasse System.Text.StringBuilder benutzen:

```
using System;
using System.Text;

class Test {
    static void Main(string[] arg) {
        StringBuilder buffer = new StringBuilder();
        buffer.Append(arg[0]);
        buffer.Insert(0, "myfiles\\");
        buffer.Replace(".cs", ".exe");
        Console.WriteLine(buffer.ToString());
    }
}
```

Dieses Beispiel zeigt auch, dass man die Methode Main mit einem String-Array als Parameter deklarieren kann, in dem eventuelle Kommandozeilenparameter übergeben werden. Wenn man das obige Programm mit

```
Test sample.cs
```

aufruft, erhält man als Ausgabe myfiles\sample.exe.

Strings sind Referenztypen, d.h., eine Stringvariable enthält eine Referenz auf ein Stringobjekt. Daher sind Stringzuweisungen *Zeigerzuweisungen*; der Wert des Strings wird dabei nicht kopiert. Die Operationen == und != sind allerdings im Gegensatz zu Java *Wertvergleiche*. Der Vergleich

```
(s + " World") == "Hello World"
```

liefert also true. Die Operationen <, <=, > und >= sind auf Strings nicht erlaubt; man muss dazu die Methode CompareTo verwenden (siehe Tabelle 3–3). Strings können mit + verkettet werden (z.B. s + " World" ergibt "Hello World"), wobei ein neues Stringobjekt entsteht (d.h. s wird nicht verändert). Die Länge eines Strings kann wie bei Arrays mit s.Length abgefragt werden. Die Klasse System.String bietet viele nützliche Operationen (siehe Tabelle 3–3):

s.CompareTo(s1)	liefert -1, 0 oder 1, je nachdem ob s < s1, s == s1 oder s > s1
s.IndexOf(s1)	liefert den Index des ersten Vorkommens von s1 in s
s.LastIndexOf(s1)	liefert den Index des letzten Vorkommens von s1 in s
s.Substring(from, length)	liefert den Teilstring s[from .. from + length - 1]
s.StartsWith(s1)	liefert true, wenn s mit s1 beginnt
s.EndsWith(s1)	liefert true, wenn s mit s1 endet
s.ToUpper()	liefert eine Kopie von s in Großbuchstaben
s.ToLower()	liefert eine Kopie von s in Kleinbuchstaben
String.Copy(s)	liefert eine Kopie von s

Tabelle 3–3 *Stringoperationen (Auszug)*

3.5 Structs

Structs sind benutzerdefinierte Typen bestehend aus Daten und eventuellen Methoden (Zugriffsoperationen). Sie werden wie folgt deklariert:

```
struct Point {
    public int x, y;                                          // Felder
    public Point(int a, int b) { x = a; y = b; }              // Konstruktor
    public void MoveTo(int x, int y) { this.x = x; this.y = y; }  // Methoden
}
```

Structs sind *Werttypen*. Variablen des Typs Point enthalten daher direkt die Werte der Felder x und y. Eine Zuweisung zwischen Structs ist eine Wertzuweisung und keine Zeigerzuweisung.

```
Point p;            // p ist noch uninitialisiert
p.x = 1; p.y = 2;   // Feldzugriff
Point q = p;        // alle Felder werden zugewiesen (q.x == 1, q.y == 2)
```

Structs können mit Hilfe eines *Konstruktors* initialisiert werden. Die Deklaration

```
Point p = new Point(3, 4);
```

erzeugt ein neues Struct-Objekt am Methodenkeller und ruft den Konstruktor von Point auf, der die Felder mit den Werten 3 und 4 initialisiert. Ein Konstruktor muss immer den gleichen Namen haben wie der Struct-Typ. Die *Methode* MoveTo wird wie folgt aufgerufen:

```
p.MoveTo(10, 20);
```

Im Code der aufgerufenen Methode kann das Objekt p, auf das die Methode angewendet wurde, mittels this angesprochen werden. this.x bezeichnet also das Feld x des Objekts p, während x den Parameter der Methode MoveTo bezeichnet. Wenn keine Verwechslungsgefahr besteht, kann this beim Feldzugriff weggelassen werden, wie das im Konstruktor von Point zu sehen ist.

Structs dürfen keinen parameterlosen Konstruktor deklarieren. Man darf ihn aber verwenden, da der Compiler für jeden Struct-Typ einen parameterlosen Konstruktor erzeugt. Der Konstruktor, der in der Deklaration

```
Point p = new Point();
```

aufgerufen wird, initialisiert die Felder von p mit dem Wert 0. Wir werden in Kapitel 8 noch näher auf Structs und auf Konstruktoren eingehen.

3.6 Klassen

Wie Structs sind Klassen benutzerdefinierte Typen aus Daten und eventuellen Zugriffsmethoden. Im Gegensatz zu Structs sind sie allerdings *Referenztypen*, d.h., eine Variable vom Typ einer Klasse enthält eine Referenz auf ein Objekt, das am Heap liegt. Klassen werden wie folgt deklariert:

```
class Rectangle {
   Point origin;  // linker unterer Eckpunkt
   public int width, height;
   public Rectangle() { origin = new Point(0, 0); width = height = 1; }
   public Rectangle(Point p, int w, int h) { origin = p; width = w; height = h; }
   public void MoveTo(Point p) { origin = p; }
}
```

Eine Rectangle-Variable kann erst benutzt werden, nachdem man ihr ein Rectangle-Objekt zugewiesen hat, das mit dem new-Operator erzeugt wurde:

```
Rectangle r = new Rectangle(new Point(10, 20), 5, 5);
int area = r.width * r.height;
```

Nach dem Erzeugen eines Objekts wird automatisch der passende Konstruktor aufgerufen, der die Felder des Objekts initialisiert. Die Klasse Rectangle hat zwei Konstruktoren, die sich in ihrer Parameterliste unterscheiden. Im obigen Beispiel passen die aktuellen Parameter, die beim Erzeugen des Objekts angegeben wurden, zu den formalen Parametern des zweiten Konstruktors. Daher wird dieser Konstruktor gewählt. Die Deklaration gleichnamiger Konstruktoren oder Methoden in einer Klasse oder einem Struct nennt man *Überladen*. Wir werden darauf in Abschnitt 8.3 näher eingehen.

Erzeugte Objekte werden in C# nie explizit freigegeben. Stattdessen verlässt man sich auf den so genannten *Garbage Collector*, der Objekte automatisch freigibt, wenn sie nicht mehr referenziert werden. Das vermeidet viele unangenehme Fehler, mit denen C++-Programmierer zu kämpfen haben: Werden Objekte dort zu früh freigegeben, zeigen manche Referenzen ins Leere. Vergisst man, sie freizugeben, bleiben sie als »Leichen« im Speicher zurück. Unter .NET können solche Fehler nicht auftreten, weil einem der Garbage Collector die Freigabe der Objekte abnimmt.

Da Variablen vom Typ einer Klasse Referenzen enthalten, ist die Zuweisung

```
Rectangle r1 = r;
```

eine *Zeigerzuweisung*: r und r1 zeigen anschließend auf dasselbe Objekt. Methoden werden wie bei Structs aufgerufen:

```
r.MoveTo(new Point(3, 3));
```

In der aufgerufenen Methode MoveTo bezeichnet this wieder das Objekt r, für das die Methode aufgerufen wurde. Da dort der Feldname origin aber eindeutig ist, braucht er nicht mit this.origin qualifiziert zu werden.

Tabelle 3–4 stellt nochmals Klassen und Structs gegenüber. Auf einige der Unterschiede wird erst in späteren Kapiteln eingegangen.

Klassen	Structs
Referenztypen (Variablen referenzieren Objekte am Heap)	Werttypen (Variablen enthalten Objekte)
unterstützen Vererbung (alle Klassen sind von object abgeleitet)	unterstützen keine Vererbung (sind aber zu object kompatibel)
können Interfaces implementieren	können Interfaces implementieren
parameterloser Konstruktor deklarierbar	kein parameterloser Konstruktor deklarierbar

Tabelle 3–4 *Klassen versus Structs*

Structs sind leichtgewichtige Typen, die oft für temporäre Daten verwendet werden. Da sie nicht am Heap angelegt werden, belasten sie den Garbage Collector nicht. Klassen werden meist für komplexere Objekte verwendet, die oft zu dynamischen Datenstrukturen verknüpft werden und die Methode überleben können, die sie erzeugt hat.

3.7 object

Der Typ object, der vom Compiler auf die Klasse System.Object abgebildet wird, hat in C# eine besondere Bedeutung. Er ist die Wurzel der gesamten Typhierarchie, d.h., alle Typen sind mit ihm kompatibel. Daher darf man einer object-Variablen auch beliebige Werte zuweisen:

```
object obj = new Rectangle();        // Zuweisung von Rectangle an object
Rectangle r = (Rectangle) obj;       // Typumwandlung
obj = new int[3];                    // Zuweisung von int[] an object
int[] a = (int[]) obj;               // Typumwandlung
```

Insbesondere erlaubt object die Implementierung generischer Container-Klassen. Ein Keller (*Stack*), in dem beliebige Objekte gespeichert werden sollen, kann zum Beispiel mit einer Methode

```
void Push(object x) {...}
```

deklariert werden, die man dann mit beliebigen Objekten als Parameter aufrufen kann:

```
Push(new Rectangle());
Push(new int[3]);
```

Die Klasse System.Object, die in Abschnitt 9.8 näher behandelt wird, enthält einige Methoden, die von allen Klassen und Structs geerbt (und meistens überschrieben) werden. Die wichtigsten Methoden sind:

```
class Object {
    public virtual bool Equals(object o) {...}      // Wertvergleich
    public virtual string ToString() {...}          // Umwandlung d. Objekts in einen String
    public virtual int GetHashCode() {...}          // Berechnung eines Hashcodes
    ...
}
```

Diese Methoden kann man auf Objekte beliebiger Typen anwenden, sogar auf Konstanten:

```
string s = 123.ToString(); // s == "123"
```

3.8 Boxing und Unboxing

Nicht nur Referenztypen, sondern auch Werttypen wie int, Structs oder Enumerationen sind mit object kompatibel. Bei der Zuweisung

```
object obj = 3;
```

wird der Wert 3 in ein Objekt einer implizit erzeugten Hilfsklasse eingewickelt (*boxing*), das dann der Variablen obj zugewiesen wird (siehe Abb. 3–4).

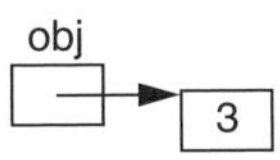

Abb. 3–4 *Boxing eines int-Werts*

Die Zuweisung in der Gegenrichtung erfordert eine Typumwandlung.

```
int x = (int) obj;
```

Dabei wird der Wert aus dem Hilfsobjekt wieder ausgepackt (*unboxing*) und als int-Wert behandelt.

Boxing und Unboxing sind besonders bei generischen Container-Typen nützlich, weil man diese nicht nur mit Elementen eines Referenztyps, sondern auch mit Elementen eines Werttyps füllen kann. Wenn man zum Beispiel eine Klasse Queue wie folgt deklariert

```
class Queue {
    object[] values = new object[10];
    public void Enqueue(object x) {...}
    public object Dequeue() {...}
}
```

kann man sie folgendermaßen verwenden:

```
Queue q = new Queue();
q.Enqueue(new Rectangle());              // Referenztyp
q.Enqueue(3);                            // Werttyp (boxing)
...
Rectangle r = (Rectangle) q.Dequeue();   // Typumwandlung object -> Rectangle
int x = (int) q.Dequeue();               // Typumwandlung object -> int (unboxing)
```

Aufrufe von object-Methoden werden übrigens an die eingepackten Objekte weitergeleitet. Das Codestück

```
object obj = 123;
string s = obj.ToString();
```

liefert also in s den Wert "123".

3.9 Übungsaufgaben

1. **Typsystem**
   Was versteht man unter der Aussage, C# habe ein einheitliches Typsystem? Was ist der Nutzen eines einheitlichen Typsystems?

2. **Einfache Typen**
   Schlagen Sie in der Online-Dokumentation des .NET-Frameworks nach, welche Operationen man auf die Struct-Typen Int32, Single und Char anwenden kann, auf die die Standardtypen int, float und char abgebildet werden. Probieren Sie einige dieser Operationen in einem Programm aus.

3. **Enumerationen**
   Was sind die Vorteile eines Enumerationstyps (z.B. enum Color {red, blue, green}) gegenüber int-Konstanten (z.B. const int red = 0, blue = 1, green = 2;)?

4. **Enumerationen**
   Studieren Sie die Klasse Enum in der Online-Dokumentation des .NET-SDK und schreiben Sie zwei Methoden zur Ein- und Ausgabe von Werten eines von Ihnen gewählten Enumerationstyps in textueller Form. Können Sie die Methoden so allgemein halten, dass Sie damit Werte eines beliebigen Enumerationstyps lesen und schreiben können?

5. **Arrays**
   Deklarieren und initialisieren Sie ein ausgefranstes string-Array mit 3 Zeilen. Die erste Zeile soll 3 Spalten enthalten, die zweite Zeile 5 Spalten und die dritte Zeile 4 Spalten.

6. **Arrays**
   Deklarieren und initialisieren Sie ein rechteckiges string-Array mit 3 Zeilen und 2 Spalten.

7. **Arrays**
   Schreiben Sie eine Methode double[,] MatrixMult(double[,] a, double[,] b), die zwei Matrizen a und b multipliziert und das Ergebnis als Funktionswert liefert. Wenn sich a und b aufgrund ihrer Dimensionen nicht multiplizieren lassen, soll die Methode einen Fehler (z.B. als Ausnahme) liefern.

8. **Strings**
   Schreiben Sie eine Methode, die aus einem Pfadnamen (z.B. c:\dotnet\samples\myFile.cs) den Dateinamen ohne Verzeichnisse und ohne Dateiendung herausschält (z.B. myFile).

9. **StringBuilder**
   Schreiben Sie eine Methode, die eine ganze Zahl in einen String umwandelt. Benutzen Sie dazu ein StringBuilder-Objekt. Studieren Sie die Methoden von StringBuilder in der Online-Dokumentation des .NET-Frameworks.

10. **Klassen**
    Implementieren Sie die Klasse Queue aus Abschnitt 3.8 und rufen Sie die Methoden Enqueue und Dequeue mit Parametern verschiedener Typen auf. Dies ist ein Beispiel, wie man generische Datentypen in C# simulieren kann. Was ist der Unterschied zwischen dieser simulierten Generizität und echter Generizität, wie sie zum Beispiel in Kapitel 14 beschrieben wird?

11. **Structs**
    Implementieren Sie die Klasse Queue aus Abschnitt 3.8 nicht als Klasse, sondern als Struct und rufen Sie ihre Methoden auf.

12. **Klassen versus Structs**
    Wägen Sie die Vor- und Nachteile von Klassen und Structs ab. Wann sollte man welchen dieser beiden Typen verwenden?

4 Ausdrücke

Ausdrücke bestehen aus Operanden und Operatoren und berechnen Werte. Tabelle 4–1 zeigt die Operatoren von C# geordnet nach Priorität. Weiter oben genannte Operatoren haben Vorrang vor den weiter unten genannten.

<table>
<tr><th>Art</th><th>Operatoren</th></tr>
<tr><td>primäre Operatoren</td><td>(x) x.y f(x) a[x] x++ x-- new typeof sizeof checked unchecked</td></tr>
<tr><td>unäre Operatoren</td><td>+ - ~ ! ++x --x (T)x</td></tr>
<tr><td>Multiplikationsoperatoren</td><td>* / %</td></tr>
<tr><td>Additionsoperatoren</td><td>+ -</td></tr>
<tr><td>Shift-Operatoren</td><td><< >></td></tr>
<tr><td>Vergleichsoperatoren</td><td>< > <= >= is as</td></tr>
<tr><td>Gleichheitsoperatoren</td><td>== !=</td></tr>
<tr><td>bitweises Und</td><td>&</td></tr>
<tr><td>bitweises exklusives Oder</td><td>^</td></tr>
<tr><td>bitweises Oder</td><td>|</td></tr>
<tr><td>bedingtes Und</td><td>&&</td></tr>
<tr><td>bedingtes Oder</td><td>||</td></tr>
<tr><td>bedingter Ausdruck</td><td>condition?value1:value2</td></tr>
<tr><td>Zuweisungsoperatoren</td><td>= += -= *= /= %= <<= >>= &= ^= |=</td></tr>
</table>

Tabelle 4–1 *Operatoren nach Priorität geordnet*

Binäre Operatoren auf gleicher Ebene werden von links nach rechts ausgewertet:

```
... a + b - c ...        // ... (a + b) - c ...
```

Die unären Operatoren +, -, !, ~ sowie Typumwandlungen werden von rechts nach links ausgewertet:

```
... - (int) x ...        // -((int)x)
```

4.1 Arithmetische Ausdrücke

Arithmetische Ausdrücke werden mit den Operatoren +, -, *, /, % (Divisionsrest), ++ (Inkrement) und -- (Dekrement) gebildet. Ihre Operanden dürfen von einem beliebigen numerischen Typ oder vom Typ char sein. Bei ++ und -- sind auch Enumerationen erlaubt, allerdings dürfen ++ und -- nur auf Variablen und nicht auf Konstanten oder Ausdrücke angewendet werden.

Der Ausdruck x++ liefert den Wert von x und erhöht dann die Variable x um 1. Der Ausdruck ++x erhöht zuerst die Variable x um 1 und liefert dann diesen erhöhten Wert. Zum Beispiel:

```
int x = 1, y = 2;
int z = x++ * ++y;        // x = 2, y = 3, z = 3 (d.h. 1 * 3)
```

Analoges gilt für den Dekrement-Operator --. Da diese Semantik verwirrend ist und leicht zu Fehlern führen kann, sollte man Inkrement- und Dekrement-Operatoren nur als eigenständige Anweisungen verwenden, also zum Beispiel:

```
x++; // entspricht x = x + 1;
```

Der Ergebnistyp eines arithmetischen Ausdrucks ist der kleinste numerische Typ, der beide Operandentypen einschließt, zumindest aber int. Bei Enumerationen ist der Ergebnistyp wieder derselbe Enumerationstyp. Hier sind einige Beispiele:

```
short s; int i; float f; char ch; Color c;
... s + f ...          // float
... s + s ...          // int
... i + ch ...         // int
... c++ ...            // Color
```

Bei vorzeichenlosen Operanden gibt es einige Ausnahmen: Die Negation eines uint-Werts sowie die Verknüpfung eines uint-Werts mit einem sbyte-, short- oder int-Wert gibt einen long-Wert, weil dabei der Wertebereich von uint überschritten werden könnte. Die Negation eines ulong-Werts sowie die Verknüpfung eines ulong-Werts mit einem sbyte-, short-, int- oder long-Wert ist verboten, ebenso wie die Verknüpfung eines decimal-Werts mit einem float- oder double-Wert.

4.2 Vergleichsausdrücke

Mit den Operatoren <, >, <= und >= dürfen numerische Operanden oder char-Werte miteinander verglichen werden. Auch der Vergleich zwischen zwei Enumerationswerten ist erlaubt. Die Operatoren == (Gleichheit) und != (Ungleichheit) dürfen zusätzlich auch auf boolesche Werte, Referenzen und Delegates angewendet werden. Wenn numerische Operanden von unterschiedlichem Typ sind (z.B. int und long), wird der kleinere Typ vor dem Vergleich in den größeren umgewandelt.

Die Operatoren is und as bewirken einen Typtest und werden in Abschnitt 9.2 näher erläutert. Im Ausdruck x is T oder x as T darf x ein Ausdruck beliebigen Typs sein, T muss ein Referenztyp sein, z.B.:

```
r is Rectangle     // referenziert r ein Rectangle-Objekt?
3 is object        // ist 3 vom Typ object?
a is int[]         // referenziert a ein int-Array?
```

Das Ergebnis eines Vergleichs ist immer vom Typ bool.

4.3 Boolesche Ausdrücke

Die Operatoren && (Und), || (Oder) und ! (Negation) sind auf boolesche Operanden anwendbar und liefern auch wieder ein Ergebnis vom Typ bool. In Ausdrücken mit && und || findet eine *bedingte Auswertung* (auch *Kurzschlussauswertung* genannt) statt, d.h., die Auswertung wird abgebrochen, sobald das Ergebnis des Ausdrucks feststeht. Formal bedeutet das:

```
a && b     ausgewertet als: wenn (!a) false sonst b
a || b     ausgewertet als: wenn (a) true sonst b
```

Diese Auswertungsreihenfolge ist nützlich, wenn zusammengesetzte Ausdrücke berechnet werden sollen, bei denen der zweite Term nur unter einer bestimmten Bedingung berechnet werden soll, die durch den ersten Term gegeben ist, wie z.B.:

```
if (p != null && p.val > 0) ...     // p.val darf nur berechnet werden, wenn p != null ist
if (y == 0 || x / y > 2) ...        // x / y darf nur berechnet werden, wenn y != 0 ist
```

Der bedingte Ausdruck *condition* ? *value1* : *value2* liefert den Wert *value1*, wenn *condition* wahr ist, sonst *value2*, zum Beispiel:

```
int max = x > y ? x : y;            // if (x > y) max = x; else max = y;
```

4.4 Bit-Ausdrücke

Die Operatoren & (bitweises Und), | (bitweises Oder), ^ (bitweises exklusives Oder) und ~ (bitweise Negation) dürfen auf ganzzahlige Operanden, char-Werte und Enumerationen angewendet werden. Die Operatoren &, | und ^ sind außerdem bei booleschen Operanden erlaubt. Es findet keine Kurzschlussauswertung statt. Bei unterschiedlich großen Operandentypen wird der kleinere Typ vor der Auswertung in den größeren konvertiert. Der Ergebnistyp ist der größere der beiden Operandentypen. Bei numerischen oder char-Operanden ist der Ergebnistyp aber zumindest int. Folgende Beispiele zeigen die Funktionsweise von Bit-Ausdrücken unter der Annahme, dass x den Wert 5 und y den Wert 6 hat (in Zweierkomplement-Darstellung):

```
x & y     // 00000101 & 00000110 => 00000100 (4)
x | y     // 00000101 | 00000110 => 00000111 (7)
x ^ y     // 00000101 ^ 00000110 => 00000011 (3)
~ x       // ~ 00000101 => 11111010 (-6)
```

4.5 Shift-Ausdrücke

Shift-Ausdrücke werden vor allem in der Systemprogrammierung verwendet. Sie erlauben aber auch eine effiziente Multiplikation und Division mit Zweierpotenzen. Der Ausdruck x << y (bzw. x >> y) bedeutet, dass das Bitmuster von x um y Stellen nach links (bzw. nach rechts) verschoben wird. Bei << werden von rechts

Nullen nachgeschoben. Bei >> werden von links Bits *b* nachgeschoben, wobei *b* bei vorzeichenlosen Typen 0 und bei vorzeichenbehafteten Typen gleich dem Vorzeichenbit ist. Der Typ von x muss ganzzahlig oder char sein, der Typ von y muss int sein. Der Ergebnistyp ist der Typ von x, zumindest aber int. Folgende Beispiele nehmen an, dass in den int-Variablen a und b die Werte 7 und -7 stehen:

```
a >> 1     // 00000111 >> 1 = 00000011 (3)    = a / 2
a << 3     // 00000111 << 3 = 00111000 (56)   = a * 8
b >> 2     // 11111001 >> 2 = 11111110 (-2)
b << 1     // 11111001 << 1 = 11110010 (-14)
```

4.6 Überlaufprüfung

Wird bei arithmetischen Operationen der zulässige Wertebereich überschritten, so tritt *kein* Fehler auf, sondern das Ergebnis wird einfach abgeschnitten, und das entstehende Bitmuster wird wieder als Zahl interpretiert, z.B.:

```
int x = 1000000;
x = x * x; // -727379968, keine Fehlermeldung!
```

Dieses Verhalten ist zum Beispiel bei der Implementierung von Zufallszahlengeneratoren erwünscht. Wenn man aber den Überlauf abfangen möchte, kann man das mit dem checked-Operator tun, der wie folgt benutzt wird:

```
x = checked(x * x);     // liefert bei Überlauf System.OverflowException (siehe Kapitel 12)
...
checked {
    ...
    x = x * x;          // liefert bei Überlauf System.OverflowException
    ...
}
```

Man kann die Überlaufprüfung auch für eine ganze Übersetzungseinheit mittels einer Compiler-Option einschalten:

```
csc /checked Sample.cs
```

4.7 typeof

Der typeof-Operator kann auf einen Typ angewendet werden und liefert das entsprechende Typobjekt (vom Typ System.Type) dazu. Dieses Objekt enthält Typinformationen und kann für *Reflection* verwendet werden (siehe Abschnitt 19.4).

```
Type t = typeof(int);
Console.WriteLine(t.Name); // liefert Int32
```

Der Typ eines *Objekts* kann mit der von object geerbten Methode GetType abgefragt werden, z.B.:

```
Type t = 123.GetType();
Console.WriteLine(t.Name); // liefert Int32
```

4.8 sizeof

Der sizeof-Operator kann auf Werttypen angewendet werden und liefert ihre Größe in Bytes. Da die Typgröße von Structs plattformabhängig sein kann, sind Programme, die sizeof verwenden, schwer portabel. Man sollte diesen Operator daher vermeiden. Wenn man ihn dennoch verwendet, muss man ihn in einen unsafe-Block einschließen:

```
unsafe {
   Console.WriteLine(sizeof(int)); // liefert 4
}
```

Außerdem muss man diesen Code mit der unsafe-Option übersetzen:

```
csc /unsafe Sample.cs
```

4.9 Übungsaufgaben

1. **Vorrangregeln von Operatoren**
   Gegeben seien zwei int-Variablen x und y mit den Werten x == 1 und y == 2. Welchen Wert liefern die folgenden Ausdrücke? Beachten Sie die in Tabelle 4–1 angegebenen Vorrangregeln der Operatoren:

   ```
   3 * x - y / 2
   x + 1 << 3 * y
   x++ + ++x
   x > 3 == true
   (-y / 3 * -y) - y % 3
   ~ (x << 17)
   (y | 5) & ~x
   x ^ y
   x > y ? 1 : -1
   ```

2. **Ergebnistyp von Ausdrücken**
   Was ist der Ergebnistyp folgender Ausdrücke:

   ```
   short s = 1; int i = 2; long x = 3; float f = 4f; char c = 'a'; Color col = Color.red;
   ... s + 1 ...
   ... s + 100000000000 ...
   ... i + f ...
   ... c + 1 ...
   ... col + 1 ...
   ... 10 * x + (x - '0') ...
   ... s + 1.0 ...
   ```

3. **Kurzschlussauswertung**
   Warum ist die Kurzschlussauswertung in der folgenden Schleifenbedingung wichtig?

   ```
   while (p != null && p.name != "John") {...}
   ```

4. **Vereinfachung boolescher Ausdrücke**
   Vereinfachen Sie die folgenden booleschen Ausdrücke:

   ```
   !(x < y && y < z)
   (x != y) || !(y == z && y == x)
   !(x >= -3 && x <= 0) && 5 < x
   ```

   Benutzen Sie dazu die Regeln von *DeMorgan*:

   ```
   !(x && y)    ≡   !x || !y
   !(x || y)    ≡   !x && ! y
   ```

5. **Laufzeittypinformationen**
   Schlagen Sie die Schnittstelle des Typs System.Type in der Online-Dokumentation des .NET-Frameworks nach und vervollständigen Sie folgende Methode. Geben Sie darin zum Beispiel den Typnamen, den Namensraum und den Assemblynamen des Typs von obj aus.

   ```
   static void PrintInfo(object obj) {
     Type t = obj.GetType();
     ... // Ausgabe von Informationen über t
   }
   ```

5 Deklarationen

Deklarationen führen Namen ein, definieren deren Typ und geben manchmal auch bereits einen Anfangswert vor, z.B.:

```
int x = 3;          // deklariert eine int-Variable x mit dem Wert 3
void Foo() {...}    // deklariert eine Methode Foo ohne Rückgabewert
```

Jeder Name gehört zu einem bestimmten *Deklarationsbereich*, von denen es in C# vier gibt:

- **Namensraum**
  Kann Klassen, Interfaces, Structs, Enumerationen, Delegates sowie weitere Namensräume enthalten.
- **Klasse, Interface, Struct**
  Kann Felder, Methoden, Konstruktoren, Destruktoren, Properties, Indexers, Events und eingeschachtelte Typen enthalten.
- **Enum**
  Enthält Enumerationskonstanten.
- **Block**
  Kann lokale Variablen enthalten.

Für Deklarationen gelten folgende Regeln:

1. Kein Name darf in einem Deklarationsbereich auf gleicher Ebene mehrfach deklariert werden. Er darf jedoch in inneren Deklarationsbereichen neu deklariert werden, außer in inneren Anweisungsblöcken.
2. Die Verwendung eines Namens darf seiner Deklaration vorausgehen, außer bei lokalen Variablen, die vor ihrer Verwendung deklariert werden müssen.

Der Deklarationsbereich, zu dem ein Name gehört, bestimmt seine *Sichtbarkeit*:

1. Ein Name ist in seinem gesamten Deklarationsbereich sichtbar, lokale Variablen allerdings erst ab ihrer Deklaration. Wird derselbe Name in einem inneren Deklarationsbereich neu deklariert, so verdeckt er dort den gleichen Namen aus dem äußeren Deklarationsbereich.
2. Kein Name ist außerhalb seines Deklarationsbereichs sichtbar.
3. Die Sichtbarkeit von Namen, die in Namensräumen, Klassen, Structs und Interfaces deklariert werden, kann durch Attribute wie public, private, internal oder protected reguliert werden (siehe Abschnitt 8.1).

5.1 Deklarationen in Namensräumen

Namensräume (*namespaces*) dienen zur Gruppierung zusammengehöriger Typdeklarationen. Sie erlauben die Verwendung gleicher Namen in verschiedenen Teilen eines Programms. Indem man seine Klassen und andere Typen in einem eigenen Namensraum deklariert, vermeidet man Kollisionen mit gleichnamigen Typen aus anderen Namensräumen. Namensräume können auch geschachtelt werden, wodurch man hierarchisch gegliederte Gültigkeitsbereiche von Namen bekommt.

```
namespace A {
   ... Klassen ...
   ... Interfaces ...
   ... Structs ...
   ... Enumerationen ...
   ... Delegates ...
   namespace B {  // voller Name: A.B
      ...
   }
}
```

Ein Namensraum wird mit dem Schlüsselwort namespace und seinem Namen deklariert. Darauf folgen in geschwungenen Klammern die enthaltenen Typen und eventuell geschachtelte Namensräume. Der volle Name des in A eingeschachtelten Namensraums B ist A.B.

Deklariert man einen Typ außerhalb eines Namensraums, gehört er zu einem namenlosen Standardnamensraum. Die Klasse Hello aus Abschnitt 2.1 ist ein Beispiel dafür.

Angenommen, wir hätten einen Namensraum Persons mit den zwei Klassen Student und Teacher.

```
namespace Persons {
   public class Student {...}
   public class Teacher {...}
}
```

Die in Persons deklarierten Typen sind zunächst einmal in Persons sichtbar. Da sie aber als public deklariert sind, können sie auch in einem anderen Namensraum benutzt werden, indem man Persons dort *importiert*.

```
namespace School {
   using Persons;          // importiert alle öffentlichen Typen aus Persons

   class Test {
      Student s;           // Student ist hier bekannt
      Teacher t;           // Teacher ist hier bekannt
      ...
   }
}
```

Anstatt Student und Teacher durch Importieren von Persons sichtbar zu machen, können wir sie auch mit ihrem Namensraum *qualifizieren*.

```
namespace School {
   class Test {
      Persons.Student s;          // Qualifikation eines Typs mit seinem Namensraum
      Persons.Teacher t;
      ...
   }
}
```

Die explizite Qualifikation eines Typnamens wird vor allem dann verwendet, wenn man gleichnamige Typen aus unterschiedlichen Namensräumen an der gleichen Stelle verwenden will.

Fast jedes Programm benötigt den Namensraum System (z.B. um den Typ Console für die Ein-/Ausgabe zu verwenden). Daher beginnt fast jedes Programm mit using System;.

Namensräume werden in Kapitel 13 noch ausführlicher beschrieben.

5.2 Deklarationen in Klassen, Structs und Interfaces

Klassen, Structs und Interfaces können folgende Elemente enthalten:

```
class C {
   ... Felder, Konstanten ...
   ... Methoden ...
   ... Konstruktoren, Destruktoren ...
   ... Properties ...
   ... Indexers ...
   ... Events ...
   ... überladene Operatoren ...
   ... eingeschachtelte Typen (Klassen, Structs, Interfaces, Enumerationen, Delegates) ...
}
struct S {
   ... wie bei Klassen ...
}
interface I { // siehe Kapitel 10
   ... Methoden ...
   ... Properties ...
   ... Indexers ...
   ... Events ...
}
```

Jeder in einer Klasse deklarierte Name ist in der gesamten Klasse (also auch in ihren Methoden, Konstruktoren, Properties etc.) sichtbar. Dasselbe gilt für Structs.

Werden Klassen mittels Vererbung erweitert (siehe Kapitel 9), bilden Oberklasse und Unterklasse unterschiedliche Deklarationsbereiche. Man kann daher in beiden Klassen gleiche Namen deklarieren.

Interfaces dürfen keine Datenfelder enthalten. Im Gegensatz zu Java sind aber auch keine Konstanten erlaubt. Als Ersatz dafür können Properties verwendet werden.

5.3 Deklarationen in Enumerationstypen

Ein Enumerationstyp darf nur Enumerationskonstanten enthalten. Diese müssen bei der Verwendung mit dem Namen des Enumerationstyps qualifiziert werden.

```
enum E {
   ... Enumerationskonstanten ...
}
```

5.4 Deklarationen in Blöcken

Ein Block ist eine in geschweiften Klammern enthaltene Anweisungsfolge und bildet den Rumpf von Methoden oder zusammengesetzten Anweisungen. In einem Block dürfen nur lokale Variablen deklariert werden.

```
void Foo(int x) {                 // Methodenblock
   ... lokale Variablen ...
   if (...) {                     // geschachtelter Block einer if-Anweisung
      ... lokale Variablen ...
   }
   for (int i = 0; ...) {         // geschachtelter Block einer for-Anweisung
      ... lokale Variablen ...
   }
}
```

Wie man sieht, können Blöcke geschachtelt auftreten. Der Deklarationsbereich eines Blocks schließt die Deklarationsbereiche der in ihm eingeschachtelten Blöcke ein. Im Gegensatz zu vielen anderen Sprachen darf ein geschachtelter Block also keinen Namen deklarieren, der bereits im übergeordneten Block deklariert wurde.

Formale Parameter (z.B. x in der Methode Foo) gehören zum Deklarationsbereich des Methodenblocks, obwohl sie außerhalb von ihm deklariert werden. Ihr Name darf nicht mit anderen in der Methode deklarierten Namen kollidieren.

In ähnlicher Weise gehört der Name einer Laufvariablen einer for-Anweisung (z.B. die Variable i der obigen for-Schleife) zum Deklarationsbereich des for-Blocks. Daher dürfen verschiedene for-Anweisungen gleichnamige Laufvariablen deklarieren.

Wie bereits erwähnt, muss die Deklaration einer lokalen Variablen ihrer Verwendung vorausgehen. Folgendes Beispiel zeigt einige Fehler, die durch Nichtbeachtung der obigen Regeln entstehen können und vom Compiler gemeldet werden.

```
void Foo(int a) {
   int b;
   if (...) {
      int b;                    // Fehler: b ist bereits in äußerem Block deklariert
      int c;
      int d;
   } else {
      int a;                    // Fehler: a ist bereits im äußeren Block deklariert (Parameter)
      int d;                    // o.k.: keine Überschneidung mit d im letzten Block
   }
   for (int i = 0; ...) {...}
   for (int i = 0; ...) {...}   // o.k.: keine Überschneidung mit i aus letzter Schleife
   int c;                       // Fehler: c ist bereits in einem inneren Block deklariert
}
```

Es ist zwar erlaubt, eine lokale Variable gleich zu benennen wie ein Feld der umgebenden Klasse. Das Feld darf aber nicht vor der Variablendeklaration in der Methode benutzt werden. Folgendes Programm ist also falsch:

```
class C {
   int x = 1, y = 2;
   void Foo() {
      int x = 2;                // o.k.; verdeckt Feld x
      Console.WriteLine(y);
      int y = 3;                // falsch, weil y bereits vorher in Foo benutzt wurde
      ...
   }
}
```

Diese Situation ist verboten, weil sonst y in Foo zwei verschiedene Variablen bezeichnen würde.

5.5 Übungsaufgaben

1. **Namensräume**
   Schreiben Sie ein Programm, das zwei Namensräume A und B enthält. Deklarieren Sie im Namensraum A einen Struct-Typ Time und verwenden Sie diesen im Namensraum B.

2. **Namensräume**
   Schreiben Sie ein Programm, das sowohl den Enumerationstyp System.DayOfWeek als auch einen selbst definierten Typ DayOfWeek verwendet.

3. **Gleichnamige Deklarationen**
   Ist es erlaubt, den Namen X wie im folgenden Programm dreimal zu deklarieren? Begründen Sie Ihre Antwort.

```
class X {
  void X() {
   int X;
  }
}
```

4. **Deklarationsregeln**
   Welche der folgenden Deklarationen sind falsch?

```
class C {
  static int a = 0, b = 1;

  static void Main() {
     int c;
     if (a == 0) {
        int a;
        int b;
        int d;
        ...
     } else {
        int d;
        ...
     }
     for (int c = 0; c < 3; c++) {...}
     for (int d = 0; d < 3; d++) {...}
  }
}
```

5. **Sichtbarkeit von Namen**
   Welche Deklarationen sind in einer Methode sichtbar? Welche sind in einer Klasse sichtbar?

6. **Innere Anweisungsblöcke**
   Welchen Grund hat es, dass der Name einer lokalen Variablen in einem inneren Anweisungsblock nicht neu deklariert werden darf?

6 Anweisungen

Die Anweisungsarten von C# unterscheiden sich nur unwesentlich von denen in anderen Sprachen. Neben Zuweisungen und Methodenaufrufen gibt es diverse Arten von Verzweigungen und Schleifen sowie Sprunganweisungen und Anweisungen zur Fehlerbehandlung (*exception handling*). Wir beschreiben die Anweisungen hier anhand von Beispielen. Ihre genaue Syntax findet man in Anhang A.3.

6.1 Leeranweisung

Jede Anweisung wird in C# durch einen Strichpunkt abgeschlossen. Ein Strichpunkt alleine ist eine Leeranweisung, die keine Aktion bewirkt und zum Beispiel gebraucht wird, um einen leeren Schleifenrumpf auszudrücken.

6.2 Zuweisung

Eine Zuweisung berechnet einen Ausdruck und weist ihn einer Variablen zu. Die Zuweisung selbst ist ebenfalls ein Ausdruck, so dass Mehrfachzuweisungen möglich sind:

```
x = 3 * y + 1;      // x wird zu 3 * y + 1
a = b = 0;          // Mehrfachzuweisung: a und b werden beide auf 0 gesetzt
```

Der Typ des Ausdrucks muss mit dem Typ der Variablen *zuweisungskompatibel* sein, d.h., die beiden Typen müssen gleich sein oder der Typ der Variablen muss den Typ des Ausdrucks gemäß Abb. 3–2 einschließen (short-Werte dürfen z.B. an int-Variablen zugewiesen werden). Zuweisungskompatibilität besteht auch, wenn der Typ des Ausdrucks eine Unterklasse des Variablentyps ist (siehe Kapitel 9).

Zuweisungen können mit verschiedenen binären Operationen kombiniert werden. Zum Beispiel ist

```
x += y;
```

eine Kurzform für

```
x = x + y;
```

Diese Kurzformen sind vor allem dann nützlich, wenn statt x ein zusammengesetzter Name verwendet wird (z.B. a[i].f), weil man dann Schreibarbeit spart und der

Compiler die Anweisung leichter optimieren kann. Kombinierte Zuweisungen sind mit den Operatoren +=, -=, *=, /=, %=, <<=, >>=, &=, |= und ^= möglich.

6.3 Methodenaufruf

Eine Methode wird durch ihren Namen und eine Parameterliste aufgerufen. Die Details des Methodenaufrufs behandeln wir in Abschnitt 8.3. Hier sehen wir uns nur einige Aufrufbeispiele für Methoden der Klasse String an.

```
string s = "a,b,c";
string[] parts = s.Split(',');          // Aufruf der Objektmethode s.Split (nicht statisch)
s = String.Join(" + ", parts);          // Aufruf der Klassenmethode String.Join (statisch)
char[] arr = new char[10];
s.CopyTo(0, arr, 0, s.Length);
```

Wie wir in Abschnitt 8.3 sehen werden, können Methoden *statisch* oder *nicht statisch* sein. Eine *nicht statische* Methode (z.B. Split) wird auf ein bestimmtes *Objekt* (z.B. s) angewendet. s.Split(',') bewirkt, dass der in s gespeicherte String bei jedem Vorkommen von ',' aufgespalten wird. Das Ergebnis ist ein Array von Teilstrings (hier "a", "b" und "c").

Eine *statische* Methode (z.B. Join) wird nicht auf ein Objekt, sondern auf eine *Klasse* (z.B. String) angewendet. Sie ist mit einer normalen Prozedur in C vergleichbar. String.Join(" + ", parts) bewirkt, dass die Strings im Array parts mit " + " verkettet werden. Als Ergebnis wird hier "a + b + c" geliefert.

Sowohl Split als auch Join sind *Funktionsmethoden*: Sie werden als Operanden eines Ausdrucks aufgerufen und liefern einen Wert als Ergebnis zurück. Daneben gibt es aber auch Methoden, die *kein* Funktionsergebnis liefern. Sie haben den Methodentyp void und werden als eigenständige Anweisung aufgerufen, z.B. s.CopyTo(from, arr, to, len). Diese Methode kopiert len Zeichen des Strings s ab der Position from in das Array arr beginnend an der Stelle to.

6.4 if-Anweisung

Eine if-Anweisung hat die Form

if (*BooleanExpression***)** *Statement* **else** *Statement*

Wenn der boolesche Ausdruck wahr ist, wird der then-Zweig (die erste Anweisung) ausgeführt, sonst der else-Zweig (die zweite Anweisung). Der else-Zweig kann fehlen. Wenn der then- oder der else-Zweig aus mehr als einer Anweisung besteht, muss er als *Anweisungsblock* in geschweiften Klammern geschrieben werden. Hier sind einige Beispiele von if-Anweisungen:

```
if (x > max) max = x;                  // ohne else-Zweig
if (x > y) max = x; else max = y;      // mit else-Zweig
if ('0' <= ch && ch <= '9')
   val = ch - '0';
else if ('A' <= ch && ch <= 'F')       // geschachteltes if
   val = 10 + ch - 'A';
else {                                 // else-Zweig besteht aus einer Anweisungsfolge
   val = 0;
   Console.WriteLine("invalid character: " + ch);
}
```

Im Gegensatz zu C und C++ muss der if-Ausdruck vom Typ bool sein. Es ist z.B. nicht erlaubt, den Wert 0 oder null als false zu interpretieren.

6.5 switch-Anweisung

Die switch-Anweisung ist eine *Mehrfachverzweigung*. Sie besteht aus einem Ausdruck und mehreren Anweisungsfolgen, die durch case-Marken eingeleitet werden. Die switch-Anweisung verzweigt zu jener Marke, die dem Wert des Ausdrucks entspricht. Wenn keine der Marken passt, springt sie zur default-Marke, und wenn diese fehlt, an das Ende der switch-Anweisung. Hier ist ein Beispiel:

```
switch (country) {
   case "Germany": case "Austria": case "Switzerland":
      language = "German";
      break;
   case "England": case "USA":
      language = "English";
      break;
   case null:
      Console.WriteLine("no country specified");
      break;
   default:
      Console.WriteLine("don't know language of " + country);
      break;
}
```

Der Ausdruck im Kopf der switch-Anweisung muss numerisch, eine Enumeration oder vom Typ char oder string sein. Die case-Marken müssen disjunkte Konstantenwerte sein, deren Typ zum Typ des Ausdrucks zuweisungskompatibel ist.

Im Gegensatz zu den meisten anderen Sprachen erlaubt C# switch-Anweisungen mit Ausdrücken vom Typ string (einschließlich case-Marken mit dem Wert null). In diesem Fall wird die switch-Anweisung aber vom Compiler wie mehrere geschachtelte if-Anweisungen behandelt, während sie sonst durch einen direkten Sprung zur passenden case-Marke implementiert wird.

Jede Anweisungsfolge zwischen den case-Marken *muss* durch einen Aussprung beendet werden. Die häufigste Art dieses Sprungs ist die *break-Anweisung*, die zum Ende der switch-Anweisung springt. Es sind aber auch return-, goto- oder throw-Anweisungen erlaubt, die wir später behandeln werden. Im Gegensatz zu den meisten anderen Sprachen lässt es C# nicht zu, dass ein Programm über eine case-Marke hinweg in die nächste Anweisungsfolge läuft. Dieser »*Fall Through*« muss – falls gewünscht – durch eine goto-Anweisung implementiert werden.

6.6 while-Anweisung

Die while-Anweisung ist die häufigste Form einer Schleife. Sie besteht aus einem booleschen Ausdruck und einem Schleifenrumpf, der ausgeführt wird, solange der Ausdruck wahr ist. Der Ausdruck wird *vor* jedem Schleifendurchlauf geprüft. Wenn der Schleifenrumpf aus mehreren Anweisungen besteht, muss er als Anweisungsblock in geschweiften Klammern geschrieben werden.

```
while (x > y) x = x / 2;      // Schleifenrumpf besteht aus einer einzigen Anweisung
while (i < n) {               // Schleifenrumpf besteht aus einer Anweisungsfolge
    sum += i;
    i++;
}
```

6.7 do-while-Anweisung

Die do-while-Anweisung unterscheidet sich von der while-Anweisung nur dadurch, dass der boolesche Ausdruck *nach* jedem Schleifendurchlauf geprüft wird. Der Schleifenrumpf wird also zumindest einmal ausgeführt, weshalb diese Schleifenform auch *Durchlaufschleife* heißt, im Gegensatz zur while-Anweisung, die man *Abweisschleife* nennt, weil der Schleifenrumpf unter Umständen kein einziges Mal ausgeführt wird.

```
do i = 10 * i while (i < n);  // Schleifenrumpf besteht aus einer einzigen Anweisung
do {                          // Schleifenrumpf besteht aus einer Anweisungsfolge
    sum += a[i]; i--;
} while (i >= 0);
```

6.8 for-Anweisung

Die for-Anweisung ist die flexibelste, aber auch die komplizierteste aller Schleifenarten. Sie hat die Form

for (*Initialization*; *Condition*; *Increment***)** *Statement*

Vor dem ersten Schleifendurchlauf wird die Initialisierung ausgeführt, die meist aus der Zuweisung eines Werts an eine Laufvariable besteht. Vor jedem Schleifendurchlauf wird eine Bedingung geprüft und am Ende jedes Durchlaufs der Inkrementierungsteil ausgeführt. Der Schleifenrumpf wird so lange ausgeführt, solange die Bedingung wahr ist. Die Anweisung

```
for (int i = 0; i < n; i++)
    sum += i;
```

kann als Kurzform für die while-Schleife

```
int i = 0;
while (i < n) {
    sum += i;
    i++;
}
```

betrachtet werden und wird vom Compiler auch tatsächlich so behandelt (bis auf die Tatsache, dass i lokal zur for-Schleife ist). Der Initialisierungsteil und der Inkrementierungsteil können aus mehreren Anweisungen bestehen, die aber durch Kommas getrennt und nicht durch Strichpunkte abgeschlossen werden:

```
for (int i = 0, j = n-1; i < n; i++, j--)
    sum += a[i] + b[j];
```

6.9 foreach-Anweisung

Die foreach-Anweisung bietet eine bequeme Möglichkeit, über die Elemente eines Arrays, eines Strings oder einer sonstigen Sammlung von Elementen zu iterieren, die das Interface IEnumerable (Abschnitt 19.2) implementiert. Sie hat die Form

```
foreach (ElementVarDecl in Collection) Statement
```

Hier sind zwei Beispiele für foreach-Anweisungen:

```
int[] a = {3, 17, 4, 8, 2, 29};
sum = 0;
foreach (int x in a) sum += x;

string s = "Hello";
foreach (char ch in s) Console.WriteLine(ch);
```

Die erste Schleife addiert alle Elemente des Arrays a, die zweite gibt alle Zeichen des Strings s aus. Das folgende Beispiel ist ebenfalls interessant:

```
Queue q = new Queue();
q.Enqueue("John"); q.Enqueue("Alice"); ...
foreach (string s in q) Console.WriteLine(s);
```

Die Elemente der Queue werden als Daten vom Typ object gespeichert. Der Compiler erkennt aber, dass die Laufvariable s der Schleife vom Typ string ist und sorgt für eine geprüfte Umwandlung der Elemente von object nach string. Auf die Laufvariable einer foreach-Schleife darf übrigens nur lesend zugegriffen werden.

6.10 break- und continue-Anweisungen

Die break-Anweisung haben wir bereits im Zusammenhang mit der switch-Anweisung kennen gelernt. Sie kann aber auch verwendet werden, um eine Schleife vorzeitig zu verlassen:

```
for (;;) {
    int x = stream.ReadByte();
    if (x < 0) break;
    sum += x;
}
```

Dieses Beispiel zeigt auch die Verwendung der for-Anweisung als *Endlosschleife*. Wenn der Initialisierungsteil, die Abbruchbedingung und der Inkrementierungsteil fehlen, kreist die Schleife für immer, bis sie wie in diesem Fall durch eine break-Anweisung verlassen wird. Die break-Anweisung kann auch in while-, do-while- und foreach-Schleifen verwendet werden. Bei geschachtelten Schleifen bewirkt sie allerdings nur das Verlassen der innersten Schleife. Will man eine äußere Schleife verlassen, muss man das mit einer goto-Anweisung tun.

Die continue-Anweisung darf ebenfalls in jeder Schleifenart verwendet werden und bewirkt, dass der Rest des Schleifenrumpfs übersprungen wird. Es wird dann ein eventueller Inkrementierungsteil ausgeführt (nur bei der for-Schleife) und die Abbruchbedingung geprüft, bevor der nächste Schleifendurchlauf beginnt.

6.11 goto-Anweisung

Die goto-Anweisung springt zu einer *Marke*, die vor einer anderen Anweisung steht. Eine Marke besteht aus einem Namen gefolgt von einem Doppelpunkt. Die do-while-Anweisung könnte z.B. auch mit Sprüngen und Marken codiert werden:

```
top:                            // do {
    sum += i;                   //     sum += i;
    i++;                        //     i++;
    if (i <= n) goto top;       // } while (i <= n);
```

Das ist aber nicht empfehlenswert, da man auf diese Weise die Programmstruktur nur schwer erkennt. Eine sinnvolle Anwendung der goto-Anweisung ist zum Beispiel der Aussprung aus einer geschachtelten Schleife, der mit einer break-Anweisung nicht zu bewerkstelligen ist.

Da die uneingeschränkte Verwendung von goto-Anweisungen die Programmqualität beeinträchtigen kann, unterliegen Sprünge gewissen Restriktionen: Man darf zwar aus einem Block herausspringen (z.B. im Fehlerfall), nicht jedoch in einen Block hineinspringen. Außerdem ist der Aussprung aus einem finally-Block (siehe Kapitel 12) verboten. Der Aussprung aus einer try-Anweisung (siehe Kapitel 12) bewirkt, dass zuerst der dazugehörige finally-Block ausgeführt wird.

Goto-Anweisungen kann man auch benutzen, um innerhalb einer switch-Anweisung zu einer case-Marke zu springen. Dies ist vielleicht die sinnvollste Anwendung eines goto, weil sich auf diese Weise so genannte *endliche Automaten* effizient implementieren lassen. Ein endlicher Automat besteht aus nummerierten Zuständen, zwischen denen Übergänge definiert sind, die durch Lesen bestimmter Symbole ausgelöst werden können. Abb. 6–1 zeigt so einen Automaten, bei dem die Zustände durch Kreise und die Übergänge durch Pfeile dargestellt sind.

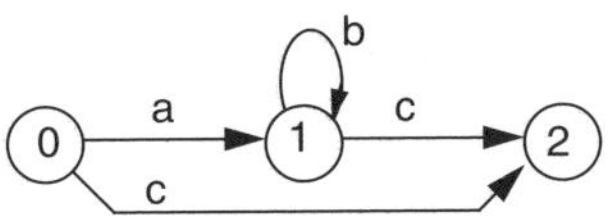

Abb. 6–1 *Endlicher Automat*

Dieser Automat kann mit Hilfe von goto-Anweisungen folgendermaßen implementiert werden:

```
int state = 0;                  // beginnt in Zustand 0
int ch = Console.Read();        // liest erstes Übergangssymbol
switch (state) {
   case 0: if (ch == 'a') { ch = Console.Read(); goto case 1; }
           else if (ch == 'c') goto case 2;
           else goto default;
   case 1: if (ch == 'b') { ch = Console.Read(); goto case 1; }
           else if (ch == 'c') goto case 2;
           else goto default;
   case 2: Console.WriteLine("input valid!");
           break;
   default: Console.WriteLine("illegal character: " + (char) ch);
           break;
}
```

Noch kürzer geht es in diesem Fall, wenn man auf die switch-Anweisung verzichtet und direkt Marken mit dem Namen state0, state1, state2 und illegal anspringt.

6.12 return-Anweisung

Die return-Anweisung dient zum (vorzeitigen) Beenden von Methoden. Sie kann in zwei Formen auftreten. Methoden *ohne* Rückgabewert *können* durch eine return-Anweisung ohne Argument vorzeitig beendet werden, z.B.:

```
void P(int x) {
   if (x < 0) return;
   ...
}
```

Die Methode endet natürlich auch ohne return nach ihrer letzten Anweisung. Funktionsmethoden *mit* Rückgabewert *müssen* durch eine return-Anweisung beendet werden, die einen Rückgabewert als Argument enthält, z.B.:

```
int Max(int a, int b) {
    if (a > b) return a; else return b;
}
```

Der Typ des Funktionswerts muss zu dem im Methodenkopf deklarierten Rückgabetyp zuweisungskompatibel sein. Eine Funktionsmethode darf nicht ohne return enden, da ja ein Funktionswert zurückgegeben werden muss.

Auch die Hauptmethode Main eines Programms darf als Funktionsmethode deklariert werden. Der Funktionswert wird dann als Fehlercode interpretiert, der in einer Umgebungsvariablen des Betriebssystems (unter Windows die Variable errorlevel) gespeichert wird.

```
class Test {
    static int Main() {
        ...
        if (...) return -1;
        ...
    }
}
```

6.13 Übungsaufgaben

1. **If-Anweisung**
   Bestimmen Sie mittels einer if-Anweisung das Maximum dreier Zahlen x, y und z.
2. **Switch-Anweisung**
   Wandeln Sie die switch-Anweisung aus Abschnitt 6.5 in eine if-Anweisung mit else-Zweigen um.
3. **Switch-Anweisung**
   Schreiben Sie eine switch-Anweisung, die zu einem gegebenen Monat die Anzahl seiner Tage berechnet (ohne Schaltjahre zu berücksichtigen). Implementieren Sie eine Version, bei der der Monat durch eine Zahl gegeben ist und eine andere, bei der er durch einen String gegeben ist. Vergleichen Sie den erzeugten Code mittels ildasm (siehe Anhang A.2).
4. **Schleifentransformation**
   Wandeln Sie folgende while-Schleife in eine äquivalente do-while-Schleife und eine äquivalente for-Schleife um:
   ```
   int i = ...;
   while (i > 0) { Foo(i); i--; }
   ```
5. **Suchschleife**
   Gegeben sei ein Zahlenarray tab. Schreiben Sie eine Suchschleife, die den Index eines gesuchten Werts val im Array tab liefert oder 0, wenn val nicht in tab vorkommt.

7 Ein-/Ausgabe

C# besitzt wie die meisten modernen Sprachen keine Anweisungen für die Ein- und Ausgabe von Daten. Vielmehr gibt es dafür Bibliotheksklassen. Wir sehen uns in diesem Kapitel an, wie man auf den Bildschirm schreibt, von der Tastatur liest sowie Dateien für die Ein- und Ausgabe benutzt. Abschnitt 19.3 geht noch ausführlicher auf die Ein-/Ausgabe ein.

7.1 Ausgabe auf den Bildschirm

Das Konsolenfenster auf dem Bildschirm wird durch die Klasse System.Console repräsentiert. Diese Klasse enthält zwei Ausgabemethoden:

```
Console.Write(x);        // schreibt den Wert von x in das Konsolenfenster
Console.WriteLine(x);    // schreibt den Wert von x in das Konsolenfenster und
                         // bewirkt anschließend einen Zeilenvorschub
```

Der Parameter dieser beiden Methoden darf von jedem beliebigen Standardtyp (int, char, float, ...) sowie vom Typ string sein. Wenn der Parameter x von einem anderen Typ ist (z.B. ein Referenztyp), wird die Methode x.ToString() aufgerufen, die x vor der Ausgabe in einen String konvertiert.

7.2 Formatierte Ausgabe

Write und WriteLine erlauben auch die formatierte Ausgabe einer variablen Anzahl von Werten. Zu diesem Zweck gibt man als Parameter vor den auszugebenden Werten einen Formatstring an, der nummerierte Platzhalter für die einzelnen Werte enthält. Der Aufruf

```
Console.WriteLine("{0} = {1}", x, y);
```

ersetzt {0} durch x und {1} durch y und gibt den Ergebnisstring dann aus. Hier ist ein Beispiel, das die Werte eines Arrays in ansprechender Form ausgibt:

```
using System;

class Test {
    static void Main() {
        string[] a = {"Anton", "Berta", "Caesar"};
        for (int i = 0; i < a.Length; i++)
            Console.WriteLine("a[{0}] = {1}", i, a[i]);
    }
}
```

Die Ausgabe sieht wie folgt aus:

```
a[0] = Anton
a[1] = Berta
a[2] = Caesar
```

Platzhalter-Syntax

Die Platzhalter in Formatstrings erlauben auch die Angabe einer Feldbreite, eines Ausgabeformats und der gewünschten Anzahl von Nachkommastellen. Ihre Syntax lautet

```
"{" n ["," width] [":" format [precision]] "}"
```

und hat folgende Bedeutung (die eckigen Klammern geben an, dass der geklammerte Teil fehlen kann):

n	Argumentnummer (beginnend bei 0)
width	Feldbreite (wenn zu klein, wird sie überschritten); positiv = rechtsbündig, negativ = linksbündig
format	Formatierungscode, z.B. d, f, e, x, ... (siehe unten)
precision	Anzahl der Nachkommastellen (manchmal Anzahl der Ziffern)

Der Platzhalter

```
{0,10:f2}
```

bewirkt z.B. die rechtsbündige Ausgabe des Arguments 0 in einem Feld der Breite 10 im Fixpunktformat f mit 2 Nachkommastellen. Der Platzhalter

```
{1:x4}
```

bewirkt die Ausgabe des Arguments 1 als Hexadezimalzahl mit 4 Ziffern. Tabelle 7–1 zeigt die wichtigsten Formatierungscodes und ihre Bedeutung.

Code	Bedeutung	Ausgabebild
d, D	**Dezimalformat** (ganze Zahl mit führenden Nullen) precision = Ziffernanzahl	-xxxxx
f, F	**Fixpunktformat** precision = Anzahl Nachkommastellen (Standard = 2)	-xxxxx.xx
n, N	**Nummernformat** (mit Tausender-Trennzeichen) precision = Anzahl Nachkommastellen (Standard = 2)	-xx,xxx.xx
e, E	**Gleitkommaformat** (groß/klein ist signifikant; siehe unten) precision = Anzahl Nachkommastellen	-x.xxxE+xxx
c, C	**Währungsformat** precision = Anzahl Nachkommastellen (Standard = 2) Negative Werte werden in Klammern gesetzt	$xx,xxx.xx ($xx,xxx.xx)
x, X	**Hexadezimalformat** (groß/klein ist signifikant; siehe unten) precision = Anzahl Hex-Ziffern (eventuell führende Nullen)	xxxx
g, G	**General** (kompaktestes Format für gegebenen Wert; Standard)	

Tabelle 7–1 *Die wichtigsten Formatierungscodes*

Folgende Beispiele zeigen die Verwendung der formatierten Ausgabe:

```
int x = 26;

Console.WriteLine("{0}", x);         // 26
Console.WriteLine("{0, 5}", x);      //    26

Console.WriteLine("{0:d}", x);       // 26
Console.WriteLine("{0:d5}", x);      // 00026

Console.WriteLine("{0:f}", x);       // 26.00
Console.WriteLine("{0:f1}", x);      // 26.0

Console.WriteLine("{0:E}", x);       // 2.600000E+001
Console.WriteLine("{0:e1}", x);      // 2.6e+001

Console.WriteLine("{0:X}", x);       // 1A
Console.WriteLine("{0:x4}", x);      // 001a
```

Stringformatierung

Numerische Werte können mittels ToString in eine Zeichenkette konvertiert werden. Dabei kann man wie bei Write und WriteLine Formatierungscodes angeben, die das Format, die Feldbreite und die Nachkommastellen der Zeichenkette spezifizieren. Hier sind einige Beispiele:

```
string s;
int i = 12;
s = i.ToString();          // s == "12"
s = i.ToString("x4");      // s == "000c"
s = i.ToString("f");       // s == "12.00"
```

ToString erlaubt sogar eine länderspezifische Formatierung, die sich z.B. auf das Währungsformat auswirkt:

```
s = i.ToString("c");                              // "$12.00" -- US-Format
s = i.ToString("c", new CultureInfo("en-GB"));    // "£12.00" -- britisches Format
```

Die Klasse String besitzt schließlich noch eine Methode Format zur allgemeinen Formatierung von Zeichenketten mittels Formatstrings, z.B.:

```
s = String.Format("{0} = {1,6:x4}", name, i);     // s == "myName =   000c"
```

Vereinfachte Platzhalter in Formatstrings

Anstatt in einem Formatstring nummerierte Platzhalter anzugeben, die dann durch Werte bestimmter Variablen ersetzt werden, kann man diese Variablen auch direkt in den Formatstring einsetzen, sofern dieser durch ein vorangestelltes '$' eingeleitet wird. Anstelle von

```
Console.WriteLine("{0}: {1}", i, value[i]);
```

kann man also auch schreiben:

```
Console.WriteLine($"{i}: {value[i]}");
```

Dabei sind auch alle Formatierungscodes verwendbar, zum Beispiel:

```
Console.WriteLine($"{i,3}: {value[i]:x4}");
```

C# nennt diese vereinfachte Platzhaltersyntax »*String-Interpolation*«.

7.3 Ausgabe auf eine Datei

Die Methoden Write und WriteLine können auch zur formatierten Ausgabe auf eine Datei verwendet werden. Dazu muss man vorher einen Ausgabestrom vom Typ FileStream anlegen und einen StreamWriter darauf setzen, der wie die Klasse Console die Methoden Write und WriteLine besitzt. Das folgende Beispiel erzeugt im Applikationsverzeichnis eine Datei namens "myfile.txt" und gibt dort eine Tabelle mit den Quadraten der ersten 10 natürlichen Zahlen aus.

```
using System.IO; // importiert FileStream und StreamWriter
class Test {
   static void Main() {
      FileStream s = new FileStream("myfile.txt", FileMode.Create);
      StreamWriter w = new StreamWriter(s);
      for (int i = 0; i < 10; i++)
         w.WriteLine("{0,3}: {1,5}", i, i*i);
      w.Close(); // nötig, damit der letzte Ausgabepuffer geleert wird
   }
}
```

7.4 Eingabe von der Tastatur

Die Klasse System.Console kann nicht nur zur Ausgabe auf den Bildschirm, sondern auch zur Eingabe von der Tastatur verwendet werden. Die Methode

```
int ch = Console.Read();
```

liefert bei jedem Aufruf das nächste Zeichen der Eingabe als int-Zahl. Am Ende der Eingabe (das man unter Windows durch Strg-Z am Zeilenanfang eingibt) liefert sie -1. Read blockiert so lange, bis der Benutzer die Return-Taste drückt, und liest dann nacheinander die Zeichen der eingegebenen Zeile. Lautet die Eingabe abc gefolgt von der Return-Taste, so liefert Read der Reihe nach 'a', 'b', 'c', '\r' und '\n'. Will man eine ganze Zeile auf einmal lesen, so kann man die Methode

```
string line = Console.ReadLine();
```

verwenden. Sie blockiert wieder so lange, bis der Benutzer die Return-Taste drückt, und gibt dann die eingegebene Zeile ohne '\r' und '\n' zurück. Am Ende der Eingabe liefert ReadLine den Wert null.

Leider gibt es in der derzeitigen .NET-Bibliothek keine Methoden zum formatierten Lesen von Zahlen, Wörtern, Zeichenketten oder booleschen Werten. Man muss solche Methoden selbst implementieren, z.B.:

```
static int ReadInt() {
   int ch = Console.Read();
   while (0 <= ch && ch <= ' ') ch = Console.Read(); // bedeutungslose Zeichen überlesen
   int val = 0;
   while ('0' <= ch && ch <= '9') {
      val = 10 * val + (ch - '0');
      ch = Console.Read();
   }
   return val;
}
```

Unter [JKU] findet man allerdings eine Klasse In, die diese Funktionalität anbietet.

7.5 Eingabe von einer Datei

Die Methoden Read und ReadLine können auch zum Lesen von einer Datei verwendet werden. Man muss dazu einen Eingabestrom vom Typ FileStream öffnen und einen StreamReader darauf setzen, zu dem Read und ReadLine gehören:

```
using System.IO;    // importiert FileStream und StreamReader
class Test {
    static void Main() {
        FileStream s = new FileStream("myfile.txt", FileMode.Open);
        StreamReader r = new StreamReader(s);
        string line = r.ReadLine();
        while (line != null) {
            ...
            line = r.ReadLine();
        }
        r.Close();
    }
}
```

Leider können nicht mehrere StreamReader gleichzeitig auf eine Datei gesetzt werden, um Daten von unterschiedlichen Stellen der Datei zu lesen.

7.6 Lesen der Kommandozeilenparameter

Ein Programm wird durch Angabe seines Namens aus der Kommandozeile aufgerufen. Hinter dem Programmnamen kann noch Text stehen, der in Worte zerlegt wird, die durch Leerzeichen voneinander getrennt sind. Diese *Kommandozeilenparameter* werden als String-Array an die Main-Methode übergeben:

```
using System;
class Test {
    static void Main(string[] arg) {
        for (int i = 0; i < arg.Length; i++)
            Console.WriteLine("{0}: {1}", i, arg[i]);
        foreach (string s in arg) Console.Write(s + " ");
    }
}
```

Ruft man dieses Programm in der Form

```
Test value = 3
```

auf, so liefert es

```
0: value
1: =
2: 3
value = 3
```

7.7 Übungsaufgaben

1. **Entfernen von Kommentaren**
   Schreiben Sie ein Programm, das aus einem anderen C#-Programm alle Kommentare entfernt, indem es das Quellprogramm zeichenweise von einer Datei liest und ohne Kommentare wieder zeichenweise auf eine neue Datei schreibt.

2. **Formatierte Ausgabe**
   Erzeugen Sie eine Tabelle der Quadrate und Wurzeln der ersten n natürlichen Zahlen. Verwenden Sie dazu die formatierte Ausgabe. Zur Berechnung der Wurzel können Sie die Funktion Math.Sqrt (siehe Abschnitt 19.1) verwenden. Übergeben Sie n als Kommandozeilenparameter.

3. **Formatierte Ausgabe**
   Lesen Sie eine beliebige Zeichenfolge als Kommandozeilenparameter ein und geben Sie alle darin vorkommenden Zeichen im Hexadezimalformat aus. Benutzen Sie dazu die formatierte Ausgabe von C# mit der Platzhaltersyntax.

4. **Formatierte Eingabe**
   Schreiben Sie eine Klasse In, die statische Methoden Read, ReadInt, ReadFloat, etc. enthält, um ein Zeichen, eine int-Zahl, eine float-Zahl etc. von einer Textdatei zu lesen. Leerzeichen, Tabulatoren und Zeilenenden sollen dabei überlesen werden.

8 Klassen und Structs

Sowohl Klassen als auch Structs sind Typen, die Daten und dazugehörige Operationen zu einer Einheit zusammenfassen. Beide können folgende Elemente enthalten, die wir in diesem Abschnitt genauer betrachten:

- Felder und Konstanten
- Methoden
- Konstruktoren und Destruktoren
- Properties
- Indexer
- Events
- überladene Operatoren
- geschachtelte Typen (Klassen, Structs, Interfaces, Enumerationen, Delegates)

Die genaue Syntax von Klassen findet man in Anhang A.3. Hier ist ein Beispiel einer Klasse Counter, die Werte kumuliert und ihren Mittelwert berechnet:

```
class Counter {
    public int value = 0;                                   // Felder
    private int n = 0;
    public void Add(int x) { value += x; n++; }            // Methoden
    public float Mean() { return (float) value / n; }
}
```

Bevor ein Counter-Objekt benutzt werden kann, muss es auf folgende Weise erzeugt werden:

```
Counter c = new Counter();
```

Anschließend kann man auf die öffentlichen Felder und Methoden zugreifen, also:

```
c.Add(3); c.Add(17); ...
Console.WriteLine("Summe: {0}, Mittelwert: {1}", c.value, c.Mean());
```

Klassen sind *Referenztypen*. Ihre Objekte liegen am Heap und werden über Zeiger referenziert. Structs sind hingegen *Werttypen*. Ihre Objekte liegen am Methodenkeller (oder sind in andere Objekte eingebettet) und werden direkt in Variablen gespeichert. Folgendes Beispiel zeigt einen Struct zur Darstellung von Bruchzahlen:

```
struct Fraction {
    public int z, n;                                                              // Felder (Zähler, Nenner)
    public Fraction(int z, int n) { this.z = z; this.n = n; }                     // Konstruktor
    public void Add(Fraction f) { z = z * f.n + n * f.z; n = n * f.n; }           // Methoden
    public void Multiply(Fraction f) { z = z * f.z; n = n * f.n; }
}
```

Deklariert man eine Struct-Variable, sind ihre Felder noch uninitialisiert. Man kann ihnen aber bereits Werte zuweisen, z.B.:

```
Fraction f;
f.z = 1; f.n = 1;
```

Besser ist jedoch die Initialisierung mittels eines *Konstruktors* (siehe Abschnitt 8.4):

```
Fraction f = new Fraction();         // erzeugt hier keine neuen Objekte, sondern initialisiert
Fraction g = new Fraction(1, 2);     // die Objekte f und g am Methodenkeller;
g.Add(new Fraction(1, 3));           // erzeugt ein neues Objekt am Methodenkeller
```

Jeder Struct-Typ hat automatisch einen parameterlosen Standardkonstruktor, der die Felder mit 0 initialisiert. Der bei der Erzeugung von g aufgerufene Konstruktor setzt g.z auf 1 und g.n auf 2. Der Aufruf g.Add(new Fraction(1, 3)) erzeugt am Methodenkeller ein neues Fraction-Objekt mit dem Wert 1/3 und addiert es zu g, so dass g.z den Wert 5 und g.n den Wert 6 bekommt.

Die Initialisierung von Struct-Feldern bei ihrer Deklaration ist aufgrund einer Einschränkung der CLR verboten. Der Compiler würde also in folgendem Fall einen Fehler melden:

```
struct Fraction {
    public int z = 1;   // Fehler!
    public int n = 1;   // Fehler!
    ...
}
```

Objekte von Structs, die am Methodenkeller liegen, werden am Ende der Methode automatisch freigegeben. Objekte von Klassen, die am Heap liegen, werden nie explizit freigegeben, sondern vom Garbage Collector entfernt, sobald sie nicht mehr referenziert werden.

8.1 Sichtbarkeitsattribute

Klassen und Structs haben auch die Aufgabe, von der tatsächlichen Implementierung ihrer Daten zu abstrahieren (*Datenabstraktion*), indem sie diese vor anderen Programmteilen verbergen (*Information Hiding*). Zu diesem Zweck kann man die Sichtbarkeit von Deklarationen mit Hilfe der Schlüsselwörter public, private, internal und protected festlegen.

public. Alles, was mit dem Sichtbarkeitsattribut public deklariert wurde, ist überall sichtbar, wo der deklarierende Namensraum bekannt ist. Die Elemente eines Interface und eines Enumerationstyps sind automatisch public. Die Elemente von Structs und Klassen müssen hingegen explizit als public deklariert werden, wenn man sie öffentlich zugänglich machen will, ansonsten sind sie private.

Typen auf äußerster Ebene eines Namensraums (Klassen, Structs, Interfaces, Enumerationen und Delegates) können ebenfalls als public deklariert werden. Andernfalls haben sie die Sichtbarkeit internal, was bedeutet, dass sie nur innerhalb des Assemblies bekannt sind, in dem sie deklariert sind. Ein *Assembly* besteht grob gesagt aus all jenen Programmteilen, die zusammen übersetzt werden. In Kapitel 13 werden wir uns Assemblies näher ansehen.

Öffentliche Elemente eines Typs sind natürlich nur dort sichtbar, wo auch der Typ, in dem sie enthalten sind, sichtbar ist.

private. Alles, was mit dem Sichtbarkeitsattribut private deklariert wurde, ist nur in der Klasse oder im Struct sichtbar, in dem es deklariert ist. Die Elemente einer Klasse oder eines Structs haben standardmäßig die Sichtbarkeit private. Will man sie öffentlich machen, muss man sie als public deklarieren. Hier ist ein Beispiel für die Verwendung von Sichtbarkeitsattributen:

```
struct Fraction {                      // internal
    public int z, n;                   // public
    private int auxiliary1;            // private
    int auxiliary2;                    // private
    void Reduce() {...}                // private
    public void Add(Fraction f) {...}  // public
}
```

Folgendes Beispiel zeigt nochmals, wo überall auf private Elemente zugegriffen werden darf:

```
class A {
    private int x;
}

class B {
    private int y;

    public void F(B b) {
        y = ...;        // Methode aus B darf auf private Elemente von B zugreifen.
        b.y = ...;      // Methode aus B darf auf private Elemente eines anderen
                        // B-Objekts zugreifen.
        A a = new A();
        a.x = ...;      // Falsch! Methode aus B darf nicht auf private Elemente
    }                   // eines A-Objekts zugreifen.
}
```

Neben den Sichtbarkeitsattributen public, private und internal gibt es noch die Attribute protected und protected internal, die in Abschnitt 9.1 besprochen werden.

8.2 Felder

Die Daten innerhalb von Klassen und Structs heißen *Felder* und können Variablen oder Konstanten sein. Folgendes Beispiel zeigt einige erlaubte Deklarationen:

```
class C {
    int value = 0;                                     // Variable
    const long size = ((long)int.MaxValue + 1) / 4);   // Konstante
    readonly DateTime date;                            // Readonly-Variable
    ...
}
```

Variablen. Feldvariablen wie value werden durch ihren Typ und ihren Namen deklariert. In Klassen dürfen sie auch wie im obigen Beispiel initialisiert werden, in Structs jedoch nicht, was mit einer Implementierungsbeschränkung der Common Language Runtime zu tun hat. Die Initialisierung von Struct-Feldern muss immer in einem Konstruktor erfolgen. Initialisiert man ein Feld bei seiner Deklaration, darf man dabei nicht auf andere Felder und Methoden des gleichen Objekts zugreifen.

Konstanten. Eine Konstante wie size ist ein Name für einen Wert, der zur Compilezeit berechnet und an allen Stellen im Programm eingesetzt wird, an denen dieser Name vorkommt. Konstanten werden mit dem Schlüsselwort const deklariert und müssen dabei initialisiert werden (auch in Structs).

Readonly-Felder. Wenn ein Feld mit dem Schlüsselwort readonly deklariert wird, darf man später nur lesend darauf zugreifen. Der Wert eines solchen Felds muss entweder bei der Deklaration oder in einem Konstruktor zugewiesen werden. Eine spätere Zuweisung ist nicht mehr möglich. Im Gegensatz zu Konstanten wird für Readonly-Felder eine Speicherzelle angelegt, auf die später bei der Verwendung zugegriffen wird. Readonly-Felder werden zur Laufzeit initialisiert, Konstantenfelder zur Compilezeit. Der Vorteil liegt darin, dass der Wert eines Readonly-Felds zum Beispiel von einer Datei eingelesen werden kann, was bei Konstanten nicht möglich ist.

Innerhalb der deklarierenden Klasse können Felder einfach über ihren Namen angesprochen werden (z.B. value oder this.value). Die Felder eines anderen Objekts müssen mit dem Objektnamen qualifiziert werden (z.B. c.value).

Statische Felder

Die Felder einer Klasse können entweder in jedem Objekt oder nur einmal pro Klasse vorhanden sein. Wenn sie nur einmal pro Klasse angelegt werden sollen, heißen sie *statische Felder* und müssen mit dem Zusatz static deklariert werden.

```
class Rectangle {
    static Color defaultColor;          // nur einmal pro Klasse vorhanden
    static readonly int scale = 1;      // nur einmal pro Klasse vorhanden
    int x, y, width, height;            // in jedem Objekt gespeichert
    ...
}
```

Die Felder defaultColor und scale gehören also zur Klasse Rectangle selbst und werden nur einmal angelegt. Die Felder x, y, width und height sind hingegen in jedem Rectangle-Objekt vorhanden (siehe Abb. 8–1).

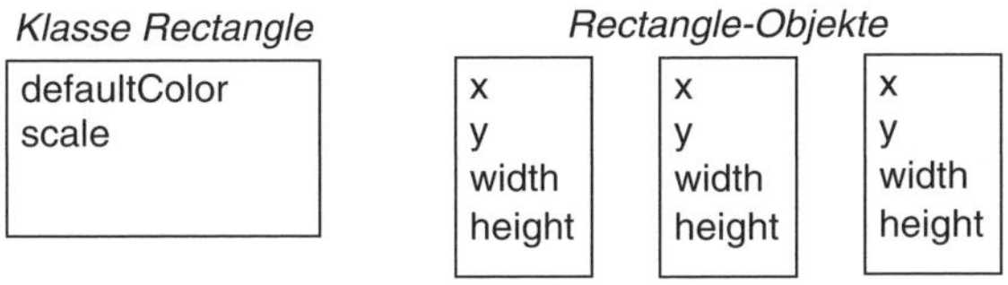

Abb. 8–1 *Statische und nicht statische Felder*

Alle Methoden einer Klasse können auf die statischen Felder dieser Klasse zugreifen (z.B. mittels defaultColor oder Rectangle.defaultColor). Beim Zugriff auf statische Felder einer fremden Klasse muss man den Feldnamen mit dem Klassennamen qualifizieren (z.B. String.Empty).

Für Konstantenfelder wird kein Speicherplatz angelegt. Daher hat der Zusatz static bei ihnen keinen Sinn und ist verboten.

8.3 Methoden

Die zu einer Klasse gehörenden Operationen heißen *Methoden*. Sie werden mit ihrem Namen, einer (eventuell leeren) Parameterliste und ihrem Code deklariert.

```
class Counter {
    int sum = 0, n = 0;

    public void Add(int x) {            // Prozedur
        sum = sum + x; n++;
    }

    public float Mean() {               // Funktion (muss Wert mit return zurückgeben)
        return (float)sum / n;
    }
}
```

Methoden können Prozeduren oder Funktionen sein. Eine *Prozedur* wird als eigenständige Anweisung aufgerufen, z.B.:

```
counter.Add(3);
```

Sie liefert keinen Funktionswert und wird daher als void deklariert. Eine *Funktion* wird dagegen als Operand eines Ausdrucks aufgerufen, z.B.:

```
float result = 10 + counter.Mean();
```

Sie liefert einen Rückgabewert (*Funktionswert*) und wird daher mit dem Typ dieses Rückgabewerts deklariert (Mean liefert z.B. ein float-Ergebnis). Das Ergebnis muss mittels einer return-Anweisung zurückgegeben werden, andernfalls meldet der Compiler einen Fehler.

Statische Methoden

Ähnlich wie Felder können auch Methoden entweder der Klasse selbst oder den Objekten dieser Klasse zugeordnet werden. Methoden, die der Klasse zugeordnet sind, heißen *statische Methoden* und werden mit dem Schlüsselwort static deklariert.

```
class Rectangle {
   static Color defaultColor;

   public static void ResetColor() {
      defaultColor = Color.white;
   }
   ...
}
```

Statische Methoden sind auf ihre Klasse anwendbar, während nicht statische Methoden auf Objekte ihrer Klasse angewendet werden. Meist benutzt man statische Methoden dazu, um statische Felder zu initialisieren. Innerhalb der deklarierenden Klasse können sie einfach mit ihrem Namen angesprochen werden (z.B. ResetColor oder Rectangle.ResetColor). Statische Methoden fremder Klassen müssen mit dem Klassennamen qualifiziert werden (z.B. String.Format).

Parameter

Parameter sind Werte, die vom Rufer an eine Methode übergeben oder von der Methode an den Rufer zurückgegeben werden. Bei der Deklaration einer Methode wird eine Liste *formaler Parameter* angegeben, die den *aktuellen Parametern* beim Aufruf der Methode entsprechen. Parameter werden wie Variablen deklariert, aber durch Kommas getrennt, statt durch Strichpunkte abgeschlossen, z.B.:

```
void PrintMessage (string msg, int x, int y) {...}
```

C# kennt drei Arten von Parametern, die auf unterschiedliche Weise übergeben werden.

Wertparameter. Ein Wertparameter ist ein *Eingangsparameter*, der vom Rufer an die Methode übergeben wird (*call by value*). Der aktuelle Parameter darf ein beliebiger Ausdruck sein, dessen Wert vor dem Aufruf berechnet und in den entsprechenden formalen Parameter *kopiert* wird, zum Beispiel:

```
void Inc(int x) { x = x + 1; }

void F() {
    int val = 3;
    Inc(val);          // val hat nach diesem Aufruf noch immer den Wert 3
}
```

In diesem Beispiel wird der Wert von val in den formalen Parameter x kopiert, bevor Inc aufgerufen wird. Wenn x in Inc erhöht wird, bleibt der Wert von val unverändert, weil x ja eine Kopie von val ist. Die Typen von aktuellen und formalen Parametern müssen übrigens wie bei Zuweisungen kompatibel sein, was hier der Fall ist, weil sowohl val als auch x vom Typ int sind.

Ref-Parameter. Ein Referenzparameter ist ein *Übergangsparameter*, der dazu verwendet werden kann, einen Wert an eine Methode zu übergeben und eventuelle Änderungen, die die Methode an diesem Wert vornimmt, im Rufer weiterzuverarbeiten. Der aktuelle Parameter muss eine Variable sein; der entsprechende formale Parameter kann als Alias-Name für dieselbe Variable betrachtet werden. Technisch wird das gelöst, indem die *Adresse* des aktuellen Parameters übergeben wird (*call by reference*); der entsprechende formale Parameter bekommt einfach dieselbe Adresse wie der aktuelle Parameter. Sowohl formale als auch aktuelle Referenzparameter müssen mit dem Zusatz ref versehen werden, zum Beispiel:

```
void Inc(ref int x) { x = x + 1; }

void F() {
    int val = 3;
    Inc(ref val);      // val hat nach diesem Aufruf den Wert 4
}
```

In diesem Beispiel bezeichnen val und x dieselbe Variable. Wenn also Inc den Wert von x erhöht, wird dadurch auch der Wert von val erhöht. Die Variable val muss bereits vor dem Aufruf von Inc einen Wert haben, der an die Methode übergeben wird. Die Methode ändert diesen Wert und gibt ihn wieder an den Rufer zurück. Bei Referenzparametern müssen der aktuelle und der formale Parameter den gleichen Typ haben, da sie ja dieselbe Variable bezeichnen.

Out-Parameter. Ein Out-Parameter ist ein *Ausgangsparameter*, der von der Methode an ihren Rufer zurückgegeben wird. Die Parameterübergabe erfolgt wie bei Referenzparametern durch *call by reference*. Allerdings muss der aktuelle Parameter vor dem Aufruf noch keinen Wert haben. Dafür prüft der Compiler, dass der formale Parameter in der Methode einen Wert bekommt, und liefert anderenfalls eine Fehlermeldung. Wie bei Referenzparametern muss ein aktueller Out-Parameter eine Variable sein, deren Typ gleich ist wie der Typ des entsprechenden formalen Parameters. Out-Parameter werden sowohl bei der Deklaration als auch beim Aufruf mit out gekennzeichnet.

```
void Read(out int first, out int next) {
    first = Console.Read(); next = Console.Read();
}

void F() {
    int a, b;
    Read(out a, out b);
}
```

In diesem Beispiel sind a und first wieder zwei Namen für dieselbe Variable, ebenso b und next. Out-Parameter werden vor allem dann verwendet, wenn eine Methode mehrere Werte zurückliefern soll. Seit C# 7 kann man aktuelle Out-Parameter auch direkt an der Aufrufstelle deklarieren:

```
void F() {
    Read(out int a, out int b);
}
```

Variable Anzahl von Parametern

In C# kann man Methoden deklarieren, die eine variable Anzahl von Parametern haben. Genau genommen darf der jeweils letzte Parameter als Array deklariert werden, für das dann beim Aufruf eine Folge von Einzelwerten angegeben werden kann. Dieser Parameter muss bei der Deklaration mit dem Schlüsselwort params gekennzeichnet sein, wie im folgenden Beispiel:

```
void Add(out int sum, params int[] val) {
    sum = 0;
    foreach (int i in val) sum += i;
}
```

Wenn man die Methode folgendermaßen aufruft

```
Add(out sum, 3, 4, 2, 9);
```

wird die Folge 3, 4, 2, 9 zum int-Array val zusammengefasst, und in sum wird der Wert 18 geliefert.

Andere bekannte Beispiele für eine variable Anzahl von Parametern sind die Methoden Write und WriteLine aus der Klasse Console. Sie sind wie folgt deklariert

```
public void WriteLine(string format, params object[] arg) {...}
```

und können nach dem Formatstring eine beliebige Anzahl von Argumenten aufweisen.

Als Einschränkung muss noch gesagt werden, dass das Schlüsselwort params nicht mit ref oder out kombiniert werden darf. Man kann also nur eine variable Anzahl von Eingangsparametern benutzen, nicht aber eine variable Anzahl von Ausgangs- oder Übergangsparametern.

Überladen von Methoden

Methoden einer Klasse dürfen gleich heißen, wenn sie sich in ihren Parametern unterscheiden, d.h. wenn sie

- unterschiedliche *Anzahl* von Parametern oder
- unterschiedliche Parameter*typen* oder
- unterschiedliche Parameter*arten* (value, ref/out) haben.

Im folgenden Beispiel werden fünf Methoden mit dem Namen P deklariert, die sich nach den oben angegebenen Kriterien unterscheiden.

```
void P(int x) {...}
void P(char x) {...}
void P(int x, long y) {...}
void P(long x, int y) {...}
void P(ref int x) {...}
```

Beim Aufruf der Methode wird vom Compiler die richtige Variante anhand der Typen der aktuellen Parameter ausgewählt, also:

```
int i; long n; short s;
P(i);       // P(int x)
P(ref i);   // P(ref int x)
P('a');     // P(char x)
P(i, n);    // P(int x, long y)
P(n, s);    // P(long x, int y)
P(i, s);    // mehrdeutig zwischen P(int x, long y) und P(long x, int y) => Fehler
P(i, i);    // mehrdeutig zwischen P(int x, long y) und P(long x, int y) => Fehler
```

Wenn die Auswahl nicht eindeutig ist, wie in den letzten beiden Zeilen des Beispiels, meldet der Compiler einen Fehler.

Überladene Methoden dürfen sich nicht bloß im Funktionstyp unterscheiden, wie im folgenden Beispiel:

```
int F() {...}
string F() {...}
```

Da sich jede Funktion auch als Prozedur aufrufen lässt

```
F(); // Rückgabewert wird ignoriert
```

kann der Compiler aus diesem Aufruf nicht erkennen, welche der beiden Funktionen gemeint ist. Daher ist dieser Fall verboten.

Auch die Schlüsselwörter params, ref und out dürfen nicht als Unterscheidungskriterien beim Überladen von Methoden verwendet werden. Die folgenden Deklarationen sind also falsch:

```
void P(int[] a) {...}
void P(params int[] a) {...}        // Fehler: Mehrdeutigkeit

void Q(ref int x) {...}
void Q(out int x) {...}             // Fehler: Mehrdeutigkeit
```

Der Grund für dieses Verbot ist nicht ganz offensichtlich, denn Q muss ja entweder als Q(ref x); oder als Q(out x); aufgerufen werden, womit eine Unterscheidung möglich sein sollte. Das Verbot kommt aber daher, dass der C#-Compiler diese Konstrukte auf denselben Zwischencode abbildet und der JIT-Compiler dann die beiden Aufrufe nicht mehr unterscheiden kann.

Optionale Parameter

Bibliotheksmethoden haben oft viele Parameter, damit man sie möglichst flexibel einsetzen kann. Eine Sortiermethode kann zum Beispiel den zu sortierenden Bereich eines Arrays, die Sortierrichtung (auf- oder absteigend) sowie die Behandlung von Groß- und Kleinschreibung in Texten festlegen:

```
void Sort(string[] a, int from, int to, bool ascending, bool ignoreCase) { ... }
```

Wenn man diese Methode aufruft, muss man immer alle ihre Parameter angeben, zum Beispiel:

```
string[] s = {"John", "Ann", "Bob", "George", "Sue"};
Sort(s, 0, s.Length - 1, true, false);
```

Um Schreibarbeit zu sparen und die Lesbarkeit des Aufrufs zu erhöhen, könnte man natürlich weitere (überladene) Methoden mit weniger Parametern deklarieren, die dann die eigentliche Methode aufrufen

```
void Sort(string[] a) { Sort(a, 0, a.Length - 1, true, false); }
void Sort(string[] a, int from, int to) { Sort(a, from, to, true, false); }
void Sort(string[] a, int from, int to, bool ascending) { Sort(a, from, to, ascending, false); }
```

aber das ist mühsam. Daher bietet C# *optionale Parameter*, d.h., einzelne formale Parameter können bei ihrer Deklaration mit Standardwerten versehen werden, die sie annehmen, wenn die entsprechenden aktuellen Parameter beim Aufruf fehlen. Das kann für unsere Sortiermethode wie folgt aussehen:

```
void Sort(string[] a, int from = 0, int to = -1, bool ascending = true, bool ignoreCase = false) {
    if (to == -1) to = a.Length - 1;
    ...
}
```

Die Parameterliste dieses Beispiels besteht aus *verpflichtenden Parametern* (hier a) und *optionalen Parametern* (hier from, to, ascending und ignoreCase), für die man Standardwerte angibt, wobei diese Werte Ausdrücke sein müssen, die zur Compilezeit berechenbar sind. Aus diesem Grund darf man zum Beispiel als Standardwert von to nicht a.Length - 1 verwenden, weil a.Length keine Compilezeit-Konstante ist. Optionale Parameter dürfen weder Ref- noch Out-Parameter sein. Die verpflichtenden Parameter müssen außerdem vor den optionalen Parametern stehen.

Beim Aufruf von Sort kann man nun einzelne oder auch alle optionalen Parameter weglassen. Sie werden dann durch ihre Standardwerte ersetzt.

```
string[] s = {"John", "Ann", "Bob", "George", "Sue"};
Sort(s);                    // from = 0, to = -1, ascending = true, ignoreCase = false
Sort(s, 3);                 // to = -1, ascending = true, ignoreCase = false
Sort(s, 0, 5);              // ascending = true, ignoreCase = false
Sort(s, 0, 5, false);       // ignoreCase = false
```

Es ist jedoch nicht zulässig, optionale Parameter aus der Mitte der Parameterliste wegzulassen. Folgender Aufruf ist also verboten:

```
Sort(s, , , , true);        // illegal
```

Dieses Problem lässt sich mit benannten Parametern lösen, die im nächsten Abschnitt beschrieben werden.

Benannte Parameter

Normalerweise werden die aktuellen Parameter den formalen Parametern über ihre Position zugeordnet. Wenn man will, kann man das aber auch über die Namen der formalen Parameter tun. Wenn man zum Beispiel eine Methode

```
void Foo(int a, int b, int c, int d) { ... }
```

hat, dann kann man sie wie folgt aufrufen:

```
Foo(1, 2, 3, 4);            // Alle Parameter werden über ihre Position zugeordnet
Foo(1, 2, c:3, d:4);        // a und b über ihre Position, c und d über Namen zugeordnet
Foo(1, d:4, c:3, b:2);      // Bei Zuordnung über Namen ist die Reihenfolge beliebig
```

Ein benannter Parameter besteht aus dem Namen des formalen Parameters, einem Doppelpunkt und dem eigentlichen aktuellen Parameter. Beim Methodenaufruf dürfen sowohl Positionsparameter als auch benannte Parameter angegeben werden, wobei benannte Parameter erst nach den Positionsparametern kommen dürfen. Ihre Reihenfolge ist beliebig, da die Zuordnung ja über ihren Namen erfolgt.

Man kann auch Ref- und Out-Parameter als benannte Parameter verwenden, obwohl das eher selten ist. Die Methode

```
void Foo2(int a, ref int b, out int c) { ... }
```

kann zum Beispiel folgendermaßen aufgerufen werden:

```
Foo2(3, c: out x, b: ref y);
```

Besonders nützlich sind benannte Parameter, wenn man eine lange Liste optionaler Parameter hat und nur einzelne davon beim Aufruf angeben will. Unsere Sort-Methode aus dem letzten Abschnitt können wir zum Beispiel so aufrufen:

```
Sort(s, ignoreCase: true);
```

Die anderen optionalen Parameter (from, to und ascending) nehmen ihre Standardwerte an.

Benannte Parameter funktionieren übrigens nicht nur bei Methoden, sondern auch bei Konstruktoren und Indexern.

8.4 Konstruktoren

Konstruktoren sind spezielle Methoden zur Initialisierung von Objekten. Wir behandeln zuerst Konstruktoren in Klassen, anschließend Konstruktoren in Structs und schließlich statische Konstruktoren.

Konstruktoren in Klassen

Ein Konstruktor ist eine Methode, die bei der Erzeugung eines Objekts automatisch aufgerufen wird, um das Objekt zu initialisieren. Konstruktoren tragen denselben Namen wie die Klasse, in der sie deklariert sind, und haben keinen Funktionstyp. Folgende Klasse Rectangle hat zum Beispiel drei überladene Konstruktoren:

```
class Rectangle {
   int x, y, width, height;
   public Rectangle(int x, int y, int w, int h) { this.x = x; this.y = y; width = w; height = h; }
   public Rectangle(int w, int h) : this(0, 0, w, h) {}
   public Rectangle() : this(0, 0, 0, 0) {}
   ...
}
```

Die Anweisung

```
Rectangle r1 = new Rectangle(2, 2, 10, 5);
```

erzeugt ein neues Rectangle-Objekt und ruft den passenden Konstruktor auf (in diesem Fall den mit vier Parametern), der die Felder x, y, width und height mit den Werten 2, 2, 10 und 5 initialisiert. Erzeugung und Initialisierung eines Objekts werden somit zu einer Einheit verbunden. Erzeugt man ein Objekt mittels

```
Rectangle r2 = new Rectangle(10, 5);
```

so wird der Konstruktor mit zwei Parametern aufgerufen. Im Kopf seiner Deklaration sieht man den Aufruf

```
... : this(0, 0, w, h)
```

was bedeutet, dass vor seiner ersten Anweisung ein anderer Konstruktor dieser Klasse aufgerufen wird, und zwar der mit vier Parametern. Die Implementierung eines Konstruktors kann so auf die Implementierung anderer Konstruktoren zurückgeführt werden. Gleiches gilt für den dritten Konstruktor.

Nach der Erzeugung eines Objekts und vor dem Aufruf des Konstruktors werden noch jene Initialisierungen durchgeführt, die bei der Deklaration der Felder angegeben wurden.

Standardkonstruktor. Hat eine Klasse keinen Konstruktor, wird automatisch ein parameterloser Standardkonstruktor erzeugt. Sieht eine Klasse also wie folgt aus

```
class C {
   int x;
   bool y;
}
```

kann man wie gewohnt ein Objekt davon erzeugen:

```
C obj = new C();
```

Dabei wird der parameterlose Standardkonstruktor aufgerufen, der die Felder je nach Typ folgendermaßen initialisiert:

numerischer Typ:	0
Enumeration:	Konstante, die dem Wert 0 entspricht
bool:	false
char:	'\0'
Referenztyp:	null

Hat eine Klasse zumindest *einen* Konstruktor, so wird *kein* Standardkonstruktor erzeugt. Sieht eine Klasse also wie folgt aus

```
class C {
   int x;
   public C(int y) { x = y; }
}
```

muss man bei der Erzeugung von Objekten einen Parameter angeben:

```
C c1 = new C(3);      // o.k.
C c2 = new C();       // Compiler meldet einen Fehler
```

Konstruktoren in Structs

Grundsätzlich haben Konstruktoren bei Structs dieselbe Form und Bedeutung wie bei Klassen. In Structs dürfen aber keine parameterlosen Konstruktoren deklariert werden (der Grund liegt in der Implementierung der Common Language Runtime). Dafür erzeugt der Compiler für jeden Struct-Typ automatisch einen parameterlosen Standardkonstruktor, der die Felder wie oben beschrieben mit Nullwerten initialisiert. Hier ist ein Beispiel:

```
struct Complex {
   double re, im;
   public Complex(double re, double im) { this.re = re; this.im = im; }
   public Complex(double re) : this(re, 0) {}
   ...
}
...
Complex c0;                       // c0.re und c0.im sind uninitialisiert
Complex c1 = new Complex();       // c1.re == 0, c1.im == 0
Complex c2 = new Complex(5);      // c2.re == 5, c2.im == 0
Complex c3 = new Complex(10, 3);  // c3.re == 10, c3.im == 3
```

Statische Konstruktoren

Wie Methoden können auch Konstruktoren mit dem Schlüsselwort static versehen werden und sind dann statisch. Ein statischer Konstruktor dient vor allem zur Initialisierung einer Klasse (d.h. ihrer statischen Felder) und wird automatisch aufgerufen, bevor die Klasse das erste Mal benutzt wird. Hier sind zwei Beispiele:

```
class Rectangle {
    static Color defaultColor;
    static Rectangle() { defaultColor = Color.black; }
    ...
}
struct Point {
    ...
    static Point() { Console.WriteLine("Point initialized"); }
}
```

Statische Konstruktoren müssen parameterlos sein (auch bei Structs) und werden weder als public noch als private deklariert. Es darf nur einen einzigen statischen Konstruktor pro Typ geben.

Bevor ein statischer Konstruktor aufgerufen wird, werden die bei der Deklaration der statischen Felder angegebenen Initialisierungen ausgeführt. Hat eine Klasse keinen statischen Konstruktor, werden alle ihre statischen Felder, die nicht explizit initialisiert wurden, mit 0, false, '\0' etc. initialisiert.

Die Reihenfolge, in der die statischen Konstruktoren der einzelnen Typen aufgerufen werden, ist nicht definiert. Es wird nur garantiert, dass sie aufgerufen werden, bevor die Typen benutzt werden.

8.5 Destruktoren

Destruktoren sind das Gegenstück von Konstruktoren. Sie dienen für Abschlussarbeiten in Objekten (z.B. zum Schließen von Dateien, die ein Objekt offen hält) und werden – sofern vorhanden – automatisch aufgerufen, bevor der Garbage Collector ein Objekt der entsprechenden Klasse freigibt. Hat auch die Oberklasse einen Destruktor, so wird auch dieser automatisch aufgerufen. Ein Destruktor hat den gleichen Namen wie seine Klasse, ist parameterlos, weder public noch private und wird mit einer Tilde (~) deklariert, zum Beispiel:

```
class Buffer {
    FileStream s = new FileStream("scratch.txt", FileMode.Create);
    ...
    ~Buffer() {     // Destruktor
        s.Close();  // Abschlussarbeiten
    }
}
```

Die meisten Klassen benötigen keinen Destruktor, weil die Abschlussarbeiten normalerweise nur aus dem Freigeben nicht mehr benötigter Objekte bestehen, was der Garbage Collector automatisch erledigt. .NET spezifiziert nicht, in welcher Reihenfolge Destruktoren aufgerufen werden, ja es garantiert nicht einmal, dass sie überhaupt vor Programmende aufgerufen werden. Außerdem benötigen Objekte mit Destruktoren länger bei ihrer Erzeugung und Freigabe. Daher also: Finger weg von Destruktoren! Im Gegensatz zu C++ sind sie meist nicht nötig.

8.6 Properties

Properties sind spezielle Felder (*smart fields*), auf die über get- und set-Methoden zugegriffen wird. Die Deklaration eines solchen Felds und seiner get- und set-Methoden bildet eine syntaktische Einheit, zum Beispiel:

```
class Data {
   FileStream s;

   public string FileName {  // Property namens FileName vom Typ string
      set { s = new FileStream(value, FileMode.Create); }      // set-Methode
      get { return s.Name; }                                   // get-Methode
   }
   ...
}
```

FileName kann wie ein Feld vom Typ string betrachtet werden. Wenn man darauf schreibend zugreift

```
Data d = new Data();
d.FileName = "myFile.txt";
```

wird automatisch die set-Methode von FileName aufgerufen, und der zugewiesene Wert wird als versteckter Parameter mit dem Namen value und dem Typ des Properties (hier string) übergeben. Die Zuweisung führt also zur Ausführung von

```
s = new FileStream("myFile.txt", FileMode.Create);
```

Wenn man lesend zugreift

```
string str = d.FileName;
```

wird automatisch die get-Methode von FileName aufgerufen, die hier einen string-Wert liefert. Genau genommen werden get und set nicht als Methode aufgerufen, sondern ihr Code wird vom JIT-Compiler an der Aufrufstelle eingesetzt (*inlining*), so dass der Zugriff auf Properties kaum mehr kostet als der Zugriff auf gewöhnliche Felder.

Properties können auch statisch sein, also zu einer Klasse gehören statt zu ihren Objekten. Außerdem sind neben der gewöhnlichen Zuweisung auch alle kombinierten Zuweisungsoperatoren (+=, -= usw.) erlaubt:

```
class C {
    private static int size;
    public static int Size {
        get { return size; }
        set { size = value; }
    }
}

C.Size = 3;     // gewöhnliche Zuweisung
C.Size += 2;    // kombinierte Zuweisung: C.Size = C.Size + 2;
```

Nicht alle Properties müssen sowohl eine set- als auch eine get-Methode haben. Lässt man die set-Methode weg, erhält man ein Readonly-Property, lässt man die get-Methode weg, ein Writeonly-Property. Die Einschränkung auf lesenden Zugriff ist zum Beispiel in folgender Klasse Account nützlich, bei der man zwar die Abfrage, aber nicht die Änderung des Kontostands erlauben möchte.

```
class Account {
    long balance;
    public long Balance {
        get { return balance; }
    }
}

long x = account.Balance;   // o.k.
account.Balance = 0;        // verboten: Compiler liefert einen Fehler
```

Die Sichtbarkeit der get- oder set-Methode kann mittels private oder protected eingeschränkt werden, zum Beispiel:

```
public long Balance {
    get { ...}
    private set { ... }
}
```

Dadurch erreicht man, dass nur die deklarierende Klasse das Property schreibend verwenden darf, während alle anderen Klassen es nur lesen dürfen.

Da Properties in Methoden übersetzt werden, darf man sie nicht als Ref- oder Out-Parameter verwenden, weil der aktuelle Parameter hier eine Variable sein muss, in der der Parameter zurückgegeben werden kann.

Automatische Properties. Oft dienen Properties nur zum Lesen und Setzen privater Felder, zum Beispiel:

```
class C {
    private int length;
    public int Length {
        get { return length; }
        set { length = value; }
    }
}
```

Da dieses Muster häufig vorkommt, wurde folgende Kurzform dafür eingeführt:

```
class C {
    public int Length { get; set; }
}
```

Der Compiler erzeugt daraus ein privates Feld sowie get- und set-Methoden, die dieses Feld lesen und setzen. Solche *automatischen Properties* können auch initialisiert werden, zum Beispiel:

```
class C {
    public int Length { get; set; } = 100;
}
```

Dadurch bekommt das dahinter liegende Feld einen Initialwert. Ferner kann man die Sichtbarkeit der get- oder set-Methode einschränken, zum Beispiel:

```
class C {
    public int Length { get; private set; }
}
```

Oder man macht ein automatisches Property überhaupt *read-only*, indem man die set-Methode weglässt. In diesem Fall *muss* das Property allerdings initialisiert werden, entweder bei der Deklaration oder durch eine Zuweisung im Konstruktor:

```
class Student {
    public string Field { get; } = "Computing";// Initialisierung bei der Deklaration
    public string Name { get; }
    ...
    public Student(string name) {
        Name = name;                    // Initialisierung im Konstruktor
    }
}
```

Wenn automatische Properties ohnehin nur ein Feld lesen und setzen, stellt sich die Frage, warum man dann nicht gleich statt des Properties ein public-Feld verwendet. Der Grund liegt darin, dass automatische Properties die Möglichkeit offenlassen, später die get- und set-Methoden auszubauen, um dort zum Beispiel Plausibilitätsprüfungen durchzuführen. Benutzende Klassen müssen dann nicht geändert werden. Wenn man hingegen ein Feld verwendet und es später in ein Property umwandelt, müssen benutzende Klassen neu übersetzt werden.

Nutzen von Properties. Properties findet man weder in C++ noch in Java. In Java wird zwar die Konvention empfohlen, dass man auf ein privates Feld xxx mittels zweier Methoden getXxx und setXxx zugreifen sollte, aber das ist eben nur eine Konvention. Die Verwendung von Properties hat folgende Vorteile:

- Die Benutzersicht eines Felds und seine Implementierung können verschieden sein, wie im obigen Beispiel für FileName. Klienten benutzen FileName wie ein string-Feld. In Wirklichkeit steckt aber ein FileStream dahinter, der beim Setzen des Properties automatisch geöffnet wird.

- Bei der Zuweisung können im Hintergrund Plausibilitätsprüfungen, Hilfsdrucke oder sonstige Operationen ablaufen. Wenn das Feld size im obigen Beispiel nur Werte zwischen 0 und 100 annehmen soll, kann man diese Bedingung in der set-Methode des Properties Size prüfen.
- Wie bereits erwähnt, kann man mit Properties Readonly- und Writeonly-Felder implementieren.
- In Interfaces (siehe Kapitel 10) dürfen zwar keine Felder, wohl aber Properties deklariert werden. Properties sind hier also ein Ersatz für Felder.
- Properties sind mittels Reflection (siehe Abschnitt 19.4) eindeutig als solche erkennbar. Das ist für die komponentenbasierte Programmierung wichtig, in der man beim Zusammenstecken von Komponenten wissen muss, welche Properties die Komponenten haben, um sie geeignet zu konfigurieren.

8.7 Indexer

Eine Klasse repräsentiert oft eine Sammlung von Elementen (z.B. eine Liste, eine Menge oder eine Datei), auf die man wie bei Arrays über einen Index zugreifen möchte. In C# kann man für diesen Zweck einen *Indexer* benutzen.

Ein Indexer ist ein programmierbarer Operator zum Indizieren einer Folge von Elementen. Wie ein Property besteht er aus einem Paar von get- und set-Methoden sowie aus einem oder mehreren Indexparametern, die als Schlüssel für den Zugriff dienen. Beim Zugriff über einen Indexer wird die Indexschreibweise von Arrays verwendet, zum Beispiel list[i].

Am besten sehen wir uns dazu ein Beispiel an. In einer Klasse File soll ein Indexer verwendet werden, der den Zugriff auf die einzelnen Bytes der Datei in der Form file[i] erlaubt. Dies wird wie folgt implementiert:

```
class File {
   private FileStream s;

   public int this [int offset] {
      get { s.Seek(offset, SeekOrigin.Begin);
            return s.ReadByte();
      }
      set { s.Seek(offset, SeekOrigin.Begin);
            s.WriteByte((byte)value);
      }
   }
   ...
}
```

Ein Indexer hat immer den Namen this. Sein Typ (im obigen Beispiel int) gibt den Typ des gelieferten Elements an. Statt eines Parameters wird in eckigen Klammern ein Indexwert deklariert (im obigen Beispiel [int offset]), der als Schlüssel für den Zugriff dient. Wie bei Properties wird beim schreibenden Zugriff ein impliziter Parameter namens value übergeben. Der Indexer kann wie folgt verwendet werden:

```
File f = new File();
int x = f[10];          // ruft f.get(10) auf
f[10] = 'A';            // ruft f.set(10, 'A') auf
```

Beim lesenden Zugriff wird die get-Methode aufgerufen, wobei offset hier den Wert 10 hat. Beim schreibenden Zugriff wird die set-Methode aufgerufen, wobei offset hier den Wert 10 und value den Wert 'A' hat.

Indexer können wie Methoden überladen werden, indem man Indexwerte mit unterschiedlichem Typ deklariert. Dies wird in folgendem Beispiel gezeigt, aus dem man auch sieht, dass der Indexwert nicht immer vom Typ int sein muss und dass die get- oder die set-Methode auch fehlen kann.

```
class MonthlySales {
  int[] sales = new int[12];          // Verkaufszahlen der letzten 12 Monate

  public int this [int i] {
    get { return sales[i-1]; }
  }

  public int this [string month] {
    get {
      switch (month) {
        case "Jan": return sales[0];
        case "Feb": return sales[1];
        ...
      }
    }
  }
}
```

Wenn s eine Variable vom Typ MonthlySales ist, kann man nun auf die Verkaufszahlen des Monats Februar entweder als s[2] oder als s["Feb"] zugreifen. Dies ist meist lesbarer als Methodenaufrufe wie s.getSales(2) oder s.getSales("Feb").

Schließlich ist es auch möglich, Indexer mit mehreren Index-Parametern zu deklarieren, wie etwa im folgenden Beispiel:

```
class MonthlyProductSales {
  int[,] sales = new int[12, 5];     // Verkaufszahlen von 5 Produkten in 12 Monaten

  public int this [string month, int product] {
    get {
      switch(month) {
        case "Jan": return sales[0, product];
        ...
      }
    }
  }
}
```

Wenn s eine Variable vom Typ MonthlyProductSales ist, erfolgt der Zugriff auf die Verkaufszahlen des Produkts 3 im Monat Januar dann mittels s["Jan", 3].

Indexer werden auch in Bibliotheksklassen häufig benutzt, zum Beispiel beim Zugriff auf die Elemente eines Strings, eines BitArray oder einer ArrayList (siehe Abschnitt 19.2).

8.8 Überladene Operatoren

Eingebaute Operatoren wie + und * haben in der Regel eine feste, durch die Sprache definierte Bedeutung. C# erlaubt jedoch, einen derartigen Operator als Methode einer Klasse zu implementieren und somit seine Bedeutung selbst festzulegen. Man nennt das *Überladen von Operatoren* (*operator overloading*).

Überladene Operatoren sind z.B. in Klassen oder Structs für Bruchzahlen oder komplexe Zahlen nützlich, bei denen sie aus mathematischer Sicht sinnvoll sind. Zwei Bruchzahlen a und b können dann mittels a + b addiert werden anstatt durch einen schwerfälligeren Methodenaufruf a.Add(b). Folgendes Beispiel zeigt die Deklaration eines Typs Fraction mit einem überladenen Operator +.

```
struct Fraction {          // Bruchzahlen
   int z, n;               // Zähler, Nenner

   public Fraction(int z, int n) { this.z = z; this.n = n; }

   public static Fraction operator + (Fraction a, Fraction b) {
      return new Fraction(a.z * b.n + b.z * a.n, a.n * b.n);
   }
   ...
}
```

Ein überladener Operator ist immer als *statische* Methode zu deklarieren, die ein Funktionsergebnis liefert (meist ein Objekt desselben Typs, in dem der Operator deklariert ist). Der Name der Methode ist der Operator (z.B. +) mit dem vorausgehenden Schlüsselwort operator.

Es gibt unäre und binäre Operatoren. Methoden für unäre Operatoren haben einen einzigen Parameter, Methoden für binäre Operatoren zwei Parameter. In beiden Fällen muss zumindest einer der Parameter von jenem Typ sein, zu dem die Methode gehört (im obigen Beispiel Fraction).

Variablen des Typs Fraction können nun wie folgt benutzt werden:

```
Fraction a = new Fraction(1, 2);
Fraction b = new Fraction(3, 4);
Fraction c = a + b;                  // c.z == 10, c.n == 8
```

Durch den Ausdruck a + b wird die statische Methode + der Klasse Fraction aufgerufen, und zwar mit a und b als Parametern. Die Methode liefert ein neues Fraction-Objekt zurück, das das Ergebnis des Ausdrucks darstellt.

Tabelle 8–1 zeigt, welche Operatoren in C# überladen werden dürfen. Wird der Operator == (bzw. <, <=, true) überladen, muss auch der Operator != (bzw. >, >=, false) überladen werden.

Unäre arithmetische Operatoren	+, -, ++, --
Binäre arithmetische Operatoren	+, -, *, /, %
Unäre Bitoperatoren	!, ~, true, false
Binäre Bitoperatoren	&, |, ^, <<, >>
Vergleichsoperatoren	==, !=, <, >, <=, >=

Tabelle 8–1 *Überladbare Operatoren*

Bei den Operatoren ++ und -- braucht man nicht zwischen Präfix- und Postfix-Version zu unterscheiden. Bei x++ wird der überladene Operator auf den geladenen Wert von x angewendet, bei ++x auf die Variable x.

Die Operatoren && und || können nicht direkt überladen werden. Wenn man für sie eine spezielle Bedeutung definieren möchte, muss man stattdessen die Operatoren &, |, true und false überladen. Die Operatoren && und || werden dann auf sie zurückgeführt.

Sehen wir uns das anhand eines Beispiels an: Angenommen, wir benötigen Werte mit drei möglichen Zuständen: wahr, falsch und unentschieden. Wir können diese Werte durch eine Klasse TriState implementieren, die unter anderem die Operatoren &, |, true und false enthält:

```
class TriState {
   private int state;  // -1 == false, 0 == undecided, 1 == true
   public TriState (int s) { state = s; }

   public static bool operator true (TriState x) { return x.state > 0; }
   public static bool operator false (TriState x) { return x.state <= 0; }
   public static TriState operator & (TriState x, TriState y) {
      if (x.state == -1 || y.state == -1) return new TriState(-1);     // false
      if (x.state == 1 && y.state == 1) return new TriState(1);        // true
      return new TriState(0);                                          // undecided
   }
   public static TriState operator | (TriState x, TriState y) {
      if (x.state == 1 || y.state == 1) return new TriState(1);        // true
      if (x.state == -1 && y.state == -1) return new TriState(-1);     // false
      return new TriState(0);                                          // undecided
   }
}
```

Auf Objekte einer Klasse, die die Operatoren &, |, true und false unterstützt, können auch die Operatoren && und || angewendet werden. Der Compiler übersetzt diese Operatoren dabei folgendermaßen:

```
x && y   ⇒ false(x) ? x : (x & y)
x || y   ⇒ true(x) ? x : (x | y)
```

Wir können daher folgendes Programm schreiben:

```
TriState x = new TriState(1);
TriState y = new TriState(0);
if (x) Console.WriteLine("true"); else Console.WriteLine("false");
if (y) Console.WriteLine("true"); else Console.WriteLine("false");
if (x || y) Console.WriteLine("true"); else Console.WriteLine("false");
if (x && y) Console.WriteLine("true"); else Console.WriteLine("false");
```

und erhalten als Ausgabe true, false, true und false.

Konversionsoperatoren

Wir haben bereits mehrmals Beispiele für Typkonversionen gesehen. Genau genommen unterscheidet man zwischen zwei Arten von Konversionen:

- **Implizite Konversionen** finden in Ausdrücken und Zuweisungen statt, ohne dass man es im Quellcode sieht. Wenn man zum Beispiel einen int-Wert einer long-Variablen zuweist, wird er vorher in einen long-Wert konvertiert. Implizite Konversionen sind immer möglich und führen zu keinem Genauigkeitsverlust.
- **Explizite Konversionen** werden durch einen Konversionsoperator ausgedrückt (z.B. intVar = (int) longVar;). Sie führen bei Referenztypen zu einer Laufzeittypprüfung oder können bei einfachen Typen zur Folge haben, dass das Konversionsergebnis abgeschnitten wird.

Neben den impliziten und expliziten Konversionen, die die Sprache C# definiert, kann der Programmierer für seine Klassen und Structs eigene Konversionsoperatoren definieren, die Werte dieser Typen in andere Typen umwandeln. Zum Beispiel wäre es wünschenswert, zwischen den Werten der Typen Fraction und int konvertieren zu können, also Folgendes zu schreiben:

```
Fraction f = 3;        // implizite Konversion
int i = (int) f;       // explizite Konversion
```

Die erste Zeile beschreibt eine implizite Konversion, weil int-Werte ohne Genauigkeitsverlust in eine Bruchzahl umgewandelt werden können. Die zweite Zeile beschreibt eine explizite Konversion, weil bei der Umwandlung einer Bruchzahl in eine int-Zahl unter Umständen Nachkommastellen abgeschnitten werden müssen.

Um diese beiden Konversionen bewerkstelligen zu können, kann man in Fraction einen impliziten und einen expliziten Konversionsoperator deklarieren:

```
class Fraction {
   ...
   public static implicit operator Fraction (int x) { return new Fraction(x, 1); }
   public static explicit operator int (Fraction f) { return f.z / f.n; }
}
```

Der *Name* der Operatormethode ist der *Zieltyp*, in den konvertiert werden soll. Der *Parameter* der Methode beschreibt den zu konvertierenden *Wert*. Das Schlüsselwort implicit oder explicit gibt an, ob die Konversion automatisch bei einer Zuweisung oder durch Angabe eines Konversionsoperators ausgelöst werden soll.

Mit diesen beiden Operatoren der Klasse Fraction sind die Zuweisungen zwischen Fraction und int wie oben beschrieben möglich.

8.9 Kurzform für Methoden

Methoden, die nur aus einer einzigen Anweisung bestehen, können in einer Kurzform geschrieben werden, die folgendem Schema folgt:

Methodenkopf => (*Anweisung* | *Ausdruck*) ;

Handelt es sich um eine Prozedur (void-Methode), so folgt auf den Methodenkopf eine Anweisung. Handelt es sich um eine Funktion, so folgt der mit return zurückgegebene Ausdruck. Dies erinnert an die Syntax von Lambda-Ausdrücken (siehe Abschnitt 20.2). Ähnliches gilt auch für Readonly-Properties und Readonly-Indexer, deren get-Methode nur aus einer einzigen Anweisung besteht.

Folgendes Beispiel zeigt eine Klasse Stack, deren Methoden, Properties und Indexer alle in dieser Kurzform deklariert wurden:

```
class Stack {
    int[] data = new int[100];
    int top = 0;

    public void Push(int x) => data[top++] = x;    // Prozedur
    public int Pop()        => data[--top];        // Funktion
    public int Length       => top;                // Property
    public int this[int i]  => data[i];            // Indexer
}
```

Die Kurzform entspricht folgender Langform:

```
class Stack {
    int[] data = new int[100];
    int top = 0;

    public void Push(int x) {
        data[top++] = x;
    }
    public int Pop() {
        return data[--top];
    }
    public int Length {
        get { return top; }
    }
    public int this[int i] {
        get { return data[i]; }
    }
}
```

8.10 Geschachtelte Typen

Klassen und Structs können selbst wieder Typen enthalten (d.h. weitere Klassen, Structs, Interfaces, Enumerationen oder Delegates). Meist sind das Hilfstypen, die nur lokal in einer Klasse oder einem Struct benötigt werden. Durch die Einbettung macht man diese Lokalität deutlich und kann auch die Sichtbarkeit des geschachtelten Typs auf den enthaltenen Typ einschränken. Folgendes Codestück zeigt ein Beispiel für eine Klasse A und zwei darin geschachtelte Klassen B und C.

```
class A {
   int x;
   B b = new B(this);              // Objekt der lokalen Klasse B
   public void MA() { b.MB(); }    // benutzt Methode der lokalen Klasse B

   class B {                       // lokale Klasse B; nur in A sichtbar
      A a;
      public B(A a) { this.a = a; }
      public void MB() { a.x = 3; a.MA(); } // Zugriff auf alle Elemente von A möglich
   }

   public class C {                // lokale Klasse C; auch außerhalb von A sichtbar
      public int y = 0;
      ...
   }
}

class D {
   A.C c = new A.C();              // A.C ist hier sichtbar, A.B nicht
   void MD() { c.y = 1; }
}
```

Eingeschachtelte Typen sehen alle Elemente ihres umgebenden Typs, selbst wenn diese die Sichtbarkeit private haben. B kann also auf das private Feld x von A zugreifen. Äußere Typen sehen allerdings nur die public-Elemente ihrer inneren Typen. A kann die Methode MB aus B aufrufen, aber nicht auf das Feld a zugreifen. Fremde Typen sehen einen geschachtelten Typ nur, wenn dieser als public deklariert ist. D kann also nur auf A.C zugreifen, nicht aber auf A.B.

Die Felder von inneren und äußeren Klassen gehören zu unterschiedlichen Objekten. Wenn man auf sie zugreift, muss man das Objekt angeben, zu dem sie gehören (z.B. a.x oder c.y). Dies ist anders als in Java, wo die innere Klasse auf die Felder der äußeren Klasse zugreifen kann, wie wenn es ihre eigenen wären.

8.11 Partielle Typen

Seit C# 2.0 besteht die Möglichkeit, eine Klasse, ein Struct oder ein Interface in mehreren Teilen zu deklarieren und auf unterschiedliche Dateien zu verteilen. Eine Datei *Part1.cs* könnte zum Beispiel einen Teil einer Klasse C mit einem Feld x und zwei Methoden M1 und M2 deklarieren:

```
public partial class C {
    public int x;
    public void M1() { ... }
    public int M2(string x) { ... }
}
```

Eine zweite Datei *Part2.cs* könnte dann einen weiteren Teil von C deklarieren und ein Feld y sowie eine Methode M3 hinzufügen:

```
public partial class C {
    public int y;
    public void M3() { ... }
}
```

Die beiden Teile bilden eine einzige Klasse C, deren Quellcode lediglich auf zwei Dateien verteilt ist. In allen Deklarationsteilen eines partiellen Typs muss das Schlüsselwort partial unmittelbar vor class, struct oder interface angegeben werden.

Was könnte der Grund sein, die Deklaration eines Typs auf verschiedene Dateien zu verteilen? Zum einen könnten die einzelnen Teile unterschiedliche Funktionalitäten implementieren. In diesem Fall sollte man allerdings lieber unterschiedliche Typen verwenden. Ein anderer Grund könnte sein, dass es mit partiellen Typen für Entwickler einfacher wird, gleichzeitig an einem bestimmten Typ zu arbeiten, ohne dieselben Dateien zu benutzen. Aber auch dieser Grund ist eher fadenscheinig. Der eigentliche Zweck partieller Typen besteht darin, dass es auf diese Weise möglich ist, einen Teil des Typs durch ein Programm erzeugen zu lassen, während in einem anderen Teil handgeschriebene Felder und Methoden hinzugefügt werden können. Diese Situation tritt zum Beispiel bei Werkzeugen wie Visual Studio .NET auf, in denen Teile des Codes generiert werden und andere handgeschrieben sind.

In der Regel sollte man es vermeiden, die Deklaration von Typen auf mehrere Dateien zu verteilen. Eine Klasse, ein Struct oder ein Interface ist ein Baustein, der zusammengehörige Dinge enthält und aus Gründen der Lesbarkeit und Wartbarkeit an einer einzigen Stelle deklariert werden sollte.

8.12 Partielle Methoden

Wie wir gesehen haben, erlauben partielle Typen, einen Teil eines Typs zu generieren und in einem anderen Teil dieses Typs weitere Felder oder Methoden hinzuzufügen. Manchmal möchte man aber im generierten Teil bereits Methoden aufrufen, deren Implementierung man erst im handgeschriebenen Teil des Typs angeben will. Zu diesem Zweck kann man partielle Methoden verwenden.

Sehen wir uns dazu ein Beispiel an. Angenommen, wir haben eine partielle Klasse Machine, die eine Methode PrintError besitzt, um Fehlermeldungen auf die Konsole auszugeben. Vor der Ausgabe soll es noch die Möglichkeit geben, die aktuelle Uhrzeit zur Meldung hinzuzufügen. Außerdem soll die Meldung bei Bedarf auch auf eine Datei geschrieben werden. Dies wird durch Aufrufe der Methoden AddTimeStamp und Log erreicht, deren Implementierung man jedoch anderen Teilen dieser partiellen Klasse überlassen möchte. Dazu deklariert man diese Methoden als partial und ersetzt den Anweisungsteil durch einen Strichpunkt.

```
partial class Machine {
   ...
   public void PrintError(string msg) {
      AddTimeStamp(ref msg);       // Aufruf einer partiellen Methode
      Console.WriteLine(msg);
      Log(msg);                    // Aufruf einer partiellen Methode
   }

   partial void AddTimeStamp(ref string msg);
   partial void Log(string msg);
}
```

Wenn man diese Klasse übersetzt und PrintError aufruft, werden die Aufrufe von AddTimeStamp und Log ignoriert, da ja noch kein Code existiert. Schreibt man allerdings einen weiteren Teil dieser partiellen Klasse und formuliert dort die partiellen Methoden aus

```
partial class Machine {

   partial void AddTimeStamp(ref string msg) {
      msg = DateTime.Now.ToString() + "  " + msg;
   }

   partial void Log(string msg) {
      ... // Ausgabe von msg auf eine Datei
   }
}
```

dann werden die Aufrufe aus dem ersten Teil von Machine wirksam, und der im zweiten Teil angegebene Code wird ausgeführt.

Partielle Methoden sollen Programmierern die Möglichkeit geben, sich an vorgesehenen Stellen eines generierten Codestücks »einzuklinken«, indem sie die dort aufgerufenen Methoden in einer partiellen Klasse implementieren. Fehlt diese Implementierung, werden die Aufrufe einfach ignoriert.

Partielle Methoden müssen in einer partiellen Klasse deklariert und mit dem Schlüsselwort partial gekennzeichnet sein. Sie dürfen keine Sichtbarkeitsattribute wie public oder private haben, müssen den Methodentyp void aufweisen und dürfen keine Out-Parameter besitzen.

8.13 Statische Klassen

Eine Klasse kann mit Hilfe des Schlüsselworts static als statische Klasse deklariert werden. Man drückt damit aus, dass diese Klasse nur Konstanten, statische Variablen und statische Methoden deklarieren darf, und gibt dem Compiler dadurch die Möglichkeit, diese Invariante zu überprüfen. Die .NET-Klassenbibliothek enthält zum Beispiel eine statische Klasse Math, von der hier ein Auszug gezeigt wird:

```
public static class Math {
    public const double E = 2.71828182845904523 54;
    public const double PI = 3.14159265358979323846;

    public static double Abs(int double) { ... }
    public static double Cos(double d) { ... }
    public static double Sin(double d) { ... }
    ...
}
```

8.14 Unterschiede zu Java

Im Gegensatz zu Java kannte C# ursprünglich keine *anonymen Klassen*, die ohne Angabe eines Namens direkt bei der Erzeugung eines Objekts deklariert werden konnten. Anonyme Klassen werden in Java vor allem für Objekte verwendet, die auf Ereignisse reagieren sollen (so genannte *Listeners*). In C# implementiert man hingegen die Reaktion auf Ereignisse mittels *Delegates* (siehe Kapitel 11). In C# 3.0 wurden zwar ebenfalls *anonyme Typen* eingeführt (siehe Abschnitt 20.5), allerdings in anderer Form und für einen anderen Zweck.

Ein weiterer Unterschied zwischen C# und Java besteht in der Standardsichtbarkeit von Elementen in Klassen und Structs. Gibt man für ein Element kein Sichtbarkeitsattribut an, hat es in C# die Sichtbarkeit private, in Java hat es die Sichtbarkeit package. Klassen ohne explizites Sichtbarkeitsattribut haben in C# die Sichtbarkeit internal (siehe Abschnitt 9.1), in Java die Sichtbarkeit package.

8.15 Übungsaufgaben

1. **Structs**
   Implementieren Sie einen Struct Complex zum Rechnen mit komplexen Zahlen. Sehen Sie geeignete Konstruktoren vor sowie Properties, um auf den reellen und imaginären Teil einer komplexen Zahl zugreifen zu können. Implementieren Sie mittels Operator-Overloading die Addition, Multiplikation und den Vergleich komplexer Zahlen. Sehen Sie auch einen impliziten und einen expliziten Konversionsoperator vor, mit dem man zwischen komplexen Zahlen und double konvertieren kann.

2. **Klassen**
   Implementieren Sie eine Klasse GrowableArray, die ein dynamisch wachsendes Array beliebiger Objekte darstellt. Ein Indexer soll den Zugriff auf die einzelnen Elemente erlauben. Wird über einen Index zugegriffen, der größer als die bisherige Arraylänge ist, so soll das Array dynamisch erweitert, d.h. durch ein längeres ersetzt werden, wobei die Werte des alten Arrays den Anfang des neuen Arrays bilden sollen.

3. **Statische Variablen und Methoden**
   Nehmen Sie an, man möchte wissen, wie viele Objekte einer bestimmten Klasse C im Laufe einer Programmausführung erzeugt wurden. Implementieren Sie eine solche Klasse und versehen Sie sie mit einer statischen Zählervariablen sowie mit einer statischen Methode, mit der die Zählervariable zurückgesetzt werden kann. Wo muss die Zählervariable erhöht werden?

4. **Structs und Properties**
   Implementieren Sie einen Struct Time zur Verwaltung von Uhrzeiten. Intern sollen Uhrzeiten in Sekunden gespeichert werden. Es soll aber drei Properties geben, die den Stunden-, Minuten- und Sekundenanteil einer Uhrzeit liefern. Sehen Sie auch überladene Operatoren und Konstruktoren vor, um mit Uhrzeiten bequem rechnen zu können.

5. **Parameterarten**
   Diskutieren Sie die Vor- und Nachteile von Ref-Parametern, Out-Parametern und Parametern, die als Funktionsergebnisse zurückgegeben werden.

6. **Variable Anzahl von Parametern**
   Schreiben Sie eine Methode Clear, mit der man eine beliebige Anzahl von Elementen eines int-Arrays auf 0 setzen kann. Clear(arr, 3, 4, 9); soll z.B. die Elemente mit den Indizes 3, 4, und 9 auf 0 setzen.

7. **Kreuzreferenzliste**
   Schreiben Sie ein Programm, das aus einem anderen C#-Programm eine Kreuzreferenzliste erzeugt. Eine Kreuzreferenzliste enthält zunächst das ursprüngliche Programm mit Zeilennummern versehen und dann alle im Programm vorkommenden Namen samt den Nummern der Zeilen, in denen sie vorkommen. Schlüsselwörter sollen nicht als Namen gelten. Hinweis: Verwenden Sie für die Namenliste eine sortierte Liste (Klasse SortedList) und für die Zeilennummern ein dynamisches Array (Klasse ArrayList) pro Name. Lesen Sie bitte die Benutzung dieser Klassen in Abschnitt 19.2 nach.

9 Vererbung

Als objektorientierte Sprache erlaubt C#, dass eine Klasse von einer anderen abgeleitet wird. Die abgeleitete Klasse bildet dann eine *Unterklasse*, die alle Elemente ihrer *Oberklasse* erbt, wie wenn sie in der Unterklasse deklariert worden wären. Zusätzlich kann man in Unterklassen neue Elemente deklarieren und geerbte Methoden, Properties und Indexer überschreiben.

9.1 Deklaration von Unterklassen

Bei der Deklaration einer Klasse kann man angeben, von welcher anderen Klasse sie abgeleitet sein soll. Hier ist ein Beispiel einer Oberklasse (oder Basisklasse) A und einer von ihr abgeleiteten Unterklasse B.

```
class A {               // Oberklasse (oder Basisklasse)
   int a;
   public A() {...}
   public void F() {...}
}
class B : A {           // Unterklasse: erbt von A und erweitert A
   int b;
   public B() {...}
   public void G() {...}
}
```

Durch class B : A wird angegeben, dass B eine Unterklasse von A ist. Sie erbt von A das Feld a und die Methode F und fügt ein neues Feld b und eine Methode G hinzu. Konstruktoren werden nicht vererbt, sondern müssen für jede Klasse neu deklariert werden. Wird für eine Klasse keine explizite Oberklasse angegeben (wie z.B. für A), so gilt sie implizit als von System.Object abgeleitet. Alle Klassen erben also direkt oder indirekt von Object.

In C# darf eine Klasse nur von einer einzigen Oberklasse abgeleitet sein. C# unterstützt also nur *einfache Vererbung* und nicht *mehrfache Vererbung* wie C++. Allerdings kann eine Klasse in C# beliebig viele Interfaces implementieren (siehe Kapitel 10) und somit die meisten gewünschten Effekte der mehrfachen Vererbung erzielen.

Die Vererbung ist nur bei Klassen, aber nicht bei Structs möglich. Structs können von keinem anderen Struct abgeleitet werden. Sie können aber wie Klassen beliebig viele Interfaces implementieren. Außerdem sind sie über *Boxing* (siehe Abschnitt 3.8) mit Object kompatibel. Natürlich kann auch eine Klasse nur von einer *Klasse*, aber nicht von einem Struct erben.

Sichtbarkeitsattribut protected. Die mit private deklarierten Felder und Methoden der Oberklasse sind in der Unterklasse nicht sichtbar, wohl aber die mit public deklarierten Elemente. Allerdings sind public-Elemente auch in anderen Klassen sichtbar, was unter Umständen unerwünscht ist. Daher gibt es in C# das Sichtbarkeitsattribut protected. Wenn ein Feld oder eine Methode als protected deklariert wird, ist dieses Element nur in der deklarierenden Klasse und ihren Unterklassen sichtbar. Die Unterklassen können es benutzen, um die geerbte Implementierung der Oberklasse zu erweitern. Andere Klasse sehen es aber nicht. Dies wird im folgenden Beispiel gezeigt, in dem die Felder der Klasse Stack zur Implementierung der Methode Contains in der Unterklasse BetterStack benutzt werden.

```
class Stack {
    protected int[] val = new int[32];
    protected int top = -1;
    public void Push(int x) {...}
    public int Pop() {...}
}

class BetterStack : Stack {
    public bool Contains(int x) {
        for (int i = 0; i <= top; i++)          // Zugriff auf top erlaubt, weil protected
            if (x == val[i]) return true;       // Zugriff auf val erlaubt, weil protected
        return false;
    }
}
...
Stack s = new Stack();
s.val = ...;                                    // Zugriff auf val verboten, weil protected
```

Sichtbarkeitsattribut internal. Schließlich gibt es auch noch das Sichtbarkeitsattribut internal, das identisch ist zu public, aber mit dem Unterschied, dass ein internal-Name lediglich im *Assembly* benutzt werden darf, das die Deklaration enthält. Ein Assembly ist grob gesprochen die Menge aller Typen, die gemeinsam übersetzt werden. Assemblies werden in Kapitel 13 näher behandelt. Typen auf äußerster Ebene eines Namensraums haben die Sichtbarkeit internal, falls man nichts anderes angibt.

Die Attribute protected und internal können auch kombiniert werden, was bedeutet, dass ein so in einer Klasse A deklarierter Name im gesamten Assembly bekannt ist und zusätzlich auch in Unterklassen von A, die in einem anderen Assembly liegen. Diese Art von Sichtbarkeit wird allerdings selten verwendet.

9.2 Kompatibilität zwischen Klassen

Eine Unterklasse erbt alle Eigenschaften ihrer Oberklasse. Sie ist somit ein Spezialfall der Oberklasse und kann daher überall dort verwendet werden, wo die Oberklasse erwartet wird. Insbesondere kann ein Objekt einer Unterklasse einer Variablen ihrer Oberklasse zugewiesen werden.

Folgendes Beispiel zeigt drei Klassen A, B und C, die voneinander wie folgt abgeleitet sind:

```
class A {...}
class B : A {...}
class C : B {...}
```

Einer Variablen vom Typ A können nun Objekte der Klassen B und C zugewiesen werden, weil B und C Spezialfälle von A sind:

```
A a = new A();
a = new B();
a = new C();
```

Die umgekehrte Zuweisung ist aber verboten:

```
B b = new A();   // verboten
```

Ein A-Objekt darf keiner B-Variablen zugewiesen werden, weil A nicht alle Felder und Methoden von B enthält und daher auch nicht wie ein B-Objekt benutzt werden kann.

Was bedeutet es nun, wenn eine A-Variable ein B-Objekt referenziert? Man sagt, dass diese Variable dann vom *dynamischen Typ* B ist, während ihr *statischer Typ* immer der Typ ist, mit dem sie deklariert wurde. Der dynamische Typ einer Variablen darf also eine Erweiterung ihres statischen Typs sein. Tabelle 9–1 zeigt den statischen und den dynamischen Typ einer Variablen nach diversen Zuweisungen.

	statischer Typ von a	dynamischer Typ von a
A a = new A();	A	A
a = new B();	A	B
a = new C();	A	C

Tabelle 9–1 *Statischer und dynamischer Typ einer Variablen*

Laufzeittypprüfungen. Der dynamische Typ einer Variablen kann zur Laufzeit abgefragt werden. Der *Typtest*

```
v is T
```

prüft, ob die Variable v vom dynamischen Typ T oder einem daraus abgeleiteten Typ ist, ob sie also zumindest wie ein T-Objekt verwendet werden kann. Dies wird durch folgende Beispiele illustriert:

```
A a = new C();      // dynamischer Typ von a ist C
if (a is C) ...     // true
if (a is B) ...     // true (dynamischer Typ von a ist eine Erweiterung von B)
if (a is A) ...     // true, aber Warnung, weil sinnlose Abfrage
a = null;
if (a is C) ...     // false: Typtest liefert bei null-Werten immer false
```

Typumwandlungen. Wenn wir wissen, dass a vom dynamischen Typ B ist, dann sollte es auch möglich sein, diese Variable wie eine B-Variable zu verwenden. Dazu ist aber vorher eine Typumwandlung nötig. Die Typumwandlung

```
(T) v
```

prüft zuerst, ob v vom dynamischen Typ T ist. Wenn ja, wandelt sie den statischen Typ von v für diesen Ausdruck in T um. Wenn nicht, gibt es einen Laufzeitfehler (InvalidCastException). Die Typumwandlung ist in C# also eine sichere Operation. Man kann den Typ eines Objekts nicht in etwas umwandeln, das nicht dem wirklichen Typ des Objekts entspricht. Folgende Beispiele zeigen, wie Zuweisungen durch Typumwandlungen ermöglicht werden:

```
A a = new C();           // dynamischer Typ von a ist C
B b = (B) a;             // weil "a is B" gilt, darf a in ein B-Objekt umgewandelt werden
C c = (C) a;             // weil "a is C" gilt, darf a in ein C-Objekt umgewandelt werden
a = null; c = (C) a;     // o.k.: null lässt sich in jeden Referenztyp konvertieren; c == null
```

In C# gibt es noch eine zweite Form der Typumwandlung. Der Ausdruck

```
v as T
```

entspricht (T) v, aber mit dem Unterschied, dass kein Laufzeitfehler gemeldet wird, wenn v nicht vom dynamischen Typ T ist, sondern das Ergebnis des Ausdrucks ist in diesem Fall null. Hier sind wieder einige Beispiele:

```
A a = new B();           // dynamischer Typ von a ist B
B b = a as B;            // weil "a is B" gilt, wird a in ein B-Objekt umgewandelt und zugewiesen
C c = a as C;            // weil "a is C" nicht gilt, wird null zugewiesen
a = null; c = a as C;    // c == null
```

9.3 Überschreiben und Verdecken von Elementen

Eine Unterklasse kann eine aus der Oberklasse geerbte Methode neu deklarieren. Dabei kann man wählen, ob die geerbte Methode *verdeckt* oder *überschrieben* werden soll. In beiden Fällen wird die geerbte Methode durch die neue ersetzt. Überschreibende Methoden können aber mittels *dynamischer Bindung* (siehe Abschnitt 9.4) aufgerufen werden, verdeckende Methoden nicht.

Will man, dass eine Methode in einer Unterklasse *überschrieben* werden kann, muss man sie bereits in der Oberklasse als virtual deklarieren und beim Überschreiben als override. Hingegen kann jede Methode der Oberklasse in einer Unterklasse *verdeckt* werden, indem man sie dort als new deklariert. Folgendes Beispiel zeigt korrekte und fehlerhafte Fälle beim Überschreiben und Verdecken von Methoden:

```
class A {
    public          void P() {...}
    public          void Q() {...}
    public virtual  void R() {...}
    public virtual  void S() {...}
    public virtual  void T() {...}
    public virtual  void U() {...}
}
class B : A {
    public          void P() {...}    // Fehler: new erforderlich
    public new      void Q() {...}    // o.k.: verdeckt geerbtes Q
    public          void R() {...}    // Fehler: override oder new erforderlich
    public virtual  void S() {...}    // Fehler: override oder new erforderlich
    public overridevoid T() {...}     // o.k.: überschreibt geerbtes T
    public new      void U() {...}    // o.k.: verdeckt geerbtes U
}
```

Überschreibende oder verdeckende Methoden müssen dieselbe Signatur (Schnittstelle) haben wie die entsprechende Methode der Oberklasse. Unterscheidet sich die Signatur, so *überladen* sie die Methode, überschreiben oder verdecken sie aber nicht (d.h., sie deklarieren eine zweite Implementierung der Methode mit anderen Parametern, siehe Abschnitt 8.3). Methoden haben dieselbe Signatur, wenn sie

- die gleiche Parameteranzahl, die gleichen Parametertypen (einschließlich des Funktionstyps) und die gleichen Parameterarten (value, ref/out) haben;
- das gleiche Sichtbarkeitsattribut (z.B. public) aufweisen.

Eine überschreibende oder verdeckende Methode M kann die entsprechende Methode der Oberklasse immer noch aufrufen, indem sie diese über base.M anspricht. Auf diese Weise kann man auf geerbte Funktionalität zurückgreifen und anschließend eigene Aktionen implementieren.

```
class B : A {
    public override void T() {
        base.T();       // ruft überschriebene Methode T der Oberklasse auf
        ...             // eigene Aktionen
    }
    ...
}
```

Neben Methoden können auch Properties und Indexer überschrieben oder verdeckt werden. Auch hier sind die entsprechenden Schlüsselwörter virtual, override oder new zu verwenden. Folgendes Beispiel zeigt, wie überschriebene Properties und Indexer von Unterklassen aus aufgerufen werden können:

```
class A {
    public virtual int MyProp { get {...} }
    public virtual int this [int index] { get {...} }
}
class B : A {
    public override int MyProp { get {... base.MyProp ...} }
    public override int this [int index] { get {... base[index] ...} }
}
```

Statische Methoden kann man nicht überschreiben, wohl aber verdecken. Dies liegt daran, dass es bei statischen Methoden keine dynamische Bindung gibt.

Das Verdecken von Elementen (nicht aber das Überschreiben) funktioniert auch bei Feldern. Ein geerbtes Feld kann in der Unterklasse durch ein gleichnamiges Feld verdeckt werden, das sogar einen anderen Typ haben kann. Folgendes Beispiel zeigt, wie man auch auf verdeckte Elemente noch zugreifen kann:

```
class A {
    public int x = 0;
    public void P() {...}
}
class B : A {
    public new bool x = true;      // verdeckt x aus A
    public new void P() {...}      // verdeckt P aus A
}
...
B b = new B();
b.x = false;        // spricht x aus B an
b.P();              // ruft P aus B auf
...
((A)b).x = 3;       // spricht verdecktes x aus A an
((A)b).P();         // ruft verdecktes P aus A auf
```

Verdecken und Überschreiben von Elementen funktioniert nur, wenn das entsprechende Element der Oberklasse in der Unterklasse sichtbar ist, also mit public oder protected deklariert wurde. Im folgenden Beispiel

```
class A {
    private int x;
    private void P() {...}
    ...
}
class B : A {
    public int x;
    public void P() {...}
}
```

erbt B zwar von A die privaten Elemente x und P, da sie aber in B nicht sichtbar sind, muss man bei der Deklaration von x und P in B auch kein new angeben.

9.4 Dynamische Bindung

Eine Variable x einer Klasse A kann, wie wir gesehen haben, Objekte beliebiger Unterklassen von A referenzieren. Wenn A eine virtuelle Methode M hat und die Unterklassen diese überschreiben, welche Methode wird dann durch x.M() aufgerufen? Die M-Methode aus A oder die M-Methode einer Unterklasse?

Es gilt folgende Regel: Durch den Aufruf x.M() wird die M-Methode des *dynamischen Typs* von x aufgerufen, also die Methode des Objekts, das x gerade referenziert. Man nennt das *dynamische Bindung*: Derselbe Aufruf kann je nach Inhalt von x unterschiedliche Wirkung haben.

Angenommen eine Klasse Animal hat eine Methode WhoAreYou, die in einer Unterklasse Dog überschrieben wird:

```
class Animal {
   public virtual void WhoAreYou() { Console.WriteLine("I am an animal"); }
}

class Dog : Animal {
   public override void WhoAreYou() { Console.WriteLine("I am a dog"); }
}
```

Wenn wir nun einer Animal-Variablen ein Dog-Objekt zuweisen

```
Anmal animal = new Dog();
```

so führt der Aufruf

```
animal.WhoAreYou();
```

zur Ausgabe "I am a dog". Der dynamische Typ von animal ist Dog, daher wird die WhoAreYou-Methode von Dog aufgerufen.

Dynamische Bindung erlaubt, dass Programme mit verschiedenen Unterklassen arbeiten können, ohne sie zu unterscheiden. Die Methode

```
void TakeCareOf(Animal animal) {
   animal.WhoAreYou();
   ...
}
```

kann zum Beispiel mit Objekten beliebiger Unterklassen von Animal arbeiten:

```
TakeCareOf(new Animal());        // Ausgabe: "I am an animal"
TakeCareOf(new Dog());           // Ausgabe: "I am a dog"
TakeCareOf(new Cat());           // Ausgabe: "I am a cat"
```

Die dynamische Bindung funktioniert jedoch nur für überschriebene, nicht für verdeckte Methoden. Wenn man daher diesen Mechanismus benutzen will, muss man die entsprechenden Methoden in der Oberklasse mit virtual und in den Unterklassen mit override deklarieren.

Dynamische Bindung und Verdecken von Methoden

Die Möglichkeit, Methoden zu verdecken, gibt der dynamischen Bindung in C# eine komplizierte Semantik. Der Aufruf x.M() führt nämlich nur dann zur M-Methode des dynamischen Typs von x, wenn M nicht in irgendeiner Oberklasse verdeckt wurde. Folgendes Beispiel zeigt das Problem. Die Klasse Beagle verdeckt die von Dog geerbte Methode WhoAreYou, deklariert sie aber gleichzeitig als virtual, so dass sie in einer Unterklasse AmericanBeagle wieder überschrieben werden kann.

```
class Animal {
   public virtual void WhoAreYou() { Console.WriteLine("I am an animal"); }
}
class Dog : Animal {
   public override void WhoAreYou() { Console.WriteLine("I am a dog"); }
}
class Beagle : Dog {
   public new virtual void WhoAreYou() { Console.WriteLine("I am a beagle"); }
}
class AmericanBeagle : Beagle {
   public override void WhoAreYou() { Console.WriteLine("I am an American beagle"); }
}
```

Legt man nun ein AmericanBeagle-Objekt an, so verhält es sich unterschiedlich, je nachdem, von welcher Variablen es referenziert wird:

```
Beagle beagle = new AmericanBeagle();
beagle.WhoAreYou();          // "I am an American beagle"

Animal animal = beagle;
animal.WhoAreYou();          // "I am a dog"
```

Obwohl animal vom dynamischen Typ AmericanBeagle ist, wird die WhoAreYou-Methode von Dog aufgerufen, weil die gleichnamige Methode in der Klasse Beagle verdeckt wurde. In C# muss man sich also die gesamte Vererbungskette vom statischen Typ bis zum dynamischen Typ der Variablen animal ansehen und prüfen, ob die aufgerufene Methode irgendwo verdeckt wurde. Das ist unangenehm und komplizierter als in anderen objektorientierten Sprachen wie Java oder C++.

Das Problem der zerbrechlichen Basisklassen

Die Semantik der dynamischen Bindung ist in C# nur deshalb so kompliziert, weil man damit das Problem der zerbrechlichen Basisklassen (*fragile base class problem*, [SGM03]) in den Griff bekommen wollte. Dieses Problem kann in Sprachen wie Java auftreten, wenn z.B. in einer Oberklasse eine Methode eingeführt wird, die es bereits in einer Unterklasse gibt.

Angenommen, jemand benutzt eine Bibliotheksklasse LibraryClass eines fremden Herstellers und leitet davon eine eigene Klasse MyClass ab:

```
class LibraryClass { // Achtung: dieser Code ist Java und nicht C#!!
    public void Setup() {...}
    ...
}

class MyClass extends LibraryClass {
    public void Delete() {... löscht die Festplatte ...}
}
```

In der nächsten Version von LibraryClass sieht nun der Hersteller selbst eine Methode Delete vor, die von Setup aufgerufen wird:

```
class LibraryClass { // neue Version
    String name;
    public void Delete() { name = ""; }
    public void Setup() { this.Delete(); ... }
    ...
}
```

Wenn der Programmierer die Klasse MyClass bisher wie folgt benutzt hat

```
MyClass c = new MyClass();
c.Setup();
```

so ruft nun Setup die Methode this.Delete() auf, was wegen der dynamischen Bindung zum Aufruf von Delete aus MyClass führt, welches die Festplatte löscht. Durch Änderung einer Basisklasse, deren Code der Programmierer vielleicht gar nicht kennt, kann in Java auf diese Weise eine gefährliche Situation entstehen.

In C# kann dieses Problem nicht auftreten. Liefert der Hersteller die Klasse LibraryClass plötzlich mit einer neuen Methode Delete aus, ändert sich zunächst gar nichts, solange man MyClass nicht neu übersetzt. MyClass verwendet einstweilen die alte Version von LibraryClass, die ja kein Delete enthält. Übersetzt man MyClass irgendwann neu, meldet der C#-Compiler einen Fehler, weil Delete in MyClass nicht mit new deklariert wurde, also das geerbte Delete nicht korrekt verdeckt. Dynamische Bindung kommt in C# ohnehin nicht zum Tragen, wenn man Delete in LibraryClass nicht als virtual deklariert hat.

Wir sehen hier ein Beispiel für die *Versionierung* von Bibliotheken in .NET. Jede DLL bekommt bei der Übersetzung eine eindeutige Versionsnummer, die sich benutzende Klassen bei ihrer eigenen Übersetzung merken. Werden sie geladen, verlangen sie nach der DLL in der erwarteten Version. Liegt die DLL in mehreren Versionen vor, wird automatisch diejenige gewählt, die bei der Übersetzung der benutzenden Klasse vorlag.

new sollte allerdings sparsam eingesetzt werden, d.h. nur dann, wenn man die in Konflikt stehende Methode der Unterklasse nicht umbenennen kann oder will. Alles andere führt zu schwer verständlichen Programmen.

9.5 Konstruktoren in Ober- und Unterklasse

Die Konstruktoren einer Klasse werden von ihren Unterklassen nicht geerbt, sondern jede Unterklasse muss eigene Konstruktoren deklarieren. Allerdings können diese einen Konstruktor der Oberklasse aufrufen und so die Initialisierung der Oberklassenfelder an die Oberklasse delegieren. Der Aufruf des Oberklassenkonstruktors erfolgt im Kopf des Unterklassenkonstruktors, wie im folgenden Beispiel gezeigt:

```
class Animal {
   string name;
   public Animal(string name) { this.name = name; }
   ...
}

class Dog : Animal {
   string breed;
   public Dog(string name, string breed) : base(name) { this.breed = breed; }
   ...
}
```

Legt man ein neues Dog-Objekt an

```
Dog dog = new Dog("Snoopy", "Beagle");
```

so wird zunächst der Konstruktor von Animal ausgeführt, der den Namen des Tiers auf "Snoopy" setzt; anschließend wird der Konstruktor von Dog ausgeführt, der die Rasse des Hundes auf "Beagle" einstellt.

Gibt man im Konstruktor der Unterklasse *keinen* base()-Aufruf an, wird automatisch der parameterlose Konstruktor der Basisklasse aufgerufen. Tabelle 9–2 zeigt, welche Fälle auftreten können und welche davon legal sind.

class A {
   ...
}
class B : A {
   public B(int x) {...}
}
 	
B b = new B(3);
	class A {
	   public A() {...}
	}
	class B : A {
	   public B(int x) {...}
	}
	
	B b = new B(3);
		class A {
		   public A(int y) {...}
		}
		class B : A {
		   public B(int x) {...}
		}
		
		B b = new B(3);

o.k. Es wird der automatisch erzeugte Standardkonstruktor A() aufgerufen und anschließend B(int x).	**o.k.** Es wird A() aufgerufen und anschließend B(int x).	**Falsch** Es wurde kein Standardkonstruktor A() erzeugt, weil es bereits A(int y) gibt. Daher kann A() nicht aufgerufen werden. Man müsste schreiben: public B(int x) : base(x) {...}

***Tabelle 9–2** Impliziter Aufruf des parameterlosen Konstruktors der Basisklasse*

9.6 Abstrakte Klassen

Eine Oberklasse definiert oft einige Methoden, die erst in Unterklassen sinnvoll implementiert werden können. Trotzdem werden diese Methoden bereits in der Oberklasse mit Namen und Parametern, aber noch ohne Code deklariert, damit man sie unter Ausnutzung der dynamischen Bindung auf Variablen der Oberklasse anwenden kann. Man nennt solche Methoden *abstrakt*. Enthält eine Klasse zumindest *eine* abstrakte Methode, so ist sie selbst abstrakt. Sowohl abstrakte Klassen als auch abstrakte Methoden müssen mit dem Schlüsselwort abstract deklariert werden. Hier ist ein Beispiel:

```
abstract class Stream {
   public abstract void Write(char ch);  // kein Code
   public void WriteString(string s) { foreach (char ch in s) this.Write(ch); }
}

class File : Stream {
   public override void Write(char ch) {... /*write ch to disk*/ ...}
}
```

Stream ist eine abstrakte Klasse. Sie enthält eine abstrakte Methode Write, die noch keinen Anweisungsteil hat und erst in der Unterklasse File überschrieben und implementiert wird. Abstrakte Methoden sind implizit virtual, weil sie dazu da sind, in Unterklassen überschrieben zu werden.

Von abstrakten Klassen dürfen keine Objekte erzeugt werden, weil diese sonst unimplementierte Methoden hätten. Man darf aber Variablen einer abstrakten Klasse deklarieren und in ihnen Objekte von Unterklassen speichern:

```
Stream s = new File();
s.Write('x');                 // ruft Write aus File auf (dynamische Bindung)
s.WriteString("Hello");       // ruft WriteString aus Stream auf, welches mittels
                              // dynamischer Bindung Write aus File aufruft.
```

Abstrakte Klassen dienen als Muster für zukünftige Unterklassen. Sie geben an, welche Methoden in Unterklassen überschrieben werden müssen. Neben File könnte man aus Stream auch Klassen wie MemoryStream oder NetworkStream ableiten, die dann alle die Methode Write überschreiben müssten. Abstrakte Klassen fassen also mehrere Unterklassen zu einer *Familie* zusammen, deren Mitglieder alle ähnliches Verhalten aufweisen.

Abstrakte Properties und Indexer

Neben Methoden können auch Properties und Indexer als abstrakt deklariert werden. Auch sie haben keinen Anweisungsteil und müssen in Unterklassen überschrieben werden, wie das in folgendem Beispiel gezeigt wird.

```
abstract class Sequence {
    public abstract void Add(object x);                 // abstrakte Methode
    public abstract string Name { get; }                // abstraktes Property
    public abstract object this [int i] { get; set; }   // abstrakter Indexer
}

class List : Sequence {
    public override void Add(object x) {...}
    public override string Name { get {...} }
    public override object this [int i] { get {...} set {...} }
}
```

Bei abstrakten Properties und Indexern werden die leeren get- und set-Methoden einfach durch die Schlüsselwörter get und set sowie einen Strichpunkt ausgedrückt. Beim Überschreiben müssen Properties und Indexer die gleichen get- und set-Methoden haben wie in der Oberklasse, weil sich sonst die Signatur des Properties ändern würde.

9.7 Versiegelte Klassen

Manchmal möchte man verhindern, dass jemand von einer Klasse weitere Unterklassen ableitet, die Methoden überschreiben oder verdecken. Das kann man erreichen, indem man die Klasse »versiegelt«, d.h. mit dem Schlüsselwort sealed deklariert:

```
abstract class Account {
    public abstract void Deposit(long x);
    public abstract void Withdraw(long x);
    public abstract long Balance { get; }
}

sealed class SafeAccount : Account {
    long balance;
    public override void Deposit(long x) { balance += x; }
    public override void Withdraw(long x) { balance -= x; }
    public override long Balance { get { return balance; } }
}
```

Die Klasse SafeAccount ist versiegelt. Versucht man, eine Unterklasse von ihr abzuleiten, meldet der Compiler einen Fehler. Anstatt eine ganze Klasse zu versiegeln, können *überschreibende* Methoden, Properties oder Indexer aber auch einzeln als sealed deklariert werden. Man könnte also schreiben:

```
class SafeAccount : Account {
    long balance;
    public sealed override void Deposit(long x) { balance += x; }
    public sealed override void Withdraw(long x) { balance -= x; }
    public override long Balance { get { return balance; } }
}
```

In diesem Fall darf man zwar eine Unterklasse aus SafeAccount ableiten, aber darin die Methoden Deposit und Withdraw nicht überschreiben. Das Property Balance ist nicht versiegelt und darf daher in Unterklassen überschrieben werden.

Versiegelte Klassen oder Methoden dienen der Sicherheit. Man kann ihre Semantik nicht versehentlich oder absichtlich durch Überschreiben von Methoden verändern. Außerdem können versiegelte Methoden effizienter aufgerufen werden, indem der Compiler statische statt dynamische Bindung verwendet.

9.8 Die Klasse Object

Die Klasse System.Object, auf die der Standardtyp object abgebildet wird, nimmt in C# eine Sonderstellung ein. Sie ist die Wurzel der gesamten Klassenhierarchie; alle Klassen sind direkt oder indirekt von ihr abgeleitet und erben daher ihre Eigenschaften. Über Boxing sind auch Werttypen (Structs, int, char, bool etc.) mit Object kompatibel, d.h., int-Werte können in einer Object-Variablen gespeichert werden. Folgendes Codestück zeigt die wichtigsten Methoden von Object:

```
class Object {
   public Type GetType() {...}
   public virtual bool Equals(object o) {...}
   public virtual string ToString() {...}
   public virtual int GetHashCode() {...}
   protected object MemberwiseClone() {...}
   ...
}
```

GetType liefert den Typ einer Variablen, einer Konstanten oder sogar eines ganzen Ausdrucks, zum Beispiel:

```
Animal a = new Dog();
Type t = a.GetType(); Console.WriteLine(t.Name);        // liefert Dog
t = 17.GetType(); Console.WriteLine(t.Name);            // liefert Int32
long i = 5;
t = (i+1).GetType(); Console.WriteLine(t.Name);         // liefert Int64
```

GetType liefert ein Objekt des Typs System.Type, der unter anderem für Reflection verwendet wird (siehe Abschnitt 19.4).

Die Methoden Equals, ToString und GetHashCode sind in Object nur in rudimentärer Form implementiert und sollten in Unterklassen überschrieben werden. x.Equals(y) soll prüfen, ob x und y gleiche Werte enthalten, x.ToString() soll x in einen String konvertieren und x.GetHashCode() soll aus x einen Hashcode berechnen, d.h. eine möglichst eindeutige Zahl, die sich aus dem Wert von x ergibt.

Die Standardimplementierung von Equals in Object führt nur einen Zeigervergleich durch, x.ToString() liefert den Klassennamen von x und x.GetHashCode() berechnet aus x eine eindeutige Zahl, die jedoch nach Freigabe von x durch den Garbage Collector wieder für andere Objekte verwendet werden kann.

Die Methode x.MemberwiseClone() liefert eine Kopie von x. Sie ist allerdings protected und darf daher nur in Methoden der Klasse von x oder ihren Unterklassen angewendet werden.

Wenn man eigene Klassen sauber implementieren will, sollte man alle von Object geerbten virtuellen Methoden überschreiben. Das folgende Beispiel führt das anhand der Bruchzahlenklasse Fraction vor.

```
class Fraction {
   int z, n;          // Zähler, Nenner
   public Fraction(int z, int n) { this.z = z; this.n = n; }
   ...
   public override string ToString() {
      return String.Format("{0}/{1}", z, n);
   }
   public override bool Equals(object o) {
      Fraction f = o as Fraction; return f != null && f.z == z && f.n == n;
   }
   public override int GetHashCode() {
      return z ^ n; // exklusive Oder-Verknüpfung (XOR)
   }
   public Fraction ShallowCopy() {
      return (Fraction) MemberwiseClone();
   }
}
```

Diese Klasse kann nun wie folgt benutzt werden:

```
Fraction a = new Fraction(1, 2);
Fraction b = new Fraction(1, 2);
Fraction c = new Fraction(3, 4);

Console.WriteLine(a.ToString());         // 1/2
Console.WriteLine(a);                    // 1/2  (ToString wird automatisch aufgerufen)

Console.WriteLine(a.Equals(b));          // true (Wertvergleich)
Console.WriteLine(a == b);               // false (Zeigervergleich)

Console.WriteLine(a.GetHashCode());      // 3 (gebildet durch 1^2)

a = c.ShallowCopy();
Console.WriteLine(a);                    // 3/4
```

Bei diesen Beispielen ist Folgendes zu beachten:

- WriteLine(a) wandelt a vor der Ausgabe mittels ToString in einen String um.
- a.Equals(b) führt einen *Wertvergleich* zwischen a und b durch und liefert daher true, während a == b einen *Zeigervergleich* vornimmt und daher false zurückgibt.
- Zum Kopieren von Fraction-Objekten darf MemberwiseClone nur in der Klasse Fraction aufgerufen werden. Man kann es aber in eine Methode ShallowCopy einbetten, die dann von außerhalb aufgerufen werden kann.

Viele Klassen überladen auch die Operatoren == und !=, so dass man mit ihnen Wertvergleiche durchführen kann. Wir erweitern daher unsere Klasse Fraction ebenfalls in diese Richtung.

```
class Fraction {
   ...
   public static bool operator == (Fraction a, Fraction b) {
      return ((object)a == null && (object)b == null) || ((object)a != null && a.Equals(b));
   }
   public static bool operator != (Fraction a, Fraction b) {
      return ! (a == b);
   }
}
```

Der Compiler meldet einen Fehler, wenn nur einer der beiden Operatoren überladen wird. Außerdem erzeugt er eine Warnung, wenn man == und != überlädt, aber Equals nicht überschreibt. Fraction-Objekte können nun wie folgt benutzt werden:

```
// a und b enthalten den Wert 1/2
Console.WriteLine(a == b);                    // true
Console.WriteLine((object)a == (object)b);    // false
Console.WriteLine(a.Equals(b));               // true
```

9.9 Übungsaufgaben

1. **Sichtbarkeitsattribute**
   Reihen Sie die Sichtbarkeitsattribute public, private, internal und protected hinsichtlich ihrer Striktheit.

2. **Kompatibilität zwischen Klassen**
   Warum nennt man die Beziehung zwischen einer Unterklasse und ihrer Oberklasse eine Ist-Beziehung? Warum darf ein Unterklassenobjekt (z.B. vom Typ Dog) einer Oberklassenvariablen (z.B. vom Typ Animal) zugewiesen werden, umgekehrt aber nicht?

3. **Vererbung und Konstruktoren**
   Warum werden zwar die Felder, Methoden, Properties und Indexer von der Oberklasse an die Unterklasse vererbt, nicht aber die Konstruktoren?

4. **Typumwandlung**
   Wandelt eine Typumwandlung den statischen oder den dynamischen Typ einer Variablen um? Begründen Sie Ihre Antwort.

5. **Verdecken von Methoden**
   Um das Problem der zerbrechlichen Basisklassen in den Griff zu bekommen, sieht C# die Möglichkeit vor, geerbte Methoden in der Unterklasse durch das Schlüsselwort new zu verdecken. Was wäre die Alternative zum Verdecken dieser Methoden? Welche Vor- und Nachteile hätte das?

6. **Unterklassen**
   Implementieren Sie die Klasse Fraction aus Abschnitt 8.1, wobei die Felder die Sichtbarkeit protected haben sollen und die Addition und Multiplikation durch überladene Operatoren + und * realisiert werden sollen. Leiten Sie anschließend eine Unterklasse BetterFraction ab und sehen Sie darin eine Methode Reduce() vor, die versucht, die Bruchzahl zu kürzen.

7. **Objektorientierter Entwurf**
   Modellieren Sie die Artikel eines Web-Shops als Klassen und Unterklassen. Artikel können Bücher, CDs oder Videos sein. Jeder Artikel hat eine Nummer und einen Preis. Die einzelnen Artikelarten enthalten noch weitere Daten, die Sie selbst festlegen können (z.B. Autor, Lieder, etc.). Sehen Sie entsprechende Konstruktoren vor sowie ein Property Price, um den Preis abzufragen und zu ändern. Eine Methode Description, die in jeder der Artikelklassen überschrieben wird, soll aus den Artikeldaten eine entsprechende Beschreibung des Artikels zusammenstellen und als String liefern. Implementieren Sie auch einen Warenkorb, der verschiedene Artikel enthalten kann und der auf Wunsch eine Beschreibung der darin enthaltenen Artikel samt Einzelpreis und Gesamtpreis als String liefert.

8. **Dynamische Bindung**
   Bauen Sie das Beispiel mit den Klassen Animal und Dog aus Abschnitt 9.4 aus, indem Sie weitere Unterklassen für Cat und Cow hinzufügen. Implementieren Sie in jeder Klasse eine Methode Likes(string food), die true liefert, wenn das Tier das Futter mag. Eine Methode Speak() soll den für das Tier typischen Laut als String ausgeben. Eine Tierfarm soll dann wie folgt benutzt werden können:

   ```
   foreach (Animal a in animalArray)
     if (a.Likes("fish")) a.Speak();
   ```

9. **Abstrakte Klassen**
   Implementieren Sie die Klasse Animal aus Aufgabe 8 als vollständig abstrakte Klasse, d.h., alle ihre Methoden sollen abstrakt sein. Implementieren Sie auch zwei Unterklassen Dog und Cat. Welche Auswirkungen hat die Tatsache, dass Animal nun abstrakt ist, auf die Implementierung der Unterklassen?

10. **Methoden der Klasse Object**
    Erweitern Sie die Klasse Dog aus Aufgabe 9 so, dass die von Object geerbten Methoden ToString(), Equals() und GetHashCode() auf geeignete Weise überschrieben werden. Sehen Sie auch eine Methode ShallowCopy() vor, die Objekte mittels MemberwiseClone() kopiert (siehe Abschnitt 9.8).

10 Interfaces

Interfaces (Klassenschnittstellen) sind Typen, die man sich als vollständig abstrakte Klassen vorstellen kann. Sie enthalten die Signaturen von Methoden, Properties, Indexern und Events. Der Anweisungsteil dieser Elemente wird in Interfaces nicht angegeben. Insbesondere dürfen Interfaces keine Felder, Konstanten, Konstruktoren, Destruktoren, überladene Operatoren oder innere Typen enthalten, sondern sie sind eine reine Sammlung von Operationen.

10.1 Deklaration und Verwendung von Interfaces

Hier ist ein Beispiel für die Deklaration eines einfachen Interface-Typs IWriter (der Name eines Interface beginnt per Konvention immer mit einem I):

```
interface IWriter {
    void Write(char ch);
}
```

Das Interface IWriter definiert nur eine einzige Methode Write mit ihren Parametern. In der Regel haben Interfaces aber mehrere Methoden. Alle Elemente eines Interface sind automatisch public und abstract (und somit auch virtual). Sie sind dazu da, in Klassen, die dieses Interface implementieren, überschrieben zu werden. Daher dürfen die Elemente eines Interface auch nicht static sein, weil statische Methoden nicht überschrieben werden können.

Klassen und Structs können ein oder mehrere Interfaces *implementieren*, was bedeutet, dass sie alle Elemente des Interface erben und sie überschreiben müssen. Hier sind zwei Beispiele für Klassen, die IWriter implementieren:

```
class TextField : GUIComponent, IWriter {
    public void Write(char ch) {...} // implementiert IWriter.Write, ist aber selbst nicht virtual
}

struct Buffer : IWriter {
    char[] buf = new char[128];
    public virtual void Write(char ch) {...} // implementiert IWriter.Write und ist selbst virtual
}
```

Eine Klasse kann nur von *einer* anderen Klasse erben, aber beliebig viele Interfaces implementieren. TextField erbt zum Beispiel von GUIComponent und implementiert

IWriter (die Basisklasse muss *vor* den Interfaces angegeben werden). Wenn man von einer Klasse erbt, nennt man das *Codevererbung* (*subclassing*), wenn man ein Interface implementiert, nennt man das *Schnittstellenvererbung* (*subtyping*).

Eine Methode, die eine Interfacemethode implementiert, muss public sein, weil sie dies ja auch im Interface ist. Man braucht sie aber nicht als override zu deklarieren. Der Compiler erkennt von selbst, dass sie die entsprechende Methode des Interface überschreibt. Wenn man allerdings will, dass diese Methode auch in Unterklassen überschrieben werden kann, muss man sie als virtual deklarieren, obwohl die entsprechende Methode des Interface bereits virtual ist.

Anstatt Write selbst zu implementieren, könnte TextField die Methode auch von GUIComponent erben. Wichtig ist nur, dass in TextField eine Implementierung von Write vorliegt.

Jedes Objekt, dessen Typ das Interface IWriter implementiert, kann wie ein IWriter behandelt werden. Man kann es in einer IWriter-Variablen speichern und die Methode Write darauf anwenden, wobei dynamische Bindung zum Tragen kommt:

```
IWriter w = new TextField();
w.Write('x');                 // ruft Write aus TextField auf
w = new Buffer();
w.Write('x');                 // ruft Write aus Buffer auf
```

Man sieht bereits, wozu Interfaces verwendet werden: Sie erlauben es, Typen, die in keiner Vererbungsbeziehung zueinander stehen, gleich zu behandeln, und zwar in dem Sinn, dass man die gleichen Operationen auf sie anwenden kann.

Ein Interface ist wie ein *Steckplatz*, in den man Objekte jener Klassen einstecken kann, die dieses Interface implementieren. Wenn ein Client direkt mit einem Objekt (z.B. list) arbeitet und dessen Methoden aufruft (z.B. list.Add() oder list.Remove()), dann ist er fest mit diesem Objekt verbunden. Wenn er jedoch mit einer Interfacevariablen (z.B. iList) arbeitet (iList.Add(), iList.Remove()), dann können dieser Interfacevariablen später Objekte beliebiger passender Klassen zugewiesen werden, und die Verbindung zwischen Client und Objekt ist nicht so starr (siehe Abb. 10–1).

Interfaces sind die Grundlage *objektorientierter Frameworks*. Ein Framework ist ein Software-Halbfabrikat mit Steckplätzen, in die man eigene Objekte einstecken kann, um so das Halbfabrikat zu einem Endfabrikat auszubauen.

Abb. 10–1 *Arbeiten mit einem Objekt versus Arbeiten mit einer Interfacevariablen*

10.2 Operationen auf Interfaces

Das folgende Beispiel zeigt anhand einer Klasse MyClass, die von einer Klasse MyBaseClass erbt und zwei Interfaces IList und ISerializable aus der C#-Bibliothek implementiert, welche Operationen auf Interfaces erlaubt sind.

```
class MyClass : MyBaseClass, IList, ISerializable {
   //----- Methoden, Properties und Indexer aus IList
   public int Add(object o) {...}
   public bool Contains(object o) {...}
   public bool IsReadOnly { get {...} }
   public object this[int i] { get {...} set {...} }
   //----- Methode aus ISerializable
   public void GetObjectData(SerializationInfo i, StreamingContext c) {...}
   //----- eigene Elemente
   ...
}
```

Wie wir bereits gesehen haben, kann ein MyClass-Objekt einer Variablen vom Typ IList oder ISerializable zugewiesen werden:

```
MyClass obj = new MyClass();
IList list = obj;
```

Anschließend kann man auf list alle IList-Operationen anwenden:

```
list.Add("Tom");   // dynamische Bindung => Add aus MyClass
```

Auch Typtests sind auf Interfacevariablen erlaubt:

```
if (list is MyClass) ...   // liefert hier true
```

Nicht zuletzt kann man auch Typumwandlungen vornehmen:

```
obj = (MyClass) list;
obj = list as MyClass;
```

Da MyClass sowohl IList als auch ISerializable implementiert, kann ein MyClass-Objekt, das von einer IList-Variablen referenziert wird, sogar in ISerializable umgewandelt werden:

```
ISerializable ser = (ISerializable) list;
```

Enthält ein Interface Properties oder Indexer, die nur eine get-Methode aufweisen, so können diese durch Properties oder Indexer implementiert werden, die sowohl eine get- als auch eine set-Methode haben. Dies steht im Gegensatz zum Überschreiben geerbter Properties und Indexer, bei denen die Anzahl der get- und set-Methoden gleich sein muss wie in der Oberklasse.

10.3 Erweiterung von Interfaces

Ähnlich wie Klassen andere Klassen erweitern können, so können auch Interfaces andere Interfaces erweitern. Das folgende Beispiel zeigt ein Interface ISimpleReader mit einer Methode Read sowie ein daraus abgeleitetes Interface IReader, das Read erbt und zwei weitere Methoden Open und Close hinzufügt.

```
interface ISimpleReader {
    int Read();
}

interface IReader : ISimpleReader {
    void Open(string name);
    void Close();
}
```

Klassen oder Structs können nun entweder ISimpleReader implementieren oder IReader. Im ersten Fall müssen sie nur die Methode Read überschreiben, im zweiten Fall auch Open und Close.

```
class Terminal : ISimpleReader {
    public int Read() {...}
}

class File : IReader {
    public int Read() {...}
    public void Open(string name) {...}
    public void Close() {...}
}
```

Die Vererbungsbeziehungen zwischen den Interfaces und Klassen des vorangegangenen Beispiels werden in Abb. 10–2 durch ein UML-Klassendiagramm ([RJB04], [Fow03]) deutlich gemacht.

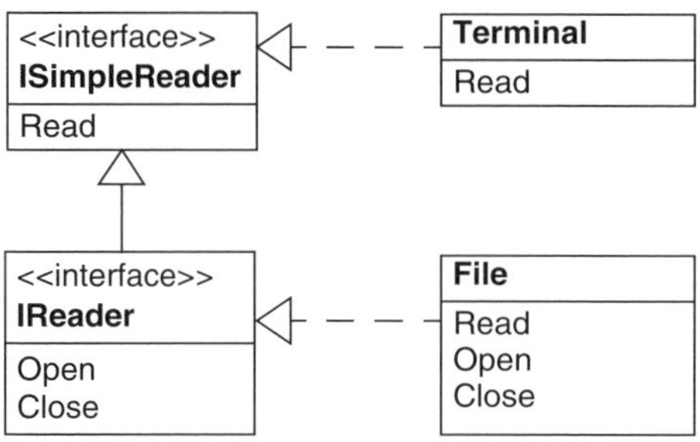

Abb. 10–2 *Abhängigkeiten zwischen ISimpleReader, IReader, Terminal und File*

File und Terminal erben voneinander keinen Code. Sie implementieren aber beide das Interface ISimpleReader (Terminal implementiert es direkt, File implementiert es indirekt über IReader). Daher können Objekte dieser beiden Klassen einer ISimpleReader-Variablen zugewiesen werden.

```
ISimpleReader sr = null;  // null kann jeder Interfacevariablen zugewiesen werden
sr = new Terminal();
sr = new File();
```

File implementiert das Interface IReader und kann daher sowohl einer IReader-Variablen als auch einer ISimpleReader-Variablen zugewiesen werden.

```
IReader r = new File();
sr = r;
```

10.4 Namenskonflikte

Wenn eine Klasse zwei Interfaces implementiert, die gleichnamige Methoden enthalten, kommt es zu einem Namenskonflikt. Dabei stellt sich die Frage, ob man die gleichnamigen Methoden für jedes Interface getrennt implementieren muss oder ob eine einzige Implementierung für beide Interfaces reicht.

In C# hat man beide Möglichkeiten. Im folgenden Beispiel werden die beiden F-Methoden der Interfaces I1 und I2 durch eine einzige Methode der Klasse C implementiert:

```
interface I1 {
   void F();
}

interface I2 {
   void F();
}

class C : I1, I2 {
   public void F() { Console.WriteLine("C.F"); }        // implementiert I1.F und I2.F
}
```

Die Implementierung von F gilt für beide Interfaces:

```
C c = new C(); c.F();    // Ausgabe: C.F
I1 i1 = c; i1.F();       // Ausgabe: C.F
I2 i2 = c; i2.F();       // Ausgabe: C.F
```

Man kann aber auch jede der beiden Methoden getrennt implementieren. Dabei muss man allerdings ihren Namen mit dem Namen des Interface qualifizieren, von dem sie stammen, wie das im folgenden Beispiel gezeigt wird:

```
class D : I1, I2 {
   void I1.F() { Console.WriteLine("I1.F"); }    // darf nicht public sein!
   void I2.F() { Console.WriteLine("I2.F"); }    // -- " --
}
```

In diesem Fall kann man F nur auf eine Variable des Typs I1 oder I2 anwenden, nicht aber auf eine Variable des Typs D.

```
D d = new D();
d.F();              // Compiler meldet Fehler: F lässt sich nur über Interfaces aufrufen
I1 i1 = d; i1.F();  // Ausgabe: I1.F
I2 i2 = d; i2.F();  // Ausgabe: I2.F
((I1)d).F();        // Ausgabe: I1.F
```

10.5 Interface IDisposable

Objekte werden unter .NET vom Garbage Collector verwaltet, der ihren Speicherplatz wieder einsammelt, sobald sie nicht mehr referenziert werden. Gewisse Objekte belegen aber Ressourcen, die nicht der Kontrolle des Garbage Collectors unterliegen (ein Stream-Objekt benutzt zum Beispiel eine offene Datei). Diese Ressourcen müssen vom Programmierer mit Hilfe des aus der .NET-Bibliothek stammenden Typs IDisposable freigegeben werden:

```
public interface IDisposable {
   void Dispose();
}
```

Klassen, die das Interface IDisposable unterstützen, müssen eine Methode Dispose implementieren, die alle selbst verwalteten Ressourcen freigibt. Ferner sollten solche Klassen einen Destruktor enthalten, der Dispose aufruft. Bei mehrfachen Aufrufen von Dispose sollten alle außer dem ersten Aufruf wirkungslos bleiben.

Die folgende Klasse Buffer verwaltet zum Beispiel einen StreamWriter, an dem eine Datei hängt, die nicht dem Garbage Collector unterliegt.

```
class Buffer: IDisposable {
   StreamWriter w;

   public Buffer() { w = File.CreateText("storage.txt"); }
   public void Add(string s) { w.Write(s); }
   ~Buffer() { Dispose(); }

   public void Dispose() {
      if (w != null) { w.Close(); w = null; }
   }
}
```

Durch den Destruktor ist sichergestellt, dass die am StreamWriter hängende Datei geschlossen wird, wenn der Garbage Collector das Buffer-Objekt einsammelt.

using-Anweisung

Zur einfacheren Verwaltung von IDisposable-Objekten gibt es in C# die bisher noch nicht besprochene *using-Anweisung*. Sie hat die Form

using (*Resource*) *Block*

Im *Resource*-Teil wird ein IDisposable-Objekt deklariert und erzeugt. Am Ende des Blocks oder wenn der Block durch eine Ausnahme oder ein return verlassen wird, wird automatisch die Dispose-Methode dieses Objekts aufgerufen. Dadurch wird sichergestellt, dass die vom Objekt belegten Ressourcen auch sicher wieder freigegeben werden. Unsere Buffer-Klasse könnten wir zum Beispiel wie folgt in einer using-Anweisung benutzen:

```
using (Buffer b = new Buffer()) {
   b.Add("Hello "); ... b.Add("World");
}
```

Eine zweite Form der using-Anweisung erlaubt es, ein bereits vorher erzeugtes IDisposable-Objekt zu verwenden, zum Beispiel:

```
Buffer b = new Buffer();
using (b) {
   b.Add("Hello "); ... b.Add("World");
}
```

10.6 Übungsaufgaben

1. **Abstrakte Klassen und Interfaces**
   Was ist der Unterschied zwischen einer abstrakten Klasse und einem Interface?
2. **Mehrfache Schnittstellenvererbung**
   Was könnte der Grund dafür sein, dass eine Klasse in C# zwar nur von einer einzigen Klasse erben, aber mehrere Interfaces implementieren kann?
3. **Interface IComparable**
   Die Methode Array.Sort(a) sortiert ein Array a aus beliebigen Objekten, sofern diese das bereits vordefinierte Interface IComparable implementieren:

```
public interface IComparable {
   int CompareTo(object obj);  // returns -1 if this < obj, 0 if this == obj, 1 if this > obj
}
```

   Schreiben Sie eine Klasse Fraction (ähnlich zu der in Kapitel 8), die IComparable implementiert. Erzeugen Sie ein Array von Fraction-Objekten und sortieren Sie es mittels Array.Sort.

4. **Interface IDumpable.**
   Implementieren Sie ein Interface IDumpable mit einer Methode Dump, die das Objekt der Klasse, die dieses Interface implementiert, auf dem Bildschirm ausgibt. Außerdem soll IDumpable auch ein Property Name aufweisen, mit dem man für das Objekt einen Namen setzen und ihn wieder abfragen kann. Schreiben Sie zwei beliebige Klassen, die dieses Interface implementieren und verwenden Sie Objekte dieser Klassen als IDumpable-Objekte.
5. **foreach und Interfaces**
   Erweitern Sie Ihre Klasse GrowableArray aus den Übungsaufgaben zu Kapitel 8 so, dass die Elemente im Array mittels einer foreach-Schleife durchlaufen werden können. Dazu muss GrowableArray das Interface IEnumerable implementieren (siehe Abschnitt 19.2). Überschreiben Sie außerdem die von Object geerbten Methoden Equals, ToString und GetHashCode.

11 Delegates und Events

11.1 Einfache Delegates

Ein Delegate-Typ ist ein *Methodentyp* und dient zur Deklaration von Variablen, in denen Methoden gespeichert werden können. Er wird durch das Schlüsselwort delegate und eine Methodensignatur deklariert.

```
delegate void Notifier(string sender);
```

Der Name dieses Typs ist Notifier. Er kann wie gewohnt zur Deklaration von Variablen verwendet werden:

```
Notifier notify;
```

In einer Variablen eines Delegate-Typs können Methoden gespeichert werden, die die gleiche Signatur wie der Delegate-Typ haben, d.h. die gleiche Parameteranzahl, die gleichen Parametertypen (einschließlich des Rückgabetyps) und die gleichen Parameterarten (ref, out, value):

```
void SayHello(string sender) {
   Console.WriteLine("Hello from " + sender);
}
notify = new Notifier(SayHello);   // speichert die Methode SayHello in notify
```

Die Variable notify kann nun anderen Variablen zugewiesen, als Parameter übergeben und schließlich irgendwann wie eine Methode aufgerufen werden:

```
notify("Alice");
```

Der Aufruf einer Delegate-Variablen bewirkt den Aufruf der darin gespeicherten Methode (in unserem Fall SayHello). Wir erhalten also die Ausgabe

```
Hello from Alice
```

Natürlich können wir der Variablen notify auch jede andere Methode zuweisen, die zur Signatur von Notifier passt:

```
void SayGoodBye(string sender) {
   Console.WriteLine("Good bye from " + sender);
}
notify = new Notifier(SayGoodBye);
...
notify("Bob");              // "Good bye from Bob"
notify = null;              // Zuweisung von null ist erlaubt
```

Delegates sind Referenztypen, daher kann man einer Delegate-Variablen auch den Wert null zuweisen. Wenn man dann allerdings versucht, diese Variable aufzurufen, gibt es einen Laufzeitfehler (NullReferenceException).

Vielleicht kommt Ihnen das Konzept der Delegates bekannt vor. Sie ähneln *Prozedurvariablen* in Pascal oder *Function Pointers* in C++.

11.2 Multicast-Delegates

Der besondere Reiz von Delegate-Variablen liegt darin, dass man in ihnen nicht nur eine einzige Methode, sondern beliebig viele Methoden gleichzeitig speichern kann, die alle aufgerufen werden, wenn man die Delegate-Variable aufruft. Man kann Methoden mit dem Operator += zu einer Delegate-Variablen hinzufügen und mit dem Operator -= wieder entfernen.

```
notify = new Notifier(SayHello);
notify += new Notifier(SayGoodBye);
notify("Alice");          // "Hello from Alice"
                          // "Good bye from Alice"
notify -= new Notifier(SayHello);
notify("Bob");            // "Good bye from Bob"
```

Die Aktivierung mehrerer Methoden durch einen einzigen Aufruf nennt man einen *Multicast*. Multicast-Delegates werden in der .NET-Bibliothek häufig zur Ereignisverarbeitung verwendet. Mehrere Objekte können sich für ein Ereignis (z.B. einen Mausklick) anmelden, indem sie eine ihrer Methoden in einer Delegate-Variable installieren. Tritt das Ereignis dann ein, wird die Delegate-Variable aufgerufen und die registrierten Methoden werden aktiviert.

Installiert man in einer Delegate-Variablen mehrere *Funktionen*, so ist der Funktionswert des Delegate-Aufrufs derjenige Wert, der von der zuletzt aufgerufenen Funktion geliefert wurde. Ähnliches gilt für Multicasts mit out-Parametern.

11.3 Erzeugen von Delegate-Werten

Beim Erzeugen eines Delegate-Werts mittels new haben wir bisher die Dinge etwas vereinfacht. Genau genommen besteht ein Delegate-Wert nicht nur aus einer Methode, sondern auch aus dem Objekt, auf das die Methode angewendet werden soll. Beides wird in der Delegate-Variablen gespeichert. Die Erzeugung eines Delegate-Werts sieht also wie folgt aus:

delegateVar = new *DelegateType*(***obj.Method***);

Das Objekt, auf das die Methode angewendet werden soll, kann wie in unseren bisherigen Beispielen this sein und daher fehlen. Man kann aber auch Methodenaufrufe für ganz unterschiedliche Objekte in einer Delegate-Variablen speichern.

```
delegate void Adder(int x);

class Counter {
   int value = 0;
   public void Add(int x) { value += x; }
}

class Test {
   static void Main() {
      Counter a = new Counter();
      Counter b = new Counter();
      Adder add = new Adder(a.Add);
      add += new Adder(b.Add);
      add(3);   // ruft a.Add(3) und b.Add(3) auf
   }
}
```

Die aufzurufende Methode kann auch statisch sein. In diesem Fall muss statt obj der Klassenname angegeben werden, der aber entfallen kann, wenn es sich um die Klasse handelt, in der der Delegate-Wert erzeugt wird.

```
class StaticCounter {
   static int value = 0;
   public static void Add(int x) { value += x; }
}

class Test {
   static void Main() {
      Adder add = new Adder(StaticCounter.Add);
      add(3);   // ruft StaticCounter.Add auf
   }
}
```

Eine Methode, die in einer Delegate-Variablen gespeichert werden soll, darf nicht abstrakt sein, wohl aber mit virtual, override oder new deklariert werden.

Vereinfachte Delegate-Zuweisung

In C# 2.0 wurde die Syntax für die Zuweisung einer Methode an eine Delegate-Variable vereinfacht. Anstatt

```
delegateVar = new DelegateType(obj.Method);
```

kann man jetzt einfach schreiben

```
delegateVar = obj.Method;
```

Wenn wir also auf unser Beispiel mit dem Delegate-Typ Notifier zurückgreifen (siehe Abschnitt 11.1), so sind folgende drei Zuweisungen äquivalent:

```
Notifier notify;
notify = new Notifier(this.SayHello);
notify = this.SayHello;
notify = SayHello;
```

In allen drei Fällen wird ein Delegate-Wert erzeugt. In den letzten beiden Zuweisungen leitet der Compiler den Typ des Delegate-Werts vom Typ der Variablen auf der linken Seite der Zuweisung ab. Die vereinfachte Zuweisungssyntax gilt natürlich auch für die Parameterübergabe. Haben wir die Methode

```
void Foo(Notifier n) { ... }
```

so sind folgende drei Aufrufe äquivalent:

```
Foo(new Notifier(this.SayHello));
Foo(this.SayHello);
Foo(SayHello);
```

11.4 Ereignisse (Events)

Events sind spezielle Delegate-Variablen, die als Felder von Klassen deklariert werden. Man kennzeichnet sie durch das Schlüsselwort event. Hier ist ein Beispiel für ihre Verwendung:

```
class Model {
    public event Notifier notifyViews;
    public void Change() { notifyViews("Model"); }
}
```

Wie bei normalen Delegate-Variablen können verschiedene Methoden in ihnen gespeichert werden:

```
class View1 {
    public View1(Model m) { m.notifyViews += this.Update; }
    void Update(string sender) { Console.WriteLine("View1 changed by " + sender); }
}

class View2 {
    public View2(Model m) { m.notifyViews += this.Update; }
    void Update(string sender) { Console.WriteLine("View2 changed by " + sender); }
}
```

Die beiden Klassen View1 und View2 registrieren in den Konstruktoren ihre Update-Methode in der Variablen notifyViews des Modells. Wenn nun das Modell geändert und seine Methode Change aufgerufen wird, führt dies zum Aufruf von notifyViews und somit zum Aufruf der beiden Update-Methoden von View1 und View2.

```
class Test {
    static void Main() {
        Model m = new Model();
        View1 v1 = new View1(m);
        View2 v2 = new View2(m);
        m.Change();            // "View1 changed by Model", "View2 changed by Model"
    }
}
```

Was ist nun der Unterschied zwischen Events und gewöhnlichen Delegate-Variablen? Der Unterschied liegt im Wesentlichen darin, dass ein Event nur innerhalb der Klasse ausgelöst (d.h. aufgerufen) werden darf, in der es deklariert ist. Die Klasse Test darf m.notifyViews nicht aufrufen, sehr wohl aber die Klasse Model. Diese Regel soll verhindern, dass Events versehentlich oder mutwillig von anderen Klassen ausgelöst werden.

Events werden vor allem bei der Programmierung grafischer Benutzeroberflächen benötigt. In diesen Anwendungen gibt es verschiedene Ereignisse wie Tastendrucke, Mausklicks oder Fensterereignisse, auf die reagiert werden muss. Wir werden uns diesem Thema in Abschnitt 27.1 ausführlicher widmen.

11.5 Anonyme Methoden

Delegates werden häufig dazu verwendet, eine Methode M als Parameter an eine andere Methode zu übergeben, die M dann zu gegebener Zeit zurückruft. Auf diese Weise kann man einen allgemeinen Algorithmus implementieren, der durch unterschiedliche Methoden parametrisiert werden kann.

Sehen wir uns dazu ein Beispiel an. Angenommen wir haben eine Klasse Data, die ein Array von Element-Objekten verwaltet. Die Klasse enthält eine Methode ForAll, die als Parameter ein Delegate-Objekt des Typs Visitor bekommt und dieses auf alle ihre Elemente anwendet:

```
class Data {
    Element[] data = ...;
    ...
    public void ForAll(Visitor visit) {
        for (int i = 0; i < data.Length; i++) visit(data[i]);
    }
}
delegate void Visitor(Element e);
```

Wir können diese ForAll-Methode nun dazu verwenden, um die Elemente von Data auf verschiedene Weise zu verarbeiten. Zum Beispiel können wir alle Elemente ausgeben oder die Summe über eines ihrer Felder bilden. Das sieht dann so aus:

```
class C {
    int sum = 0;
    void Print(Element e) { Console.WriteLine(e.value); }
    void SumUp(Element e) { sum += e.value; }
    static void Main() {
        Data values = new Data();
        values.ForAll(Print);       // ruft Print für jedes Element von values auf
        values.ForAll(SumUp);       // ruft SumUp für jedes Element von values auf
    }
}
```

Diese Technik ist zwar mächtig, hat aber zwei kleine Schönheitsfehler. Erstens müssen wir für jede Operation, die wir mit den Elementen von values ausführen wollen, eine Methode deklarieren (z.B. Print oder SumUp) und uns einen Methodennamen einfallen lassen, was oft lästig ist. Zweitens können diese Operationen keinen lokalen Zustand haben, sondern müssen diesen als globales Feld deklarieren: Die Methode SumUp muss sich zum Beispiel die Summe aller Werte in einem nichtlokalen Feld sum merken. Daher erlaubt C# ab Version 2.0, eine Methode direkt an der Stelle zu deklarieren, an der sie einem Delegate zugewiesen wird. Die allgemeine Form einer solchen Deklaration lautet:

```
delegate ( parameters ) { statements }
```

Eine solche Methode hat keinen Namen und heißt daher *anonyme Methode*. Sie ist zu jedem Delegate-Typ kompatibel, zu dem ihre Parameter passen. Unser obiges Beispiel vereinfacht sich damit zu:

```
class C {
    static void Main() {
        Data values = new Data();
        values.ForAll(delegate (Element e) { Console.WriteLine(e.value); });
        int sum = 0;
        values.ForAll(delegate (Element e) { sum += e.value; });
    }
}
```

Beim ersten Aufruf von ForAll wird eine anonyme Methode deklariert, die kompatibel zum Delegate-Typ Visitor ist. Diese Methode wird an ForAll übergeben und für jedes Element von values aufgerufen, wobei das entsprechende Element als Parameter e an die anonyme Methode übergeben wird.

Beim zweiten Aufruf von ForAll geschieht Analoges. Hier ist aber noch ein weiterer Punkt zu beachten: Die anonyme Methode greift auf eine Variable sum zu, die lokal zur umgebenden Methode Main ist. Sie kann sich also ihren Zustand in einer lokalen Variablen der umgebenden Methode merken und muss dazu kein Feld der umgebenden Klasse verwenden.

Wenn eine anonyme Methode auf eine Variable v der umgebenden Methode M zugreift, kann es vorkommen, dass M bereits zu Ende gelaufen ist, wenn die anonyme Methode aufgerufen wird. Der Speicherplatz von v wäre dann bereits wieder freigegeben. Für diesen Fall sorgt der Compiler dafür, dass v in einen eigenen Speicherbereich kopiert wird, der so lange lebt wie das Delegate-Objekt, an das die anonyme Methode zugewiesen wurde. Somit wird garantiert, dass v noch lebt, wenn die anonyme Methode aufgerufen wird.

In bestimmten Fällen kann man die Deklaration anonymer Methoden noch weiter vereinfachen. Wenn der Anweisungsteil einer anonymen Methode nicht auf die Parameter zugreift, kann die Parameterliste entfallen. Man kann dann zum Beispiel schreiben:

```
int calls = 0;
values.ForAll(delegate { calls++; });
```

Auch hier wird eine anonyme Methode deklariert. Anschließend wird daraus ein Delegate-Objekt erzeugt, dessen Typ automatisch aus dem Typ des formalen Parameters von ForAll abgeleitet wird. Einfacher geht es kaum noch.

11.6 Übungsaufgaben

1. **Sortieren beliebiger Arrays**
   Gegeben sei ein Array von Objekten der gleichen Art (z.B. Strings, Bruchzahlen oder sonstige Objekte). Schreiben Sie eine Methode Sort(arr, Compare), die das Array arr sortiert und dazu eine Vergleichsmethode Compare(x, y) verwendet, die als Delegate übergeben wird und zwei Objekte x und y des Arrays miteinander vergleicht, d.h. feststellt, ob x größer, kleiner oder gleich y ist, indem sie 1, -1 oder 0 zurückgibt.
2. **Trigger**
   Implementieren Sie eine Zählerklasse Counter mit einer Methode Add(x) zum Erhöhen des Zählerwerts und einer Methode Clear() zum Löschen des Zählerwerts. Wenn der Zählerwert eine bestimmte Bedingung erfüllt (z.B. Zählerwert > 1000) sollen eine oder mehrere Aktionen ausgelöst werden. Sowohl die Bedingung als auch die Aktionen sollen als Delegates an die Zählerklasse übergeben werden können.
3. **Ereignisse im Dateisystem abfangen**
   Jedes Mal, wenn eine Datei oder ein Verzeichnis erzeugt, gelöscht oder umbenannt wird, löst .NET ein Ereignis aus, auf das man mit Hilfe der Klasse System.IO.FileSystemWatcher reagieren kann. Diese Klasse deklariert Events wie Created, Deleted oder Renamed, bei denen man eigene Methoden als Delegates registrieren kann. Die Methoden werden dann beim Auftreten der entsprechenden Ereignisse aufgerufen. Erzeugen und initialisieren Sie ein FileSystemWatcher-Objekt wie folgt:

   ```
   FileSystemWatcher w = new FileSystemWatcher();
   //--- Verzeichnis angeben, in dem auf Ereignisse reagiert werden soll
   w.Path = "c:\\hm\\dotnet";
   //--- Ereignisse spezifizieren, auf die reagiert werden soll
   //--- (z.B. Reaktion auf Änderung von Datei- und Verzeichnisnamen)
   w.NotifyFilter = NotifyFilters.FileName | NotifyFilters.DirectoryName;
   //--- Dateinamen filtern (z.B. "*.txt" oder ""; "" reagiert auf alle Dateien)
   w.Filter = "";
   //--- Eigene Methode als Delegate für das gewünschte Event registrieren
   w.Renamed += new RenamedEventHandler(MyMethod);
   //--- Beobachtung starten
   w.EnableRaisingEvents = true;
   //--- Programm in Warteschleife versetzen, während der Ereignisse auftreten können
   Console.WriteLine("type any key to quit");
   Console.Read();
   ```

Das obige Programmstück installiert eine Methode MyMethod, die immer dann aufgerufen wird, wenn sich der Name einer Datei oder eines Verzeichnisses ändert. Die Schnittstelle der Methode muss zu folgendem Delegate-Typ passen:

```
delegate void RenamedEventHandler(object sender, RenamedEventArgs e);
```

Lassen Sie Ihr Programm laufen und beobachten Sie, was geschieht, wenn Sie den Namen einer Datei im angegebenen Verzeichnis ändern. Studieren Sie die Klasse FileSystemWatcher in der Online-Dokumentation des .NET-Frameworks und erweitern Sie Ihr Programm so, dass es auch auf andere Ereignisse reagiert.

4. **Delegates mit Zustand**
   Um die Aktivitäten eines Programms zu protokollieren, soll dieses von Zeit zu Zeit eine Methode Log(message) aufrufen und ihr einen String übergeben, der die Aktivität beschreibt. Log soll aber keine gewöhnliche Methode sein, sondern eine Delegate-Variable von folgendem Typ:

```
delegate void LogWriter(string message);
```

Schreiben Sie ein Programm, das den Typ LogWriter und die Variable Log deklariert sowie in Log zwei Methoden installiert. Die erste Methode soll die übergebene Nachricht auf den Bildschirm ausgeben. Die zweite Methode soll sie in eine Datei schreiben. Die zweite Methode muss also zu einer Klasse gehören, die sich die Ausgabedatei in Form eines Felds vom Typ FileStream merkt. Die Klasse soll auch eine Methode Flush() enthalten, die den Ausgabepuffer des FileStream-Objekts entleert.

5. **Anonyme Methoden**
   Schreiben Sie eine Methode

```
static void Plot(Function f) { ... }
```

der man eine Funktion eines Delegate-Typs

```
delegate double Function(double x);
```

übergeben kann und die ein zweidimensionales Diagramm dieser Funktion zeichnet. Verwenden Sie der Einfachheit halber als »Grafik« eine zweidimensionale char-Matrix.

12 Ausnahmen

Ausnahmen (*exceptions*) ermöglichen eine disziplinierte Fehlerbehandlung, bei der die normale Programmlogik vom Fehlerbehandlungscode sauber getrennt wird. Anstatt Fehler über Fehlercodes zu melden, die von Methoden zurückgegeben werden, werden sie über Ausnahmeobjekte gemeldet, die an der Fehlerstelle »geworfen« und an einer anderen Stelle »gefangen« und behandelt werden.

12.1 try-Anweisung

Kern der Ausnahmebehandlung ist die try-Anweisung, die aus einem geschützten Anweisungsblock und einem oder mehreren Ausnahmebehandler-Blöcken besteht. Wir erklären sie am besten anhand eines Beispiels:

```
FileStream s = null;
try {                                   // geschützter Anweisungsblock
   s = new FileStream(name, FileMode.Open);
   ...
} catch (FileNotFoundException e) {     // Behandlung von FileNotFoundException
   Console.WriteLine("file {0} not found", e.FileName);
} catch (IOException) {                 // Behandlung von IOException
   Console.WriteLine("some IO exception occurred");
} catch {                               // Behandlung jeder anderen Ausnahme
   Console.WriteLine("some unknown exception occurred");
} finally {                             // Abschlusscode
   if (s != null) s.Close();
}
```

Die Bedeutung dieser Anweisung ist wie folgt: Tritt im geschützten Block oder in einer dort aufgerufenen Methode eine Ausnahme auf, wird der Block abgebrochen und es wird zu einer passenden catch-Klausel verzweigt. Die catch-Klauseln werden in der Reihenfolge ihrer Aufschreibung untersucht. Jede catch-Klausel fängt eine Ausnahme einer bestimmten Ausnahmeklasse (oder ihrer Unterklassen) ab. Wurde zum Beispiel eine FileNotFoundException ausgelöst, wird die erste catch-Klausel angesprungen und das Ausnahmeobjekt wird als Parameter übergeben.

Wie man sieht, kann eine catch-Klausel auch einen Ausnahmetyp ohne Parametervariable enthalten (z.B. IOException). In diesem Fall steht im Behandlungsblock kein Ausnahmeobjekt zur Verfügung. Ausnahmeobjekte enthalten für gewöhnlich nähere Informationen über den Grund der Ausnahme und können in der catch-Klausel ausgewertet werden.

Es ist in C# sogar möglich, eine catch-Klausel ohne Ausnahmetyp zu spezifizieren. Eine derartige Klausel fängt *alle* Ausnahmen ab. Natürlich ist es wichtig, diese Klausel als letzte anzuschreiben, da sonst die weiter hinten liegenden Klauseln nie erreicht würden. Glücklicherweise meldet der Compiler einen Fehler, wenn allgemeinere catch-Klauseln vor spezifischeren stehen.

Eine try-Anweisung kann auch eine finally-Klausel enthalten, die als Abschluss der try-Anweisung *auf jeden Fall* ausgeführt wird, egal ob es im try-Block zu einer Ausnahme kam oder nicht. Der Compiler stellt außerdem sicher, dass die finally-Klausel nicht vorzeitig durch return, goto oder break verlassen wird.

Wenn keine der catch-Klauseln passt, wird das Ausnahmeobjekt nach Ausführung der finally-Klausel weiter nach außen gereicht und von einer (dynamisch) umschließenden try-Anweisung (bzw. deren catch-Klausel) behandelt, wobei diese auch in einer rufenden Methode liegen kann (siehe Abb. 12–2). Wird in keiner der umschließenden try-Anweisungen eine passende catch-Klausel gefunden, bricht das Programm mit einer Fehlermeldung ab. Im obigen Beispiel kann dieser Fall jedoch nicht auftreten, weil die dritte catch-Klausel alle Ausnahmen abfängt.

Eine catch-Klausel kann natürlich ebenfalls wieder eine Ausnahme auslösen, die dann von einer äußeren catch-Klausel abgefangen wird. Will man die soeben gefangene Ausnahme nochmals auslösen, genügt es, die throw-Anweisung ohne Argument zu schreiben, also

```
catch (FileNotFoundException e) {
    ...
    throw;  // leitet FileNotFoundException weiter nach außen
}
```

Eine catch-Klausel kann auch mit einem *Ausnahmefilter* versehen werden, der aus dem Schlüsselwort when und einem geklammerten booleschen Ausdruck besteht:

```
catch (FileNotFoundException) when (!fileName.EndsWith(".cs")) {
    ...
}
```

Solche catch-Klauseln werden nur ausgeführt, wenn die ausgelöste Ausnahme zum angegebenen Ausnahmetyp passt und der boolesche Ausdruck erfüllt ist.

Wie man sieht, trennt die try-Anweisung die fehlerfreie Programmlogik im geschützten Block von den verschiedenen Fehlerfällen, die in den catch-Klauseln behandelt werden. Das Programm wird dadurch übersichtlicher.

12.2 Ausnahmeklassen

Eine Ausnahme ist ein Objekt einer Ausnahmeklasse. Alle Ausnahmeklassen sind von der Klasse Exception aus dem Namensraum System abgeleitet. Hier ist ein Auszug dieser Klasse:

```
class Exception {
    public Exception() {...}
    public Exception(string message) {...}
    public virtual string Message { get {...} }
    public virtual string Source { get {...} set {...} }
    public MethodBase TargetSite { get {...} }
    public virtual string StackTrace { get {...} }
    public override string ToString() {...}
    ...
}
```

Bei der Erzeugung eines Exception-Objekts e kann man eine Fehlermeldung angeben, die dann mit dem Property e.Message abgefragt werden kann:

```
new Exception("error in method Foo");
```

Das Property e.Source liefert den Namen des Programms (d.h. des Assemblies), in dem die Ausnahme auftrat. e.Source kann man auch auf einen selbst gewählten Namen setzen, der genauer angibt, wo die Ausnahme ausgelöst wurde.

Das Property e.TargetSite liefert Information über die Methode, in der der Fehler auftrat. Mit e.TargetSite.Name bekommt man zum Beispiel ihren Namen.

Das Property e.StackTrace liefert die Prozeduraufrufkette beginnend mit der Methode, in der der Fehler auftrat, bis zurück zur Main-Methode mit der das Programm begann, zum Beispiel:

```
at Test.Foo() in C:\Samples\Test.cs: line 8
at Test.Bar() in C:\Samples\Test.cs: line 14
at Test.Main() in C:\Samples\Test.cs: line 19
```

Man kann auf diese Weise zurückverfolgen, wie das Programm an die Fehlerstelle kam. Um die Dateinamen und Zeilennummern zu erhalten, muss man sein Programm allerdings mit der debug-Option übersetzen:

```
csc /debug Test.cs
```

Die Methode e.ToString() liefert schließlich umfassende Informationen über die Ausnahme e, nämlich den Namen der Ausnahmeklasse sowie die Werte von e.Message und e.StackTrace.

Die .NET-Bibliothek enthält bereits viele vordefinierte Ausnahmeklassen wie FileNotFoundException oder IOException, die von Exception abgeleitet sind. Der Programmierer kann aber auch eigene Ausnahmeklassen deklarieren und in ihnen fehlerspezifische Informationen und Methoden unterbringen. Abb. 12–1 zeigt einen Ausschnitt der Exception-Hierarchie.

SystemException ist die Wurzel aller Ausnahmen, die von der CLR ausgelöst werden (z.B. Division durch 0, Zugriff über Objektvariablen mit dem Wert null oder Indexüberschreitung im Zuge eines Arrayzugriffs). IOException, WebException und andere Klassen fassen Ausnahmen zusammen, die bei der Ein-/Ausgabe, bei Internet-Zugriffen etc. auftreten können. Wie man aus Abb. 12–1 sieht, sollten eigene Ausnahmeklassen als Unterklassen von ApplicationException deklariert werden.

Exception

- **SystemException**
  - ArithmeticException
    - DivideByZeroException
    - OverflowException
    - ...
  - NullReferenceException
  - IndexOutOfRangeException
  - InvalidCastException
- **ApplicationException**
  - *... eigene Ausnahmen ...*
  - ...
- **IOException**
  - FileNotFoundException
  - DirectoryNotFoundException
  - ...
- **WebException**
- **...**

Abb. 12–1 *Auszug aus der Hierarchie der Ausnahmeklassen*

12.3 Auslösen von Ausnahmen

Ausnahmen können auf folgende zwei Arten ausgelöst werden:

- *Implizite Ausnahmen* werden von der CLR durch eine ungültige Operation wie Division durch 0, Indexüberschreitung beim Zugriff auf ein Array-Element oder durch Zugriff über eine null-Referenz ausgelöst.
- *Explizite Ausnahmen* werden vom Programmierer durch eine throw-Anweisung ausgelöst.

Eine throw-Anweisung hat die Form

```
throw exceptionObject;
```

und wird meist mit der Erzeugung eines Ausnahmeobjekts verbunden, z.B.:

```
throw new Exception("invalid argument in Foo");
```

Hier ist ein Beispiel für eine selbst definierte Ausnahmeklasse sowie für ihre Behandlung in einer try-Anweisung:

```
class InvalidArgumentException : ApplicationException {
    object argument;
    public InvalidArgumentException(string msg, object arg) : base(msg) { argument = arg; }
    public object Argument { get { return argument; } }
}

class Test {

    static void Foo(int arg) {
        if (arg < 0)
            throw new InvalidArgumentException("bad argument", arg);
        ...
    }

    static void Main() {
        try {
            ...
            Foo(-10);
            ...
        } catch (InvalidArgumentException e) {
            Console.WriteLine(e.Message + ": " + e.Argument);
        }
    }
}
```

Dieses Programm liefert die Ausgabe

```
bad argument: -10
```

Wie man sieht, wird die Ausnahme in der Methode Foo ausgelöst, aber erst im Rufer Main behandelt. Die Suche nach einer passenden catch-Klausel wird anhand von Abb. 12–2 nochmals für ein etwas komplizierteres Beispiel erklärt.

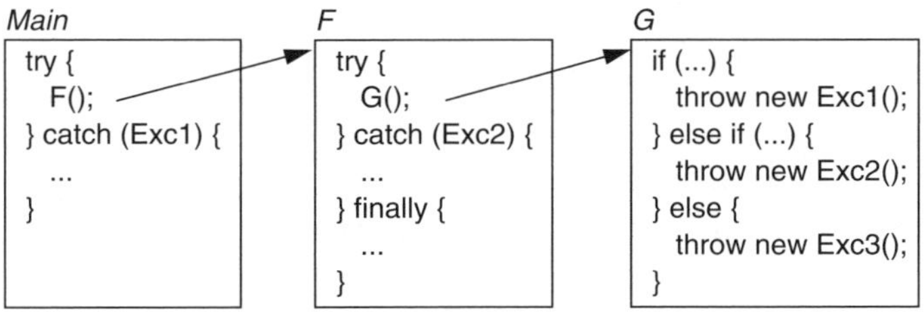

Abb. 12–2 *Suche nach einer passenden catch-Klausel*

Wenn in G eine Ausnahme der Art Exc1 ausgelöst wird, wird zunächst in G nach einer passenden catch-Klausel einer umschließenden try-Anweisung gesucht. Da es eine solche nicht gibt, wird die Suche im Rufer F fortgesetzt. Dort gibt es zwar eine umschließende try-Anweisung, aber sie hat keine catch-Klausel für Exc1, also wird die Suche in Main fortgesetzt. Dort wird nun endlich eine catch-Klausel für Exc1 gefunden. Das Programm bricht die Abarbeitung von G ab, führt die finally-Klausel in F aus, springt dann zur catch-Klausel in Main und setzt schließlich nach deren Abarbeitung hinter der try-Anweisung in Main fort.

Wenn in G eine Ausnahme der Art Exc2 ausgelöst wird, dann wird die catch-Klausel für Exc2 in F ausgeführt, anschließend die finally-Klausel in F und schließlich wird das Programm nach der try-Anweisung in F fortgesetzt.

Wenn in G eine Ausnahme der Art Exc3 ausgelöst wird, kann in keiner der gerade laufenden Methoden eine passende catch-Klausel gefunden werden. Das Programm bricht daher mit einer Fehlermeldung ab.

12.4 Ausnahmen in aufgerufenen Methoden

In Java muss eine Methode alle Ausnahmen, die in ihr auftreten können, entweder behandeln oder in ihrem Methodenkopf spezifizieren. Erscheinen sie im Methodenkopf, muss der Rufer diese Ausnahmen behandeln oder sie seinerseits in seinem Methodenkopf spezifizieren. Auf diese Weise kann der Java-Compiler sicherstellen, dass jede Ausnahme auch wirklich behandelt wird. Der Fall, dass keine passende catch-Klausel gefunden wird, ist in Java (zumindest für explizite Ausnahmen) ausgeschlossen.

In C# müssen Ausnahmen *nicht* im Methodenkopf spezifiziert und auch nicht in einer catch-Klausel abgefangen werden. Das mag aus softwaretechnischer Sicht bedenklich erscheinen, wurde aber aus Kompatibilität zu anderen .NET-Sprachen so gewählt. Außerdem ist es vielen Programmierern lästig, wenn sie gezwungen werden, eine catch-Klausel zu schreiben, selbst wenn sie wissen, dass in einer bestimmten Situation keine Ausnahme auftreten kann.

Die Ausnahmebehandlung in C# ist insofern sicher, als garantiert wird, dass keine Ausnahme verloren geht. Wenn sie nicht von einer catch-Klausel abgefangen wird, bricht das Programm immerhin mit einer Fehlermeldung ab.

12.5 Ausnahmen in Multicast-Delegates

Wenn mehrere Methoden über eine Delegate-Variable aufgerufen werden und eine davon eine Ausnahme auslöst, kann es sein, dass die weiteren in der Variablen gespeicherten Methoden nicht mehr ausgeführt werden (siehe Abb. 12–3).

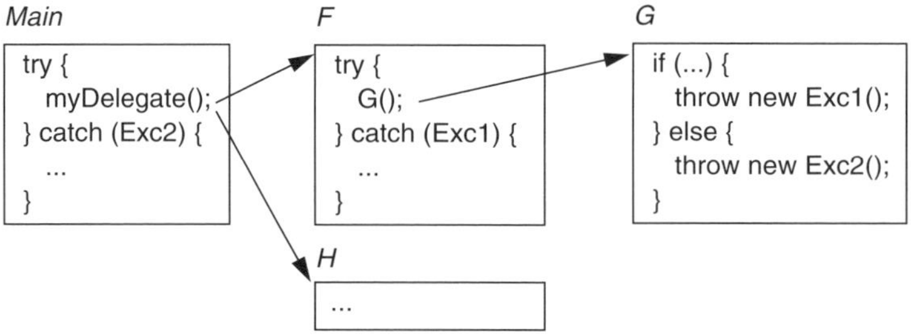

Abb. 12–3 *Suche nach einer catch-Klausel in Zusammenhang mit Delegates*

Angenommen, die Variable myDelegate enthält die beiden Methoden F und H, die in dieser Reihenfolge aufgerufen werden. F ruft wiederum G auf. Tritt dort die Ausnahme Exc1 auf, wird sie in F behandelt, F wird zu Ende geführt und schließlich wird auch die zweite in myDelegate gespeicherte Methode H aufgerufen. Tritt jedoch die Ausnahme Exc2 auf, wird diese erst in Main behandelt. Die Aufrufe in myDelegate werden abgebrochen und H wird nicht mehr ausgeführt.

12.6 Übungsaufgaben

1. **Nutzen der Ausnahmebehandlung**
   Diskutieren Sie die Vor- und Nachteile der Ausnahmebehandlung in C# gegenüber einer primitiven Fehlerbehandlungstechnik, bei der jede aufgerufene Methode einen Fehlercode liefert, der vom Rufer abgefragt werden muss.

2. **Konvertierungsfehler**
   Die Methode Convert.ToInt32(s) konvertiert eine im String s gespeicherte Ziffernfolge in eine int-Zahl. Dabei können verschiedene Ausnahmen auftreten, wenn s nicht das richtige Format hat oder keinen gültigen Wert enthält. Studieren Sie die möglichen Ausnahmen in der Online-Dokumentation von .NET und schreiben Sie ein Programm, in dem diese Ausnahmen durch eine try-catch-Anweisung abgefangen werden.

3. **Ausnahmen beim Öffnen einer Datei**
   Der Methodenaufruf

   ```
   FileStream s = new FileStream("myFile.txt", FileMode.Open);
   ```

   öffnet die Datei namens "myFile.txt" zum Lesen. Dabei können verschiedene Ausnahmen auftreten, z.B. wenn die Datei nicht existiert oder der Dateiname falsch aufgebaut ist. Schlagen Sie in der Online-Dokumentation von .NET die verschiedenen Fehlerarten nach und schreiben Sie ein Programm, das auf alle diese Fehler reagiert.

4. **Eigene Ausnahmeklassen**
   Implementieren Sie einen Kellerspeicher in Form einer Klasse Stack mit den beiden Methoden Push und Pop. Der Keller soll als Array implementiert werden. Ein eventuell dabei auftretender Kellerüberlauf oder -unterlauf soll mit Hilfe von selbst definierten Ausnahmen gemeldet werden. Schreiben Sie auch ein Programm, das Ihren Kellerspeicher verwendet und die Ausnahmen mit einer try-Anweisung abfängt.

5. **Hierarchie von Ausnahmeklassen**
   Implementieren Sie eine Funktionsmethode Power(x, y), die die Exponentialfunktion x^y berechnet. Die Methode erwartet, dass x != 0 und y > 0 ist. Ist die erste Bedingung nicht erfüllt, soll eine Ausnahme der Art WrongBaseException ausgelöst werden, ist die zweite Bedingung nicht erfüllt, soll es eine Ausnahme der Art WrongExponentException geben. Führt schließlich die Berechnung von

x^y zu einem arithmetischen Überlauf, soll eine Ausnahme der Art System.OverflowException gemeldet werden (benutzen Sie dazu den checked-Operator; siehe Abschnitt 4.6). Deklarieren Sie Ausnahmeklassen für WrongBaseException und WrongExponentException und leiten Sie sie von einer gemeinsamen Basisklasse PowerException ab. Schreiben Sie ein Testprogramm, das Power() mit verschiedenen Parametern aufruft und die dabei auftretenden Ausnahmen abfängt. Fangen Sie einmal PowerException ab und ein anderes Mal Ausnahmen ihrer Unterklassen.

6. **finally**
   Die Klasse Console wird normalerweise dazu benutzt, Daten auf den Bildschirm auszugeben. Man kann die Ausgabe aber auch mit dem Aufruf Console.SetOut(myTextWriter) auf ein anderes TextWriter-Objekt umleiten. Das aktuelle TextWriter-Objekt kann über das Property Console.Out abgefragt werden. Schreiben Sie ein Programm, das die Ausgabe von Console auf ein StringWriter-Objekt umleitet (StringWriter ist eine Unterklasse von TextWriter) und dann folgende Methode Print() aufruft:

```
static void Print(string path) {
  if (File.Exists(path))
    Console.Write(File.GetCreationTime(path));
}
```

   Anschließend soll die Ausgabe wieder auf den Bildschirm zurückgesetzt werden. Das Zurücksetzen der Ausgabe muss auf jeden Fall erfolgen, selbst wenn in Print() eine Ausnahme auftritt. Stellen Sie das mit Hilfe einer try-Anweisung und einer finally-Klausel sicher. Die Benutzung von StringWriter wird in Abschnitt 19.3 beschrieben. Informationen über die Klasse Console können Sie der Online-Dokumentation von .NET entnehmen.

13 Namensräume und Assemblies

Namensräume wurden bereits in Kapitel 5 vorgestellt und in einigen Beispielen verwendet. Wir wollen sie uns nun etwas genauer ansehen und mit dem Konstrukt der *Pakete* in Java vergleichen.

13.1 Namensräume

Namensräume fassen mehrere Klassen, Structs, Interfaces, Enumerationen und Delegates zu einer logischen Einheit zusammen. Sie sind jedoch nur ein Compilezeit-Konstrukt, das die Sichtbarkeit von Namen für den Compiler regelt. Zur Laufzeit haben sie keine große Bedeutung mehr, sondern werden durch Assemblies abgelöst, die mehrere Klassen und Structs zu einer separat ladbaren und versionierbaren Komponente zusammenfassen. Assemblies und Namensräume sind orthogonal, d.h., sie sind voneinander unabhängig. Bevor wir näher darauf eingehen, fassen wir nochmals zusammen, was wir über Namensräume wissen.

Eine Quelldatei kann mehrere Namensräume enthalten, obwohl sie in der Regel nur einen einzigen aufweist. Hier ist ein Beispiel einer Datei mit mehreren Namensräumen:

```
namespace Util {
    public enum Color {red, blue, green};

    namespace Figures {
        public class Rectangle {...}
        public class Circle {...}
    }
}

namespace Drawing {
    public enum Color {black, white}
    public class Rectangle {...}
}

class Test {...}
```

Die Typen Util.Color und Drawing.Color stehen in keinem Namenskonflikt zueinander, weil sie in unterschiedlichen Namensräumen deklariert sind. Das Gleiche gilt für die Typen Util.Figures.Rectangle und Drawing.Rectangle. Die Klasse Test ist in keinem Namensraum enthalten und gehört daher zu einem namenlosen Standardnamensraum.

Ein Namensraum kann sich auch über mehrere Quelldateien erstrecken. Zum Beispiel können die Namensräume Util und Util.Figures in einer anderen Quelldatei nochmals geöffnet und mit weiteren Typen befüllt werden:

```
namespace Util {
   public class Random {...}
}

namespace Util.Figures {
   public class Triangle {...}
}
```

Die Typen eines Namensraums sind in den eingeschachtelten Namensräumen sichtbar. Util.Color darf also in Util.Figures.Triangle benutzt werden. In anderen Namensräumen sind sie jedoch nur dann sichtbar, wenn sie mit ihrem Namensraum qualifiziert werden oder wenn ihr Namensraum wie im folgenden Beispiel mittels using importiert wird:

```
namespace MyProgram {
   using Util.Figures;     // Import aller public-Typen aus Util.Figures

   class Test {
      Rectangle r;         // Benutzung ohne Qualifikation (weil mit using importiert)
      Triangle t;
      Util.Color c;        // Benutzung mit Qualifikation
      ...
   }
}
```

Man beachte, dass der Import von Util.Figures nicht den Import des übergeordneten Namensraums Util impliziert. Daher müssen wir Util.Color qualifizieren oder Util ebenfalls mit using importieren.

Typen, die in anderen Namensräumen importiert werden sollen, müssen die Sichtbarkeit *public* oder *internal* haben.

C#-Namensräume versus Java-Pakete

Das in Java verwendete Konstrukt der *Pakete* ähnelt den Namensräumen von C#. Ein Paket ist ebenfalls ein Namensraum für zusammengehörige Klassen und Interfaces. Allerdings gibt es gewisse Unterschiede. Eine C#-Datei kann zum Beispiel mehrere Namensräume enthalten

```
namespace A {...}
namespace B {...}
namespace C {...}
```

während eine Java-Datei immer nur zu einem einzigen Paket gehört. Die erste Zeile einer Java-Datei gibt den Namen des Pakets an, zu dem alle Deklarationen dieser Datei gehören:

```
package A;      // Java-Code
class C {...}
class D {...}
```

Ein weiterer Unterschied liegt darin, dass Java-Pakete auf Verzeichnisse abgebildet werden, C#-Namensräume jedoch nicht. Für jedes Java-Paket gibt es ein gleichnamiges Verzeichnis. Geschachtelte Pakete führen zu geschachtelten Verzeichnissen. Jede Klasse C, die zu einem Paket A gehört, wird in eine Datei C.class übersetzt, die im Verzeichnis A abgelegt wird. In C# wird nicht jede Klasse in eine eigene Datei übersetzt, sondern die Klassen C und D können zum Beispiel zu einer Datei MyLib.dll übersetzt werden. Namensräume werden auch nicht auf Verzeichnisse abgebildet, sondern MyLib.dll kann in einem Verzeichnis mit beliebigem Namen stehen (siehe Abb. 13–1).

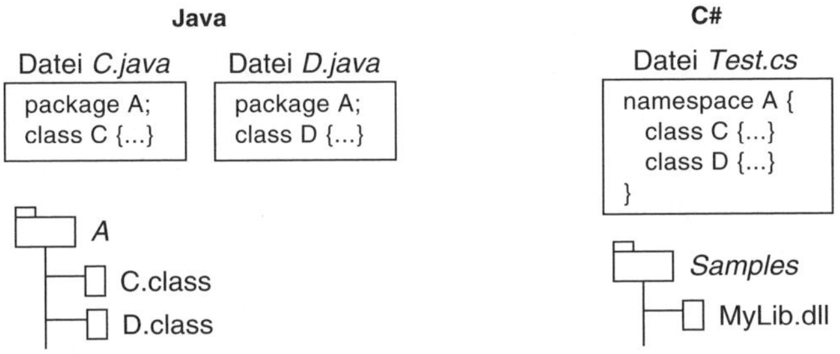

Abb. 13–1 *Pakete werden in Java auf Verzeichnisse abgebildet, Namensräume in C# nicht*

Während in C# mittels

```
using A;
```

alle öffentlichen Typen des Namensraums A importiert werden, kann man in Java gezielt *einzelne* Typen oder *alle* Typen eines Pakets importieren:

```
import java.util.LinkedList;    // importiert in Java nur die Klasse LinkedList
import java.awt.*;              // importiert in Java alle public-Typen des Pakets java.awt
```

In C# kann die using-Klausel auch dazu verwendet werden, einen *Alias-Namen* für einen Namensraum zu definieren, zum Beispiel:

```
using F = System.Windows.Forms; // F ist ein anderer Name für System.Windows.Forms
F.Button b;
```

Diese Möglichkeit gibt es in Java nicht.

In C# sind alle Deklarationen eines Namensraums auch in den darin eingeschachtelten Namensräumen bekannt. In Java gibt es zwar ebenfalls Unterpakete, die aber nicht auf die im umgebenden Paket deklarierten Namen zugreifen können, ohne sie explizit zu importieren.

In Java gibt es schließlich die Sichtbarkeit *package*. Alle Namen, die in Java ohne Sichtbarkeitsattribut deklariert werden, sind nur im deklarierenden Paket bekannt und in anderen Paketen nicht importierbar:

```
package A;
class C {                  // C ist nur in A bekannt
    void f() {...}         // f ist nur in A bekannt
}
public class D {...}       // D ist auch außerhalb von A bekannt
```

In C# kann man die Sichtbarkeit von Namen nicht auf einen Namensraum beschränken. Wenn ein Typname die Sichtbarkeit *public* oder *internal* hat, ist er auch in anderen Namensräumen importierbar. Die Sichtbarkeit *internal* schränkt einen Namen zwar auf ein Assembly ein, aber das ist nicht dasselbe wie ein Namensraum.

13.2 Assemblies

Assemblies sind ein Konzept, das für den C#-Programmierer zunächst schwer zu verstehen ist. Es gibt in der Sprache kein syntaktisches Konstrukt, das einem Assembly entspricht. Ein Assembly ist vielmehr ein Laufzeitkonstrukt, eine Sammlung von compilierten Klassen und anderen Ressourcen (z.B. Icons), die gemeinsam geladen werden, eine gemeinsame Versionsnummer und gemeinsame Sicherheitsattribute haben.

Für Java-Programmierer kann man Assemblies am ehesten mit *Jar-Dateien* vergleichen: Ein Assembly ist eine Bibliothek aus mehreren Typen mit einem »Inhaltsverzeichnis« (einem so genannten *Manifest*) und einer Beschreibung der enthaltenen Elemente (den so genannten *Metadaten*). Alles, was man braucht, um mit einem Assembly zu arbeiten, ist in ihm selbst enthalten und nicht etwa in einer Registry. Daher lassen sich Assemblies auch sehr einfach installieren und deinstallieren: Man kopiert sie einfach in ein Verzeichnis bzw. löscht sie wieder.

Unter .NET werden Assemblies entweder als ausführbare Dateien mit der Endung exe oder als Bibliotheksdateien mit der Endung dll gespeichert. Sie entstehen in der Regel bei der Übersetzung. Alle Dateien (genauer gesagt ihre Klassen), die gemeinsam übersetzt werden, bilden ein Assembly. Der Compiler-Aufruf

```
csc A.cs B.cs C.cs
```

führt zum Beispiel zu einem Assembly A.exe.

13.2.1 Assemblies und Module

Assemblies bestehen aus *Modulen*. Module sind weder für sich alleine ladbar noch versionierbar, sondern gehören immer zu einem *Assembly*. Meist besteht ein Assembly nur aus einem einzigen Modul, manchmal aber auch aus mehreren Modulen, die dann in separaten Dateien mit der Endung netmodule gespeichert sind. Abb. 13–2 zeigt ein Assembly, das aus einem direkt in der Assembly-Datei A.exe gespeicherten Modul und aus zwei Modulen B.netmodule und C.netmodule besteht, die als separate Dateien vorliegen.

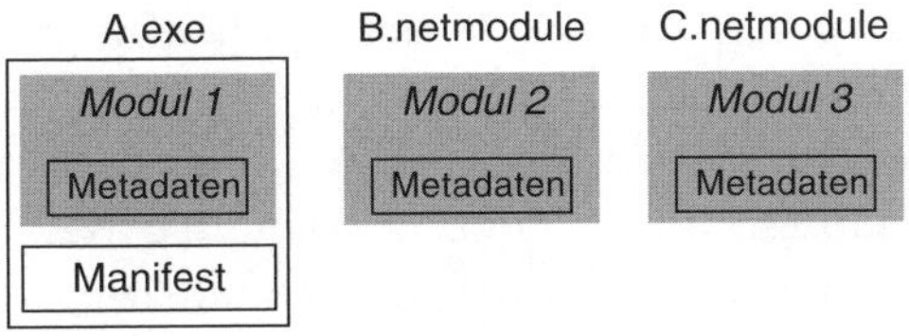

Abb. 13–2 *Assembly A.exe, bestehend aus drei Modulen*

Nur das Assembly selbst hat ein *Manifest*, also eine Beschreibung seiner Bestandteile, die einzelnen Module nicht. Das Manifest macht ein Assembly zu einer separat ladbaren und versionierbaren Einheit.

Der Grund, warum man manchmal ein Assembly in mehrere Module zerlegt, liegt darin, dass man auf diese Weise die Module in verschiedenen Sprachen schreiben kann. Außerdem werden die einzelnen Module eines Assemblies verzögert geladen, also erst, wenn sie wirklich gebraucht werden, was die anfängliche Ladezeit verkürzt.

Bei der Übersetzung kann man angeben, ob man aus den Quelldateien nur ein Modul oder gleich ein ganzes Assembly erzeugen will. Bei Assemblies kann man sogar zwischen direkt ausführbaren Assemblies (Endung exe) oder Bibliotheks-Assemblies (Endung dll) unterscheiden (siehe auch Anhang A.1):

csc A.cs B.cs	erzeugt ein Assembly A.exe (Standardfall)
csc /target:library A.cs	erzeugt ein Assembly A.dll
csc /target:module A.cs	erzeugt ein Modul A.netmodule

Wenn man bei der Übersetzung Typen aus anderen Modulen oder Assemblies referenzieren will, muss man diese bei der Übersetzung einbinden (siehe Anhang A.1):

csc /reference:A.dll B.cs	bezieht die Typen von A.dll bei der Übersetzung von B.cs mit ein. A.dll bleibt aber als eigenständiges Assembly bestehen.
csc /addmodule:A.netmodule B.cs	bezieht die Typen von A.netmodule bei der Übersetzung von B.cs mit ein. A.netmodule bleibt zwar als eigenständige Datei bestehen, gehört aber logisch zum neu erzeugten Assembly B.exe.

13.2.2 Versionierung von Assemblies

Assemblies können zur Laufzeit in mehreren Versionen vorliegen, die durch eine Versionsnummer unterschieden werden. Der Lader wählt dann jenes Assembly, das die Versionsnummer trägt, die bei der Übersetzung der Anwendung vorlag.

Private und öffentliche Assemblies

Wenn ein Assembly (meist eine dll-Datei) nur von einer einzigen Anwendung benutzt wird, genügt es, das Assembly in das Verzeichnis dieser Anwendung zu kopieren, damit es vom Lader gefunden wird. Solche Assemblies heißen *private Assemblies* und besitzen keine Versionsnummer.

Wenn ein Assembly jedoch von mehreren Anwendungen benutzt wird, wäre es eine Speicherverschwendung, wenn man es in jedes dieser Anwendungsverzeichnisse kopiert. Außerdem würden sich dadurch unerwünschte Redundanzen ergeben. Daher macht man daraus ein *öffentliches Assembly* und legt es in einem zentralen Verzeichnis ab, das man den *globalen Assembly-Cache* nennt (siehe Anhang A.2.2). Öffentliche Assemblies müssen einen so genannten starken Namen haben, der unter anderem eine Versionsnummer enthält.

Starke Namen

Ein starker Name (*strong name*) besteht aus folgenden vier Teilen:

- Der *Name* des Assemblies (z.B. MyLib).
- Die *Versionsnummer* des Assemblies (siehe nächster Abschnitt).
- Die *Kultur* des Assemblies, womit länderspezifische Formate gemeint sind (siehe System.Globalization.CultureInfo in [SDKDoc]).
- Der *öffentliche Schlüssel* des Assemblies.

Die letzten drei Teile können im Quellprogramm durch Attribute eingestellt werden, zum Beispiel:

```
using System.Reflection;
[assembly:AssemblyVersion("1.0.1033.17")]          // Versionsnummer
[assembly:AssemblyCulture("en-US")]                // Kultur
[assembly:AssemblyKeyFile("mypubkey.snk")]         // öffentliche Schlüsseldatei
class MyLib {...}
```

Der öffentliche Schlüssel muss auf jeden Fall angegeben werden. Für die anderen Teile eines starken Namens werden bei Bedarf Standardwerte angenommen (z.B. Versionsnummer 0.0.0.0 oder Kultur neutral). Nur Assemblies mit einem starken Namen können im globalen Assembly-Cache gespeichert und für Versionsprüfungen und digitale Unterschriften verwendet werden.

Versionsnummer

Versionsnummern bestehen aus vier Teilen, die durch Punkte getrennt werden:

```
Major.Minor.Build.Revision
```

Build und Revision können im AssemblyVersion-Attribut durch * spezifiziert werden (z.B. 1.2.* oder 1.2.3.*), wobei der Compiler dann passende Werte einsetzt.

Wie findet nun die Versionsprüfung statt? Angenommen, wir haben ein Assembly Lib.dll mit der Version 1.0.10.5, das von einer Klasse A verwendet wird (siehe Abb. 13–3):

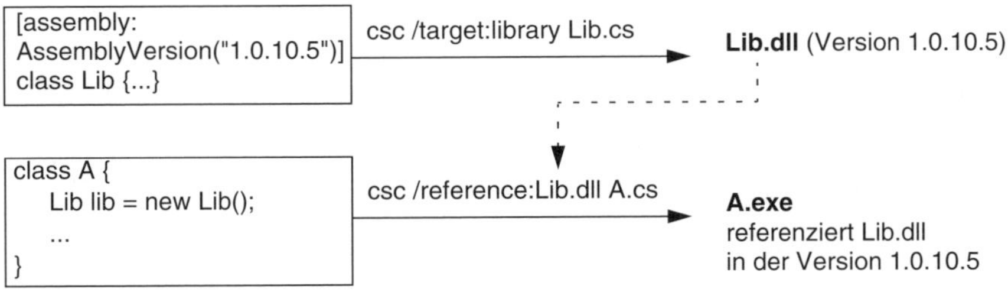

Abb. 13–3 *A.exe merkt sich die Versionsnummer von Lib.dll*

Bei der Übersetzung von A.cs schreibt der Compiler in die Datei A.exe, dass dieses Assembly mit Lib.dll in der Version 1.0.10.5 erstellt wurde, d.h., dass alle Typprüfungen auf dieser Version basieren.

Wenn dann A.exe geladen wird, verlangt der Lader Lib.dll in der Version 1.0.10.5. Damit ist sichergestellt, dass genau jenes Assembly geladen wird, mit dem der Compiler die Typprüfungen durchgeführt hat.

Als Systemadministrator kann man die Versionsprüfung auch lockern, indem man über XML-Konfigurationsdateien angibt, dass zum Beispiel nur *Major* und *Minor*, nicht aber *Build* und *Revision* übereinstimmen müssen. Wie man diese Einstellungen genau vornimmt, findet man in [SDKDoc].

Signierte Assemblies

Assemblies können von ihrem Hersteller mit einer digitalen Unterschrift versehen werden, damit der Benutzer beim Laden dieser Assemblies sicher sein kann, dass er den Originalcode lädt und kein durch Viren verseuchtes Programm.

Zum Signieren von Assemblies verwendet .NET ein *Public-Key-Verfahren*, bei dem ein Paar bestehend aus einem öffentlichen und einem privaten Schlüssel benutzt wird. Nur was mit dem privaten Schlüssel verschlüsselt wurde, kann mit dem öffentlichen Schlüssel wieder entschlüsselt werden.

Öffentliche und private Schlüssel können mit dem Werkzeug sn.exe hergestellt werden, das in Anhang A.2.2 beschrieben wird. Die erzeugte Schlüsseldatei wird wie oben gezeigt im AssemblyKeyFile-Attribut angegeben. Dadurch wird das Assembly bei der Übersetzung automatisch signiert.

Wurde ein Assembly signiert, so enthält es seinen öffentlichen Schlüssel, der für andere Assemblies sichtbar ist. Den dazugehörigen privaten Schlüssel kennt aber nur der Hersteller des Assemblies, der ihn zum Signieren verwendet.

Abb. 13–4 zeigt, wie das Signieren funktioniert: Beim Übersetzen wird aus dem Code eines Assemblies B.dll zunächst eine Prüfsumme gebildet und dann mit dem privaten Schlüssel des Herstellers zu einer *Unterschrift* (*signature*) verschlüsselt, die im Assembly zusammen mit dem öffentlichen Schlüssel abgelegt wird.

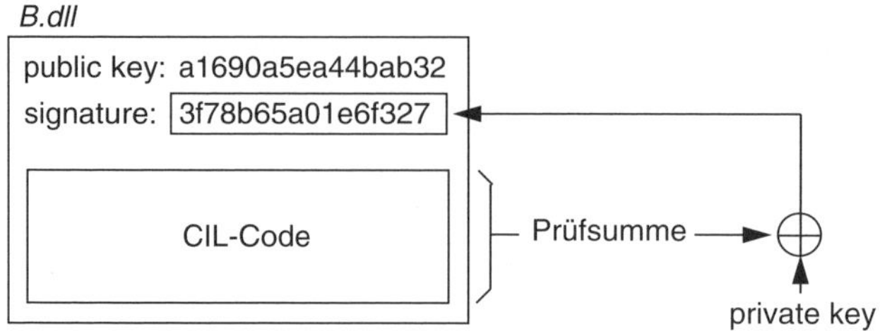

Abb. 13–4 *Signieren eines Assemblies*

Wird nun B.dll von einem anderen Assembly A.exe referenziert, so vermerkt der Compiler bei der Erzeugung von A.exe den öffentlichen Schlüssel von B.dll in A.exe. Wenn schließlich B.dll geladen werden soll, entschlüsselt der Lader die Unterschrift von B.dll mit dem in A.exe gespeicherten öffentlichen Schlüssel von B.dll und vergleicht das Ergebnis mit der neuerlich gebildeten Prüfsumme des geladenen Codes (siehe Abb. 13–5). Wenn die beiden Werte übereinstimmen, kann davon ausgegangen werden, dass der Code nach dem Signieren nicht mehr verändert wurde.

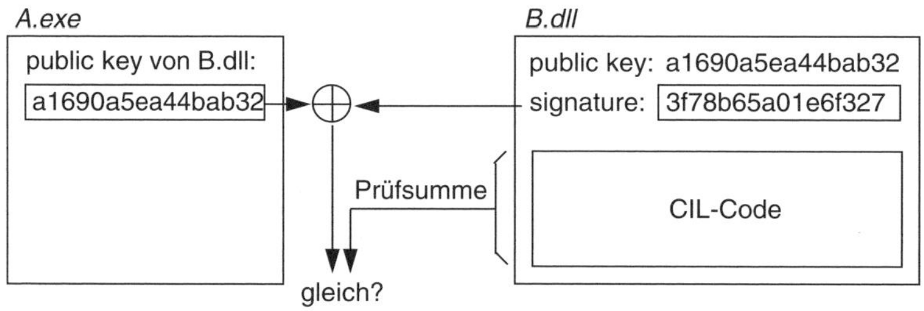

Abb. 13–5 *Überprüfung der Unterschrift eines Assemblies*

13.2.3 Assemblies versus Namensräume

Assemblies und Namensräume haben eine gewisse Ähnlichkeit: Beide fassen mehrere Typen zu einer größeren Einheit zusammen. Trotzdem besteht ein wichtiger Unterschied zwischen den beiden. Ein Namensraum ist ein Compilezeit-Konstrukt: Es legt die Sichtbarkeit von Namen für den Compiler fest. Ein Assembly ist hingegen ein Verpackungskonstrukt, das mehrere Typen zu einer separat auslieferbaren, ladbaren und versionierbaren Einheit zusammenfasst: Es kann Klassen ganz unterschiedlicher Namensräume enthalten. Ein Namensraum kann auch auf mehrere Assemblies verteilt sein. Abb. 13–6 zeigt zum Beispiel ein Assembly, das aus den Klassen A.C2 und B.C3 sowie aus einem Bild (Icon) besteht.

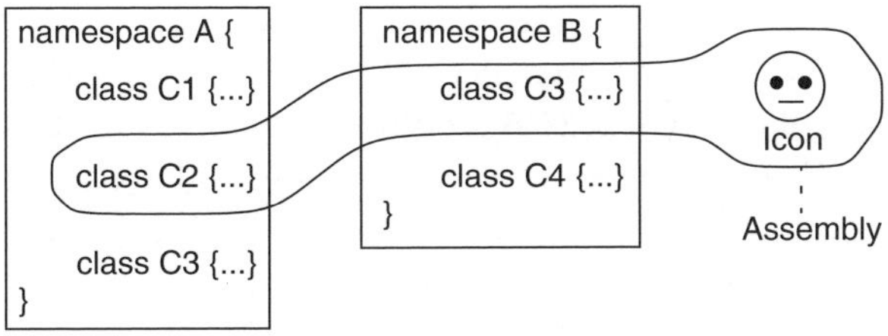

Abb. 13–6 *Ein Assembly, bestehend aus den Klassen A.C2 und B.C3 sowie aus einem Icon*

13.3 Übungsaufgaben

1. **Gleichnamige Typen aus verschiedenen Namensräumen**
   Der Namensraum System.Drawing enthält einen Typ namens Color. Implementieren Sie in einem eigenen Namensraum Util ebenfalls einen Typ Color und verwenden Sie beide in einem dritten Namensraum. Schlagen Sie in der Online-Dokumentation von .NET nach, was man alles mit System.Drawing.Color machen kann.

2. **Namensräume, Assemblies, DLLs**
   Versuchen Sie, anhand der Online-Dokumentation von .NET herauszufinden, zu welchen Namensräumen und zu welchen Assemblies die Typen Debug, Directory, FieldInfo, Page, Pen, Socket, Stack und StringBuilder gehören. In welchen DLLs sind sie gespeichert?

3. **Versionsprüfung**
   Wie wird sichergestellt, dass Assemblies, die der Lader zur Laufzeit zu einem Programm zusammenbindet, auch wirklich zusammenpassen?

4. **Sicherheit**
   Warum ist es für Viren so gut wie unmöglich, ein signiertes Assembly zu manipulieren?

5. **Starke Namen**
   Lesen Sie Anhang A.2.2 und erstellen Sie ein Assembly mit einem starken Namen, das eine von Ihnen vergebene Versionsnummer sowie einen öffentlichen Schlüssel besitzt. Erzeugen Sie ein Schlüsselpaar mit Hilfe des Werkzeugs sn.exe und signieren Sie Ihr Assembly damit.

6. **Globaler Assembly-Cache**
   Lesen Sie Anhang A.2.2 und experimentieren Sie mit dem globalen Assembly-Cache. Versuchen Sie, ein eigenes Assembly mit starkem Namen in den Cache einzuspeisen und es von einem anderen Assembly aus zu benutzen.

7. **Decodieren von Assemblies**
   Lesen Sie Anhang A.2.1 und decodieren Sie mit Hilfe des Werkzeugs ildasm.exe ein eigenes Assembly sowie das Assembly System.dll, das sich im globalen Assembly-Cache (GAC) befindet. Um ein Assembly im GAC zu inspizieren, suchen Sie sich den Pfad des Assemblies, indem Sie es im GAC mit der rechten Maustaste anklicken und den Menüeintrag *Properties* auswählen. Geben Sie diesen Pfad dann bei ildasm an, z.B.:

   ```
   ildasm c:\WINNT\Microsoft.NET\Framework\v1.0.3705\System.dll
   ```

14 Generische Bausteine

Manchmal möchte man eine Klasse oder eine Methode so allgemein halten, dass sie mit Objekten verschiedener Typen arbeiten kann. Das kann man zum Beispiel erreichen, indem man als Typ dieser Objekte die oberste Basisklasse object wählt, zu der alle anderen Typen kompatibel sind. Folgende Klasse zeigt als Beispiel einen Puffer, in dem man beliebige Daten speichern kann:

```
class Buffer {
    private object[] data = ...;
    public void Put(object x) {...}
    public object Get() {...}
}
```

In diesem Puffer können nun Zahlen, Strings oder beliebige andere Objekte abgelegt werden, z.B.:

```
Buffer buf = new Buffer();
buf.Put(3);
buf.Put("a string");
buf.Put(new Person());
```

Diese Implementierung führt allerdings zu folgenden Problemen:

1. Übergibt man Daten eines Werttyps, müssen diese mittels Boxing zu object kompatibel gemacht werden, was Laufzeit kostet:

   ```
   buf.Put(3);  // Boxing kostet Laufzeit
   ```

2. Die Methode Get liefert Daten vom Typ object. Man benötigt eine Typumwandlung, um diese Daten wieder unter ihrem ursprünglichen Typ benutzen zu können, was wiederum Laufzeit kostet:

   ```
   int x = (int) buf.Get();  // Typumwandlung kostet Laufzeit
   ```

3. Obwohl man vielleicht beabsichtigt, ausschließlich Zahlen im Puffer zu speichern, kann man nicht verhindern, dass jemand auch Strings darin ablegt. Entnimmt man später einen solchen String und versucht ihn in ein int-Objekt zu konvertieren, kommt es zu einem Laufzeitfehler. Der Compiler kann die Homogenität der in Buffer gespeicherten Objekte nicht erzwingen.

Natürlich könnte man unterschiedliche Buffer-Klassen für int, string und andere Typen implementieren, aber das würde zu unnötiger Redundanz führen. In C# 2.0

wurden daher so genannte *generische Typen* eingeführt, die es erlauben, einen einzigen Buffer-Typ zu erstellen, der die oben genannten Probleme vermeidet.

14.1 Generische Typen

Generische Typen sind solche, die mit anderen Typen parametrisiert werden können. Um zum Beispiel eine generische Klasse Buffer zu erhalten, parametrisiert man sie mit dem Typ ihrer Elemente:

```
class Buffer<Element> {
   private Element[] data = ...;
   public void Put(Element x) {...}
   public Element Get() {...}
}
```

Der Name Element ist hier ein *Platzhalter*, der in Buffer wie ein normaler Typ benutzt werden kann und später bei der Verwendung von Buffer durch einen konkreten Typ ersetzt wird:

```
Buffer<int> buf = new Buffer<int>();
```

Die Variable buf ist nun vom Typ Buffer<int>, d.h., der Platzhalter Element wurde durch den konkreten Typ int ersetzt. Daher arbeiten die Put- und Get-Methoden dieses Typs nun mit int-Werten.

```
buf.Put(3);            // Put erlaubt nur int-Parameter; kein Boxing!
int x = buf.Get();     // Get liefert einen int-Wert; keine Typumwandlung nötig!
```

Natürlich kann man Buffer auch mit jedem anderen Typ parametrisieren, z.B.:

```
Buffer<Person> bp = new Buffer<Person>();
bp.Put(new Person());     // Put erlaubt nur Person-Parameter; kein Boxing
Person p = bp.Get();      // Get liefert einen Person-Wert; keine Typumwandlung nötig
```

Die Vorteile des generischen Typs Buffer<Element> gegenüber dem mit object implementierten Typ Buffer liegen auf der Hand:

1. Der Compiler kann gezieltere Typprüfungen durchführen. Für Buffer<int> kann er zum Beispiel sicherstellen, dass die an Put übergebenen und die von Get gelieferten Werte wirklich vom Typ int sind.
2. Die Operationen von Buffer<int> sind effizienter als die von Buffer, weil weder Typumwandlungen noch Boxing-Operationen nötig sind.
3. Programme werden lesbarer, weil Typumwandlungen wegfallen und man klarer sieht, welche Elemente tatsächlich in Buffer gespeichert werden.

Generische Typen können übrigens nicht nur Klassen, sondern auch Structs und Interfaces sein, z.B.:

```
struct Stack<ElemType> {...}
interface ITokenReader<TokenType> {...}
```

14.2 Constraints

In der bisherigen Implementierung von Buffer<Element> werden die Elemente nur abgespeichert und wieder ausgelesen. Will man aber auch Operationen darauf anwenden (zum Beispiel Vergleiche), dann muss man angeben, welche Operationen ein Platzhaltertyp unterstützen soll, d.h., man muss seine Allgemeinheit einschränken. Das geschieht mit Hilfe von *Constraints*. Man gibt dabei für einen Platzhalter einen oder mehrere Typen an, zu denen der spätere konkrete Typ kompatibel sein muss. Dadurch weiß der Compiler, welche Operationen er vom Platzhalter erwarten darf, und kann diese Information in seine Typprüfungen mit einbeziehen.

Nehmen wir an, die Elemente in unserem Puffer sollen eine Priorität haben und die Get-Methode soll das Element mit der höchsten Priorität liefern. Das kann durch folgende Klasse OrderedBuffer erreicht werden, die zwei Platzhalter aufweist, von denen der zweite mit einem Constraint auf Elemente eingeschränkt wird, die das Interface IComparable unterstützen. Der Einfachheit halber verzichten wir hier auf effiziente Datenstrukturen und auf eine Überlaufsprüfung.

```
class OrderedBuffer<Element, Priority>
    where Priority: IComparable {              // Priority implementiert IComparable

    private Element[] data = new Element[100]; // die Elemente im Puffer
    private Priority[] prio = new Priority[100];   // ihre Prioritäten
    private int lastElem = -1;                 // Index des letzten Elements in Buffer

    public void Put(Element x, Priority p) { // sortiert x gemäß seiner Priorität p in data ein
        int i = lastElem;
        while (i >= 0 && p.CompareTo(prio[i]) > 0) { data[i+1] = data[i]; prio[i+1] = prio[i]; i--; }
        data[i+1] = x; prio[i+1] = p;
        lastElem++;
    }

    public void Get(out Element x, out Priority p) {
        x = data[lastElem]; p = prio[lastElem]; lastElem--;
    }
}
```

Wie man sieht, wendet die Methode Put auf ihren Parameter p vom Typ Priority die Operation CompareTo an, was der Compiler akzeptiert, weil wir mit where Priority: IComparable spezifiziert haben, dass Priority das Interface IComparable implementieren muss. Wenn wir nun eine Variable dieser Klasse definieren, zum Beispiel

```
OrderedBuffer<string, int> buf = new OrderedBuffer<string, int>();
```

prüft der Compiler, ob der Typ für den zweiten Platzhalter (d.h. int) tatsächlich das Interface IComparable unterstützt, was hier der Fall ist. Nun können wir die Variable buf folgendermaßen verwenden:

```
buf.Put("C++", 5);
buf.Put("C#", 10);
string lang; int prio;
buf.Get(out lang, out prio);  // lang == "C#", prio == 10
```

Natürlich kann man auch mehrere Constraints für die Platzhalter angeben, z.B.:

```
class OrderedBuffer<Element, Priority>
   where Element: MyBaseClass,
   where Priority: IComparable, ISerializable {
   ...
}
```

In diesem Fall muss der erste Typ eine Unterklasse von MyBaseClass sein, und der zweite Typ muss die Interfaces IComparable und ISerializable implementieren.

Konstruktor-Constraints

Für jeden Platzhalter kann man mit einem so genannten *Konstruktor-Constraint* new() angeben, dass der entsprechende konkrete Typparameter einen parameterlosen Konstruktor haben muss, mit dem man Elemente dieses Typs erzeugen kann. Im folgenden Beispiel hat der Platzhalter E ein solches Constraint:

```
class Stack<T, E> where E: Exception, new() {
   T[] data = ...;
   int top = -1;

   public void Push(T x) {
      if (top >= data.Length - 1)
         throw new E();        // erzeugt ein neues E-Objekt
      else
         data[++top] = x;
   }
}
```

Bei der Deklaration und Erzeugung eines Stack-Objekts

```
Stack<int, OverflowException> stack = new Stack<int, OverflowException>();
```

prüft der Compiler nun, ob der für E eingesetzte Typ (hier OverflowException) von Exception abgeleitet ist und einen parameterlosen Konstruktor hat. Die Klasse OverflowException könnte folgendermaßen aussehen:

```
class OverflowException: Exception {
   public OverflowException(): base("stack overflow");
}
```

14.3 Vererbung bei generischen Typen

Ein generischer Typ kann wie jeder andere Typ von einer Klasse erben und mehrere Interfaces implementieren. Dabei können die Basistypen selbst wieder generisch sein. Zum Beispiel könnte unsere Klasse Buffer<Element> von einer Klasse List<Element> abgeleitet sein, welche die Methoden Add und Remove zur Verfügung stellt, mit denen der Puffer implementiert werden kann:

```
class Buffer<Element>: List<Element> {
    ...
    public void Put(Element x) {
        this.Add(x); // Add wurde von List geerbt
    }
}
```

Der konkrete Typ, der später Element in Buffer ersetzt, ersetzt auch Element in List.

Ein generischer Typ kann von einem konkreten Typ, von einem konkretisierten generischen Typ oder von einem generischen Typ mit gleichem Platzhalter abgeleitet werden, wie das die folgenden Beispiele zeigen:

```
class T<X>: B {...}        // Ableitung von einem konkreten Typ
class T<X>: B<int> {...}   // Ableitung von einem konkretisierten generischen Typ
class T<X>: B<X> {...}     // Ableitung von einem generischen Typ mit gleichem Platzhalter
```

Ein konkreter Typ kann aber niemals von einem generischen Typ erben. Folgende Deklaration ist also nicht erlaubt:

```
class T: B<X> {...}
```

Zuweisungskompatibilität zwischen generischen Typen

Abgeleitete generische Typen sind mit ihren Basistypen kompatibel. Daher sind auch Zuweisungen an Variablen der Basistypen erlaubt. Hat man etwa folgende Klasse B<X>

```
class B<X>: A {...}
```

so ist die Zuweisung

```
A a = new B<int>();
```

erlaubt. Ist der Basistyp ebenfalls generisch, wie in

```
class C<X> {...}
class D<X>: C<X> {...}
```

so ist die Zuweisungskompatibilität zwischen D<X> und C<X> gegeben, falls die Platzhalter in beiden Fällen durch denselben Typ ersetzt werden. Die folgende Zuweisung ist also erlaubt:

```
C<int> c = new D<int>();
```

Hingegen führt die Zuweisung

```
C<int> c = new D<short>();
```

zu einem Compilationsfehler, denn D<short> ist im Gegensatz zu D<int> kein Untertyp von C<int>. Diese Einschränkung wurde allerdings in C# 4.0 für Referenztypen etwas gelockert (siehe Abschnitt 14.7).

Überschreiben von Methoden

Wenn man eine Methode von einem konkretisierten generischen Typ erbt und überschreibt, so wird ein in der Basismethode vorkommender Platzhalter durch den entsprechenden konkreten Typ ersetzt:

```
class MyBuffer: Buffer<int> {
    ...
    public override void Put(int x) {...}
}
```

Überschreibt man jedoch eine geerbte Methode aus einem nicht konkretisierten generischen Basistyp, so bleibt der Platzhalter erhalten:

```
class MyBuffer<Element>: Buffer<Element> {
    ...
    public override void Put(Element x) {...}
}
```

Laufzeittypprüfungen

Ein konkretisierter generischer Typ (z.B. Buffer<int>) kann wie jeder andere Typ in Typtests und Typumwandlungen verwendet werden, z.B.:

```
Buffer<int> buf = new Buffer<int>();
object obj = buf;              // der dynamische Typ von obj ist nun Buffer<int>
...
if (obj is Buffer<int>)        // Typtest
    buf = (Buffer<int>) obj;   // Typumwandlung
```

In C# stehen also zur Laufzeit alle Informationen über generische Typen zur Verfügung, einschließlich der Typen für ihre Platzhalter. Man kann diese Informationen mittels Reflection abfragen, zum Beispiel:

```
Type t = typeof(Buffer<int>);
Console.WriteLine(t.FullName); // Ausgabe: Buffer'1[[System.Int32, ...]]
```

14.4 Generische Methoden

Nicht nur Klassen können mit Typen parametrisiert werden, sondern auch Methoden. Solche Methoden sind dann auf Daten unterschiedlicher Typen anwendbar. Angenommen, wir wollen eine Funktion Max(a) schreiben, die das Maximum aller Elemente eines beliebigen Arrays a liefert. So eine Methode könnte wie folgt aussehen:

```
T Max<T> (T[] a) where T: IComparable {
    T max = a[0];
    for (int i = 1; i < a.Length; i++)
        if (a[i].CompareTo(max) > 0) max = a[i];
    return max;
}
```

Die Platzhaltertypen werden hinter dem Methodennamen angegeben. In unserem Beispiel hat Max einen Platzhaltertyp T und wird auf ein Array von T-Elementen angewendet. Da wir spezifiziert haben, dass T das Interface IComparable implementiert, können wir T-Elemente mit Hilfe von CompareTo vergleichen. Wenn wir nun Max auf ein int-Array anwenden wollen, so schreiben wir:

```
int[] numbers = {3, 7, 4, 6, 9, 2};
int maxNum = Max<int>(numbers);
```

Wir können es aber auch auf jedes andere Array anwenden, dessen Elementtyp das Interface IComparable implementiert, also zum Beispiel auf ein string-Array:

```
string[] names = {"John", "Betty", "Lisa", "Robert"};
string maxName = Max<string>(names);
```

In den meisten Fällen können wir die aktuellen Typparameter sogar weglassen, da sie der Compiler automatisch aus den Typen der Argumente ableiten kann. Es reicht also zu schreiben:

```
maxNum = Max(numbers);          // T wird durch int ersetzt
maxName = Max(names);           // T wird durch string ersetzt
```

In seltenen Fällen kann der Compiler jedoch die aktuellen Typparameter nicht automatisch ermitteln. Wenn wir zum Beispiel eine Klasse Animal mit Unterklassen wie Cat oder Dog haben und eine Methode schreiben wollen, die aus einem Animal-Array alle Cat- oder Dog-Objekte herausfiltert, können wird das wie folgt implementieren:

```
List<T> SelectAll<T> (Animal[] animals) where T: Animal {
    List<T> result = new List<T>();
    foreach (Animal a in animals)
        if (a is T) result.Add((T)a);
    return result;
}
```

Beim Aufruf dieser Methode müssen wir nun den aktuellen Typparameter explizit angeben, denn der Compiler kann nicht wissen, was der Typ der Objekte ist, auf die wir es abgesehen haben:

```
List<Dog> list = SelectAll<Dog>(animals);
```

14.5 Generische Delegates

Ähnlich wie Methoden können auch Delegates mit Typparametern versehen werden, die man bei der Deklaration des Delegates hinter seinem Namen angibt. Eine typische Anwendung sind Delegates für so genannte *Filtermethoden*, z.B.:

```
delegate bool Filter<T> (T val);
```

Methoden dieses Typs sollen prüfen, ob ihr Parameter val eine bestimmte Eigenschaft erfüllt, und dann true oder false zurückgeben.

Sehen wir uns an, wie man diese Delegates verwendet. Angenommen wir wollen eine Klasse Sequence<T> implementieren, die eine Folge von Elementen beliebigen Typs verwaltet. Das könnte so aussehen:

```
class Sequence<T> {

    class Node {
        public T val;
        public Node next;
    }

    Node head = null;

    public void Add (T val) { ... }

    public Sequence<T> Select (Filter<T> matches) {
        Sequence<T> result = new Sequence<T>();
        for (Node p = head; p != null; p = p.next)
            if (matches(p.val)) result.Add(p.val);
        return result;
    }
    ...
}
```

Mit der Methode Add bauen wir eine verkettete Liste von Knoten auf. Die Methode Select verwendet nun unser generisches Delegate, um aus der Liste jene Elemente e herauszukopieren, die das Filterkriterium matches(e) erfüllen. Die Filtermethode wird für jedes Element der Liste aufgerufen. Wenn sie true liefert, wird das Element zur Ergebnisliste hinzugefügt, sonst nicht.

Warum muss das Delegate in diesem Beispiel generisch sein? Weil wir damit ausdrücken können, dass die zu prüfenden Elemente vom gleichen Typ sein müssen wie die Elemente in Sequence.

Nun verwenden wir die Klasse Sequence, um darin zum Beispiel positive und negative ganze Zahlen zu speichern:

```
Sequence<int> numbers = new Sequence<int>();
numbers.Add(3); numbers.Add(-5); numbers.Add(6); ...
```

Wenn wir jetzt die positiven Zahlen aus dieser Liste herausfiltern wollen, können wir schreiben:

```
Sequence<int> positives = numbers.Select(delegate(int x) {return x > 0;});
```

Wir übergeben Select eine anonyme Methode, die für jedes Element x von numbers aufgerufen wird und true liefert, wenn das Element positiv ist. Select fügt jedes Element, für das die Filtermethode true liefert, zur Ergebnisliste hinzu und wir bekommen eine Folge positiver Zahlen.

Beim Aufruf von Select hat der Compiler wieder automatisch aus dem Parameter int x abgeleitet, dass die übergebene Methode vom Typ Filter<int> ist, was den Compiler zufrieden stellt, da numbers vom Typ Sequence<int> ist und die Select-Methode daher einen Parameter vom Typ Filter<int> erwartet.

14.6 Nullwerte

Manchmal möchte man eine Variable von einem Platzhaltertyp T auf null setzen. Aber welchen Wert soll man dazu verwenden? Man weiß ja nicht, durch welchen konkreten Typ der Platzhaltertyp T später ersetzt wird. Ist es ein Referenztyp, muss der Nullwert null lauten, ist es ein ganzzahliger Typ, muss als Nullwert hingegen 0 verwendet werden. Daher definiert C# einen generischen Nullwert, der default(T) lautet:

```
T value = default(T);
```

Der generische Nullwert wird je nach aktuellem Typparameter auf null, 0, 0.0, '\0' oder false abgebildet.

Ein ähnliches Problem stellt sich, wenn wir eine Variable v mit Platzhaltertyp T haben und sicherstellen wollen, dass sie nicht den Wert null hat, weil wir ja ansonsten keine Methode darauf anwenden dürfen. Die Abfrage

```
if (v == null) ...
```

führt einen Zeigervergleich durch, wenn der Typ T von v durch einen Referenztyp ersetzt wurde. Wenn er durch einen Werttyp ersetzt wurde, liefert diese Abfrage immer false. Natürlich ist auch die Abfrage

```
if (v != null) ...
```

erlaubt. Für Referenztypen wird auch hier ein Zeigervergleich durchgeführt. Für Werttypen liefert diese Abfrage immer true.

14.7 Ko- und Kontravarianz bei generischen Typen

In diesem Abschitt sehen wir uns nochmals die Zuweisungskompatibilität generischer Typen an. Wenn wir aus einem generischen Typ List<T> zwei konkrete Listentypen ableiten

```
List<String> stringList = new List<String>();  ... // initialisiert mit Strings
List<Object> objList;
```

so wissen wir aus Abschnitt 14.3, dass die Zuweisung

```
objList = stringList;
```

verboten ist. String ist zwar mit Object kompatibel, aber List<String> nicht mit List<Object>. Warum ist das eigentlich so? Angenommen, die Zuweisung wäre erlaubt, dann könnte jemand Folgendes schreiben:

```
objList[0] = 3;
String s = stringList[0];
```

Beide Zuweisungen wären für den Compiler in Ordnung, aber zur Laufzeit würde in objList[0] ein int-Wert stehen, und weil objList und stringList dasselbe Objekt referenzieren, würde auch stringList[0] einen int-Wert liefern, was aber die Garantie verletzt, dass die Elemente von stringList ausschließlich Strings sind.

Das Problem liegt darin, dass den einzelnen Elementen von objList beliebige Werte zugewiesen werden dürfen, und wenn objList kein List<Object>, sondern ein List<String> referenziert, kann dadurch die Homogenität der Liste verloren gehen. Wenn wir garantieren könnten, dass die Elemente von objList nicht geändert werden, wäre die Zuweisung objList = stringList; kein Problem. C# bietet tatsächlich die Möglichkeit, diese Garantie zu geben, wodurch List<String> an List<Object> zuweisbar wird. Man nennt diese Art der Kompatibilität *Kovarianz*, und wir sehen sie uns nun genauer an.

Typsichere Kovarianz

Angenommen, wir haben ein generisches Interface Sequence<T>, bei dem T nur als Typ eines Ausgangsparameters (d.h. als Rückgabetyp einer Funktion oder eines Indexers) verwendet wird, dann können wir das explizit zum Ausdruck bringen, indem wir vor T das Schlüsselwort out schreiben:

```
interface Sequence<out T> {   // Folge von T-Werten, auf die nur lesend zugegriffen wird
    int Length { get; }        // liefert die Länge der Folge
    T this[int i] { get; };    // liefert das i-te Element der Folge
}
```

Wie man sieht, wird T nur als Rückgabetyp des Indexers verwendet. Keine der Sequence-Operationen erlaubt es, neue T-Elemente in die Folge einzufügen oder die Elemente der Folge zu verändern. Daher kann man getrost ein Sequence<String> wie ein Sequence<Object> behandeln, weil die Operationen von Sequence nur lesend auf die Folge zugreifen.

```
Sequence<String> strings = ...;
Sequence<Object> objects;
objects = strings;
```

Die Zuweisung von strings an objects ist also erlaubt, denn es kann nichts Schlimmes dabei passieren. Wenn wir über objects iterieren

```
for (int i = 0; i < objects.Length; i++) {
    Object obj = objects[i];
    ...
}
```

greifen wir über den Indexer nur lesend auf die Elemente der Folge zu. Der Aufruf objects[i] liefert zwar in diesem Fall ein String-Objekt, aber das ist in Ordnung. Die Folge ist und bleibt eine String-Folge.

Sequence<out T> ist *kovariant*, das bedeutet: Wenn String zu Object kompatibel ist, dann ist auch Sequence<String> zu Sequence<Object> kompatibel. Die Kompatibilitätsbeziehung zweier Typen T1 und T2 gilt in der *gleichen Richtung* auch für Sequence<T1> und Sequence<T2> (siehe Abb. 14–1).

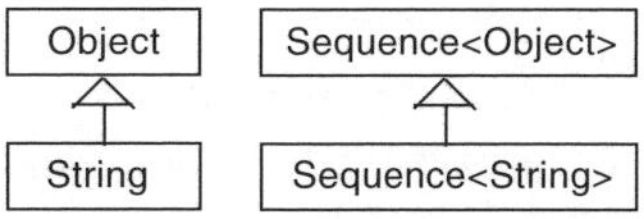

Abb. 14–1 *Kovarianz bei generischen Typen*

Restriktionen. Das Schlüsselwort out vor einem Typparameter T ist nur bei generischen Interfaces und Delegates erlaubt, nicht jedoch bei generischen Klassen. Der Grund liegt darin, dass Klassen auch *Felder* vom Typ T haben können und der Compiler nur sehr schwer sicherstellen kann, dass auf diese Felder nur lesend zugegriffen wird. Somit kann er nicht garantieren, dass die Daten der Klasse unverändert bleiben, was aber die Essenz der Kovarianz bei generischen Typen ist.

Außerdem darf ein Typparameter <out T> nur als Rückgabetyp einer Funktion oder als Typ eines read-only Indexers oder Properties, nicht jedoch als Parametertyp verwendet werden, nicht einmal wenn der Parameter als Out-Parameter deklariert ist.

Schließlich ist noch zu beachten, dass Kovarianz bei generischen Typen nur dann gilt, wenn T durch einen Referenztyp (z.B. String) ersetzt wird, nicht jedoch, wenn T durch einen Werttyp (z.B. int) ersetzt wird.

Typsichere Kontravarianz

Wenn ein Typparameter T nur als Typ von Eingangsparametern verwendet wird, kann man das durch <in T> zum Ausdruck bringen, zum Beispiel:

```
interface IComparer <in T> {
    int Compare(T x, T y);
}
```

T wird in IComparer nur als Typ von Eingangsparametern verwendet, d.h., wir geben in die Methoden von IComparer immer nur T-Objekte rein, holen aber nie welche raus. Daher gilt folgende Überlegung: IComparer<Object> kann mit seiner Compare-Methode zwei Object-Parameter vergleichen. Wenn wir dieser Methode aber zwei String-Parameter übergeben, würde sie auch funktionieren, weil Strings ja Objekte sind. Daher kann man IComparer<Object> wie einen IComparer<String> behandeln. Folgendes ist also möglich:

```
IComparer<Object> objComparer = ... ;
IComparer<String> stringComparer;
stringComparer = objComparer;
```

stringComparer referenziert jetzt einen IComparer<Object>. Wenn wir nun

```
int x = stringComparer.Compare("John", "Sue");
```

aufrufen, werden die beiden Strings "John" und "Sue" an die Compare-Methode von objComparer übergeben, die sie wie Object-Werte behandelt. Diese Verwendung ist also typsicher.

Man sagt, IComparer<in T> ist *kontravariant*, das bedeutet: Wenn String zu Object kompatibel ist, dann ist IComparer<Object> zu IComparer<String> kompatibel. Die Kompatibilitätsbeziehung zweier Typen T1 und T2 gilt in *umgekehrter Richtung* für IComparer<T2> und IComparer<T1> (siehe Abb. 14–2).

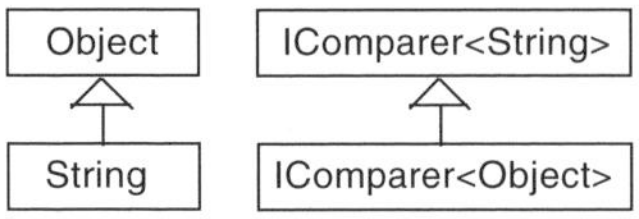

Abb. 14–2 *Kontravarianz bei generischen Typen*

Kontravarianz ist zugegebenermaßen weniger intuitiv und auch weniger nützlich als Kovarianz. Aber sie ist erlaubt und ist typsicher.

Beispiel

Ein weiteres Beispiel soll die Verwendung von Kovarianz und Kontravarianz bei generischen Typen nochmals verdeutlichen. Nehmen wir an, wir haben eine Klasse Person, von der eine Klasse Student abgeleitet ist, die wiederum eine Unterklasse PhDStudent hat (Abb. 14–3).

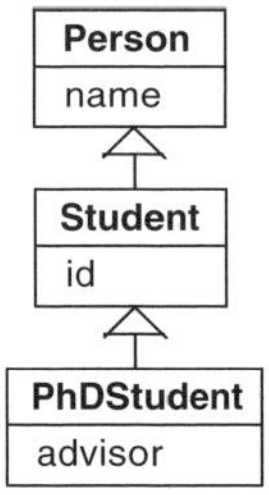

Abb. 14–3 *Beispiel-Klassenhierarchie*

Wir nehmen ferner ein kovariantes Interface IEnumerable<out T> und ein kontravariantes Interface IPrintable<in T> an.

```
interface IEnumerable<out T> { // im Namensraum System.Collections.Generic
   IEnumerator<T> GetEnumerator();
}
interface IPrintable<in T> {
   void Print(T val);
}
```

IEnumerable<out T> verwendet T lediglich als Typparameter eines anderen Interfaces IEnumerator<T>:

```
interface IEnumerator<out T> { // im Namensraum System.Collections.Generic
   bool MoveNext();
   T Current { get; }
}
```

IEnumerator<out T> dient zum Iterieren über eine Folge von T-Elementen. Es verwendet T nur in lesender Position, daher kann auch IEnumerable<out T> die Elemente der Folge nicht verändern: Es kann kovariant verwendet werden.

Um nun zum Kern des Beispiels zu kommen, nehmen wir noch eine Methode Process an

```
void Process(IEnumerable<Student> students, IPrintable<Student> printer) { ... }
```

die eine Folge von Studenten (students) verarbeitet und jeden Studenten mit Hilfe eines Drucker-Objekts printer ausgibt.

Statt eine Folge von Studenten zu übergeben, können wir dieser Methode auch eine Folge von PhD-Studenten (IEnumerable<PhDStudent>) übergeben. Da IEnumerable<out T> kovariant ist, ist diese Art der Verwendung erlaubt.

Ferner können wir als zweiten Parameter statt eines IPrintable<Student> auch ein IPrintable<Person> übergeben. Da IPrintable<in T> kontravariant ist, kann ein Drucker, der Personen ausgeben kann, auch Studenten ausgeben.

14.8 Was geschieht hinter den Kulissen?

Wie werden eigentlich generische Typen vom Compiler und vom Laufzeitsystem behandelt? Wenn man eine generische Klasse deklariert, z.B.

```
class Buffer<Element> {...}
```

erzeugt der Compiler zunächst nur generischen CIL-Code, der als Schablone für spätere Konkretisierungen dient. Die Konkretisierungen werden in C# erst zur Laufzeit vorgenommen, wobei Werttypen und Referenztypen unterschiedlich behandelt werden. Für jeden Werttyp V, der den Platzhalter Element ersetzt, wird eine konkrete Klasse Buffer<V> erzeugt, während sich alle Referenztypen R nur eine einzige Konkretisierung Buffer<R> teilen. Das Laufzeitsystem erzeugt die konkreten Typen und ihren Code erst, wenn diese das erste Mal benutzt werden, wie das im folgenden Beispiel deutlich wird:

```
Buffer<int> a = new Buffer<int>();           // erzeugt Code für Klasse Buffer<int>
Buffer<int> b = new Buffer<int>();           // verwendet obiges Buffer<int>
Buffer<float> c = new Buffer<float>;         // erzeugt Code für Klasse Buffer<float>
Buffer<string> d = new Buffer<string>();     // erzeugt Code für Klasse Buffer<refType>
Buffer<Person> e = new Buffer<Person>();     // verwendet obiges Buffer<refType>
```

14.9 Unterschiede zu Java

In Java gibt es seit der Version 5.0 ebenfalls generische Typen und Methoden, wobei eine ganz ähnliche Syntax wie in C# verwendet wird. Im Gegensatz zu C# können aber in Java Platzhaltertypen nur durch Referenztypen wie String oder Person ersetzt werden, nicht jedoch durch Werttypen wie int oder float. Außerdem werden in Java generische Typen immer auf den Typ Object abgebildet. Im Bytecode (und somit zur Laufzeit) gibt es daher in Java keine generischen Typen. Das hat zur Folge, dass man keine Typtests mit generischen Typen durchführen kann und den aktuellen Typ eines Typparameters nicht mittels Reflection abfragen kann. Ein weiteres daraus resultierendes Problem besteht darin, dass man von einem Typparameter T keine Arrays erzeugen kann. Der Ausdruck

```
new T[10]
```

ist also verboten und muss als

```
(T[]) new Object[]
```

geschrieben werden, wobei der Compiler aber trotzdem eine Warnung ausgibt, weil er bei der Typumwandlung nicht prüfen kann, ob das Array wirklich Elemente vom Typ T enthält.

Da generische Bausteine in C# auf die Common Language Runtime abgebildet werden, sind sie durchgängiger und flexibler zu benutzen als in Java.

14.10 Übungsaufgaben

1. **Generischer Stack**
   Implementieren Sie einen generischen Kellerspeicher Stack<T> mit den Operationen Push(x) und x = Pop(). Pop soll dasjenige Element liefern, das zuletzt mit Push eingekellert wurde. Implementieren Sie auch ein Property Size, das die Anzahl der Elemente am Stack liefert. Schreiben Sie ein Testprogramm, das Kommandozeilenargumente in einem Stack<string> und die Längen der Kommandozeilenargumente in einem Stack<int> ablegt.
2. **Vererbung**
   Implementieren Sie eine generische Klasse BetterStack<T> als Unterklasse der in Aufgabe 1 implementierten Klasse Stack<T>. Darin soll es eine Methode Contains(x) geben, die prüft, ob das Element x im Stack ist. Ferner soll es einen Indexer geben, mit dem man auf die einzelnen Stack-Elemente zugreifen kann.
3. **Generische sortierte Liste**
   Implementieren Sie eine sortierte verkettete Liste mit den Operationen Add(x) und Remove(x) sowie mit einem Property Count, das die Anzahl der Elemente der Liste liefert. Außerdem soll es einen Indexer geben, mit dem man auf jedes Listenelement zugreifen kann. Der Typ der Listenelemente soll beliebig sein.
4. **Generischer binärer Suchbaum**
   Schreiben Sie einen generischen binären Suchbaum BinaryTree<K, V>, der Werte vom Typ V unter ihrem Schlüssel vom Typ K speichert. Sehen Sie eine Methode Insert vor, mit der man ein Schlüssel/Wert-Paar in den Baum einfügen kann, sowie eine Methode Contains, die prüft, ob ein bestimmter Schlüssel im Baum enthalten ist. Schreiben Sie auch einen Indexer, der den Wert zu einem gegebenen Schlüssel liefert oder eine Ausnahme auslöst, wenn der Schlüssel nicht gefunden wurde.

5. **Liste von Listen**
   Verwenden Sie den in der Online-Dokumentation von .NET beschriebenen Typ List<T>, um eine Liste von Wortlisten anzulegen. Lesen Sie einen Text aus mehreren Zeilen, wobei jede Zeile aus mehreren Wörtern (Buchstabenfolgen) besteht. Alle Wörter einer Zeile sollen in einer Liste vom Typ List<string> gespeichert werden. Bilden Sie dann aus den Wortlisten der einzelnen Zeilen wiederum eine Liste vom Typ List<List<string>>.

6. **Generische Methode**
   Schreiben Sie eine generische Methode list = Copy(array), die ein Array beliebigen Elementtyps in eine generische Liste gleichen Elementtyps kopiert. Verwenden Sie als Listentyp List<T> (siehe Online-Dokumentation von .NET).

15 Threads

Ein *Thread* (oder *paralleler Prozess*) ist ein Programmstück, das parallel zu anderen Programmstücken läuft. Zum Beispiel kann ein Thread auf Eingabedaten vom Benutzer warten, während ein anderer Thread bereits eingelangte Daten abarbeitet und ein dritter Thread die Ergebnisse am Bildschirm anzeigt. Hat ein Rechner mehrere Prozessoren, so können die einzelnen Threads tatsächlich gleichzeitig laufen. Gibt es nur einen einzigen Prozessor, dann müssen ihn sich alle Threads teilen, indem ihnen das Betriebssystem den Prozessor abwechselnd für eine kurze Zeitspanne zur Verfügung stellt. Davon merkt der Benutzer aber nichts. Für ihn hat es den Anschein, als ob alle Threads gleichzeitig liefen.

15.1 Die Klasse Thread

In C# werden Threads durch die Standardklasse Thread aus dem Namensraum System.Threading realisiert. Jede parameterlose void-Methode M kann mittels

```
Thread t = new Thread(new ThreadStart(M));
```

zu einem Thread gemacht werden, indem sie als Delegate ThreadStart an den Thread-Konstruktor übergeben wird. Der Thread t kann dann mittels

```
t.Start();
```

gestartet werden und läuft nun parallel zum aufrufenden Thread (zum Beispiel parallel zum Hauptprogramm, das vom Betriebssystem ebenfalls als Thread gestartet wurde). Ein Thread wird beendet, wenn er an das Ende seiner Methode gelangt. Wenn alle (Vordergrund-)Threads eines Programms an ihr Ende gekommen sind, wird auch das Programm selbst beendet. Hier ist ein Auszug der Schnittstelle von Thread und einiger dazugehöriger Typen:

```
public sealed class Thread {
    public Thread(ThreadStart startMethod);          // Konstruktor

    public string Name { get; set; }                 // Properties
    public ThreadPriority Priority { get; set; }
    public ThreadState ThreadState { get; }
    public bool IsAlive { get; }
    public bool IsBackground {get; }
    ...
```

```
    public void Start();                            // Methoden
    public void Suspend();
    public void Resume();
    public void Join();
    public void Abort();
    public void Interrupt();
    ...
    public static Thread CurrentThread { get; }  // statische Properties und Methoden
    public static void Sleep(int milliSeconds);
}

public delegate void ThreadStart();

public enum ThreadPriority {Normal, AboveNormal, BelowNormal, Highest, Lowest}
public enum ThreadState {Unstarted, Running, Suspended, Stopped, Aborted, ...}
```

Properties. Zur leichteren Unterscheidung können Threads über das Property Name einen Namen erhalten. Jeder Thread hat eine Priorität (standardmäßig Normal), die über das Property Priority gesetzt und abgefragt werden kann. Je höher die Priorität, desto öfter kommt der Thread an die Reihe. Ein Thread durchläuft im Laufe seines Lebens mehrere Zustände, die über das Property ThreadState abgefragt werden können (siehe Abschnitt 15.2). Mittels IsAlive kann man prüfen, ob ein Thread noch »lebt« oder ob er bereits an sein Ende gekommen ist. Normalerweise werden Threads als Vordergrundprozesse gestartet. Man kann sie aber über das Property IsBackground auch zu Hintergrundprozessen machen. Der Unterschied liegt lediglich darin, dass ein Programm erst dann beendet wird, wenn alle Vordergrundprozesse beendet wurden, während es für das Beenden eines Programms irrelevant ist, ob noch Hintergrundprozesse laufen. Das statische Property CurrentThread liefert schließlich eine Referenz auf den gerade laufenden Thread.

Methoden. Threads können mittels diverser Methodenaufrufe manipuliert werden. t.Start() startet den Thread t, nachdem er erzeugt wurde. t.Suspend() lässt den Thread t schlafen bis er mittels t.Resume() wieder aufgeweckt wird. Mit t.Join() kann der Rufer warten, bis t beendet wurde. t.Abort() bricht t ab und löst dabei eine ThreadAbortException aus, die von t behandelt werden kann, um Abschlussarbeiten auszuführen (siehe Abschnitt 15.3). Befindet sich ein Thread t im Zustand WaitSleepState (siehe Abschnitt 15.2), kann er mit t.Interrupt() wieder zum Laufen gebracht werden. Ein Aufruf von Thread.Sleep(n) legt den aufrufenden Thread für n Millisekunden schlafen. In dieser Zeit können andere Threads laufen.

Beispiel

Das folgende Beispiel zeigt ein Programm, das zwei Threads startet, die jeweils 10 Zeichen auf den Bildschirm ausgeben. Die Threads werden durch die Methode Print der Klasse Printer realisiert und können mit dem auszugebenden Zeichen und der gewünschten Wartezeit zwischen den Ausgaben parametrisiert werden.

```
using System;
using System.Threading;              // nötig, damit die Klasse Thread gefunden wird

class Printer {
    char ch;                         // auszugebendes Zeichen
    int sleepTime;                   // Wartezeit zwischen den Ausgaben

    public Printer(char c, int t) { ch = c; sleepTime = t; }

    public void Print() {
        for (int i = 0; i < 10; i++) {
            Console.Write(ch);
            Thread.Sleep(sleepTime);
        }
    }
}

class MainProg {

    static void Main() {
        //--- erzeuge zwei Printer-Objekte
        Printer a = new Printer('.', 10);
        Printer b = new Printer('*', 50);
        //--- erzeuge und starte zwei Threads
        new Thread(new ThreadStart(a.Print)).Start();
        new Thread(new ThreadStart(b.Print)).Start();
        //--- Hauptprogramm läuft als dritter Thread weiter
        Console.Write("Main ready");
    }
}
```

Die Print-Methoden der Objekte a und b werden als eigenständige Threads gestartet, während das Hauptprogramm als dritter Thread weiterläuft und den Text "Main ready" ausgibt. Anschließend wird dieser Thread beendet. Das Programm ist aber noch nicht zu Ende, weil die beiden Print-Threads noch laufen. Da sie nach jeder Ausgabe ihres Zeichens unterschiedlich lange warten, sieht die Ausgabe zum Beispiel folgendermaßen aus:

```
Main ready.*....*.....********
```

15.2 Zustände eines Threads

Ein Thread durchläuft im Laufe seines Lebens mehrere Zustände. Unmittelbar nach seiner Erzeugung ist er im Zustand Unstarted. Wenn man ihn startet, wechselt er in den Zustand Running, von wo aus er durch Aufrufe von Suspend, Wait, Sleep, Join oder Abort in weitere Zustände versetzt werden kann (siehe Abb. 15–1).

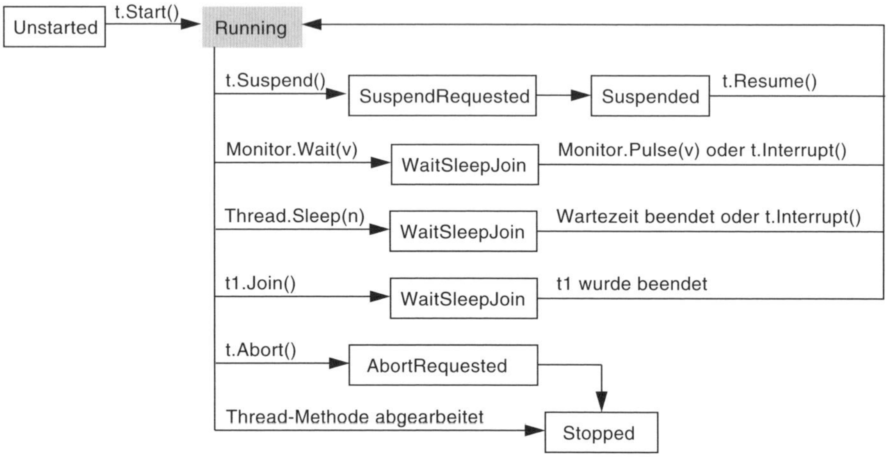

Abb. 15–1 *Zustandsübergangsdiagramm eines Threads*

Die Aufrufe Monitor.Wait(v) und Monitor.Pulse(v) werden in Abschnitt 15.4 beschrieben. Folgendes Codestück verfolgt den Zustand und andere Eigenschaften eines Threads:

```
Thread t = new Thread(new ThreadStart(M));
Console.WriteLine("name={0}, priority={1}, state={2}", t.Name, t.Priority, t.ThreadState);
t.Name = "Worker"; t.Priority = ThreadPriority.BelowNormal;
t.Start();
Thread.Sleep(1); // um die Kontrolle an t zu übergeben
Console.WriteLine("name={0}, priority={1}, state={2}", t.Name, t.Priority, t.ThreadState);
t.Suspend();
Thread.Sleep(1);
Console.WriteLine("state={0}", t.ThreadState);
t.Resume();
Thread.Sleep(1);
Console.WriteLine("state={0}", t.ThreadState);
t.Abort();
Thread.Sleep(1);
Console.WriteLine("state={0}", t.ThreadState);
```

Vor den Hilfsdrucken wartet der rufende Thread hier eine Millisekunde lang, damit die Aufrufe von Start, Suspend, Resume und Abort in der Zwischenzeit wirksam werden. Die Ausgabe dieses Programmstücks lautet dann:

```
name=, priority=Normal, state=Unstarted
name=Worker, priority=BelowNormal, state=Running
state=Suspended
state=Running
state=Stopped
```

15.3 Abbrechen eines Threads

Ein Thread wird automatisch beendet, wenn die Methode, für die er erzeugt wurde, an ihr Ende gelangt ist. Man kann ihn aber auch explizit durch Aufruf von Abort() abbrechen. Da der abgebrochene Thread aber vielleicht gerade inmitten einer wichtigen Tätigkeit ist, wird er nicht sofort abgebrochen, sondern es wird lediglich eine ThreadAbortException ausgelöst, die der Thread abfangen kann, um eventuelle Abschlussarbeiten zu erledigen. Nachdem eine ThreadAbortException abgefangen wurde, wird sie aber sofort nochmals ausgelöst, um äußeren try-Anweisungen die Gelegenheit zu geben, ebenfalls auf diese Ausnahme zu reagieren. Das folgende Beispiel zeigt diesen Ablauf:

```
using System;
using System.Threading;

class AbortSample {

    static void M() {
        try {
            try {
                try {
                    while (true) ; // Endlosschleife
                } catch (ThreadAbortException) { Console.WriteLine("inner aborted"); }
            } catch (ThreadAbortException) { Console.WriteLine("outer aborted"); }
        } finally { Console.WriteLine("finally"); }
    }

    static void Main() {
        Thread t = new Thread(new ThreadStart(M));
        t.Start(); t.Sleep(1);
        t.Abort();     // löst ThreadAbortExeption aus
        t.Join();      // wartet, bis t zu Ende ist
        Console.WriteLine("done");
    }
}
```

Die Ausgabe lautet in diesem Fall:

```
inner aborted
outer aborted
finally
done
```

15.4 Thread-Synchronisation

Alle Threads eines Programms benutzen denselben Adressraum, d.h., sie können auf dieselben nichtlokalen Variablen zugreifen. Das kann zu Problemen führen, die man *Race Conditions* nennt. Nehmen wir an, dass zwei Threads die Anweisung

```
x = x + 1;
```

ausführen, wobei x eine gemeinsam zugängliche Variable mit dem Wert 0 ist. Während Thread 1 diese Variable gerade ändert, kann ihm vom Betriebssystem die Kontrolle entzogen werden, und Thread 2 versucht nun seinerseits, x zu ändern. Abb. 15–2 zeigt, was dabei passiert:

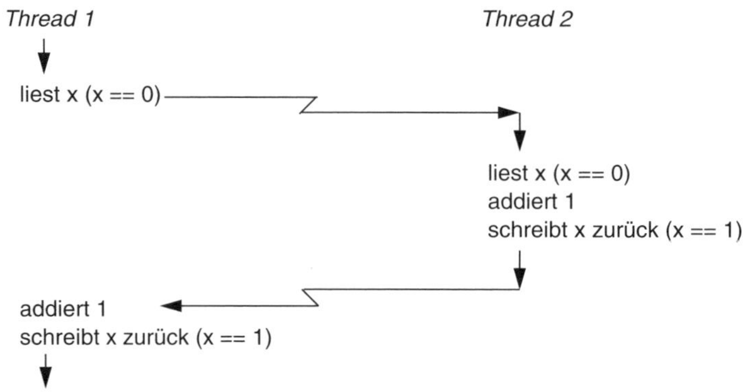

Abb. 15–2 *Zwei Threads führen gleichzeitig die Anweisung x = x + 1; aus*

Der Wert von x ist nun 1 und nicht 2. Die von Thread 2 durchgeführte Änderung ging also verloren. Solche Fehler sind sehr schwer zu finden, weil sie kaum reproduzierbar sind. Sie treten nur auf, wenn der Thread-Wechsel in einem ungünstigen Moment stattfindet.

Die lock-Anweisung

Um Race Conditions zu vermeiden, muss man sicherstellen, dass Codestücke, in denen auf gemeinsame Variablen zugegriffen wird, nie von mehreren Threads gleichzeitig ausgeführt werden. Man nennt das den *wechselseitigen Ausschluss* (*mutual exclusion*) von Threads. Er kann in C# mit Hilfe der lock-Anweisung erreicht werden. Die Anweisung

lock (*v*) *Statement*

setzt eine Sperre auf die Variable v eines Referenztyps, führt *Statement* aus und hebt dann die Sperre wieder auf. Wenn ein anderer Thread in der Zwischenzeit versucht, mit einer lock-Anweisung ebenfalls eine Sperre auf dieselbe Variable v zu setzen, muss er warten, bis der erste Thread seine Sperre aufgehoben hat. Erst dann darf er weiterlaufen und in die *kritische Region* (d.h. in *Statement*) eintreten. Dadurch wird garantiert, dass *Statement* nie von mehreren Threads gleichzeitig ausgeführt wird.

Sehen wir uns dazu ein Beispiel an. Eine Klasse Account verwaltet ein Bankkonto, dessen Wert im Feld val abgelegt wird. Es gibt eine Methode Deposit, um den Kontostand zu erhöhen und eine Methode Withdraw, um den Kontostand zu vermindern. Da ein Objekt dieser Klasse von mehreren Threads benutzt werden kann, muss man Deposit und Withdraw mit einer lock-Anweisung schützen, damit sie nicht von mehreren Threads gleichzeitig ausgeführt werden können.

```
class Account {
   long val = 0;  // Kontostand

   public void Deposit(long x) {
      lock(this) { val = val + x; }  // jeweils nur 1 Thread darf diese Anweisung ausführen
   }

   public void Withdraw(long x) {
      lock(this) { val = val - x; }  // jeweils nur 1 Thread darf diese Anweisung ausführen
   }
}
```

In diesem Beispiel wird die Sperre auf das Account-Objekt (this) gesetzt. Man kann sie aber auch auf jedes beliebige andere Objekt setzen. Solche Objekte nennt man auch *Semaphore*, weil sie grünes oder rotes Licht zum Betreten einer kritischen Region geben.

```
object semaphore = new object();
...
lock(semaphore) {... /* kritische Region */ ...}
```

Ein Thread, der bereits eine Sperre auf eine Variable v hält, kann übrigens eine weitere lock-Anweisung für v ungehindert passieren, zum Beispiel:

```
class C {
   ...
   public void P() {
      lock(this) {... Q(); /* kann lock-Anweisung in Q ungehindert passieren */ ...}
   }
   public void Q() {
      lock(this) {...}
   }
}
```

Die lock-Anweisung verhindert lediglich, dass zwei *verschiedene* Threads gleichzeitig eine Sperre auf dieselbe Variable besitzen.

Die Klasse Monitor

Die lock-Anweisung

```
lock(v) Statement
```

ist eigentlich nur eine Kurzform für die Anweisungsfolge

```
Monitor.Enter(v);
try {
   Statement
} finally {
   Monitor.Exit(v);
}
```

In Monitor.Enter(v) wird die Sperre auf v gesetzt oder der Thread muss warten, bis eine eventuell existierende Sperre auf v zurückgenommen wird. In Monitor.Exit(v) wird die Sperre auf v zurückgesetzt. Wird in *Statement* eine Ausnahme (z.B. ThreadAbortException) ausgelöst, so wird in der finally-Klausel auf jeden Fall die Sperre zurückgenommen, bevor das Programm diese Anweisungsfolge verlässt. Dadurch wird sichergestellt, dass auch im Ausnahmefall keine ungewünschten Sperren übrig bleiben und das Programm dadurch unter Umständen in eine *Systemverklemmung* (*deadlock*) gerät, bei der kein einziger Thread mehr in eine durch v geschützte kritische Region eintreten darf.

Wait und Pulse

Die Klasse Monitor enthält noch andere Methoden, die zur Thread-Synchronisation verwendet werden können. Angenommen, ein Thread befindet sich in einer kritischen Region und stellt fest, dass er nicht weiterlaufen kann, weil eine Bedingung nicht erfüllt ist, die nur ein anderer Thread herstellen kann, der dazu aber ebenfalls in die kritische Region eintreten müsste. Thread 1 möchte zum Beispiel Daten in einem Puffer ablegen, aber der Puffer ist voll. Thread 2 könnte Daten aus dem Puffer entnehmen und somit wieder Platz machen, aber er darf das nicht, weil Thread 1 noch die Sperre auf den Puffer hält und ihn somit blockiert. Das System würde in eine Verklemmung (*deadlock*) geraten. Damit das nicht auftreten kann, stellt die Klasse Monitor die beiden Methoden Wait und Pulse zur Verfügung.

Wenn ein Thread eine Sperre auf die Variable v hält und nicht weiterlaufen kann, ruft er die Methode

```
Monitor.Wait(v);
```

auf. Dadurch wird der rufende Thread blockiert, in eine Warteschlange für v eingereiht, und die Sperre auf v wird freigegeben. Andere Threads können nun in die kritische Region eintreten und zum Beispiel die Bedingung herstellen, auf die der erste Thread wartet. Sie signalisieren das durch Aufruf der Methode

```
Monitor.Pulse(v);
```

wodurch der erste Thread, der ein Wait(v) ausgeführt hat, wieder aktiv wird. Bevor er weiterlaufen darf, muss er sich aber wieder um die Sperre auf v bewerben. Wird sie noch von einem anderen Thread gehalten, muss der erste Thread warten, bis die Sperre zurückgesetzt wurde.

Anstatt den ersten von mehreren wartenden Threads mit Pulse(v) zu wecken, kann man auch *alle* wartenden Threads wecken. Man schreibt dann:

```
Monitor.PulseAll(v);
```

Natürlich müssen sich alle geweckten Threads wieder um die Sperre bewerben und nur einer davon kann sie bekommen. Die anderen müssen warten, bis die Sperre wieder frei ist.

Das folgende Beispiel zeigt die Verwendung von Wait und Pulse (bzw. PulseAll) anhand einer Klasse Buffer, die einen Zeichenpuffer der Länge 4 verwaltet. Die Methode Put(ch) legt ein Zeichen im Puffer ab, die Methode Get() holt das älteste Zeichen aus dem Puffer heraus. Wenn der Puffer voll wird, muss der aktuelle Thread warten, bis durch Aufrufe von Get() wieder Platz geschaffen wurde. Wenn der Puffer leer wird, muss der Thread warten, bis ein anderer Thread wieder Daten mit Put(ch) einfüllt.

```
class Buffer {
    const int size = 4;
    char[] buf = new char[size];
    int head = 0, tail = 0, n = 0;

    public void Put(char ch) {
        lock(this) { // ①
            while (n == size) Monitor.Wait(this); // ②
            buf[tail] = ch; tail = (tail + 1) % size; n++;
            Monitor.PulseAll(this); // ③
        }
    }

    public char Get() {
        lock(this) { // ④
            while (n == 0) Monitor.Wait(this);
            char ch = buf[head]; head = (head + 1) % size; n--;
            Monitor.PulseAll(this); // ⑤
            return ch;
        }
    }
}
```

Angenommen, zwei Threads A und B benutzen diesen Puffer. A ruft Put(ch) auf und kommt zur lock-Anweisung ①. Da die Sperre frei ist, betritt er die kritische Region. Nun nehmen wir an, dass die Kontrolle zum Thread B wechselt, der Get() aufruft und zur lock-Anweisung ④ kommt. Da die Sperre nicht frei ist, muss B hier warten und die Kontrolle wechselt wieder zu A. Dieser stellt nun zum Beispiel fest, dass der Puffer voll ist (n == size) und ruft Monitor.Wait(this) auf. Er wartet also an der Stelle ② und gibt die Sperre frei, wodurch wieder B an die Reihe kommt. Da die Sperre nun frei ist, läuft B bei ④ weiter, entnimmt ein Zeichen aus dem Puffer und ruft Monitor.PulseAll(this) auf (⑤). Dadurch wird der bei ② wartende Thread A wieder aktiviert. Weil aber B noch die Sperre hält, muss er wie bei einer lock-Anweisung warten, bevor er wieder in die kritische Region eintreten darf. B läuft inzwischen bei ⑤ weiter, gibt das entnommene Zeichen zurück und beendet die lock-Anweisung, wodurch auch die Sperre zurückgesetzt wird. Jetzt darf endlich A bei ② wieder in die kritische Region eintreten. Da jetzt wieder Platz im Puffer ist (da n < size), legt er sein Zeichen ab. Sein Aufruf von Monitor.PulseAll(this) an der Stelle ③ bleibt aber wirkungslos, weil kein anderer Thread mit Wait auf this wartet.

In diesem Beispiel wurde PulseAll statt Pulse verwendet, da es sonst zu einer Verklemmung kommen könnte: Nehmen wir an, dass 10 Threads nacheinander ein Get ausführen. Da der Puffer leer ist, bleiben sie alle im Wait hängen (Abb. 15–3 a). Nun kommen 10 andere Threads, die gleichzeitig ein Put ausführen wollen. Die ersten vier kommen durch und legen ihr Zeichen im Puffer ab. Die anderen sechs Put-Threads bleiben aber im Wait hängen, weil der Puffer nun voll ist. Die ersten vier Put-Threads haben ein Pulse ausgelöst und somit die ersten vier wartenden Get-Threads geweckt (Abb. 15–3 b). Jeder dieser Get-Threads entnimmt nun ein Zeichen und löst dann ein Pulse aus. Da dadurch aber nur ein einziger Thread geweckt wird, könnte das wieder ein wartender Get-Thread sein (Abb. 15–3 c), der – wenn er an die Reihe kommt – merkt, dass der Puffer leer ist und sich wieder im Wait schlafen legt (Abb. 15–3 d). Auf diese Weise kann eine Situation entstehen, in der sowohl Get- als auch Put-Threads im Wait hängen, und niemand weckt sie auf. Mit PulseAll kann das nicht passieren, da immer *alle* wartenden Threads geweckt werden (d.h. sowohl die Get- als auch die Put-Threads). Zumindest einer von ihnen kann dann weiterlaufen, da ja der Puffer nicht gleichzeitig voll und leer sein kann. Dieser Thread bekommt dann die Sperre und die anderen Threads müssen warten, bis er fertig ist.

	Get-Threads		*Puffer*	*Put-Threads*	
	in Wait	geweckt		in Wait	geweckt
a)	10	–	| | | | |	–	–
b)	6	4	|x|x|x|x|	6	–
c)	2	4	| | | | |	6	–
d)	6	–	| | | | |	6	–

Abb. 15–3 *Systemverklemmung bei Verwendung von Pulse statt PulseAll*

Aus unserem Puffer-Beispiel können wir einige allgemeine Regeln für die Verwendung von Wait und Pulse (bzw. PulseAll) ableiten:

1. Wait(v) und Pulse(v) dürfen nur in einer Anweisungsfolge aufgerufen werden, die mit lock(v) geschützt ist.
2. Zwischen dem Aufruf von Pulse(v) und dem Weiterlaufen des dadurch geweckten Threads können andere Threads zur Ausführung gelangen, die in der Zwischenzeit versucht haben, die Sperre zu bekommen. Es ist daher nicht garantiert, dass die Bedingung, die mit Pulse(v) signalisiert wird, noch gilt, wenn der geweckte Thread weiterläuft. Deshalb sollte man die Bedingung, auf die man in Wait(v) wartet, immer in einer Schleife prüfen. Das Muster lautet also:

```
while (condition is false) Monitor.Wait(v);
...
// make condition true;
Monitor.Pulse(v);
```

15.5 Übungsaufgaben

1. **Ein-/Ausgabe-Threads**
   Um während Berechnungen oder Ausgaben jederzeit Benutzereingaben entgegennehmen zu können, lagert man diese oft in einen eigenen Thread aus, der nichts anderes macht, als ständig zu versuchen, von der Tastatur zu lesen und eventuelle Eingaben an andere Threads zu melden. Schreiben Sie ein Programm, das aus zwei Threads besteht. Der erste Thread (printer) soll ständig ein Zeichen am Bildschirm ausgeben, das in der statischen Variablen ch gespeichert ist. Der zweite Thread (reader) soll ständig auf die Eingabe eines Zeichens von der Tastatur warten und dieses in ch ablegen, so dass printer von diesem Zeitpunkt an das neue Zeichen ausgibt. Schreiben Sie auch ein Hauptprogramm, das beide Threads startet. Achtung: Ein Tastendruck wird erst gelesen, nachdem Sie die Return-Taste gedrückt haben.

2. **Dateivergleich**
   Schreiben Sie ein Programm, das zwei Threads startet, die jeweils eine Textdatei in ein char-Array einlesen. Das Hauptprogramm soll mittels Join warten, bis beide Threads fertig sind, und dann die beiden Arrays auf Gleichheit vergleichen.

3. **Thread-Synchronisation**
   Implementieren Sie die Klasse Buffer aus Abschnitt 15.4 und schreiben Sie ein Testprogramm, das mehrere Reader- und Writer-Threads erzeugt, die in unregelmäßigen Zeitabständen Daten aus dem Puffer lesen und Daten darin ablegen. Implementieren Sie die Zeitabstände mittels der Klasse Random (siehe Abschnitt 19.1). Verfolgen Sie mit Hilfsdrucken die Aktivitäten der Threads, d.h. den Pufferinhalt, die Aufrufe von Get und Put sowie die wartenden Threads.

4. **Speisende Philosophen**
Fünf Philosophen sitzen an einem runden Tisch und essen Spaghetti. Zu ihrer Linken und Rechten befindet sich jeweils eine Gabel, die sie mit ihrem Nachbarn teilen.

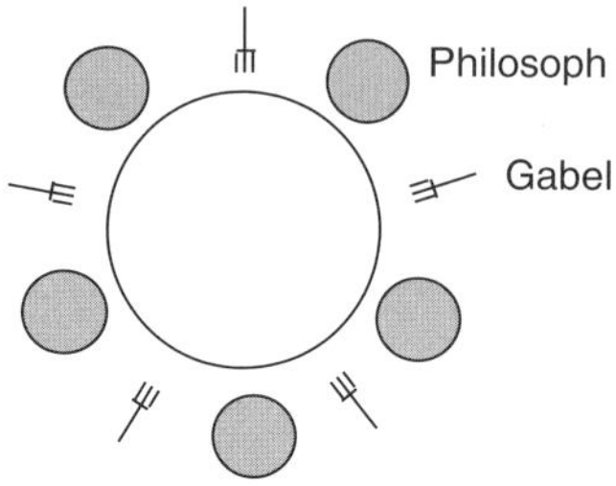

Die Philosophen tun den ganzen Tag nichts anderes als zu denken, zu essen, dann wieder zu denken, wieder zu essen usw. Will ein Philosoph essen, muss er beide Gabeln benutzen. Hat einer seiner Nachbarn gerade die Gabeln, muss der hungrige Philosoph warten, bis der Nachbar mit dem Essen fertig ist und die Gabeln ablegt. Obwohl alle Philosophen unterschiedlich schnell denken, kann das Problem auftreten, dass sie alle gleichzeitig hungrig werden. Nimmt nun jeder Philosoph zuerst die linke Gabel, wird er feststellen, dass die rechte Gabel von seinem Nachbarn blockiert ist. Es tritt eine Systemverklemmung ein und die Philosophen verhungern.

Schreiben Sie ein Programm, das diese Situation simuliert und allen Philosophen ein faires Überleben garantiert. Implementieren Sie jeden Philosophen als Thread und realisieren Sie seine Denk- und Essensdauer mittels `Sleep` und der Klasse `Random` (siehe Abschnitt 19.1). Implementieren Sie die Gabeln als boolesches Array der Länge 5. Wird die Gabel `i` gerade benutzt, ist `fork[i] == true`, sonst `false`. Hinweis: Wenn Sie das Gabel-Array in einem Monitor verwalten, werden es Ihnen die Philosophen danken.

5. **Vergleich zwischen C# und Java**
Vergleichen Sie das Thread-Modell sowie die Synchronisationsmechanismen von C# und Java.

16 Iteratoren

In Abschnitt 6.9 haben wir die foreach-Schleife kennen gelernt, mit der man über die Elemente eines Arrays oder einer Collection (siehe Abschnitt 19.2) iterieren kann. Eine foreach-Schleife über die Elemente einer Liste list

```
foreach (int x in list)
    Console.WriteLine(x);
```

wird vom Compiler in folgendes Codestück übersetzt:

```
IEnumerator e = list.GetEnumerator();
while (e.MoveNext())
    Console.WriteLine(e.Current);
```

Die Methode GetEnumerator liefert einen Enumerator des Typs IEnumerator, der Methoden und Properties zum Durchlaufen der Liste anbietet. e.MoveNext() bewegt den Enumerator zum nächsten Element der Liste (anfangs auf das erste Element) und liefert false, wenn kein nächstes Element mehr existiert. Das Property e.Current liefert das Element der Liste, auf dem der Enumerator gerade steht.

GetEnumerator ist eine Methode des Interface IEnumerable. Die foreach-Schleife kann also auf Objekte aller Typen angewendet werden, die IEnumerable implementieren, was bei Arrays und Collection-Typen der Fall ist.

16.1 Allgemeine Iteratoren

Da die Implementierung von IEnumerator (also von MoveNext und Current) aufwendig sein kann, bietet C# 2.0 eine einfachere Möglichkeit zum Durchlaufen von Wertefolgen an: Wenn eine Klasse eine Methode

```
IEnumerator GetEnumerator() { ... }
```

enthält, so wird dadurch ausgedrückt, dass diese Klasse eine Folge von Werten liefert, über die man mit einer foreach-Schleife iterieren kann. Die Methode GetEnumerator() muss eine oder mehrere so genannte *yield-Anweisungen* enthalten, die das jeweils nächste Element der Folge liefern.

Nun wird es aber Zeit für ein Beispiel. Angenommen wir wollen eine Klasse implementieren, die Verkaufszahlen mehrerer Artikel pro Quartal eines Jahres speichert. Anschließend möchten wir mit Hilfe einer foreach-Schleife über die

Jahresverkaufssummen der einzelnen Artikel iterieren. Implementieren wir also zunächst einmal die Klasse mit den Verkaufszahlen:

```
using System.Collections.Generic;  // importiert IEnumerator
class Sales {
   int[][] sales;  // sales[a][q] enthält die Verkaufszahl des Artikels a in Quartal q
   ...
   public IEnumerator<int> GetEnumerator() {
      for (int a = 0; a < sales.Length; a++)
         yield return sales[a][0] + sales[a][1] + sales[a][2] + sales[a][3];
   }
}
```

Dieser Code sieht etwas seltsam aus und erfordert eine Erklärung. Die Methode GetEnumerator() enthält eine Schleife über das sales-Array. Für jeden Artikel a werden die Verkaufszahlen der vier Quartale, die in sales[a] gespeichert sind, addiert, und die Summe wird mittels yield return zurückgegeben. Der Trick besteht nun darin, dass die Methode an dieser Stelle nicht zum Rufer zurückkehrt, sondern den gelieferten Wert lediglich an eine Folge von Ergebniswerten anhängt und dann weiterläuft. Das eigentliche Ergebnis von GetEnumerator() ist ein vom Compiler erzeugter Enumerator, mit dem man über diese Ergebnisfolge iterieren kann.

Beachten Sie auch, dass wir hier als Rückgabetyp von GetEnumerator() nicht IEnumerator angegeben haben, sondern IEnumerator<int>, da wir ja einen Enumerator haben wollen, der eine Folge von int-Werten liefert.

Wir können nun die gelieferte Folge von Ergebniswerten mit Hilfe einer foreach-Schleife durchlaufen:

```
Sales sales = new Sales();
...
foreach (int x in sales)
   Console.WriteLine(x);
```

Diese Schleife gibt die Jahresverkaufssummen aller in sales gespeicherten Artikel aus.

Die tatsächliche Implementierung von GetEnumerator() erzeugt in Wirklichkeit keine Folge von Werten, die irgendwo gespeichert wird, sondern liefert einen vom Compiler erzeugten Enumerator e, der bei jedem Aufruf von e.MoveNext() bis zur nächsten yield-return-Anweisung läuft und den dort angegebenen Wert mittels e.Current liefert. Die Folge wird also nicht im Ganzen, sondern stückweise erzeugt und geliefert.

Beachten Sie auch, dass eine Klasse im Gegensatz zu C# 1.0 nicht mehr das Interface IEnumerable implementieren muss, um mit einer foreach-Schleife traversiert werden zu können. Es reicht, wenn die Klasse eine Methode GetEnumerator() hat, die einen Rückgabetyp IEnumerator oder IEnumerator<T> aufweist und eine oder mehrere yield-Anweisungen enthält.

Sehen wir uns nun eine Iterator-Methode an, die mehrere yield-Anweisungen enthält. Angenommen wir haben eine Klasse Domain, die mehrere Domainnamen speichert, welche wir der Reihe nach in einer foreach-Schleife verarbeiten wollen:

```
class Domain {
    string name1 = "dotnet.jku.at";
    string name2 = "csharp.jku.at";
    string name3 = "www.ssw.uni-linz.ac.at";
    ...
    public IEnumerator<string> GetEnumerator() {
        yield return name1;
        yield return name2;
        yield return name3;
    }
}
```

Wir können nun über die Namen in Domain-Objekten wie folgt iterieren:

```
Domain domain = new Domain();
foreach (string name in domain) Console.WriteLine(name);
```

Als Ergebnis werden alle drei gespeicherten Domainnamen ausgegeben.

yield-Anweisung

Wie wir gesehen haben, muss eine Iterator-Methode eine oder mehrere yield-Anweisungen enthalten. Genau genommen gibt es aber zwei Arten von yield-Anweisungen. Die Anweisung

```
yield return expression;
```

berechnet einen Ausdruck und fügt ihn an die Wertefolge an, die später mit einer foreach-Schleife durchlaufen werden kann. Wenn der Rückgabetyp der Iterator-Methode IEnumerator<T> ist, muss der Typ von expression zuweisungskompatibel zu T sein, ansonsten zuweisungskompatibel zu object.

```
yield break;
```

Diese Anweisung beendet die Wertefolge, bricht also die Iteration ab. Beide Arten von yield-Anweisungen dürfen übrigens nur in Iterator-Methoden vorkommen.

16.2 Spezifische Iteratoren

Neben der allgemeinen Iterator-Methode, die immer den Namen GetEnumerator() haben muss und parameterlos ist, erlaubt C# auch spezifische Iterator-Methoden zu schreiben, die beliebig heißen können und beliebig viele Parameter haben dürfen. Ja sogar ein Property kann als Iterator implementiert werden.

Im Gegensatz zu einem allgemeinen Iterator, der den Rückgabetyp IEnumerator oder IEnumerator<T> haben muss, haben spezifische Iteratoren den Rückgabetyp

IEnumerable oder IEnumerable<T>. Sie liefern ebenfalls eine Folge von Werten und müssen daher eine oder mehrere yield-Anweisungen enthalten.

Das folgende Beispiel zeigt eine Klasse Data, die einen allgemeinen Iterator GetEnumerator() und zwei spezifische Iteratoren Range(from, to) und Downwards besitzt, mit denen man auf verschiedene Weise über ein int-Array values iterieren kann. Range(from, to) liefert die Werte im Bereich data[from .. to], Downwards liefert die Werte von data in umgekehrter Reihenfolge.

```
using System.Collections.Generic;    // importiert IEnumerator und IEnumerable
class Data {
    int[] data = {2, 3, 5, 7, 11, 13, 17, 19, 23, 29};

    public IEnumerator<int> GetEnumerator() {            // allgemeine Iterator-Methode
        for (int i = 0; i < data.Length; i++)
            yield return data[i];
    }

    public IEnumerable<int> Range(int from, int to) {   // spezifische Iterator-Methode
        if (to >= data.Length) to = data.Length - 1;
        for (int i = from; i <= to; i++)
            yield return data[i];
    }

    public IEnumerable<int> Downwards {                  // spezifisches Iterator-Property
        get {
            for (int i = data.Length - 1; i >= 0; i--)
                yield return data[i];
        }
    }
}
```

Jeder dieser Iteratoren liefert eine Folge von Werten, über die man mit Hilfe einer foreach-Schleife iterieren kann:

```
Data values = new Data();
foreach (int x in values) Console.Write(x + " ");
Console.WriteLine();
foreach (int x in values.Range(2, 5)) Console.Write(x + " ");
Console.WriteLine();
foreach (int x in values.Downwards) Console.Write(x + " ");
```

Das Ergebnis dieses Programmstücks ist:

```
2, 3, 5, 7, 11, 13, 17, 19, 23, 29
5, 7, 11, 13
29, 23, 19, 17, 13, 11, 7, 5, 3, 2
```

Übersetzung spezifischer Iteratoren

Spezifische Iteratoren werden vom Compiler wie folgt übersetzt: Die Methode Range liefert ein Objekt der vom Compiler erzeugten Klasse _Enumerable:

```
class _Enumerable: IEnumerable<int> {
    public IEnumerator<int> GetEnumerator() { ... }
}
```

Die GetEnumerator-Methode dieses Objekts wiederum liefert ein Objekt der Klasse _Enumerator, die ebenfalls vom Compiler erzeugt wurde:

```
class _Enumerator: IEnumerator<int> {
    int from, to;
    public int Current { get { ... } }
    public bool MoveNext() { ... }
    public void Dispose() { ... }
}
```

Die foreach-Schleife

```
foreach (int x in values.Range(2, 5))
    Console.Write(x + " ");
```

wird dann übersetzt in

```
IEnumerator<int> e = values.Range(2, 5).GetEnumerator();
try {
    while (e.MoveNext())
        Console.Write(e.Current + " ");
} finally {
    if (e != null) e.Dispose();
}
```

16.3 Übungsaufgaben

1. **Iterieren über eine Liste**
   Implementieren Sie eine Klasse zur Verwaltung einer verketteten Liste von Namen (Strings). Sehen Sie folgende Iteratoren vor:
   - Eine allgemeine Iterator-Methode, die alle in der Liste gespeicherten Namen liefert.
   - Eine spezifische Iterator-Methode, die nur jene Namen der Liste liefert, die mit einem bestimmten String beginnen. Der String soll als Parameter mitgegeben werden.
   - Ein Iterator-Property, das nur jene Namen der Liste liefert, die länger als 5 Buchstaben sind.
2. **Iterieren über Bestandteile eines Domainnamens**
   Implementieren Sie eine Klasse Domain, in der ein Domainname (z.B. www.ssw.uni-linz.ac.at) gespeichert werden kann. Sehen Sie ein Iterator-Property vor, das die durch Punkte getrennten Bestandteile des Domainnamens liefert.
3. **Iterieren über die Felder einer Klasse**
   Gegeben sei folgende Klasse Person:
   ```
   class Person {
     string firstName;
     string lastName;
     string street;
     string city;
     int zipCode;
     ...
   }
   ```
   Fügen Sie einen allgemeinen Iterator hinzu, der die einzelnen Felder einer Person als Folge von Strings liefert.
4. **Iterieren über einen Binärbaum**
   Implementieren Sie eine Klasse zur Verwaltung eines binären Suchbaums aus Zahlen. Sehen Sie einen allgemeinen Iterator vor, mit dem man die im Baum gespeicherten Zahlen in Infix-Ordnung (d.h. linker Teilbaum, Wurzel, rechter Teilbaum) durchlaufen kann.

17 Attribute

Alle Programmiersprachen sind von ihrem Umfang her begrenzt, d.h., sie bieten nur eine beschränkte Anzahl von Sprachkonstrukten an. Zum Teil wird diese Beschränkung aufgehoben, indem gewisse Spracheigenschaften wie die Ein-/Ausgabe oder parallele Prozesse in Bibliotheksklassen auslagert werden, wo man jederzeit neue Funktionen hinzufügen kann, ohne die Sprache ändern zu müssen. Wenn man aber *bestehende* Sprachkonstrukte (z.B. Klassen oder Methoden) um neue Eigenschaften wie Serialisierbarkeit oder COM-Interoperabilität erweitern will, muss man einen anderen Weg gehen. C# bietet dafür das Konzept der *Attribute.*

Attribute sind benutzerdefinierbare Informationen, die man an Programmelemente wie Klassen, Methoden, Parameter oder Assemblies hängen kann und die zur Laufzeit abgefragt und ausgewertet werden können. Sie erweitern die Menge der vordefinierten Attribute wie public, sealed oder abstract.

17.1 Schreibweise von Attributen

Attribute werden in eckigen Klammern vor das betreffende Sprachkonstrukt geschrieben. Um zum Beispiel eine Klasse serialisierbar zu machen, d.h., um zu ermöglichen, dass ihre Objekte automatisch in einen sequenziellen Datenstrom geschrieben und von dort wieder eingelesen werden können (Details siehe später), schreibt man einfach vor die Klassendeklaration das Attribut [Serializable].

```
[Serializable]
class C { ... }
```

Man kann einem Sprachkonstrukt auch mehrere Attribute zuordnen, z.B.:

```
[Serializable] [Obsolete]
class C {...}
```

oder in verkürzter Schreibweise

```
[Serializable, Obsolete]
class C {...}
```

Viele solcher Attribute sind bereits in der .NET-Bibliothek vordefiniert. Man kann aber auch eigene Attribute deklarieren und sie an Programmelemente hängen. Attribute sind nämlich einfach Klassen, die von System.Attribute abgeleitet sind. Man braucht also nur eine eigene Klasse von System.Attribute abzuleiten und kann diese dann als Attribut verwenden.

17.2 Parameter von Attributen

Attribute können auch Parameter haben. Sehen wir uns dazu das vordefinierte Attribut Obsolete an. Wenn man es vor eine Klasse oder Methode setzt, erzeugt der Compiler bei Verwendung dieser Klasse oder Methode eine Warnung, dass das entsprechende Sprachelement veraltet ist und man stattdessen besser ein anderes verwenden sollte. Obsolete hat folgende Parameter:

```
[Obsolete("Use class C1 instead", IsError=true)]
public class C {...}
```

Der erste Parameter ist ein *Positionsparameter*, der zweite ein *Namensparameter*. Positionsparameter sind uns aus Methodenaufrufen bekannt: Sie werden auf den entsprechenden formalen Parameter an der gleichen Position abgebildet. Namensparameter bestehen aus einem Namen, einem Zuweisungssymbol und einem konstanten Wert. Ihre Reihenfolge ist beliebig, sie müssen aber *nach* den Positionsparametern kommen.

Positionsparameter werden auf die Parameter des Konstruktors für die betreffende Attributklasse abgebildet. Namensparameter hingegen setzen Properties der Attributklasse und sind optional.

Das Attribut Obsolete wird durch die Klasse ObsoleteAttribute implementiert. Attributklassen enden normalerweise auf Attribute; dieser Namensteil kann aber bei der Verwendung des Attributs weggelassen werden.

```
public sealed class ObsoleteAttribute : Attribute {
    string message;
    bool isError;
    public string Message { get { return message; } }
    public bool IsError { get { return isError; } }
    public ObsoleteAttribute() { message = ""; isError = false; }
    public ObsoleteAttribute(string msg) { message = msg; isError = false; }
    public ObsoleteAttribute(string msg, bool error) { message = msg; isError = error; }
}
```

Aus dieser Deklaration sehen wir, dass man Obsolete auf unterschiedliche Weise verwenden kann:

```
[Obsolete]
```

ruft den parameterlosen Konstruktor auf. message wird dort auf "" und isError auf false gesetzt.

```
[Obsolete("some message")]
```

ruft den zweiten Konstruktor auf, der message auf "some message" und isError auf false setzt.

```
[Obsolete("some Message", true)]
```

ruft schließlich den dritten Konstruktor auf, der beide Felder mit den Parameterwerten initialisiert. Hätte das Property IsError einen set-Teil, könnten wir es auch mit Hilfe eines Namensparameters setzen:

```
[Obsolete("some Message", IsError=true)]
```

Das ist hier aber nicht erlaubt, weil IsError nur einen get-Teil hat. Das Beispiel der Klasse ObsoleteAttribute am Anfang dieses Abschnitts ist also eigentlich falsch und wurde nur zur Demonstration des Konzepts von Namensparametern verwendet.

Wenn wir zum Beispiel die Klasse MyClass mit dem Attribut Obsolete versehen, wird mit Hilfe des passenden Konstruktors ein ObsoleteAttribute-Objekt erzeugt und an die Metadaten der Klasse angehängt. Die Werte dieses Attributs können wir dann zur Laufzeit wie folgt abfragen:

```
class AttributeTest {
   static void Main() {
      Type t = typeof(MyClass);
      object[] a = t.GetCustomAttributes(typeof(ObsoleteAttribute), true);
      ObsoleteAttribute attr = (ObsoleteAttribute)a[0];
      Console.WriteLine("{0}, IsError = {1}", attr.Message, attr.IsError);
   }
}
```

Die Funktion t.GetCustomAttributes(attrType, subclasses) liefert alle Attribute vom Typ attrType, die an t hängen. Der zweite Parameter gibt an, ob auch Attribute von Unterklassen von t geliefert werden sollen.

17.3 Attribute für spezifische Programmelemente

Ein Attribut bezieht sich normalerweise auf das Programmelement, vor dem es steht. Will man ein Attribut allerdings einem Assembly oder einem Modul (siehe Abschnitt 13.2) zuweisen, für die es ja im Quellcode kein Äquivalent gibt, so muss man das explizit durch Angabe von assembly: oder module: ausdrücken, zum Beispiel:

```
[assembly: AssemblyVersion("2.1.0.0")]
```

Attribute für Assemblies oder Module müssen zwischen den using-Direktiven und dem sonstigen Code einer Datei stehen.

Man kann das Programmelement, auf das sich ein Attribut beziehen soll, aber auch in anderen Fällen angeben, indem man type:, field:, method:, property:, event:, param: oder return: davor schreibt. Im folgenden Beispiel

```
[method: MyAttribute1, return: MyAttribute2]
public int Foo() {...}
```

bezieht sich MyAttribute1 auf die Methode Foo und MyAttribute2 auf den Rückgabewert dieser Methode.

Sehen wir uns nun drei weitere Beispiele für vordefinierte Attribute an, und zwar das Attribut Serializable, das eine Klasse serialisierbar macht, das Attribut Conditional, das die bedingte Übersetzung einer Methode bewirkt, und das Attribut DllImport, das es erlaubt, eine Funktion aufzurufen, die nicht unter .NET implementiert wurde.

17.4 Attribut Serializable

In vielen Anwendungen ist es nötig, eine Datenstruktur *persistent* zu machen, d.h., sie auf eine Datei auszulagern, um sie bei späteren Programmläufen wieder einlagern zu können. Da die Datenstruktur ein Graph aus verschiedenen Klassen sein kann, muss sie zur Auslagerung *serialisiert* werden, d.h., die Objekte müssen in eine lineare Reihenfolge gebracht werden. Beim Einlesen dieser Objektfolge müssen die Zeiger zwischen den Objekten wieder so hergestellt werden, wie sie vor der Auslagerung waren.

In C# nimmt einem das Laufzeitsystem den komplexen Vorgang der Serialisierung ab. Man muss dazu nur vor die Klassen der auszulagernden Objekte das Attribut Serializable schreiben.

Angenommen, wir haben eine Klasse List, die eine verkettete Liste von Knoten des Typs Node darstellt. Um sie zu serialisieren, schreiben wir vor die Klassen das Attribut Serializable. Wenn wir ein Feld nicht auslagern wollen, kennzeichnen wir es mit dem Attribut NonSerialized.

```
[Serializable]
class Node {
    public int value;
    [NonSerialized] public string temp;
    public Node next;
}

[Serializable]
class List {
    Node head = null;
    public void Add(int value, string temp) {...}
    public bool Contains(int value) {...}
}
```

Nun müssen wir nur noch die Serialisierung anstoßen. Das geschieht mit Hilfe eines BinaryFormatter-Objekts und seiner Methode Serialize. Das folgende Beispiel zeigt das Aufbauen einer Liste sowie ihre Serialisierung und Deserialisierung.

```
using System;
using System.IO;                                        // FileStream
using System.Runtime.Serialization;                     // IFormatter
using System.Runtime.Serialization.Formatters.Binary;   // BinaryFormatter

class SerializationSample {

    static void Main() {
        //----- Aufbau der Liste
        List list = new List();
        list.Add(1, "xxx"); list.Add(2, "yyy"); list.Add(3, "zzz");

        //----- Serialisierung der Liste
        FileStream s = new FileStream("myfile", FileMode.Create);
        IFormatter f = new BinaryFormatter();
        f.Serialize(s, list);
        s.Close();

        //----- Deserialisierung der Liste
        s = new FileStream("myfile", FileMode.Open);
        List newList = f.Deserialize(s) as List;
        s.Close();
        if (newList != null) newList.Print();
    }
}
```

Nach der Deserialisierung steht in newList eine Kopie der Liste. Da das Feld temp nicht ausgelagert wurde, hat es in der eingelagerten Liste den Wert null (siehe Abb. 17–1).

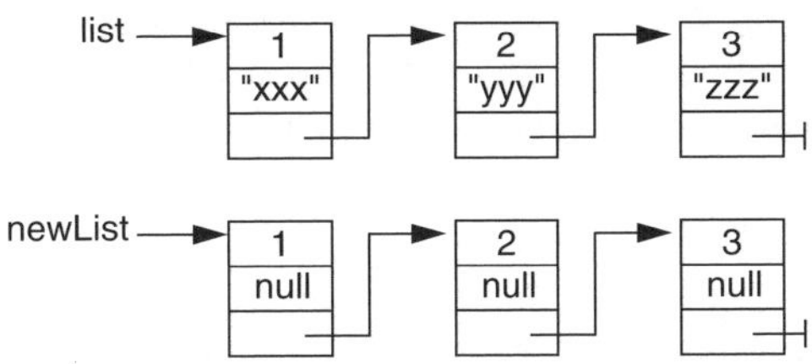

***Abb. 17–1** Ursprüngliche Liste und neue Liste nach Serialisierung und Deserialisierung*

In seltenen Fällen kommt es vor, dass man Objekte anders serialisieren will als sie im Hauptspeicher stehen. Wenn ein Objekt zum Beispiel einen FileStream referenziert, will man nicht das gesamte FileStream-Objekt auslagern, sondern nur den Dateinamen, aus dem man beim Einlesen das FileStream-Objekt rekonstruieren kann. Die .NET-Klassenbibliothek bietet dazu das Interface ISerializable an, mit dem man ganz gezielt Einfluss auf die Serialisierung nehmen kann (siehe die Online-Dokumentation in [SDKDoc]).

17.5 Attribut Conditional

Das Attribut Conditional aus dem Namensraum System.Diagnostics kann auf void-Methoden angewendet werden und bewirkt, dass diese Methoden nur dann aufgerufen werden, wenn das als Parameter angegebene Symbol mit einem Präprozessorkommando definiert wurde. Am besten sehen wir uns das an einem Beispiel an:

```
#define debug           // Präprozessorkommando; definiert das Symbol debug
using System;
using System.Diagnostics;    // importiert ConditionalAttribute

class Test {

    [Conditional("debug")]
    static void Assert(bool ok, string errorMsg) {
        if (!ok) {
            Console.WriteLine(errorMsg);
            System.Environment.Exit(0);    // geordneter Programmabbruch
        }
    }

    static void Main(string[] arg) {
        Assert(arg.Length > 0, "no arguments specified");
        Assert(arg[0] == "dir", "invalid argument");
        ...
    }
}
```

Die Methode Assert prüft eine als Parameter spezifizierte Bedingung und gibt eine Fehlermeldung aus, wenn die Bedingung nicht erfüllt ist. Sie ist mit dem Attribut Conditional("debug") versehen, was bedeutet, dass sie nur dann aufgerufen wird, wenn das Symbol debug mit dem Präprozessorkommando #define debug definiert wurde. Fehlt das Kommando, erzeugt der Compiler keine Aufrufe von Assert.

Bedingte Aufrufe sind für Testzwecke äußerst nützlich. Assert kann zum Beispiel dazu verwendet werden, ein Programm ausführlich mit Plausibilitätsprüfungen zu versehen. Nach der Testphase entfernt man einfach das Präprozessor-Kommando, lässt die Plausibilitätsprüfungen aber stehen. Da nun keine Aufrufe mehr erzeugt werden, wird die Effizienz des Programms nicht beeinträchtigt. Nach Programmänderungen können die Plausibilitätsprüfungen aber jederzeit wieder aktiviert werden.

Ein anderes nützliches Beispiel für die Anwendung des Attributs Conditional ist der bedingte Aufruf von Hilfsdrucken, die man durch ein Präprozessor-Kommando ein- und ausschalten kann.

17.6 Attribut DllImport

Die .NET-Bibliothek stellt Klassen und Methoden für alle erdenklichen Aufgaben zur Verfügung (siehe Kapitel 19). Trotzdem kann es manchmal nötig sein, Funktionen aufzurufen, die nicht unter .NET entwickelt wurden und sich z.B. in einer DLL der Win32-Bibliothek befinden. Die Interoperabilität mit solchen *native DLLs* wird in .NET über Attribute geregelt.

Angenommen, wir wollen in C# die Win32-Funktion MessageBox aufrufen, deren Schnittstelle in C wie folgt aussieht:

```
int MessageBox(HWND hParent, BSTR lpText, BSTR lpCaption, UINT uType);
```

Um diese Funktion aufrufen zu können, genügt es, sie in C# wie folgt als statische externe Methode zu deklarieren:

```
[DllImport("user32.dll")]
static extern int MessageBox(int hParent, string text, string caption, int type);
```

Das Attribut DllImport gibt an, in welcher DLL die Funktion zu finden ist. Über weitere Parameter des Attributs kann man noch angeben, wie die Funktion in der DLL wirklich heißt (falls man in C# einen anderen Namen verwenden möchte), welche Aufrufkonventionen verwendet werden sollen und Ähnliches (Details sind der Onlinedokumentation des .NET-Frameworks [SDKDoc] zu entnehmen). In den meisten Fällen reicht aber die Angabe der DLL-Datei. In unserem Beispiel können wir die Funktion dann wie folgt benutzen:

```
using System;
using System.Runtime.InteropServices;

class DLLTest {

   [DllImport("user32.dll")]
   static extern int MessageBox(int hParent, string text, string caption, int type);

   public static void Main() {
      int res = MessageBox(0, "Isn't that cool?", "", 1);
      Console.WriteLine("res=" + res);
   }
}
```

Als Ausgabe erscheint das in Abb. 17–2 gezeigte Fenster:

Abb. 17–2 *Ein von einer Native-Funktion erzeugtes Fenster*

17.7 Deklaration eigener Attribute

Wie bereits erwähnt, kann man eigene Attribute deklarieren, indem man Unterklassen von System.Attribute ableitet. Dabei muss man angeben, auf welche Programmelemente (Klassen, Methoden etc.) die neuen Attribute anwendbar sein sollen. Diese Angabe erfolgt durch ein vordefiniertes Attribut der Klasse AttributeUsageAttribute:

```
public sealed class AttributeUsageAttribute : Attribute {
    public AttributeUsageAttribute(AttributeTargets validOn) {...}
    public bool AllowMultiple { get {...} set {...} }
    public bool Inherited { get {...} set {...} }
}
```

Als Parameter des Konstruktors wird die Menge aller Programmelemente spezifiziert, auf die das Attribut anwendbar sein soll, z.B.:

```
AttributeTargets.Method | AttributeTargets.Constructor
```

Das Property AllowMultiple gibt an, ob das Attribut mehrmals an ein Programmelement gehängt werden darf oder nur einmal. Das Property Inherited legt fest, ob das Attribut auch von Unterklassen geerbt wird.

Wir wollen nun ein eigenes Attribut Comment deklarieren, das man an Klassen und Interfaces hängen und in dem man einen Kommentar sowie den Autor des Programmelements angeben kann. Die entsprechende Deklaration sieht wie folgt aus:

```
[AttributeUsage(AttributeTargets.Class | AttributeTargets.Interface, Inherited=true)]
public class CommentAttribute : Attribute {
    string comment, author;
    public string Comment { get { return comment; } }
    public string Author { get { return author; } set { author = value; } }
    public CommentAttribute(string comment) {
        this.comment = comment; author = "unknown";
    }
}
```

Dieses Attribut kann nun folgendermaßen verwendet werden, um Klassen und Interfaces mit Kommentaren zu versehen, die man zur Laufzeit abfragen kann:

```
[Comment("A demo class", Author="HM")]
class Demo {...}
```

Die Abfrage zur Laufzeit sieht wie folgt aus:

```
Type t = obj.GetType();
object[] a = t.GetCustomAttributes(typeof(CommentAttribute), true);
CommentAttribute attr = a[0] as CommentAttribute;
if (attr != null)
    Console.WriteLine("comment = {0}, author = {1}", attr.Comment, attr.Author);
```

17.8 Übungsaufgaben

1. **Conditional-Attribut**
   Verwenden Sie das Attribut Conditional, um Hilfsdruckmethoden zu definieren, die Sie bei Bedarf abschalten können. Wenden Sie diese Hilfsdruckmethoden bei der Implementierung einer Klasse Stack an.
2. **Serialisierung**
   Implementieren Sie eine beliebige Datenstruktur (z.B. einen Binärbaum) und serialisieren bzw. deserialisieren Sie sie wie in Abschnitt 17.4 gezeigt.
3. **Interface ISerializable**
   Implementieren Sie das Serialisierungsbeispiel aus Abschnitt 17.4. Jeder Knoten der Liste soll jedoch anstatt der Felder value und temp ein Feld date vom Typ System.DateTime (siehe [SDKDoc]) haben, in dem sowohl ein Datum als auch eine Uhrzeit gespeichert ist. Beim Serialisieren soll jedoch nur das Datum (Tag, Monat, Jahr) und nicht die Uhrzeit auf die Datei geschrieben werden. Implementieren Sie diese Sonderbehandlung des Felds date beim Serialisieren mit Hilfe des Interfaces ISerializable. Sie müssen dazu eine Methode GetObjectData implementieren, die beim Serialisieren aufgerufen wird, sowie einen speziellen Konstruktor, der beim Deserialisieren aufgerufen wird (siehe [SDKDoc]).
4. **Selbstdefiniertes Attribut**
   Nehmen Sie an, Sie wollen ein Programm schreiben, das aus einem Objekt einer Klasse eine grafische Darstellung (z.B. in Form eines UML-Klassendiagramms) erzeugen soll. Um das Diagramm klein zu halten, sollen die Methodennamen abgekürzt werden können. Implementieren Sie ein Attribut, das es erlaubt, eine Methode mit einer solchen Abkürzung zu versehen, zum Beispiel:

```
[Abbreviation("+Add(key, val)")]
public virtual void Add(object key, object value) {...}
```

Schreiben Sie auch ein Testprogramm, das dieses Attribut zur Laufzeit abfragt. Mit t = obj.GetType() bekommen Sie den Typ eines Objekts, mit t.GetMethods() die Methoden dieses Typs in Form eines Arrays von MethodInfo-Objekten. Von jedem Element m dieses Arrays können Sie mit der Methode m.GetCustomAttributes() seine Attribute abfragen (Details siehe [SDKDoc]).

18 Dokumentationskommentare

Wie Java unterstützt auch C# eine spezielle Form von Kommentaren, aus denen der Compiler automatisch Dokumentationsdateien in XML generieren kann. Kommentare dieser Art beginnen mit drei Schrägstrichen in jeder Zeile und müssen unmittelbar vor die Deklaration eines Programmelements gesetzt werden, z.B.:

```
/// ... Kommentar für MyClass ...
class MyClass {
    /// ... Kommentar für Foo ...
    public void Foo() {...}
    ...
}
```

Wenn eine Datei mit der /doc-Option übersetzt wird

```
csc /doc:MyClass.xml MyClass.cs
```

erzeugt der Compiler aus den Spezialkommentaren eine Dokumentationsdatei (hier MyClass.xml) im XML-Format. Daraus kann später mit anderen Werkzeugen, z.B. mit XSL (*Extensible Stylesheet Language*) und CSS (*Cascading Stylesheets*), eine übersichtlich formatierte Dokumentation (z.B. in HTML) erstellt werden.

18.1 XML-Elemente

Dokumentationskommentare enthalten XML-Elemente mit Informationen zu den kommentierten Programmelementen. Folgende XML-Elemente können vor beliebige Deklarationen gesetzt werden:

```
<summary>Kurzbeschreibung eines Programmelements</summary>
<remarks>Ausführliche Beschreibung eines Programmelements</remarks>
<example>Beliebiger Beispieltext</example>
```

Bei Methoden können zusätzlich die Parameter, der Rückgabewert sowie eventuell ausgelöste Ausnahmen beschrieben werden:

```
<param name="ParamName">Beschreibung des Parameters</param>
<returns>Beschreibung des Rückgabewerts</returns>
<exception cref="ExceptionType">Beschreibung der Ausnahme</exception>
```

Die Texte in den XML-Elementen können weitere Elemente der folgenden Art enthalten:

```
<code>Mehrzeilige Codestücke</code>
<c>kurze Codestücke im Text</c>
<see cref="ProgramElement">Name des Querverweises</see>
<paramref name="ParamName">Name des Parameters</paramref>
```

Das Element <include> ermöglicht es, Textstücke, die mehrfach benötigt werden (z.B. Copyright-Hinweise oder Autorennamen), nur an einer einzigen Stelle zu spezifizieren und sie dann an beliebig vielen anderen Stellen einzufügen. Dazu muss man die Textstücke in einer XML-Datei (z.B. MyTexts.xml) beschreiben:

```
<?xml version="1.0"?>
<doc>
  <member name="copyright">
    <remarks>Copyright 2000-2003 University of Linz</remarks>
  </member>
  <member name="HM">
    <remarks>Hanspeter Moessenboeck</remarks>
  </member>
</doc>
```

Anschließend kann man sie in Dokumentationskommentare einfügen:

```
/// <summary> ... </summary>
/// <include file='MyTexts.xml' path='doc/member[@name="copyright"]/*'/>
class C {...}
```

Da Dokumentationskommentare gewöhnliches XML sind, kann man auch selbst definierte Elemente (z.B. <author> oder <version>) verwenden, muss sie aber später mit selbst geschriebenen XSL-Spezifikationen behandeln.

Bei einigen Abschnitten der Dokumentationsdatei führt der Compiler Konsistenzprüfungen durch. So wird zum Beispiel geprüft, ob Namen in den Abschnitten <param>, <exception> und <see> korrekt geschrieben wurden. Außerdem wird gefordert, dass bei Methoden entweder alle oder keine Parameter dokumentiert werden.

Leider schreibt der Compiler bei der Extraktion der Spezialkommentare den Typ der Felder, Properties und Methoden nicht in die XML-Datei. Ein Werkzeug, das aus der XML-Datei eine formatierte Dokumentation erzeugen will, muss sich die Typen dieser Elemente also mittels Reflection besorgen.

Beispiel

Das folgende Beispiel zeigt den mit Dokumentationskommentaren versehenen Quellcode einer Klasse Counter:

```
/// <summary>
///  A counter for accumulating values and computing the mean value.
/// </summary>
class Counter {
    /// <summary>The accumulated values</summary>
    private int value;

    /// <summary>Number of accumulated values</summary>
    public int n;

    /// <summary>Adds a value to the counter</summary>
    /// <param name="x">The value to be added</param>
    public void Add(int x) {
        value += x; n++;
    }

    /// <summary>Returns the mean value of all accumulated values</summary>
    /// <returns>The mean value, i.e. <see cref="value"/> / <see cref="n"/></returns>
    public float Mean() {
        return (float)value / n;
    }
}
```

18.2 Erzeugte XML-Datei

Aus dem kommentierten Codebeispiel des letzten Abschnitts erzeugt der Compiler folgende XML-Datei:

```
<?xml version="1.0"?>
<doc>
    <assembly>
        <name>MyFile</name>
    </assembly>
    <members>
        <member name="T:Counter">
            <summary>
                A counter for accumulating values and computing the mean value.
            </summary>
        </member>
        <member name="F:Counter.value">
            <summary>The accumulated values</summary>
        </member>
        <member name="F:Counter.n">
            <summary>Number of accumulated values</summary>
        </member>
        <member name="M:Counter.Add(System.Int32)">
            <summary>Adds a value to the counter</summary>
            <param name="x">The value to be added</param>
        </member>
        <member name="M:Counter.Mean">
            <summary>Returns the mean value of all accumulated values</summary>
```

```
        <returns>
          The mean value, i.e. <see cref="F:Counter.value"/> /
          <see cref="F:Counter.n"/>
        </returns>
      </member>
    </members>
  </doc>
```

An dieser XML-Datei kann man mehrere Dinge beobachten: Zunächst einmal gibt es je einen <member>-Abschnitt für die Klasse und für alle ihre Felder und Methoden. Alle diese Abschnitte stehen auf gleicher Schachtelungstiefe und müssen erst durch ein XSL-Stylesheet zu einer passenden Hierarchie verarbeitet werden. Zweitens sieht man, dass die Namen der Programmelemente folgendermaßen qualifiziert werden:

Typen	T:Typname
Felder	F:Typname.Feldname
Methoden	M:Typname.Methodenname
Properties	P:Typname.Propertyname
Events	E:Typname.Eventname

Um dic XML-Datei mittels XSL zu formatieren, kann man als zweite Zeile der Datei eine stylesheet-Direktive einfügen, z.B.:

```
<?xml:stylesheet href="doc.xsl" type="text/xsl"?>
```

Das Stylesheet doc.xsl analysiert die XML-Datei, bringt ihre Elemente in die gewünschte Reihenfolge und versieht sie mit Formatierinformationen (unter [JKU] kann ein Muster für doc.xsl und das von diesem verwendete Stylesheet doc.css geladen werden). Mit diesen Informationen versehen, kann die XML-Datei hübsch formatiert in einem Web-Browser betrachtet werden.

18.3 Übungsaufgaben

1. **Kommentieren einer Klasse**
   Versehen Sie eine von Ihnen implementierte Klasse mit XML-Kommentaren und sehen Sie sich an, was der Compiler daraus erzeugt, wenn er mit der Option /doc:myFile.xml aufgerufen wird.

2. **Formatierung der Kommentare**
   Laden Sie von [JKU] die Stylesheet-Dateien doc.xsl und doc.css und formatieren Sie damit eine von Ihnen erzeugte XML-Kommentardatei, indem Sie als zweite Zeile der Datei Folgendes einfügen:

   ```
   <?xml:stylesheet href="doc.xsl" type="text/xsl"?>
   ```

   Sehen Sie sich nachher die XML-Datei im Web-Browser an.

19 Auszug aus der .NET-Klassenbibliothek

Um C# in der Praxis anwenden zu können, muss man nicht nur die Sprache, sondern auch die dazugehörige Klassenbibliothek beherrschen. .NET kommt mit einer reichhaltigen Bibliothek, die Datentypen und Operationen für alle erdenklichen Zwecke bereithält und die von allen .NET-Sprachen gleichermaßen benutzt werden kann.

Einige dieser Klassen wie zum Beispiel Object oder Thread haben wir bereits in früheren Kapiteln kennen gelernt. Insgesamt enthält die .NET-Bibliothek aber Hunderte von Klassen und Tausende von Methoden. Eine Beschreibung der gesamten Bibliothek würde den Rahmen dieses Buchs sprengen und ist auch gar nicht nötig, weil .NET mit einer hervorragenden Online-Dokumentation ([SDK-Doc]) ausgeliefert wird, in der nicht nur alle Klassen detailliert beschrieben werden, sondern auch zahlreiche Beispiele für ihre Verwendung angeführt sind. Wir beschränken uns daher in diesem Kapitel auf jene Klassen, die man als Entwickler besonders häufig braucht. Den Rest kann man in der Online-Dokumentation nachlesen.

Die .NET-Bibliothek ist in Namensräume gegliedert. Der oberste Namensraum heißt System und enthält Unternamensräume wie Text, IO oder Web. Jeder Namensraum ist für einen bestimmten Aufgabenbereich zuständig und enthält die dafür notwendigen Klassen und Interfaces. Tabelle 19–1 zeigt einen Auszug der wichtigsten Namensräume und ihrer Typen.

Namensraum	Typen
System	Object, Type, Int16, Int32, Int64, Single, Double, Boolean, Array, Enum, String, Exception, Attribute, Random, Math, Convert, ...
Collections	ArrayList, BitArray, Hashtable, SortedList, Stack, Queue, ...
Drawing	Bitmap, Color, Font, Pen, Point, Rectangle, Region, ...
IO	Stream, File, Directory, FileStream, StreamReader, StreamWriter, ...
Net	WebClient, WebRequest, WebResponse, ...
Reflection	Assembly, FieldInfo, MethodInfo, PropertyInfo, ...
Runtime	
InteropServices	DllImportAttribute, StructLayoutAttribute, ...
Remoting	ObjectHandle, ObjRef, RemotingServices, SoapServices, ...
Serialization	IFormatter, ISerializable, ...

→

Namensraum	Typen
Security	CodeAccessPermission, PermissionSet, SecurityException, ...
Text	StringBuilder, Encoder, Decoder, ...
Threading	Thread, ThreadStart, Monitor, Mutex, Timing, ...
Web	HttpRequest, HttpResponse, ...
Windows	
Forms	Form, Button, CheckBox, Menu, RadioButton, ListBox, ...
XML	XmlDocument, XmlElement, XmlReader, ...

Tabelle 19–1 *Auszug der Namensräume und Typen der .NET-Bibliothek*

19.1 Hilfsklassen

Beginnen wir unseren Rundgang durch die .NET-Bibliothek mit einigen häufig benötigten Hilfsklassen wie StringBuilder, Math, Random oder Convert.

StringBuilder

Ein StringBuilder ist ein Textpuffer, in dem man Zeichenketten effizient aufbauen und manipulieren kann. Im Gegensatz zu String-Objekten sind StringBuilder-Objekte veränderbar. Hier ist ein Auszug ihrer Schnittstelle:

```
public sealed class StringBuilder {              // Namensraum System.Text
   public StringBuilder();                       // Anfangskapazität = 16, wächst dynamisch
   public StringBuilder(int initCapacity);       // Anfangskapazität = initCapacity
   public StringBuilder(string s);               // Anfangsinhalt = s

   public int Length { get; set; }
   public int Capacity { get; set; }
   public char this[int i] { get; set; }

   public StringBuilder Append(T x);          // T ... string oder numerischer Typ
   public StringBuilder Insert(int pos, T x);
   public StringBuilder Remove(int pos, int len);
   public StringBuilder Replace(T x, T y);    // T ... string, char
   public bool Equals(object x);
   public string ToString();
   ...
}
```

StringBuilder-Objekte werden mit einer bestimmten Anfangskapazität erzeugt und bei Bedarf automatisch vergrößert. Wenn b ein StringBuilder-Objekt ist, liefert b.Length die Anzahl der in ihm enthaltenen Zeichen, während b.Capacity angibt, wie viele Zeichen in ihm maximal Platz haben, bevor es verlängert wird. Die Zeichen im StringBuilder können über einen Indexer angesprochen werden (z.B. b[i]).

b.Append(x) hängt x an das Ende von b an, während b.Insert(pos, x) den Wert x an der Stelle pos in b einfügt. b.Remove(pos, len) entfernt len Zeichen ab der Stelle pos und b.Replace(x, y) ersetzt jedes Vorkommen von x in b durch y, wobei x und y Zeichen oder Strings sein können. Hier ist ein Beispiel:

```
StringBuilder b = new StringBuilder("A.C");    // "A.C"
b.Insert(2, "B.");                             // "A.B.C"
b.Replace('.', '/');                           // "A/B/C"
Console.WriteLine(b.ToString());               // Ausgabe: A/B/C
```

Will man mehrere Strings miteinander verketten, sollte man das mit einem StringBuilder b und der Operation b.Append(x) tun. Die direkte Verkettung von Strings (z.B. s1 + s2 + s3) erzeugt nämlich bei jeder +-Operation ein neues String-Objekt.

Math

Die Klasse Math stellt einige mathematische Konstanten und Funktionen zur Verfügung. Ihre Schnittstelle ist selbsterklärend. Man beachte aber, dass alle Methoden statisch sind und z.B. als Math.Sqrt(x) aufgerufen werden.

```
public static class Math {                     // Namensraum System
    public const double PI = 3.14....;
    public const double E = 2.71...;

    public static T Abs(T val);                // T ... sbyte, short, int, long, float, double, decimal
    public static T Sign(T val);
    public static T1 Min(T1 x, T1 y);          // T1 ... wie T plus byte, ushort, uint, ulong
    public static T1 Max(T1 x, T1 y);

    public static double Round(double x);           // nächstliegende ganze Zahl
    public static double Floor(double x);           // nächstniedrigere ganze Zahl
    public static double Ceiling(double x);         // nächsthöhere ganze Zahl

    public static double Sqrt(double x);            // √x
    public static double Pow(double x, double y);   // x^y
    public static double Exp(double x)              // e^x
    public static double Log(double x);             // log_e x
    public static double Log10(double x);           // log_10 x

    public static double Sin(double x);             // Winkel im Bogenmaß (Grad * π / 180)
    public static double Cos(double x);
    public static double Tan(double x);
    public static double Asin(double x);
    public static double Acos(double x);
    public static double Atan(double x);
}
```

Random

Die Klasse Random liefert gleichverteilte Zufallszahlen in einem gewünschten Intervall.

```
public class Random {                          // Namensraum System
    public Random();
    public Random(int seed);                   // seed = Initialwert des Zufallszahlengenerators

    public virtual int Next();                 // 0 <= result < int.MaxVal
    public virtual int Next(int x);            // 0 <= result < x
    public virtual int Next(int x, int y);     // x <= result < y

    public virtual double NextDouble();        // 0.0 <= result < 1.0
    public virtual void NextBytes(byte[] b);// füllt b mit Zufallszahlen
}
```

Folgende Methode erzeugt zum Beispiel ein 6-stelliges Passwort aus zufällig gewählten Buchstaben:

```
static Random rand = new Random();
static string NewPassword() {
    StringBuilder b = new StringBuilder();
    for (int i = 0; i < 6; i++) b.Append((char)('a' + rand.Next(26)));
    return b.ToString();
}
```

Convert

Die Klasse Convert stellt Methoden zur Verfügung, um Strings in numerische Werte zu konvertieren und umgekehrt.

```
public sealed class Convert {                  // Namensraum System
    public static string  ToString(T x);       // T ... jeder numerische Typ

    public static bool    ToBoolean(string s);
    public static byte    ToByte(string s);
    public static sbyte   ToSByte(string s);
    public static char    ToChar(string s);
    public static short   ToInt16(string s);
    public static int     ToInt32(string s);
    public static long    ToInt64(string s);
    public static ushort  ToUInt16(string s);
    public static uint    ToUInt32(string s);
    public static ulong   ToUInt64(string s);
    public static float   ToSingle(string s);
    public static double  ToDouble(string s);
    ...
}
```

Einen numerischen Wert x kann man allerdings auch einfach mit Hilfe der Methode ToString() in einen String umwandeln:

```
string s = Convert.ToString(123);  // "123"
s = 123.ToString();                // "123"
int i = Convert.ToInt32(s);        // 123
```

19.2 Collections

Die Collection-Typen spielen in jeder Klassenbibliothek eine wichtige Rolle. Sie stellen Datenstrukturen zur Verfügung, mit denen man Sammlungen von Objekten verarbeiten kann, angefangen von Listen über Hashtabellen bis zu Stacks und Queues. Wir behandeln zuerst die einfachen Collection-Typen und sehen uns dann die In .NET 2.0 hinzugekommenen generischen Collection-Typen an.

In der .NET-Bibliothek implementieren alle Collection-Klassen das Interface ICollection, das vor allem einen Enumerator zur Verfügung stellt und bewirkt, dass man Collection-Klassen mit einer foreach-Schleife verarbeiten kann. Von ICollection abgeleitet sind die Interfaces IList (Folge von Objekten) und IDictionary (Folge von Schlüssel/Wert-Paaren). Abb. 19–1 zeigt einen Auszug der wichtigsten Collection-Typen, die übrigens alle im Namensraum System.Collections definiert sind.

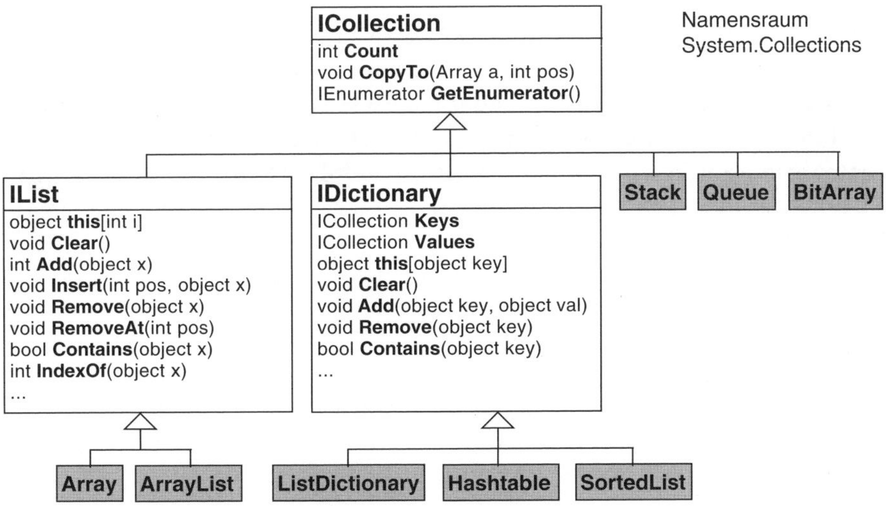

Abb. 19–1 *Auszug der wichtigsten Collection-Typen*

Die grauen Kästchen in Abb. 19–1 stellen Klassen dar, die weißen Kästchen sind Interfaces. Alle Klassen, die von einem Interface erben, implementieren die dort definierten Methoden. Im Folgenden sehen wir uns nun die in Abb. 19–1 gezeigten Klassen etwas genauer an.

Array

Die Klasse Array ist die Basisklasse aller in C# deklarierter Arraytypen wie z.B. int[]. Sie stellt einige nützliche Properties und Methoden zur Verfügung, die auf alle Arrays anwendbar sind.

```
public abstract class Array : IList, ICloneable, IEnumerable { // Namensraum System
    public int Length { get; }          // Gesamtanzahl aller Elemente aller Dimensionen
    public int Rank { get; }            // Anzahl der Dimensionen

    public static void Clear(Array a, int pos, int length);
    public static void Copy(Array src, int from, Array dst, int to, int len);
    public static int IndexOf(Array a, object x);          // plus Varianten
    public static int LastIndexOf(Array a, object x);      // plus Varianten
    public static void Reverse(Array a);                   // plus Varianten
    public static void Sort(Array a);                      // plus Varianten
    public static void Sort(Array a, IComparer comp);
    public static int BinarySearch(Array a, object x);     // plus Varianten
    public static int BinarySearch(Array a, object x, IComparer comp);

    public virtual object Clone();                         // kopiert ein Array
    public virtual bool Equals(object x);                  // Wertvergleich
    public int GetLength(int dimension);                   // Anz. Elemente in einer Dimension
    ...
}
```

Die meisten Methoden sind statisch und selbsterklärend. Ein Array ist sortierbar, wenn seine Elemente das Interface IComparable implementieren, was für alle Standardtypen (int, float, char, string, ...) der Fall ist. Eine überladene Variante von Sort erlaubt es auch, ein IComparer-Objekt mitzugeben, das zum Vergleichen von Elementen beim Sortieren verwendet wird (siehe [SDKDoc]). Ähnliches gilt für die Methode BinarySearch. Hier ist ein kurzes Beispiel für die Verwendung einiger Array-Methoden.

```
int[] a = {3, 17, 5, 9, 6};
int[] b = (int[]) a.Clone();
Array.Sort(b);
Array.Reverse(b);
foreach (int x in b) Console.Write("{0} ", x); // 17 9 6 5 3
```

ArrayList

ArrayList ist eine häufig verwendete Klasse. Sie implementiert eine Liste von Objekten, die wie ein Array angesprochen werden kann. Im Gegensatz zu einem Array kann ein ArrayList-Objekt aber beliebig wachsen und schrumpfen. Hier ist ein Auszug der Schnittstelle von ArrayList.

```
public class ArrayList : IList, IEnumerable, ICloneable { // Namensraum System.Collections
    public ArrayList();                                   // Standardkapazität = 16
    public ArrayList(int initCapacity);
    public ArrayList(ICollection c);

    public virtual int      Count { get; }
    public virtual int      Capacity { get; set; }
    public virtual object   this[int i] { get; set; }

    public virtual void     Clear();
    public virtual int      Add(object x);
    public virtual void     Insert(int pos, object x);
    public virtual void     Remove(object x);
    public virtual void     RemoveAt(int pos);
    public virtual object   Clone();
    public virtual bool     Equals(object x);
    public virtual bool     Contains(object x);
    public virtual int      IndexOf(object x);        // plus Varianten
    public virtual void     Reverse();                // plus Varianten
    public virtual void     Sort();                   // plus Varianten
    public virtual int      BinarySearch(object x);   // plus Varianten
    ...
}
```

Ein ArrayList-Objekt wird mit einer gewissen Kapazität erzeugt, die aber bei Bedarf automatisch vergrößert wird. a.Count liefert die Anzahl der Elemente in a, während a.Capacity angibt, wie viele Elemente in a Platz haben, ohne die Kapazität zu vergrößern. a.Add(x) fügt x an das Ende von a an, a.Insert(pos, x) fügt x an der Stelle pos in a ein. a.Remove(x) sucht und entfernt das Element x aus a, während a.RemoveAt(pos) das Element an der Stelle pos aus a entfernt. a.Sort() und a.BinarySearch(x) setzen wieder voraus, dass die Elemente von a das Interface IComparable implementieren. Es gibt aber auch hier eine überladene Variante dieser Methoden, der man ein IComparer-Objekt mitgeben kann. Ein kleines Beispiel zeigt die Verwendung von ArrayList.

```
using System;
using System.Collections;

class ArrayListSample {

    static void Main(string[] arg) {
        ArrayList a = new ArrayList();
        foreach (string s in arg) a.Add(s);
        a.Sort();
        for (int i = 0; i < a.Count; i++) Console.Write("{0} ", a[i]);
        Console.WriteLine();
        Console.WriteLine("Tom auf Position {0}", a.BinarySearch("Tom"));
    }
}
```

Ruft man dieses Programm mit

```
ArrayListSample Anton Tom Berta Gustav
```

auf, so erhält man als Ausgabe

```
Anton Berta Gustav Tom
Tom auf Position 3
```

Hashtable

Die Klasse Hashtable implementiert das Interface IDictionary und stellt eine Menge von Schlüssel/Wert-Paaren dar, die als Hashtabelle implementiert ist (d.h., aus dem Schlüssel wird mit Hilfe einer Hashfunktion ein Index berechnet, unter dem der Wert in der Tabelle abgelegt wird).

Alle in einer Hashtabelle abgelegten Schlüssel sollten die von Object geerbten Methoden GetHashCode und Equals implementieren, ansonsten wird die Standardimplementierung aus Object verwendet. Werte, deren Schlüssel auf denselben Index abgebildet werden, werden in einer verketteten Liste gespeichert. Man sollte die Hashtabelle daher genügend groß anlegen, so dass diese Listen kurz bleiben.

```
public class Hashtable : IDictionary, IEnumerable, ISerializable, ICloneable {
// Namensraum System.Collections
    public HashTable();
    public Hashtable(int capacity);
    ...
    public int Count { get; }
    public ICollection Keys { get; }
    public ICollection Values { get; }
    public object this[object key] { get; set; }

    public void Clear();
    public void Add(object key, object value);
    public void Remove(object key);
    public bool Contains(object key);
    public virtual bool ContainsValue(object value);
    public IDictionaryEnumerator GetEnumerator();
    public virtual object Clone();
    ...
}
```

tab.Count liefert die Anzahl der Elemente in tab, tab.Keys die Menge der Schlüssel und tab.Values die Menge der Werte. Diese Mengen sind ungeordnet. Ein Indexer erlaubt es, den Wert zu einem bestimmten Schlüssel abzufragen. Verarbeitet man eine Hashtabelle mit einer foreach-Schleife, so werden die Elemente als Objekte des Typs DictionaryEntry geliefert, deren Properties Key und Value den Schlüssel und den Wert des Elements angeben. Hier ist ein Beispiel:

```
Hashtable population = new Hashtable();
population["Austria"] = 7583000;
population["Germany"] = 77573000;
population["France"] = 56138000;
...
foreach (DictionaryEntry x in tab) Console.WriteLine("{0} = {1}", x.Key, x.Value);
```

ListDictionary

Die in System.Collections.Specialized implementierte Klasse ListDictionary hat fast dieselbe Schnittstelle wie Hashtable. Die Schlüssel/Wert-Paare werden hier aber nicht in einer Hashtabelle, sondern in einer Liste abgelegt, was weniger Speicherplatz erfordert, aber zu längeren Suchzeiten führt. Ansonsten kann ListDictionary wie Hashtable verwendet werden:

```
ListDictionary population = new ListDictionary();
population["Austria"] = 7583000;
population["Germany"] = 77573000;
population["France"] = 56138000;
...
foreach (DictionaryEntry x in tab) Console.WriteLine("{0} = {1}", x.Key, x.Value);
```

SortedList

SortedList implementiert wie Hashtable und ListDictionary das Interface IDictionary. Im Gegensatz zu den anderen beiden Klassen werden die Elemente hier aber in aufsteigend sortierter Reihenfolge ihrer Schlüssel in einer verketteten Liste gehalten. Man verwendet diese Klasse daher, wenn man Daten in sortierter Reihenfolge speichern und verarbeiten will.

```
public class SortedList : IDictionary, IEnumerable, ICloneable {    // System.Collections
    public SortedList();                               // plus Varianten
    //... gleiche Schnittstelle wie Hashtable; zusätzlich:
    public virtual int Capacity { get; set; }
    public virtual object GetKey(int i);               // liefert den i. Schüssel (i beginnt bei 0)
    public virtual object GetByIndex(int i);           // liefert den i. Wert
    public virtual void SetByIndex(int i, object value);
    public virtual IList GetKeyList();
    public virtual IList GetValueList();
    public virtual int IndexOfKey(object key);
    public virtual int IndexOfValue(object value); // Index des ersten Vorkommens von value
    public virtual void RemoveAt(int i);               // entfernt das i. Element
    ...
}
```

Das folgende Beispiel zeigt, dass SortedList ganz ähnlich wie Hashtable oder ListDictionary verwendet werden kann.

```
SortedList population = new SortedList();
population["Austria"] = 7583000;
population["Germany"] = 77573000;
population["France"] = 56138000;
...
foreach (DictionaryEntry x in tab) Console.WriteLine("{0} = {1}", x.Key, x.Value);
// Ausgabe erfolgt sortiert nach Schlüsseln
```

Stack

Die Klasse Stack implementiert einen Kellerspeicher in Form einer LIFO-Liste (*last in first out*). Das mit stack.Push(x) zuletzt eingefügte Element wird mit stack.Pop() als Erstes wieder entnommen.

```
public class Stack : ICollection, IEnumerable, ICloneable { // System.Collections
    public Stack(); // Standardkapazität = 10
    public Stack(int initCapacity);
    public virtual int Count { get; }
    public virtual void Clear();
    public virtual void Push(object x);
    public virtual object Pop();
    public virtual object Peek(); // liefert oberstes Element, ohne es zu entfernen
    public virtual bool Contains(object x);
    public virtual object Clone();
    public virtual IEnumerator GetEnumerator();
    public virtual object[] ToArray();
    ...
}
```

Die Methoden von Stack sind selbsterklärend. Ein Beispiel zeigt ihre Verwendung.

```
Stack s = new Stack();
for (int i = 0; i <= 20; i++) s.Push(i);    // Stack-Kapazität wird bei Bedarf vergrößert
while (s.Count > 0) Console.Write("{0} ", (int)s.Pop());    // liefert 20 19 18 17 ... 0
```

Queue

Die Klasse Queue implementiert einen Puffer von Elementen in Form einer FIFO-Schlange (*first in first out*). Das mit q.Enqueue(x) zuerst eingefügte Element wird mit q.Dequeue() auch wieder als Erstes entnommen.

```
public class Queue : ICollection, IEnumerable, ICloneable { // System.Collections
    public Queue(); // plus Varianten
    public virtual int Count { get; }
    public virtual void Clear();
    public virtual void Enqueue(object x);
    public virtual object Dequeue();
    public virtual object Peek(); // liefert vorderstes Element, ohne es zu entfernen
    public virtual bool Contains(object x);
    public virtual object Clone();
```

```
    public virtual IEnumerator GetEnumerator();
    public virtual object[] ToArray();
    ...
}
```

Auch hier soll ein Beispiel genügen, um die Verwendung von Queue zu zeigen.

```
Queue q = new Queue();
q.Enqueue("one"); q.Enqueue("two"); q.Enqueue("three");
foreach (string s in q) Console.Write(s + " ");  // Ausgabe: one two three
// q ist noch immer voll
Console.WriteLine();
while (q.Count > 0) Console.Write((string)q.Dequeue() + " ");   // Ausgabe: one two three
// q ist nun leer
```

BitArray

In vielen Programmen benötigt man Mengen ganzer positiver Zahlen. Solche Mengen werden von der Klasse BitArray angeboten. Der Name dieser Klasse deutet bereits darauf hin, dass Zahlenmengen darin als Bitfolgen gespeichert werden. Ist die Zahl i in der Menge enthalten, so hat das Bit i den Wert 1, andernfalls hat es den Wert 0. BitArray bietet auch die üblichen Mengenoperationen wie Vereinigung und Schnitt von Mengen an.

```
public sealed class BitArray : ICollection, IEnumerable, ICloneable { // System.Collections
    public BitArray(int capacity);          // plus Varianten
    public int Length { get; set; }         // maximale Anzahl von Elementen in der Menge
    public bool this[int i] { get; set; }
    public BitArray And(BitArray x);        // a.And(b)≡ a ∩ b
    public BitArray Or(BitArray x);         // a.Or(b)≡ a ∪ b
    public BitArray Xor(BitArray x);        // a.Xor(b)≡ (a ∪ b) - (a ∩ b)
    public BitArray Not();                  // Komplementmenge
    public void SetAll(bool val);
    public object Clone();
    public IEnumerator GetEnumerator();
}
```

Die einzelnen Elemente können mit dem Indexer gesetzt und abgefragt werden. Die Operationen And, Or und Xor erfordern, dass beide Mengen gleiche Kapazität haben. Hier ist ein Beispiel:

```
BitArray a = new BitArray(16);  // a entspricht {}
BitArray b = new BitArray(16);  // b entspricht {}
a[3] = a[4] = a[5] = true;      // a entspricht {3, 4, 5}
b[4] = b[5] = b[6] = true;      // b entspricht {4, 5, 6}
a.And(b);                       // a entspricht {4, 5}
b.Xor(a);                       // b entspricht {6}
```

Iterieren über Collections

Alle Collection-Klassen implementieren das Interface IEnumerable:

```
public interface IEnumerable {  // Namensraum System.Collections
   IEnumerator GetEnumerator();
}
```

Die Methode GetEnumerator liefert für jedes Collection-Objekt einen Iterator, der dazu verwendet werden kann, die Elemente der Collection zu durchlaufen. Alle Iteratoren implementieren das Interface IEnumerator:

```
public interface IEnumerator {  // Namensraum System.Collections
   object Current { get; }
   bool MoveNext();  // true, wenn der Iterator weiterbewegt werden konnte
   void Reset();
}
```

Anstatt diese Methoden explizit aufzurufen kann man aber auch eine foreach-Schleife verwenden, die vom Compiler in Aufrufe der IEnumerator-Methoden übersetzt wird. Jede Klasse, die das Interface IEnumerable implementiert, kann also mit einer foreach-Schleife verarbeitet werden.

Folgendes Beispiel zeigt, wie man das Interface IEnumerable für eine selbst geschriebene Klasse MyList implementieren kann.

```
using System.Collections;

class Node {
   public object val;
   public Node next;
   public Node(object x) { val = x; }
}

class MyList: IEnumerable {
   Node head = null;

   public void Add(object x) {
      Node p = new Node(x); p.next = head; head = p;
   }

   public object Remove() {
      if (head == null) return null; else { Node p = head; head = head.next; return p.val; }
   }

   public IEnumerator GetEnumerator() { return new MyEnumerator(this); }

   private class MyEnumerator: IEnumerator {
      MyList list;
      Node cur;

      public MyEnumerator(MyList list) { this.list = list; cur = null; }

      public object Current {
         get { if (cur == null) return null; else return cur.val; }
      }
```

```
        public bool MoveNext() {
            if (cur == null) cur = list.head; else cur = cur.next;
            return cur != null;
        }

        public void Reset() { cur = null; }
    }
}
```

Da MyList das Interface IEnumerable implementiert, können die Elemente von MyList mit einer foreach-Schleife verarbeitet werden:

```
class IterationSample {
    static void Main() {
        MyList list = new MyList();
        list.Add("Anton"); list.Add("Berta"); list.Add("Caesar");
        foreach (string s in list) Console.WriteLine(s);
    }
}
```

Der Compiler übersetzt die foreach-Schleife in folgenden Code:

```
IEnumerator e = list.GetEnumerator();
while (e.MoveNext()) {
    string s = (string) e.Current;
    Console.WriteLine(s);
}
```

Generische Collection-Typen

Die meisten Collection-Typen gibt es seit .NET 2.0 auch in einer generischen Variante. Während die gewöhnlichen Collection-Typen nach wie vor über den Namensraum System.Collections erreichbar sind, findet man die generischen Collection-Typen im Namensraum System.Collections.Generic. Da die generischen Collections fast die gleichen Schnittstellen haben wie die nichtgenerischen, beschränken wir uns hier auf eine tabellarische Aufzählung sowie auf einige Beispiele. Details können in der Online-Dokumentation von .NET nachgelesen werden. Bei den generischen Collections gibt es folgende Interfaces:

- ICollection<T> Basis-Interface aller generischen Collections
- IList<T> Basis-Interface aller Listen
- IDictionary<K, V> Basis-Interface aller Typen, die einen Wert vom Typ V unter einem Schlüssel vom Typ K abspeichern können
- IEnumerable<T> liefert einen Enumerator zum Iterieren über generische Collections
- IEnumerator<T> definiert Methoden zum Iterieren über Collections
- IComparable<T> macht implementierende Typen vergleichbar
- IComparator<T> definiert eine Vergleichsmethode für T-Elemente

Die wichtigsten generischen Collection-Klassen sind:

- List<T> unsortierte Liste indizierbarer Elemente
- SortedList<K, V> sortierte Liste indizierbarer Elemente mit Schlüsseltyp K und Werttyp V
- Dictionary<K, V> Hashtabelle, die Werte des Typs V unter einem Schlüssel des Typs K ablegt
- Stack<T> Stack aus Elementen des Typs T
- Queue<T> Queue aus Elementen des Typs T

Das folgende Beispiel soll einen Eindruck davon vermitteln, wie diese Typen verwendet werden. Es erzeugt eine Liste von Personen mit Namen und Telefonnummern und durchläuft sie dann, um die Telefonnummern aller darin enthaltenen Personen unter ihrem Namen in einem Dictionary abzulegen:

```
List<Person> persons = new List<Person>();
persons.Add(new Person("Jones", 12345));
persons.Add(new Person("Miller", 34567));
...
Dictionary<string, int> phoneBook = new Dictionary<string, int>();
foreach (Person p in persons)
   phoneBook[p.name] = p.phone;
...
```

19.3 Ein-/Ausgabe

Die Eingabe und Ausgabe von Daten wurde bereits in Kapitel 7 kurz angeschnitten. Hier sollen die dabei verwendeten Klassen nochmals detaillierter vorgestellt werden.

Datenströme

Alle Eingabe- und Ausgabe-Medien werden unter .NET *Ströme* (*streams*) genannt. Die häufigste Art von Strömen sind Dateien, aber auch der Speicher oder das Netzwerk kann als Strom von Daten interpretiert werden. Abb. 19–2 zeigt die Hierarchie der Stream-Typen und ihre wichtigsten Operationen. Alle diese Typen sind im Namensraum System.IO definiert.

Alle Stream-Typen besitzen Operationen zum Lesen und Schreiben einzelner Bytes und ganzer Bytefolgen. s.Length gibt die Länge des Stroms an und s.Position die Lese-/Schreibposition. s.Seek(pos, origin) setzt die Lese-/Schreibposition von s auf die Stelle pos relativ zu origin, wobei origin wie folgt definiert ist:

```
enum SeekOrigin {Begin, Current, End}
```

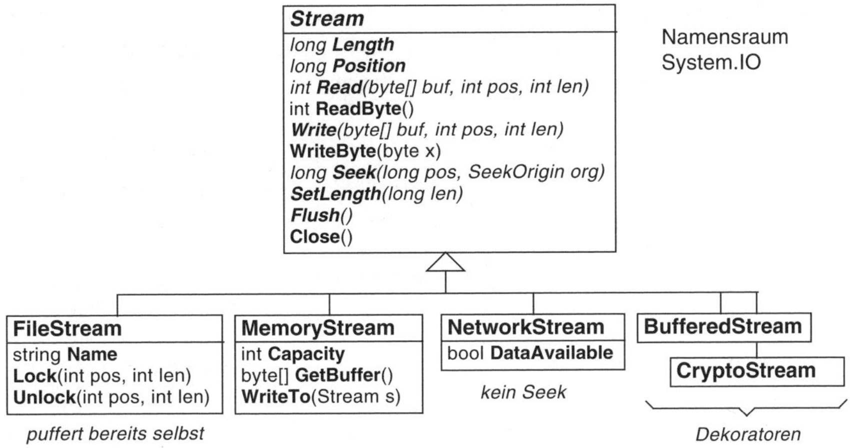

Abb. 19–2 *Hierarchie der Stream-Klassen*

Ausgegebene Daten werden unter Umständen gepuffert, bevor sie in den Datenstrom geschrieben werden, daher sollte man am Ende der Ausgabe den Puffer mittels s.Flush() in den Datenstrom entleeren. s.Close() schließt den Datenstrom s und entleert den Puffer.

Folgendes Beispiel zeigt ein Programm, das den Inhalt einer Datei ab einer bestimmten Position in eine andere Datei kopiert.

```
using System;
using System.IO;

class FileStreamSample {

    static void Copy(string fromFile, string toFile, int pos) {
        try {
            FileStream sin = new FileStream(fromFile, FileMode.Open);
            FileStream sout = new FileStream(toFile, FileMode.Create);
            sin.Seek(pos, SeekOrigin.Begin);// Seek hinter Dateiende => pos = Dateiende
            int ch = sin.ReadByte();// nach Dateiende wird -1 geliefert
            while (ch >= 0) {
                sout.WriteByte((byte)ch);
                ch = sin.ReadByte();
            }
            sin.Close();
            sout.Close();
        } catch (FileNotFoundException e) {
            Console.WriteLine("-- file {0} not found", e.FileName);
        }
    }

    static void Main(string[] arg) {
        Copy(arg[0], arg[1], Convert.ToInt32(arg[2]));
    }
}
```

Beim Erzeugen eines FileStream-Objekts wird eine Datei zum Lesen oder Schreiben geöffnet. Den Modus kann man mit dem FileMode-Parameter bestimmen:

```
enum FileMode {Open, Create, OpenOrCreate, Append, ...}
```

Wenn beim Öffnen oder Lesen der Datei ein Fehler auftritt, wird eine Ausnahme ausgelöst (z.B. FileNotFoundException, IOException, ...), die man in einer try-Anweisung abfangen kann. Das Erreichen des Dateiendes wird nicht durch eine Ausnahme signalisiert, sondern es wird nach dem letzten Zeichen der Wert -1 geliefert.

Reader

Obwohl die Stream-Klassen bereits einfache byteweise Leseoperationen auf Datenströmen zur Verfügung stellen, gibt es in der .NET-Bibliothek eigene Reader-Klassen, die speziellere Leseoperationen erlauben. Ein Reader-Objekt kann man sich wie einen Reiter vorstellen, der über einen Datenstrom gleitet und ihn dabei liest. Man unterscheidet TextReader und BinaryReader (siehe Abb. 19–3). Ein TextReader liest einen *Zeichen*strom, während ein BinaryReader *binärcodierte* Daten liest.

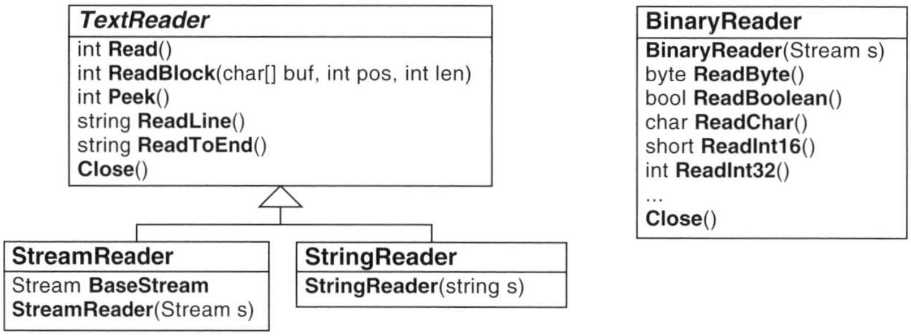

Abb. 19–3 *Reader-Klassen (Auszug)*

Beim Erzeugen eines Reader-Objekts wird es auf einen Strom oder einen String gesetzt, z.B.:

```
StringReader r = new StringReader("Mein Eingabetext");
```

Anschließend kann gelesen werden. r.Read() liefert den Unicode-Wert des nächsten Zeichens oder -1, wenn keine Zeichen mehr gelesen werden können. r.Peek() tut dasselbe, entfernt das gelesene Zeichen aber nicht aus dem Eingabestrom. r.ReadLine() liest eine ganze Zeile und liefert sie als String (ohne Zeilenende-Zeichen). r.ReadToEnd() schließlich liefert den gesamten Rest des Eingabestroms als String.

Die Methoden eines BinaryReaders lesen binärcodierte Daten. r.ReadInt32() liest zum Beispiel 4 Bytes und interpretiert sie als vorzeichenbehaftete 32-Bit-Zahl.

Auch Reader-Klassen haben eine Close-Methode, die man aufrufen sollte, wenn man den Reader nicht mehr braucht, weil dadurch belegte Ressourcen freigegeben werden.

Leider gibt es in der .NET-Bibliothek keine Klasse, mit denen man Zahlen, Wörter und andere Daten aus einer Textdatei lesen kann. Gerade das wird aber häufig benötigt. Unter [JKU] findet man daher eine Klasse In, die diese Funktionalität anbietet.

Writer

Ähnlich wie Reader gibt es auch Writer-Klassen, mit denen man zeichenweise oder binär auf Datenströme schreiben kann. Abb. 19–4 zeigt einen Auszug ihrer Schnittstelle.

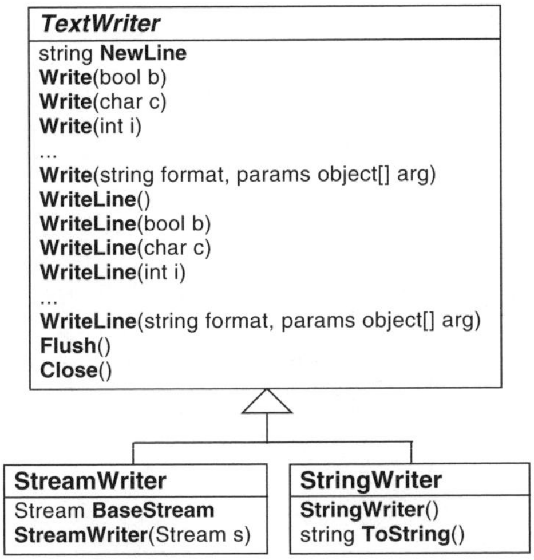

Abb. 19–4 *Writer-Klassen (Auszug)*

Wenn man einen Writer nach seiner Erzeugung auf einen Datenstrom gesetzt hat, kann man Daten mit Hilfe der Write- und WriteLine-Methoden schreiben, z.B:

```
StringWriter w = new StringWriter();
w.Write(123);
w.Write(", data[{0}] = {1}", i, j); // Annahme: i == 0; j == 100
w.Close();
Console.WriteLine(w.ToString()); // Ausgabe z.B.: 123, data[0] = 100

FileStream s = new FileStream("sample.txt", FileMode.Create);
BinaryWriter b = new BinaryWriter(s);
b.Write(123); // schreibt int-Wert 123 in Binärform (4 Bytes)
b.Write(true); // schreibt bool-Wert true in Binärform (1 Byte)
b.Close();
s.Close();
```

File und FileInfo

Die Klassen File und FileInfo stellen Operationen zur Verfügung, mit denen man Dateien löschen, kopieren oder verschieben kann. Außerdem gibt es Methoden zum Abfragen von Dateiattributen sowie zum Öffnen einer Datei als Datenstrom. Der Unterschied zwischen File und FileInfo liegt vor allem darin, dass die Klasse File nur statische Methoden anbietet, die Dateien über ihren Pfad ansprechen, während die FileInfo-Methoden eine Datei über ein FileInfo-Objekt adressieren. Abb. 19–5 zeigt einen Auszug ihrer Schnittstelle.

File
static **Copy**(string srcPath, string destPath)
static **Move**(string srcPath, string destPath)
static **Delete**(string path)
static bool **Exists**(string path)
static FileStream **OpenRead**(string path)
static FileStream **OpenWrite**(string path)
static FileStream **Create**(string path)
static StreamReader **OpenText**(string path)
static StreamWriter **CreateText**(string path)
static FileAttributes **GetAttributes**(string path)
static **SetAttributes**(string path, FileAttributes a)
static DateTime **GetCreationTime**(string path)
...

FileInfo
FileInfo(string path)
string **Name**
string **FullName**
string **DirectoryName**
DirectoryInfo **Directory**
int **Length**
FileAttributes **Attributes**
DateTime **CreationTime**
bool **Exists**
...
CopyTo(string path)
MoveTo(string path)
Delete()
FileStream **OpenRead**()
FileStream **OpenWrite**()
FileStream **Create**()
StreamReader **OpenText**()
StreamWriter **CreateText**()
...

Abb. 19–5 *Auszug aus den Klassen File und FileInfo*

Directory und DirectoryInfo

Die Klassen Directory und DirectoryInfo enthalten Operationen, mit denen man Verzeichnisse löschen oder verschieben kann. Außerdem kann man mit ihnen durch die Verzeichnishierarchie navigieren und über die Dateien eines Verzeichnisses iterieren. Der Unterschied zwischen Directory und DirectoryInfo liegt wieder darin, dass Directory mit Pfadnamen arbeitet und DirectoryInfo mit DirectoryInfo-Objekten. Abb. 19–6 zeigt einen Auszug der Schnittstelle dieser beiden Klassen.

Directory
static **Delete**(string path)
static **Move**(string srcDirName, string dstDirName)
static bool **Exists**(string path)
static DirectoryInfo **CreateDirectory**(string path)
static DirectoryInfo **GetParent**(string path)
static string[] **GetFiles**(string path)
static string[] **GetDirectories**(string path)
static string[] **GetLogicalDrives**()
static string **GetCurrentDirectory**()
static DateTime **GetCreationTime**(string path)
...

DirectoryInfo
DirectoryInfo(string path)
string **Name**
string **FullName**
bool **Exists**
DirectoryInfo **Parent**
FileAttributes **Attributes**
DateTime **CreationTime**
...
Create()
DirectoryInfo **CreateSubdirectory**(string parent)
Delete()
MoveTo(string dstDirName)
DirectoryInfo[] **GetDirectories**()
FileInfo[] **GetFiles**()
...

Abb. 19–6 *Auszug aus den Klassen Directory und DirectoryInfo*

Folgendes Beispiel zeigt die Verwendung von FileInfo- und DirectoryInfo-Objekten. Es listet alle Dateien im aktuellen Verzeichnis und seinen Oberverzeichnissen.

```
using System;
using System.IO;

class ListFiles {

  // gibt alle Dateien im Pfad zum aktuellen Verzeichnis aus
  static void Main() {
    DirectoryInfo d = new DirectoryInfo(".");   // aktuelles Verzeichnis
    while (d != null) {
      Console.WriteLine(d.FullName);
      FileInfo[] files = d.GetFiles();
      foreach (FileInfo f in files)
        Console.WriteLine("  {0}, created: {1}", f.Name, f.CreationTime.ToString("D"));
      d = d.Parent;
    }
  }
}
```

Die Ausgabe könnte zum Beispiel folgendermaßen aussehen:

```
C:\hm\DotNet
  Attributes.cs, created: Friday, January 3, 2003
  Cloning.cs, created: Thursday, January 2, 2003
C:\hm
  ...
```

19.4 Reflection

Unter .NET enthalten Assemblies (d.h. Objektdateien mit der Endung exe oder dll) nicht nur Code, sondern auch Metainformationen über Typen, Felder, Methoden, etc. Auf diese Informationen kann man zur Laufzeit zugreifen, was eine Reihe interessanter Anwendungsmöglichkeiten schafft. So kann man zum Beispiel Klassen dynamisch laden, die Schnittstelle einer Klasse abfragen, Methoden aufrufen, deren Name erst zur Laufzeit bekannt ist, und sogar neue Typen und Methoden zur Laufzeit erzeugen. All das bezeichnet man als *Reflection*. Wir werden uns in diesem Kapitel einige einfache Reflection-Operationen ansehen. Weiterführende Informationen findet man zum Beispiel in [SDKDoc]. Alle für Reflection nötigen Klassen befinden sich im Namensraum System.Reflection.

Type

Die Klasse System.Type stellt Informationen über einen Typ (Klasse, Struct, Enumeration, etc.) bereit. Reflection beginnt daher meist damit, dass man sich so ein Typobjekt besorgt, was auf drei verschiedene Arten möglich ist:

```
Type t = Type.GetType("System.Int32"); // ausgehend von einem Typnamen als String
t = typeof(int);                       // ausgehend von einem Typnamen im Programm
t = 17.GetType();                      // ausgehend von einem Objekt (hier 17)
```

Natürlich kann man diese Operationen auch auf selbstdefinierte Typen und Objekte anwenden. Hat man einmal ein Typobjekt, kann man mittels Properties und Methoden Informationen über diesen Typ abfragen. Hier ist ein Auszug der Schnittstelle von Type.

```
public abstract class Type: MemberInfo, IReflect {
    public abstract string FullName { get; }       // Name des Typs
    public abstract string Namespace { get; }      // Namensraum des Typs
    public abstract Type BaseType { get; }         // direkter Basistyp oder null
    public bool IsAbstract { get; }                // ist der Typ abstrakt?
    public bool IsPublic { get; }                  // ist der Typ public?
    public bool IsClass { get; }                   // ist der Typ eine Klasse?
    ...
    public FieldInfo[] GetFields();                // Array aller public-Felder des Typs
    public PropertyInfo[] GetProperties();         // Array aller public-Properties des Typs
    public MethodInfo[] GetMethods();              // Array aller public-Methoden des Typs
    public ConstructorInfo[] GetConstructors();    // Array aller public-Konstr. des Typs
    public Type[] GetInterfaces();                 // Array aller implementierten Interfaces
    public MemberInfo[] GetMembers();              // Array aller public-Felder, -Properties, ...
    public MethodInfo GetMethod(string name);      // public-Methode mit bestimmtem Namen
    public MethodInfo GetMethod(string name, Type[] argTypes); // mit Namen und Param.
    ...
}
```

Über Aufrufe von GetFields und GetMethods kann man zu den Beschreibungen der Felder und Methoden dieses Typs gelangen. Methoden werden zum Beispiel durch die Klasse MethodInfo beschrieben:

```
public abstract class MethodInfo: MethodBase {
    public abstract string Name { get; }
    public bool IsPublic { get; }
    public bool IsStatic { get; }
    public bool IsVirtual { get; }
    public abstract Type ReturnType { get; }
    ...
    public abstract ParameterInfo[] GetParameters();
    public object Invoke(object receiver, object[] parameters);
    ...
}
```

Die genaue Beschreibung aller involvierten Typen kann man in [SDKDoc] nachlesen. Wir begnügen uns hier mit einem Beispiel, das zeigt, wie man zur Laufzeit alle als public deklarierten Methoden einer Klasse herausfinden kann.

```
using System;
using System.Reflection;

class ReflectionSample {

    public static void PrintMethods(string name) {
        Type t = Type.GetType(name);
        Console.WriteLine("class {0}:", t.FullName);
        foreach (MethodInfo m in t.GetMethods()) { // gib alle Methoden dieses Typs aus
            if (m.IsPublic) Console.Write("public ");
            if (m.IsStatic) Console.Write("static ");
            else if (m.IsVirtual) Console.Write("virtual ");
            Console.Write(m.ReturnType.Name + " ");
            Console.Write(m.Name + "(");
            ParameterInfo[] pInfo = m.GetParameters();
            int n = pInfo.Length;
            foreach (ParameterInfo par in pInfo) { // gibt alle Parameter dieser Methode aus
                Console.Write(par.ParameterType.Name + " " + par.Name);
                n--;
                if (n > 0) Console.Write(", ");
            }
            Console.WriteLine(")");
        }
    }

    public static void Main(string[] arg) {
        foreach (string name in arg) PrintMethods(name);
    }
}
```

Ruft man dieses Programm folgendermaßen auf:

```
ReflectionSample ReflectionSample
```

so lautet die Ausgabe

```
class ReflectionSample:
public virtual Int32 GetHashCode()
public virtual Boolean Equals(Object obj)
public virtual String ToString()
public static Void PrintMethods(String name)
public static Void Main(String[] arg)
public Type GetType()
```

Assembly

Ein Assembly (siehe Kapitel 13) ist unter .NET die kleinste Programmeinheit, die für sich alleine ausgeliefert und geladen werden kann. Es fasst Typen zusammen, die gemeinsam genutzt und geladen werden sollen. Die Klasse Assembly enthält Operationen zum Laden von Assemblies sowie zum Auffinden von Informationen über die darin enthaltenen Typen. Hier ist ein Auszug ihrer Schnittstelle.

```
public class Assembly: IEvidenceFactory, ICustomAttributeProvider, ISerializable {
   public virtual string FullName { get; } // Name und Version des Assemblies
   public virtual string Location { get; } // Dateiname und Pfad des Assemblies
   ...
   public static Assembly LoadFrom(string file)  // lädt Assembly vom angegebenen Pfad
   public virtual Type[] GetTypes();  // liefert Typen des Assemblies
   public virtual Type GetType(string name); // liefert Typ mit angegebenem Namen
   public object CreateInstance(string typeName); // erzeugt Objekt des Typs typeName
   ...
}
```

Mit Hilfe dieser Klasse kann ein Programm unter anderem weitere Assemblies nachladen und somit seine eigene Funktionalität erweitern. Die nachgeladenen Assemblies können zum Beispiel neue Menüeinträge zu einer grafischen Benutzeroberfläche hinzufügen und somit Operationen einbringen, die dem ladenden Programm zur Übersetzungszeit gar nicht bekannt waren.

Das folgende Beispiel zeigt ein Programm, das eine Liste von Assemblies nachlädt. Jedes nachgeladene Assembly repräsentiert ein Kommando, das in Form einer Methode in einer Delegate-Variablen DoCommand installiert wird. Ruft man anschließend DoCommand auf, wird die nachgeladene Funktionalität wirksam.

```
using System;
using System.Reflection;

public delegate void Command();

public class Install {
   public static Command DoCommand;

   static void Main(string[] arg) {
      foreach (string name in arg) {
         Assembly a = Assembly.LoadFrom(name); // Nachladen des Assemblies
         Type t = a.GetTypes()[0];              // Annahme: Ass. enthält nur 1 Klasse
         MethodInfo m = t.GetMethod("Activate"); // suche Methode Activate
         m.Invoke(null, null);                  // rufe Activate auf
      }                                         // (static, keine Parameter)
      DoCommand(); // Assemblies haben ihre Methoden hier installiert
   }
}
```

Dieses Programm wird mit csc Install.cs in ein Assembly Install.exe übersetzt. Nun schreiben wir zum Beispiel eine Kommandoklasse MyCommand der folgenden Art:

```
using System;

class MyCommand {

   public static void Execute() {
      Console.WriteLine("Hier ist das neue Kommando");
   }

   public static void Activate() {
      Install.DoCommand += new Command(Execute);
   }
}
```

Wir übersetzen diese Klasse mittels

```
csc /target:library /reference:Install.exe MyCommand.cs
```

in ein Assembly MyCommand.dll. Nun rufen wir das Hauptprogramm mittels

```
Install MyCommand.dll
```

auf und erhalten

```
Hier ist das neue Kommando
```

Durch diese Technik kann ein Programm wie Install zur Laufzeit um neue Funktionalität erweitert werden, ohne dass man es neu übersetzen muss.

Dies ist nur einer der zahlreichen Effekte, die man mittels Reflection erreichen kann. Andere Anwendungen sind zum Beispiel Debugger, Testwerkzeuge oder Scripting-Umgebungen.

19.5 Übungsaufgaben

1. **Datumsberechnung** (StringBuilder)
   Im amerikanischen Sprachraum wird ein Datum in der Form mm/dd/yyyy geschrieben (z.B. 03/14/2003), im europäischen Sprachraum in der Form dd.mm.yyyy (z.B. 14.03.2003). Schreiben Sie ein Programm, das ein Datum im amerikanischen Format mit Hilfe der Klasse StringBuilder in ein Datum im europäischen Format umwandelt.
2. **Dreiecksberechnung** (Math)
   Gegeben ist die Grundseite c eines Dreiecks sowie die beiden angrenzenden Winkel α und β. Berechnen Sie mit Hilfe des Sinussatzes a : b : c = sin(α) : sin(β) : sin(γ) die beiden anderen Dreiecksseiten a und b.
3. **Minimaler Abstand von Punkten** (Math)
   Gegeben sei eine Menge von Punkten im zweidimensionalen Raum. Schreiben Sie ein Programm, das diejenigen beiden Punkte berechnet, die am nächsten beisammen liegen.
4. **Normalverteilung** (Random)
   Eine normalverteilte Zufallsvariable kann als Summe von n gleichverteilten Zufallszahlen berechnet werden. Schreiben Sie eine Methode NextNormal(), die auf diese Weise eine normalverteilte Zufallsvariable im Bereich [0..1[berechnet. Benutzen Sie diese Methode, um 200 normalverteilte Zufallszahlen im Bereich [0..19] zu erzeugen. Geben Sie die erzeugten Zufallszahlen als Histogramm (Textzeilen mit Sternchen) aus.
5. **Sortiertes Verzeichnis** (Array, Directory)
   Besorgen Sie sich mit Hilfe der Klasse Directory die Namen aller Dateien in einem bestimmten Verzeichnis, sortieren Sie sie mit Hilfe von Array.Sort und geben Sie sie in absteigend sortierter Reihenfolge aus.
6. **Zahlenfolge** (ArrayList)
   Gegeben sei eine vierstellige positive Zahl. Erzeugen Sie daraus eine Zahlenfolge, in der die jeweils nächste Zahl das Quadrat der beiden mittleren Ziffern der Vorgängerzahl ist (der Nachfolger von 1234 ist z.B. $23^2 = 529$, dessen Nachfolger ist $52^2 = 2704$). Speichern Sie alle auftretenden Zahlen in einem ArrayList-Objekt und beenden Sie die Berechnung, sobald Sie auf eine Zahl stoßen, die bereits in der Liste steht. Statt ArrayList können Sie auch List<int> verwenden.
7. **Ausgabe der Windows-Systemvariablen** (IDictionary)
   Die Methode System.Environment.GetEnvironmentVariables() liefert die unter Windows definierten Systemvariablen in Form eines IDictionary. Holen Sie sich die Systemvariablen und geben Sie sie mit Name und Wert aus.

8. **Telefonbuch** (File, StreamReader, Hashtable)
Lesen Sie eine Datei von Namen mit dazugehörigen Telefonnummern und bauen Sie daraus ein Telefonbuch in Form eines Hashtable-Objekts auf. Fordern Sie den Benutzer dann zur Eingabe eines Namens auf und liefern Sie die dazugehörige Telefonnummer.
9. **Häufigkeitszählung von Wörtern** (File, StreamReader, SortedList)
Lesen Sie einen Text von Wörtern aus einer Datei. Ein Wort ist eine Folge von Buchstaben und Ziffern, die mit einem Buchstaben beginnt. Geben Sie alle vorkommenden Wörter und ihre Häufigkeiten in sortierter Reihenfolge aus.
10. **Buchstabenstatistik** (File, StreamReader, BitArray)
Lesen Sie einen Text von einer Datei und stellen Sie fest, welche ASCII-Zeichen darin vorkommen. Merken Sie sich dazu die vorkommenden Zeichen in einem BitArray.
11. **Iterieren über Binärbäume** (IEnumerable)
Schreiben Sie eine Klasse BinaryTree für binäre Suchbäume, die das Interface IEnumerable implementiert, so dass man über die Elemente des Baums mit einer foreach-Schleife iterieren kann.
12. **Hauptspeicherströme** (MemoryStream)
Schreiben Sie mit Hilfe eines StreamWriters irgendeinen Text in einen MemoryStream. Setzen Sie dann die Position des Streams mittels Seek wieder auf 0 und lesen Sie ihn zeichenweise. Berechnen Sie dabei eine Prüfsumme über alle Zeichen, indem Sie sie mit dem exklusiven Oder-Operator (^) verknüpfen. Geben Sie schließlich den Inhalt des Streams und die Prüfsumme auf dem Bildschirm aus.
13. **Binäre Dateien** (BinaryReader, BinaryWriter)
Gegeben sei ein Array von Punkten, die jeweils durch zwei reelle Koordinaten ausgedrückt werden. Schreiben Sie dieses Array im Binärformat auf eine Datei und lesen Sie es wieder ein.
14. **Properties einer Klasse** (Type, PropertyInfo)
Schreiben Sie ein Programm, das alle public-Properties einer bestimmten Klasse samt ihren Typen und der Angabe, ob sie get- und set-Methoden unterstützen, auf dem Bildschirm ausgibt. Lesen Sie die Details von PropertyInfo in [SDK-Doc] nach.

15. **Scripting-Umgebung** (Type, MethodInfo)
    Implementieren Sie eine Scripting-Umgebung, die es gestattet, öffentliche, statische void-Methoden mit einer beliebigen Anzahl von int-Parametern mittels Reflection aufzurufen. Die Umgebung soll den Benutzer zur Eingabe eines Methodenaufrufs auffordern. Wenn der Benutzer zum Beispiel Folgendes eingibt:

    ```
    MyClass.Foo(2,3,4)
    ```

    soll die Umgebung die Methode Foo der Klasse MyClass mittels Reflection suchen und sie mit den angegebenen Parametern aufrufen.

20 LINQ

Datenbankleute und Software-Ingenieure arbeiten oft mit unterschiedlichen Sprachen. Die einen benutzen die Abfragesprache SQL, während die anderen Sprachen wie C++, C# oder Java verwenden. Eigentlich ist das aber nicht einzusehen, denn warum sollte man Hauptspeicherdaten nicht ebenfalls mit Datenbanksprachen verarbeiten?

Seit Version 3.0 bietet C# daher die Möglichkeit, SQL-artige Abfragen auf Hauptspeicherdaten auszuführen. Diese Abfragetechnik wird als *Language Integrated Query* oder LINQ bezeichnet. Den Kern von LINQ bilden SQL-artige *Query-Ausdrücke*. Um Query-Ausdrücke auf möglichst natürliche Weise in C# einzubetten, wurden einige neue Sprachkonstrukte eingeführt, nämlich *Lambda-Ausdrücke*, *Erweiterungsmethoden*, *Objektinitialisierer* und *anonyme Typen*. Diese Konstrukte sind zwar auch unabhängig von LINQ nützlich, da sie aber zusammen mit LINQ eingeführt wurden, sehen wir sie uns im Kontext von LINQ an. Eine ausführliche Darstellung von LINQ findet man in [CK09].

20.1 Motivation

Stellen Sie sich vor, Sie haben eine Datensammlung (z.B. ein Array oder eine Liste) und wollen darin alle Elemente suchen, die ein bestimmtes Kriterium erfüllen. Natürlich kann man das mit Schleifen und Abfragen ausprogrammieren, aber eigentlich handelt es sich hier um ein Problem, das die Datenbankleute längst gelöst haben. In Datenbanken sucht man mit der Abfragesprache SQL; warum also nicht auch in Hauptspeicherdatenbeständen? Genau das ist der Zweck von Query-Ausdrücken.

Query-Ausdrücke lassen sich auf Objekte aller Datentypen anwenden, die das Interface IEnumerable<T> unterstützen. Das sind zum einen alle Arrays und Collections (siehe Abschnitt 19.2), zum anderen aber auch beliebige selbst geschriebene Klassen, die dieses Interface implementieren.

Beginnen wir mit einem ganz einfachen Beispiel. Angenommen, wir haben ein Array mit Städtenamen, also:

```
string cities = {"London", "Berlin", "Paris", "Lissabon", "Wien"};
```

Ein Query-Ausdruck, der einfach alle Elemente des Arrays liefert, lautet:

```
IEnumerable<string> result = from c in cities select c;
```

Jeder Query-Ausdruck liefert eine Folge von Werten. Der Typ dieser Folge ist IEnumerable<T>, wobei T der Typ der im select-Teil ausgewählten Elemente ist, hier also string. Wenn wir das Resultat dieses Query-Ausdrucks mittels

```
foreach (string s in result) Console.Write(s + " ")
```

ausgeben, so erhalten wir:

```
London Berlin Paris Lissabon Wien
```

Hier ist ein etwas interessanterer Query-Ausdruck:

```
IEnumerable<string> result =
    from c in cities
    where c.StartsWith("L")
    orderby c
    select c.ToUpper();
```

Das Ergebnis dieses Ausdrucks ist:

```
LISSABON LONDON
```

Wir werden uns Query-Ausdrücke in Abschnitt 20.6 genauer vornehmen. Vorher sehen wir uns aber jene Sprachkonstrukte an, in die Query-Ausdrücke übersetzt werden, nämlich *Lambda-Ausdrücke*, *Erweiterungsmethoden*, *Objektinitialisierer* und *anonyme Typen*. Diese Konstrukte lassen sich auch unabhängig von Query-Ausdrücken verwenden und erweitern die Ausdruckskraft von C# enorm.

20.2 Lambda-Ausdrücke

Lambda-Ausdrücke sind ein Konzept, das aus der Welt der funktionalen Sprachen nach C# übernommen wurde. Sie sind eine syntaktische Kurzform für anonyme Methoden (siehe Abschnitt 11.5), also für Codestücke, die man einer Variablen zuweisen oder als Parameter an eine Methode übergeben kann.

Um Lambda-Ausdrücke richtig einordnen zu können, sehen wir uns folgendes Beispiel an. Angenommen, wir haben einen Delegate-Typ namens Function

```
delegate int Function(int x);
```

und zwei dazu kompatible Methoden

```
int Square(int x) { return x * x; }
int NextInt(int x) { return x + 1; }
```

Wir können diese Methoden nun an Variablen vom Typ Function zuweisen:

```
Function f = Square;
Function g = NextInt;
```

Der Aufruf f(3) liefert den Wert 9, der Aufruf g(3) den Wert 4. In C# 2.0 wurde die Verwendung von Delegates durch anonyme Methoden erleichtert, die es erlauben, eine Methode direkt an der Stelle zu deklarieren, an der sie zugewiesen wird:

```
Function f = delegate (int x) { return x * x; }
Function g = delegate (int x) { return x + 1; }
```

Das hat den Vorteil, dass wir uns keine Namen für diese Methoden einfallen lassen müssen, sondern nur die Parameter und den auszuführenden Code anzugeben brauchen. C# 3.0 geht noch einen Schritt weiter und erlaubt es, anonyme Methoden wie folgt zu schreiben:

```
Function f =  x => x * x;
Function g =  x => x + 1;
```

Den Ausdruck

parameter => expression

nennt man einen *Lambda-Ausdruck*. Er ist äquivalent zur anonymen Methode

delegate (T_{par} *parameter*) { return *expression*; }

Den Typ T_{par} leitet der Compiler aus der linken Seite der Zuweisung ab, hier also aus Function. Da Function einen int-Parameter hat, muss T_{par} ebenfalls int sein. Ebenso schließt der Compiler, dass der Typ von *expression* dem Rückgabetyp von Function entsprechen muss, also int. Wie bei anonymen Methoden wird aus dem Lambda-Ausdruck ein Delegate-Objekt erzeugt und der Variablen auf der linken Seite zugewiesen. Der Effekt ist der gleiche wie in den vorhergegangenen Beispielen: Der Aufruf f(3) liefert 9, der Aufruf g(3) liefert 4.

Lambda-Ausdrücke als Parameter

Lambda-Ausdrücke sind vor allem nützlich, um sie als Parameter an Methoden zu übergeben, die sie dann verwenden, z.B.:

```
int[] Apply(Function f, params int[] data) {
    int[] result = new int[data.Length];
    for (int i = 0; i < data.Length; i++) result[i] = f(data[i]);
    return result;
}
```

Diese Methode wendet die Funktion f auf alle Elemente von data an. Beim Aufruf von Apply können wir nun für f einen Lambda-Ausdruck angeben, was den Code besonders kompakt und lesbar macht:

```
int[] result = Apply(x => 2 * x, 1, 2, 3, 4, 5);
```

Das Ergebnis ist ein Array mit den Werten 2, 4, 6, 8 und 10.

Lambda-Ausdrücke als Prädikate

Lambda-Ausdrücke werden oft als *Prädikate* verwendet, d.h. als Funktionen, die eine bestimmte Bedingung prüfen und als Ergebnis true oder false zurückgeben. Der Delegate-Typ

```
delegate bool Predicate<T> (T val);
```

beschreibt zum Beispiel alle Methoden, die einen Wert eines beliebigen Typs T als Parameter bekommen, irgendeine Eigenschaft dieses Werts prüfen und true oder false zurückliefern. Angenommen, wir haben folgende Klasse List<T> mit einer Methode Where(p), die alle Elemente der Liste liefert, die das Prädikat p erfüllen:

```
class List<T> {
   T[] data; // Listenelemente
   ...
   public List<T> Where(Predicate<T> matches) {
      List<T> result = new List<T>();
      for (int i = 0; i < data.Length; i++) {
         if (matches(data[i])) result.Add(data[i]);
      }
      return result;
   }
   ...
}
```

Wir können nun zum Beispiel eine Liste von Studenten anlegen

```
List<Student> students = new List<Student>(); ...
```

und mit Hilfe eines Lambda-Ausdrucks alle Studenten herausfiltern, die *Computing* studieren:

```
List<Student> csStudents = students.Where(s => s.field == "Computing");
```

Der Compiler muss hier wieder einige Arbeit in die Typinferenz stecken. Da der formale Parameter von Where den Typ Predicate<T> hat und T bei der Erzeugung der Liste als Student angegeben wurde, schließt der Compiler, dass der Parameter val von Predicate<T> den Typ Student hat; s muss also ebenfalls vom Typ Student sein. Der Rückgabetyp von Predicate<T> ist bool, was auch der Typ des Vergleichsausdrucks s.field == "Computing" ist. Die Typprüfung geht also in Ordnung.

Lambda-Ausdrücke mit mehreren Parametern

In den bisherigen Beispielen hatten Lambda-Ausdrücke immer nur einen einzigen Parameter: Der Ausdruck x => 2 * x hat zum Beispiel den Parameter x.

Lambda-Ausdrücke können aber auch mehrere Parameter haben, die dann geklammert werden müssen. Hier sind einige Beispiele für Lambda-Ausdrücke mit 0, 1, 2 und 3 Parametern. Beachten Sie bitte, dass die Parameterklammern entfallen können, wenn der Lambda-Ausdruck nur einen einzigen Parameter hat.

```
()         => ... // keine Parameter
x          => ... // 1 Parameter
(x, y)     => ... // 2 Parameter
(x, y, z)  => ... // 3 Parameter
```

Die Typen der Parameter werden vom Compiler normalerweise aus den Typen der formalen Parameter des Delegates abgeleitet, dem der Lambda-Ausdruck zugewiesen wird. Man kann sie aber auch explizit angeben und dabei sogar die Schlüsselwörter ref und out in der üblichen Bedeutung verwenden:

```
(int x)              => ...   // Hier sind Klammern nötig, obwohl es nur 1 Parameter gibt
(string s, int x)    => ...
(ref int x)          => ...
(int x, out int y)   => ...
```

Lambda-Ausdrücke mit Anweisungsblöcken

Auf der rechten Seite eines Lambda-Ausdrucks kann statt eines Ausdrucks auch eine Anweisungsfolge stehen, die in der Regel ein Ergebnis berechnet und mittels return zurückgibt. Nehmen wir an, wir hätten folgenden Delegate-Typ:

```
delegate int Func (int x);
```

Man kann nun einer Variablen dieses Typs einen Lambda-Ausdruck zuweisen, der zum Beispiel die Summe der Zahlen von 1 bis n berechnet und zurückgibt:

```
Func f = n => {int sum = 0;
               for (int i = 1; i <= n; i++) sum += i;
               return sum;
              }
```

Der Aufruf f(3) liefert dann 6. Wenn eine Anweisungsfolge kein Ergebnis zurückliefert, muss der Delegate-Typ eine void-Methode sein, zum Beispiel:

```
delegate void Proc (int x, int y);
...
Proc p = (a, b) => { Console.WriteLine(a + b); }
```

Der Code eines Lambda-Ausdrucks kann sogar auf umgebende lokale Variablen zugreifen:

```
int sum = 0;
Proc p = (a, b) => { sum = sum + a * b; }
```

Das Laufzeitsystem sorgt hier dafür, dass die Variable sum solange lebt wie der Lambda-Ausdruck, der sie verwendet.

Beispiele

Abschließend sehen wir uns noch einige Beispiele für den Einsatz von Lambda-Ausdrücken an. Dazu verwenden wir die folgenden generischen Delegate-Typen aus dem Namensraum System.Linq:

```
delegate TRes Func<TRes>();
delegate TRes Func<T1, TRes>(T1 a);
delegate TRes Func<T1, T2, TRes>(T1 a, T2 b);

delegate void Action();
delegate void Action<T1>(T1 a);
delegate void Action<T1, T2>(T1 a, T2 b);
```

Folgende Beispiele zeigen Zuweisungen von Lambda-Ausdrücken zu Variablen dieser Delegate-Typen sowie das Ergebnis ihres Aufrufs.

		Aufruf	*Ergebnis*
Func<int, int>	f1 = x => 2 * x + 1;	f1(3);	7
Func<int, int, bool>	f2 = (x, y) => x > y;	f2(5, 3);	true
Func<string,int,string>	f3 = (s, i) => s.Substring(i);	f3("Hello", 2);	"llo"
Func<int[]>	f4 = () => new int[] {1, 2, 3 };	f4();	{1, 2, 3}
Action	a1 = () => { Console.WriteLine("Hello"); };	a1();	"Hello"
Action<int, int>	a2 = (x, y) => { Console.WriteLine(x + y); };	a2(1, 2);	3

20.3 Erweiterungsmethoden

Eine Erweiterungsmethode ist – wie der Name schon sagt – eine Methode, die einen bereits existierenden Typ (eine Klasse, einen Struct oder ein Interface) um neue Funktionalität erweitert, ohne in diesem Typ deklariert zu sein. Man deklariert sie vielmehr als statische Methode einer beliebigen statischen Klasse und ordnet sie dem fremden Typ über den Typ ihres ersten Parameters zu. Wenn man zum Beispiel einer Klasse C eine Erweiterungsmethode Foo zuordnen will, so muss der erste Parameter von Foo vom Typ C sein und mit dem Schlüsselwort this gekennzeichnet sein, also:

```
static void Foo(this C par, ...) { ... }
```

Wenn man nun eine Variable c vom Typ C hat, kann man die Methode Foo wie eine Methode von C aufrufen, also:

```
c.Foo(...);
```

Natürlich bleibt Foo extern zur Klasse C und kann nur auf die öffentlich sichtbaren Felder, Methoden und Properties von C zugreifen. Rein syntaktisch sieht es aber so aus, als ob Foo eine C-Methode wäre.

Sehen wir uns das nun an einem realistischen Beispiel an. Angenommen, wir haben eine Klasse Fraction zur Verwaltung von Bruchzahlen:

```
class Fraction {
    public int z, n; // Zähler und Nenner
    public Fraction(int z, int n) { ... }
    ...
}
```

Wir nehmen ferner an, dass Fraction nur die wichtigsten Methoden enthält, zum Beispiel solche zur Addition und zur Multiplikation von Bruchzahlen. Wenn nun jemand weitere Methoden hinzufügen möchte, so ist das oft nicht möglich, weil man zum Beispiel den Quellcode von Fraction nicht hat oder weil man die Klasse nicht mit selten benötigter Funktionalität überfrachten möchte. In diesem Fall sind Erweiterungsmethoden eine nützliche Alternative.

Angenommen, jemand benötigt eine Methode Inverse(), die den Kehrwert einer Bruchzahl liefert, sowie eine Methode Add(x), die eine ganze Zahl x zu einer Bruchzahl addiert. Diese Methoden können wie folgt als Erweiterungsmethoden in einer statischen Klasse deklariert werden:

```
static class Utilities {

    static Fraction Inverse(this Fraction f) {
        return new Fraction(f.n, f.z);
    }

    static void Add(this Fraction f, int x) {
        f.z += x * f.n;
    }
}
```

Um diese Methoden benutzen zu können, muss die Klasse Utilities lediglich an der Aufrufstelle sichtbar sein. Wenn man dann schreibt

```
Fraction f = new Fraction(3, 4);
f = f.Inverse();
```

so sucht der Compiler zuerst nach einer Methode Inverse in der Klasse Fraction. Da er dort keine findet, durchsucht er alle sichtbaren statischen Klassen nach einer statischen Methode Inverse, deren erster Parameter vom Typ Fraction ist und mit this gekennzeichnet ist. In Utilities findet er eine solche Methode und ruft diese als Utilities.Inverse(f) auf. Ähnlich verfährt er bei

```
f.Add(3);
```

und ruft hier Utilities.Add(f, 3) auf.

Erweiterungsmethoden sind also lediglich »syntaktischer Zucker«, und man mag darüber streiten, ob sie eine gute Designentscheidung sind. Schließlich muss man unter Umständen lange suchen, bis man herausfindet, wo eine Erweiterungsmethode eigentlich deklariert ist. Wie wir allerdings später sehen werden, sind Erweiterungsmethoden für die Übersetzung von Query-Ausdrücken nötig. In der .NET-Klassenbibliothek gibt es zum Beispiel eine Klasse System.Linq.Enumerable mit einer Erweiterungsmethode Where, die in Query-Ausdrücken benutzt wird:

```
namespace System.Linq {
   public static class Enumerable {
      public static IEnumerable<T> Where<T>(this IEnumerable<T> src, Func<T, bool> f) {
         ... liefert alle Werte x aus src, für die f(x) den Wert true ergibt ...
      }
      ...
   }
}
```

Mit der Methode Where kann man Folgen vom Typ IEnumerable<T> nach einem bestimmten Kriterium filtern, das durch das Delegate Func definiert ist:

```
delegate TRes Func<T, TRes>(T val);
```

Dazu braucht man nur die Klasse Enumerable zu importieren, also

```
using System.Linq;
```

und kann dann schreiben

```
List<int> list = ...;
IEnumerable<int> result = list.Where(x => x > 0);
```

um aus list alle positiven Zahlen herauszufiltern. Das Interface IEnumerable<T> wurde also um eine Filtermethode erweitert, die man auf alle Typen anwenden kann, die IEnumerable<T> implementieren (also z.B. auf T[], List<T>, Queue<T>, Stack<T>), ohne dass man Where dort überall deklarieren muss. Auch hier betreibt der Compiler wieder Typinferenz: Da list vom Typ List<int> ist, schließt er, dass T gleich int sein muss. Daher muss auch der Parameter x des Lambda-Ausdrucks vom Typ int sein.

20.4 Objektinitialisierer

Objekte von Klassen und Structs werden üblicherweise mit Hilfe von Konstruktoren initialisiert. Manchmal hat ein Typ aber keinen expliziten Konstruktor oder die vorhandenen Konstruktoren initialisieren nicht alle Felder des Objekts. Für diesen Zweck wurde in C# 3.0 eine alternative Form der Objektinitialisierung eingeführt, bei der die Erzeugung eines Objekts mit einer Reihe von Zuweisungen an seine Felder und Properties verknüpft wird. Schematisch sieht das so aus:

```
new TypeName ( ParameterList ) { Assignment , Assignment , ... }
```

Nach einer optionalen Parameterliste für den Konstruktor wird eine Folge von Feld- oder Property-Zuweisungen angegeben, mit der man das Objekt initialisieren kann. Sehen wir uns das anhand einer Klasse Student an:

```
class Student {
   public string Name;
   public int Id;
   public string Field { get; set; }
   public Student() {}
   public Student(string name) { Name = name; }
}
```

Wir können Student-Objekte nun wie folgt erzeugen und initialisieren:

```
Student s1 = new Student("John Doe") { Id = 2009001, Field = "Computing" };
Student s2 = new Student { Name = "Ann Miller", Id = 2009002, Field = "Mathematics" };
```

Bei der Erzeugung von s2 wird der parameterlose Konstruktor Student() aufgerufen. In diesem Fall kann man sogar die leere Parameterliste weglassen.

Man braucht Objektinitialisierer vor allem in Lambda-Ausdrücken, wo ja ein Parameter auf einen Rückgabewert abgebildet wird, wie etwa in

```
IEnumerable<Student> students = list.Select(x => new Student { Id = x });
```

Hier wird eine Folge von Studenten erzeugt, wobei die Matrikelnummern aus einer Liste von Zahlen entnommen werden. Select ist in diesem Beispiel wieder eine Erweiterungsmethode, die in der Klasse System.Linq.Enumerable deklariert ist.

Initialisierer für Collections

Für die Initialisierung von Collections (siehe Abschnitt 19.2) wurde in C# 3.0 ebenfalls eine vereinfachte Syntax eingeführt. Dabei kann man die Elemente einer Collection einfach nach der Erzeugung des Collection-Objekts in geschwungenen Klammern aufzählen (wie bei der Initialisierung von Arrays). Das folgende Beispiel erzeugt eine Liste mit den Zahlen von 1 bis 5.

```
List<int> intList = new List<int> { 1, 2, 3, 4, 5 };
```

Der Compiler übersetzt solche Collection-Initialisierer einfach in Aufrufe der Methode Add, die von allen Collection-Typen implementiert wird:

```
List<int> intList = new List<int>();
intList.Add(1); intList.Add(2); intList.Add(3); intList.Add(4); intList.Add(5);
```

Collection-Initialisierer lassen sich auch mit Objektinitialisierern kombinieren:

```
List<Person> personList = new List<Person> {                // Collection-Initialisierer
   new Student("John Doe") { Field = "Computing" },         // Objektinitialisierer
   new Student("Ann Miller") { Field = "Mathematics" }      // Objektinitialisierer
};
```

Sogar mehrdimensionale Collections wie Dictionary-Objekte lassen sich auf diese Weise initialisieren:

```
Dictionary<string, int> phoneBook = new Dictionary<string, int> {
    { "John Doe", 4711 },
    { "Ann Miller", 3456 }
};
```

Dasselbe kann man seit C# 6.0 auch folgendermaßen schreiben:

```
Dictionary<string, int> phoneBook = new Dictionary<string, int> {
    ["John Doe"] = 4711,
    ["Ann Miller"] = 3456
};
```

20.5 Anonyme Typen

Objektinitialisierer sind eigentlich nur eine Vorstufe für ein noch mächtigeres Konzept, das in C# 3.0 eingeführt wurde, und zwar für *anonyme Typen*. Man kann nämlich bei der Erzeugung eines Objekts implizit die Struktur jener Klasse definieren, zu der das Objekt gehören soll. Das geschieht durch eine Folge von Property-Zuweisungen. Eine so definierte Klasse hat keinen Namen (sie ist anonym), enthält aber all jene Properties, für die bei der Erzeugung Zuweisungen angegeben wurden. Der Ausdruck

```
new { Length = 100, Width = 50 }
```

erzeugt also ein Objekt der folgenden anonymen Klasse

```
class ??? {
    public int Length { get; private set; }
    public int Width { get; private set; }
}
```

und initialisiert `Length` mit 100 und `Width` mit 50. Es geht aber noch einfacher: Wenn die an die Properties zugewiesenen Werte lokale Variablen bzw. Felder oder Properties eines anderen Objekts sind, so werden deren Namen automatisch als Property-Namen der anonymen Klasse verwendet. Man kann also einfach schreiben

```
new { student.Name, student.Id }
```

und erhält ein Objekt einer anonymen Klasse mit den Properties `Name` und `Id`. Bei der Erzeugung von Objekten anonymer Klassen gelten folgende Regeln:

- Die Properties einer anonymen Klasse sind *read-only*, d.h., man kann auf sie lesend, aber nicht schreibend zugreifen.
- Man kann die Properties einer anonymen Klasse entweder explizit benennen (z.B. `new { Name = "John Doe" }`) oder implizit (z.B. `new { student.Name }`), indem man sie aus den Namen anderer Felder, Properties oder lokaler Variablen ableitet. Explizite und implizite Benennung können sogar gemischt werden (z.B. `new { student.Name, Id = 2009001 }`).

- Anonyme Klassen haben zwar keinen Namen, sind aber mit Object kompatibel, d.h., man kann Objekte dieser Klassen in Object-Variablen speichern.
- Zusätzlich zu den Properties erzeugt der Compiler für jede anonyme Klasse eine Implementierung der Methode ToString(). Der Aufruf

  ```
  Console.WriteLine( new { student.Name, Id = 2009001 } );
  ```

  liefert zum Beispiel die Ausgabe

  ```
  { Name = John Doe, Id = 2009001 }
  ```

  wobei die Methode WriteLine vor der Ausgabe des erzeugten Objekts einen Aufruf von ToString() einfügt.

Schlüsselwort var

Wenn wir ein Objekt einer anonymen Klasse einer Variablen zuweisen wollen, dann stellt sich die Frage, mit welchem Typ diese Variable deklariert werden muss. Da ein anonymer Typ keinen Namen hat, können wir ihn bei der Variablendeklaration auch nicht angeben. Daher führt C# 3.0 ein neues kontextbezogenes Schlüsselwort var ein. Wenn eine Variable v wie folgt deklariert und initialisiert wird

```
var v = expression;
```

so leitet der Compiler den Typ von v automatisch aus dem Typ von expression ab. Wenn wir also schreiben

```
var v = new { Length = 100, Width = 50 };
```

so ist der Typ von v jene anonyme Klasse, die wir oben beschrieben haben.

Anonyme Klassen werden oft in Lambda-Ausdrücken verwendet, um so genannte *Projektionen* auf Objekte zu erzeugen, d.h., um eine Teilmenge ihrer Properties und Felder zu extrahieren. Angenommen, wir haben eine Liste von Student-Objekten und wollen daraus eine Folge von Objekten erzeugen, die jeweils nur den Namen und die Matrikelnummer eines Studenten enthalten. Das können wir wie folgt tun:

```
var result = students.Select(s => new { s.Name, s.Id });
```

Der Lambda-Ausdruck liefert für jeden Studenten s ein Objekt einer anonymen Klasse mit den Properties Name und Id. Das Ergebnis von Select ist eine Folge vom Typ IEnumerable<???>. Da wir diesen Typ in C# nicht benennen können, schreiben wir einfach var. Der Compiler leitet aus der rechten Seite der Zuweisung den richtigen Typ für ??? ab. Er weiß, dass dieser Typ die beiden Properties Name und Id hat, daher können wir schreiben:

```
foreach (var obj in result) Console.WriteLine(obj.Name + " " + obj.Id);
```

Der Typ von obj ist anonym, daher bezeichnen wir ihn hier wieder mit var.

Beachten Sie bitte, dass nur lokale Variablen mit var deklariert werden dürfen, nicht jedoch Parameter oder Felder von Klassen und Structs. Ein Objekt einer anonymen Klasse bleibt daher immer lokal zur Methode, in der es erzeugt wurde. Man kann es weder an eine andere Methode übergeben noch einem Feld einer Klasse zuweisen, weil man seinen Typ nicht bei der Deklaration eines Parameters oder Feldes angeben kann.

Meist wird das Schlüsselwort var verwendet, um Werte abzuspeichern, deren Typ man nicht benennen kann, wie etwa in

```
var obj = new { Width = 100, Height = 50 };                  // ??? obj = ...
var result = list.Select(s => new { s.Name, s.Id });  // IEnumerable<???> result = ...
```

Das Schlüsselwort var ist aber auch nützlich, wenn man den Typ eines soeben erzeugten Objekts nicht in der Deklaration wiederholen will. Statt

```
Dictionary<string, int> dict = new Dictionary<string, int>();
```

kann man einfach schreiben

```
var dict = new Dictionary<string, int>();
```

Im Prinzip wäre es zwar möglich, auch Variablen einfacher Typen mit var zu deklarieren, wie etwa in

```
var x = 3;
var s = "John";
```

aber davon ist abzuraten, weil es die Lesbarkeit eines Programms erschwert. Es ist im Allgemeinen klarer, bei der Deklaration einer Variablen ihren tatsächlichen Typ anzugeben.

20.6 Query-Ausdrücke

Wir haben am Anfang dieses Kapitels bereits einige Beispiele für Query-Ausdrücke gesehen. Bevor wir aber nun näher auf sie eingehen, wollen wir uns zunächst ansehen, wie Query-Ausdrücke übersetzt werden. Der Compiler transformiert sie nämlich in jene Sprachkonstrukte, die wir in den letzten Abschnitten behandelt haben, also in Lambda-Ausdrücke, Erweiterungsmethoden, Objektinitialisierer und anonyme Typen.

Betrachten wir dazu ein Beispiel. Angenommen, wir haben eine Liste von Studenten

```
List<Student> students = ...;
```

Wenn wir folgenden Query-Ausdruck darauf anwenden

```
var result =
    from s in students
    where s.Field == "Computing"
    orderby s.Name
    select new { s.Name, s.Id };
```

so übersetzt der Compiler das in Aufrufe von Erweiterungsmethoden:

```
var result =
    students
    .Where(s => s.Field == "Computing")
    .OrderBy(s => s.Name)
    .Select(s => new { s.Name, s.Id });
```

Da diese Erweiterungsmethoden in der Bibliotheksklasse System.Linq.Enumerable deklariert sind, müssen wir den Namensraum System.Linq importieren:

```
using System.Linq;
```

Das obige Beispiel zeigt sehr schön die einzelnen Bestandteile, die zur Übersetzung von Query-Ausdrücken nötig sind: Erweiterungsmethoden übernehmen die Aufgabe, die Daten zu filtern, zu sortieren und zu transformieren. Lambda-Ausdrücke werden dabei als Selektions- und Sortierkriterien verwendet. Die Where-Methode liefert eine Folge jener Studenten, deren Fachgebiet "Computing" ist, die OrderBy-Methode sortiert diese Folge nach den Namen der Studenten, und die Select-Methode liefert für jeden Studenten ein Objekt eines anonymen Typs mit den Properties Name und Id. Als Ergebnis erhalten wir eine Folge von Objekten aus Name und Matrikelnummer, die nach Namen sortiert ist und jene Studenten enthält, die "Computing" studieren. Dieses Ergebnis vom Typ IEnumerable<???> wird schließlich in der Variablen result gespeichert und kann wie folgt ausgegeben werden:

```
foreach (var s in result)
    Console.WriteLine(s.Name + " " + s.Id);
```

Beachten Sie bitte, dass jede dieser Erweiterungsmethoden (Where, OrderBy und Select) ein Resultat vom Typ IEnumerable<T> liefert, auf das dann wieder die nächste Erweiterungsmethode angewendet wird.

Query-Syntax

Bisher haben wir Query-Ausdrücke nur in Form von Beispielen kennengelernt. Nun wollen wir uns ihren Aufbau und ihre Syntax genauer ansehen. Im Ausdruck

```
from s in students
where s.Subject == "Computing"
orderby s.Name
select new { s.Name, s.Id }
```

ist students die *Datenquelle*, auf der die Abfrage arbeitet. Als Datenquelle können alle Objekte verwendet werden, deren Typ das Interface IEnumerable<T> unterstützt. Dazu gehören alle Collection-Typen wie List<T> oder Dictionary<K, V>, aber auch alle Arrays wie int[] oder string[]. Die Variable s übernimmt die Rolle einer *Laufvariablen*, die nacheinander die Werte aller Elemente aus students annimmt. Die letzte Zeile bildet eine *Projektion* eines Student-Objekts auf ein Objekt einer anonymen Klasse mit den beiden Properties Name und Id.

Das Ergebnis eines Query-Ausdrucks ist vom Typ IEnumerable<T>, wobei T der Typ der Projektion in der select-Klausel ist. Die Folge wird aber nicht als Ganzes berechnet, sondern stückweise. Man kann sich IEnumerable<T> als Cursor vorstellen, der beim Durchlaufen der Folge von Element zu Element bewegt wird, wobei erst beim Weiterbewegen das nächste Element der Folge berechnet wird. Somit kann die Folge beliebig lang werden, ohne viel Speicherplatz zu belegen.

Der obige Query-Ausdruck besteht aus vier Klauseln. Insgesamt gibt es sieben verschiedene Arten von Query-Klauseln, nämlich:

- from — definiert eine Laufvariable und eine Datenquelle
- where — filtert die Datenquelle nach einem bestimmten Kriterium
- orderby — sortiert die Elemente der Datenquelle
- select — projiziert die Laufvariable auf Elemente der Ergebnisfolge
- group — gruppiert die Datenquelle (bildet eine Folge von Gruppen)
- join — vereinigt Elemente mehrerer Datenquellen
- let — definiert eine Hilfsvariable

Ein Query-Ausdruck beginnt immer mit einer from-Klausel und endet mit einer select- oder group-Klausel. Die genaue Syntax lautet:

```
QueryExpr =
   "from" [Type] variable "in" SrcExpr
   QueryBody.
QueryBody =
   {  "from" [Type] variable "in" SrcExpr
   |  "where" BoolExpr
   |  "orderby" Expr ["ascending" | "descending"] { "," Expr ["ascending" | "descending"] }
   |  "join" [Type] variable "in" SrcExpr "on" Expr "equals" Expr ["into" variable]
   |  "let" variable "=" Expr
   }
   (  "select" ProjectionExpr ["into" variable QueryBody]
   |  "group" ProjectionExpr "by" Expr ["into" variable QueryBody]
   ).
```

SrcExpr ist dabei eine Datenquelle, die IEnumerable<T> implementiert, *Expr* ist ein beliebiger C#-Ausdruck, *BoolExpr* ein C#-Ausdruck vom Typ bool und *ProjectionExpr* ein C#-Ausdruck, der ein Element der Ergebnisfolge definiert. In all diesen Ausdrücken können neben der Laufvariablen auch Variablen aus der Umgebung des Query-Ausdrucks verwendet werden.

Laufvariablen

Ein Query-Ausdruck kann eine oder mehrere Laufvariablen enthalten. Sie werden in from- und join-Klauseln definiert und beschreiben das jeweils nächste Element einer Datenquelle. Wenn die Datenquelle vom Typ IEnumerable<T> ist, so ist die Laufvariable vom Typ T. Im obigen Beispiel war die Datenquelle students vom Typ List<Student>, die Laufvariable s daher vom Typ Student. Laufvariablen sind nur im Query-Ausdruck bekannt, in dem sie definiert wurden. Sie sind read-only und dürfen nicht denselben Namen haben wie äußere lokale Variablen.

Gruppierung

Oft möchte man die Elemente der Datenquelle nach bestimmten Kriterien gruppieren. Zum Beispiel könnte man die Studentenliste zu Gruppen jener Studenten zusammenfassen, die das gleiche Fach studieren. Das kann man mit Hilfe einer group-Klausel erreichen. Eine group-Klausel transformiert die Elemente der Datenquelle zunächst in Schlüssel/Wert-Paare und fasst dann alle Werte mit demselben Schlüssel zu einer Gruppe zusammen. Im Query-Ausdruck

```
var result =
    from s in students
    group s.Name by s.Field;
```

beschreibt s.Field den Schlüssel und s.Name den Wert so eines Paares. Wenn die Liste students zum Beispiel folgende Elemente enthält

```
Name = "John Doe", Id = 2009001, Field = "Computing"
Name = "Ann Miller", Id = 2009002, Field = "Mathematics"
Name = "Sue Brown", Id = 2010001, Field = "Computing"
Name = "Bob Harper", Id = 2010002, Field = "Mathematics"
```

so werden zunächst folgende Schlüssel/Wert-Paare gebildet

```
("Computing", "John Doe")
("Mathematics", "Ann Miller")
("Computing", "Sue Brown")
("Mathematics", "Bob Harper")
```

und anschließend nach Schlüsseln gruppiert:

```
"Computing": ("John Doe", "Sue Brown")
"Mathematics": ("Ann Miller", "Bob Harper")
```

Das Ergebnis ist eine Folge von Gruppen (IEnumerable<IGrouping>), wobei IGrouping<TKey, TValue> ein Interface ist, das ein Property Key anbietet, mit dem man den Schlüssel der Gruppe abfragen kann. Die Gruppen selbst sind vom Typ IEnumerable<TValue>. Das Ergebnis des obigen Query-Ausdrucks kann daher wie folgt ausgegeben werden:

```
foreach (var group in result) {
    Console.WriteLine(group.Key);
    foreach (string name in group) Console.WriteLine("   " + name);
}
```

Die Ausgabe lautet:

```
Computing
    John Doe
    Sue Brown
```

```
Mathematics
    Ann Miller
    Bob Harper
```

Manchmal kann es sinnvoll sein, die erzeugten Gruppen im Query-Ausdruck weiterzuverarbeiten, zum Beispiel wenn man die Anzahl der Elemente in jeder Gruppe zählen will. Um das zu tun, muss man jede Gruppe in einer neuen Laufvariablen speichern, auf die man dann weitere Query-Klauseln anwenden kann. Der folgende Query-Ausdruck fasst die Studenten nach Studienfach zu Gruppen zusammen, die mit einer neuen Laufvariablen g bezeichnet werden. Auf jede Gruppe g wird dann eine select-Klausel angewendet, die den Namen der Gruppe (g.Key) und die Anzahl ihrer Elemente (g.Count()) zu einem neuen Objekt zusammenfasst, das dann Teil der Ergebnisfolge ist:

```
var result =
    from s in students
    group s by s.Field into g
    select new { Field = g.Key, N = g.Count() };
```

Das Ergebnis kann wie folgt ausgegeben werden

```
foreach (var x in result)
    Console.WriteLine(x.Field + " has " + x.N + " students");
```

und liefert:

```
Computing has 2 students
Mathematics has 2 students
```

Joins

Query-Ausdrücke können auch Informationen aus mehreren Datenquellen zusammenfassen. In der Datenbankterminologie nennt man das eine *Join-Operation*. Sie wird in Query-Ausdrücken durch die join-Klausel unterstützt.

Um join-Klauseln anhand eines Beispiels erklären zu können, deklarieren wir zunächst eine Klasse Marking, die die Note eines bestimmten Studenten für eine bestimmte Lehrveranstaltung beschreibt.

```
class Marking {
    public int StudId { get; set; }          // Matrikelnummer
    public string Course { get; set; }       // Lehrveranstaltungsname
    public int Mark { get; set; }            // Note
}
```

Nehmen wir nun an, wir hätten folgende Listen von Studenten und Noten:

```
var students = new List<Student>();
```

Id	*Name*	*Field*
2009001	"John Doe"	"Computing"
2009002	"Ann Miller"	"Mathematics"
2010001	"Sue Brown"	"Computing"
2010002	"Bob Harper"	"Mathematics"

```
var marks = new List<Marking>();
```

StudId	*Course*	*Mark*
2009001	"Programming"	3
2009001	"Databases"	1
2009001	"Graphics"	2
2009002	"Algebra"	1

Der folgende Query-Ausdruck fügt diese beiden Tabellen zusammen, wobei Studenten- und Notensätze mit gleicher Matrikelnummer zu einem neuen Satz zusammengefasst werden, aus dem dann mittels select ausgewählt wird.

```
var result =
    from s in students
    join m in marks on s.Id equals m.StudId
    select s.Name + ", " + m.Course + ", " + m.Mark;
```

Das Ergebnis ist ein IEnumerable<string> und kann wie folgt ausgegeben werden:

```
foreach (string s in result) Console.WriteLine(s);
```

Wir erhalten:

```
John Doe, Programming, 3
John Doe, Databases, 1
John Doe, Graphics, 2
Ann Miller, Algebra, 1
```

Die join-Klausel sucht jene Elemente m aus marks, für die die Matrikelnummern s.Id und m.StudId übereinstimmen. Die select-Klausel baut dann aus s.Name, m.Course und m.Mark den Ergebnisstring zusammen. Beachten Sie bitte, dass Vergleiche in der join-Klausel mit dem Operator equals erfolgen müssen. Andere Vergleichsoperatoren (z.B. ==, !=, >, >=, <, <=) sind hier nicht zulässig.

Als Alternative zur *expliziten* join-Klausel kann man die Laufvariablen s und m auch in getrennten from-Klauseln definieren, was man *impliziter Join* nennt.

```
var result =
    from s in students
    from m in marks
    where s.Id == m.StudId
    select s.Name + ", " + s.Course + ", " + s.Mark;
```

Das Ergebnis ist das gleiche: Auch hier werden jene Elemente von students und marks kombiniert, die in ihren Matrikelnummern übereinstimmen. Die Implementierung des impliziten Joins ist aber ineffizienter. Es wird hier nämlich zuerst das Kreuzprodukt aller Studenten- und Notensätze gebildet (d.h., jeder Student wird mit jedem Notensatz kombiniert), und erst anschließend werden jene Elemente herausgefiltert, für die die where-Klausel zutrifft. Bei der expliziten join-Klausel wird hingegen jeder Student von Anfang an nur mit jenen Notensätzen kombiniert, die die gleiche Matrikelnummer aufweisen.

Gruppen-Joins

Anstatt jeden Satz der zweiten Datenquelle mit jedem passenden Satz der ersten Datenquelle zu kombinieren, kann man auch sämtliche passenden Sätze der zweiten Datenquelle als Gruppe auffassen und diese Gruppe dann als Ganzes mit dem Satz der ersten Datenquelle kombinieren. Das nennt man eine *Gruppen-Join-Operation*. Die gruppierten Sätze der zweiten Datenquelle müssen dazu in einer Gruppenvariablen abgelegt werden, die man dann in weiteren Query-Klauseln verwenden kann. Sehen wir uns dazu folgendes Beispiel an:

```
var result =
    from s in students
    join m in marks on s.Id equals m.StudId into subgroup
    select new { Name = s.Name, MarkList = subgroup };
```

Alle Sätze m aus marks, für die m.StudId mit s.Id übereinstimmt, werden zu einer Gruppe subgroup zusammengefasst, die dann in der select-Klausel als Property MarkList des neuen Objekts abgelegt wird. Wenn wir für students und marks die Daten aus dem Beispiel der letzten Seite annehmen und das Ergebnis des Query-Ausdrucks ausgeben

```
foreach (var elem in result) {
    Console.WriteLine(elem.Name);
    foreach (var m in elem.MarkList) Console.WriteLine("  " + m.Course + ", " + m.Mark);
}
```

so erhalten wir:

```
John Doe
    Programming, 3
    Databases, 1
    Graphics, 2
Ann Miller
    Algebra, 1
```

let

Die let-Klausel dient dazu, Ausdrücke in Hilfsvariablen zu speichern, die man dann in weiteren Query-Klauseln verwenden kann. Angenommen, wir wollen die Namen aller Informatik-Studenten ermitteln, deren Matrikelnummer mit 2009 beginnt, so können wir schreiben:

```
var result =
    from s in students
    where s.Field == "Computing"
    let year = s.Id / 1000
    where year = 2009
    select s.Name;
```

Das filtert aus unseren Beispieldaten den Namen John Doe heraus, denn sein Fach ist "Computing" und seine Matrikelnummer ist 2009001.

20.7 LINQ und XML

LINQ besteht eigentlich aus mehreren Technologien:

- *LINQ to Objects*: Queries auf Hauptspeicherdaten
- *LINQ to XML*: Queries auf XML-Daten
- *LINQ to SQL*: Queries auf SQL-Datenbanken

Bisher haben wir uns auf LINQ to Objects beschränkt. Im folgenden Abschnitt sehen wir uns nun auch die Grundlagen von LINQ to XML an, während wir für die Behandlung von LINQ to SQL auf [CK09] verweisen. Alle für die XML-Behandlung nötigen Klassen sind im Namensraum System.Xml.Linq deklariert, den wir daher zusätzlich zu System.Linq importieren müssen.

XElement und XAttribute

Die beiden wichtigsten Klassen von LINQ to XML sind XElement und XAttribute. XElement speichert ein XML-Element, wie z.B.:

```
<name>John</name>
```

Es kann wie folgt erzeugt werden:

```
XElement e = new XElement("name", "John");
```

Wir können aber auch geschachtelte Elemente erzeugen, wobei jedes Element Attribute haben kann, die durch XAttribute repräsentiert werden, z.B.:

```
XElement e = new XElement("student",
   new XAttribute("id", 2009001),
   new XElement("name", "John Doe"),
   new XElement("field", "Computing"));
```

Wenn wir das erzeugte Element mittels Console.WriteLine(e); ausgeben, erhalten wir:

```
<student id="2009001">
   <name>John Doe</name>
   <field>Computing</field>
</student>
```

Anstatt XML-Daten manuell zu erzeugen, können wir sie auch von einer Datei einlesen, z.B.:

```
XElement e = XElement.Load("students.xml");
```

Wenn die Datei students.xml die obigen XML-Daten für <student> ... </student> enthält, erhalten wir in e genau das gleiche XElement-Objekt, das wir oben manuell erstellt haben.

Erzeugen von XML-Daten aus einer Wertefolge

Angenommen, wir haben eine Liste von Objekten des Typs Student:

```
List<Student> students = new List<Student> {...};
```

Wir können diese Liste nun mit Hilfe eines Query-Ausdrucks verarbeiten und dabei XML-Daten erzeugen, die dieser Studentenliste entsprechen, z.B.:

```
XElement xmlData = new XElement("students",
   from s in students
   where s.Field == "Computing"
   select
      new XElement("student",
         new XAttribute("id", s.Id),
         new XElement("name", s.Name)
      )
   );
```

Wenn wir xmlData mittels Console.WriteLine(xmlData); ausgeben, erhalten wir:

```
<students>
   <student id="2009001">
      <name>John Doe</name>
   </student>
   <student id="2009002">
      <name>Ann Miller</name>
   </student>
   ...
</students>
```

Der Konstruktur von XElement ist mehrfach überladen. Wir können ihm nicht nur eine XML-Marke und einen Wert übergeben, sondern auch eine XML-Marke und ein Objekt des Typs IEnumerable<XElement>, wie das im obigen Beispiel der Fall ist.

Erzeugen einer Wertefolge aus XML-Daten

Umgekehrt können wir aus XML-Daten, die in einem XElement und seinen Unterelementen gespeichert sind, wieder eine Folge von Student-Objekten erzeugen:

```
var newList =
   from e in xmlData.Elements("student")
   select new Student {
      Name = e.Element("name").Value,
      Id = Convert.ToInt32(e.Attribute("id").Value),
      Field = "Computing" };
```

Der Methodenaufruf xmlData.Elements("student") liefert alle Unterelemente von xmlData, die den Namen student haben, und zwar in Form einer Folge vom Typ IEnumerable<XElement>. Die Laufvariable e hat daher den Typ XElement. Der Aufruf e.Element("name") liefert das Unterelement name von e und e.Attribute("id") liefert das Attribut id von e. Das Ergebnis des gesamten Query-Ausdrucks ist vom Typ IEnumerable<Student> und wird in der Variablen newList gespeichert.

Diese Beispiele zeigen eindrucksvoll, dass die Erzeugung und Verarbeitung von XML-Daten mittels Query-Ausdrücken und Objektinitialisierern eine wesentliche Vereinfachung gegenüber dem bisherigen XML-API von .NET darstellt.

20.8 Übungsaufgaben

1. **Buchstabenextraktion**
   Schreiben Sie eine Methode Where, die aus einem String alle Buchstaben extrahiert, die ein bestimmtes Kriterium erfüllen (z.B. alle Vokale oder alle Großbuchstaben), und die das Ergebnis wieder als String zurückgibt. Das Auswahlkriterium soll als Lambda-Ausdruck angegeben werden.

2. **Erweiterungsmethode** Where
   Implementieren Sie die Erweiterungsmethode Where aus der Klasse System.Linq.Enumerable nach. Das Auswahlkriterium soll ein Lambda-Ausdruck sein, der auf alle Elemente der Folge angewendet wird und ein bool-Ergebnis liefert. Verwenden Sie zur Erzeugung der Ausgabefolge einen Iterator (siehe Abschnitt 16.2) und die yield return-Anweisung.

3. **Erweiterungsmethode** Collect
   Implementieren Sie eine Erweiterungsmethode Collect, die auf Folgen des Typs IEnumerable<T> angewendet werden kann und eine neue Folge produziert, die alle Elemente der Eingabefolge in transformierter Form enthält. Die Transformation soll mit einer Funktion erfolgen, die als Lambda-Ausdruck mitgegeben wird. Verwenden Sie zur Erzeugung der Ausgabefolge wieder einen Iterator (siehe Abschnitt 16.2) und die yield return-Anweisung.

4. **Koordinatentransformation**
   Gegeben sei ein Array von Punkten im zweidimensionalen Raum. Schreiben Sie eine Methode Transform, die jeden Punkt im Array mit Hilfe eines Lambda-Ausdrucks transformiert und ein neues, transformiertes Punktearray liefert. Implementieren Sie damit eine Verschiebung, eine Skalierung und eine Drehung der Punkte um den Nullpunkt.

5. **Initialisierung von Objekten und Collections**
   Erzeugen und initialisieren Sie eine Liste von Studenten gemäß der Deklaration der Klasse Student in Abschnitt 20.4. Verwenden Sie zur Initialisierung der Studenten Objektinitialisierer und zur Initialisierung der Liste einen Collection-Initialisierer.

6. **Query-Ausdruck mit Gruppierung**
   Wenden Sie auf die in Aufgabe 5 erzeugte Studentenliste einen Query-Ausdruck an, der die Studenten anhand der ersten 4 Ziffern (Jahreszahl) ihrer Matrikelnummer zu Gruppen zusammenfasst.
7. **Query-Ausdruck auf Metadaten**
   Die Metadaten einer Klasse bestehen aus Arrays mit Informationen über alle Felder, Properties, Methoden und Konstruktoren dieser Klasse. Aus diesen Arrays lassen sich mittels Query-Ausdrücken Informationen herausziehen. Schreiben Sie einen Query-Ausdruck, der zu einem gegebenen Typ die Menge seiner Properties ermittelt. Die Metadaten eines Typs wie `ArrayList` lassen sich mit `Type t = typeof(System.Collections.ArrayList);` ermitteln. Die vom Query-Ausdruck gelieferten Property-Informationen sollen als Objekte einer anonymen Klasse implementiert werden, die Name und Typ des Properties enthält. Verwenden Sie [SDKDoc], um herauszufinden, wie Sie an die Metadaten in `Type` herankommen.
8. **Query-Ausdruck mit Join**
   Deklarieren Sie eine Klasse `Article` mit Artikelnummer, Artikelbezeichnung und Artikelpreis sowie eine Klasse `Item` für bestellte Artikel mit Artikelnummer und Bestellmenge. Legen Sie dann mittels Objekt- und Collection-Initialisierern eine Artikelliste sowie eine Bestellung mehrerer Artikel an. Erstellen Sie schließlich mit Hilfe eines Query-Ausdrucks einen Join der bestellten Artikel mit ihren Artikelinformationen und geben Sie die Bestellung samt Gesamtpreis in übersichtlicher Form aus (Artikelnummer, Artikelbezeichnung, Bestellmenge, Preis).
9. **Erzeugung einer XML-Datei**
   Legen Sie eine Artikelliste wie in Aufgabe 8 an und erzeugen Sie daraus eine XML-Datei mit einem Wurzelelement `articles` und einem Unterelement `article` pro Artikel. Die Artikelnummer und der Artikelpreis sollen Attribute des Artikels sein, die Artikelbezeichnung ein Unterelement des Artikels.

21 Asynchrone Methoden und Parallelität

Viele Jahre lang waren wir gewohnt, dass Rechner immer schneller wurden, indem ihre Taktrate erhöht wurde. Das ist nun zu Ende, denn die Taktraten haben eine physikalische Grenze erreicht. Die einzige Möglichkeit, Rechner weiterhin schneller zu machen, ist nun, die Anzahl ihrer Prozessoren zu erhöhen und Programmteile darauf parallel auszuführen.

Parallelität kommt aber nicht von selbst, sondern muss vom Programmierer explizit vorgesehen werden. Er muss Programmteile identifizieren, die parallel zueinander ausgeführt werden können, und muss sie gleichzeitig starten. Er kann außerdem beschließen, beim Aufruf einer Methode nicht auf ihre Rückkehr zu warten, sondern gleich weiterzuarbeiten und die Methode asynchron (also ohne auf sie zu warten) zu Ende laufen zu lassen. Auch das ist eine Form von Parallelität, die dafür sorgt, dass der Rufer nicht unnötig lange blockiert wird.

In C# 5.0 wurde eine Reihe neuer Sprachmechanismen und Bibliotheksklassen eingeführt, die die asynchrone und parallele Programmierung unterstützen. Dieses Kapitel stellt die wichtigsten Konzepte daraus vor. Details können wie immer in der Dokumentation der .NET-Klassenbibliothek nachgelesen werden.

21.1 Asynchronität

Methodenaufrufe erfolgen in der Regel *synchron*, d.h., der Rufer muss warten, bis die aufgerufene Methode mit ihrer Arbeit fertig ist und zurückkehrt. Erst dann kann er seine eigene Arbeit fortsetzen (Abb. 21–1a).

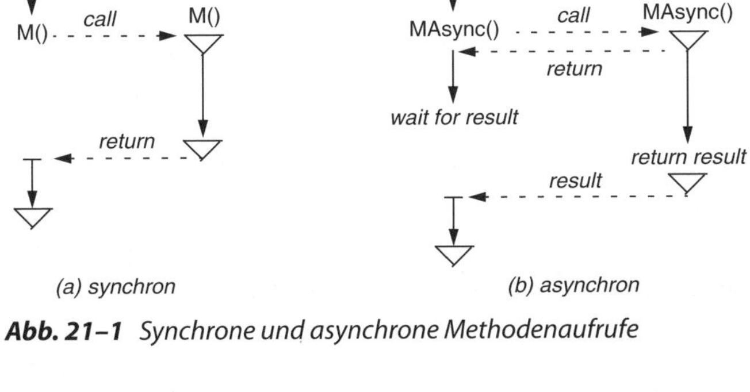

Abb. 21–1 *Synchrone und asynchrone Methodenaufrufe*

Manchmal kann dieses Warten jedoch zeitraubend sein. Wenn die gerufene Methode zum Beispiel eine Netzwerkverbindung aufmacht und eine größere Menge von Daten über das Netz holt, kann das durchaus mehrere Sekunden dauern. Während dieser Zeit ist der Rufer blockiert, was vor allem bei interaktiven Programmen stört, von denen Benutzer rasche Reaktionszeiten erwarten. In vielen Fällen könnte der Rufer die Wartezeit nutzen, um einstweilen andere Arbeiten zu erledigen, bis er schließlich die Ergebnisse des Aufrufs tatsächlich benötigt. Diese Überlegungen führten zur Idee des asynchronen Methodenaufrufs.

Bei einem *asynchronen Methodenaufruf* muss der Rufer nicht auf die Beendigung der aufgerufenen Methode warten, sondern bekommt die Kontrolle sofort zurück und kann gleich weiterarbeiten (Abb. 21–1b). Der Rufer und die aufgerufene Methode laufen nun parallel (im Idealfall sogar auf unterschiedlichen Prozessoren), wodurch es zu keiner nennenswerten Verzögerung im Rufer kommt. Wenn die aufgerufene Methode keine Ergebnisse an den Rufer liefert, braucht sich dieser auch nicht mehr weiter um sie zu kümmern. Wenn der Rufer aber Ergebnisse benötigt – was oft der Fall ist –, muss er irgendwann warten, bis die aufgerufene Methode zu Ende ist und ihm die Ergebnisse liefert. In diesem Fall ist er ebenfalls blockiert. Im Gegensatz zum synchronen Methodenaufruf tritt diese Blockierung aber erst viel später ein, nämlich wenn der Rufer die Ergebnisse tatsächlich benötigt. In der Zwischenzeit kann er noch andere nützliche Arbeiten erledigen.

C# stellt für asynchrone Methoden den Bibliothekstyp Task zur Verfügung sowie die await-Anweisung, mit der man auf die Beendigung von Tasks warten kann. In den nächsten Abschnitten sehen wir uns nun diese Konzepte genauer an.

21.2 Tasks

Ein Task ist wie ein Thread ein paralleler Prozess, d.h. eine Folge von Anweisungen, die parallel zu anderen Anweisungen ausgeführt werden. Im Gegensatz zu einem Thread kann ein Task aber auch einen Ergebniswert speichern, auf den man warten kann, und bietet auch sonst noch einige nützliche Operationen.

Task ist eine Klasse des Namensraums System.Threading.Tasks. Tasks werden ähnlich wie Threads erzeugt, indem man ihnen eine Methode mitgibt, die die auszuführenden Anweisungen enthält. In der Regel ist das eine parameterlose void-Methode, die man auch als Lambda-Ausdruck spezifizieren kann, zum Beispiel:

```
Task task = new Task( () => {... auszuführende Anweisungen ...} );
task.Start();
```

Ein Task benutzt intern einen Thread, den er sich aus einem Thread-Pool holt und der die übergebene Methode ausführt, sobald man task.Start() aufruft. Da die Erzeugung und das Starten eines Tasks meist zusammen auftreten, gibt es dafür eine statische Methode namens Run, die diese beiden Schritte zusammenfasst. Das folgende Codestück ist also äquivalent zu den beiden obigen Codezeilen:

```
Task task = Task.Run( () => {... auszuführende Anweisungen ...} );
```

Der neue Task läuft nun parallel zum Rufer, der die Variable task dazu verwenden kann, gegebenenfalls auf die Fertigstellung des Tasks zu warten. So weit ist das noch nicht besonders aufregend, weil man dasselbe auch mit Threads erreichen könnte. Interessanter wird es, wenn man dem Task eine Funktionsmethode übergibt, die einen Ergebniswert liefert. Dieser Ergebniswert muss vom Rufer irgendwann in Empfang genommen werden. Da der Rufer aber nicht weiß, wann der Task zu Ende ist, wird das Ergebnis einstweilen im Task-Objekt zwischengespeichert. Der Rufer kann es in Empfang nehmen, wenn er auf die Fertigstellung des Tasks wartet (siehe Abschnitt 21.3). Tasks, die ein Ergebnis speichern, werden als generische Klassen realisiert, deren Typparameter den Typ des erwarteten Ergebnisses ausdrückt. Ein Task<int> speichert also ein int-Ergebnis. Das Beipiel

```
Task<int> task = Task.Run( () => { int i; ... Berechnungen ...; return i; } );
```

startet einen neuen Task (und somit auch einen Thread), der irgendwelche Berechnungen durchführt und dann ein int-Ergebnis zurückgibt. Da der Rufer aber parallel zum Task weiterläuft, kann er das Ergebnis noch nicht sofort verwenden, sondern erst, nachdem der Task zu Ende gelaufen ist. Das von Task.Run() gelieferte Objekt vom Typ Task<int> ist also lediglich ein »Versprechen«, irgendwann in der Zukunft einen int-Wert als Ergebnis zu liefern. Man nennt solche generischen Task-Typen daher auch *Futures*.

Wie man auf Tasks wartet und sich ihre Ergebnisse abholt, sehen wir uns im nächsten Abschnitt an. Vorher betrachten wir aber noch einen Auszug der Schnittstelle der Klassen Task und Task<T>.

```
public class Task {
   public Task(Action a);
   //--- properties
   public TaskStatus Status { get; }          // Created, Running, WaitingToRun, ...
   public bool IsCompleted { get; }
   ...
   //--- methods
   public static Task Run(Action a);          // führt eine void-Methode als Task aus
   public static Task Delay(int n);           // hält den aktuellen Task für n Millisekunden an
   public void Wait();                        // wartet, bis der Empfänger-Task zu Ende ist
   ...
}

public class Task<T>: Task {
   public Task(Func<T> f);
   --- methods
   public static Task<T> Run(Func<T> f); // führt die Funktion f, die T liefert, als Task aus
   ...
}

public delegate void Action();
public delegate T Func<T>();
```

21.3 Asynchrone Methoden

Wir haben Tasks als parallele Prozesse kennengelernt, auf deren Fertigstellung man warten und deren Ergebnis man später abholen kann. Die Klasse Task stellt dazu geeignete Methoden zur Verfügung. Um aber das Arbeiten mit Tasks bequemer zu machen, bietet C# spezielle Sprachmechanismen an, mit denen man asynchrone Methoden deklarieren kann, sowie eine await-Anweisung, mit der man auf die Beendigung eines Tasks warten und sich sein Ergebnis abholen kann. Diese Mechanismen werden auf die entsprechenden Task-Methoden abgebildet. Da sich dahinter komplexe Abläufe verbergen, ist es einfacher, von den Task-Methoden zu abstrahieren und sich ganz auf die Sprachmittel von C# zu konzentrieren.

Eine asynchrone Methode wird mit dem Schlüsselwort async deklariert und muss eine oder mehrere await-Anweisungen enthalten. Umgekehrt muss jede Methode, die eine await-Anweisung enthält, mit async deklariert sein. Per Konvention sollten asynchrone Methoden außerdem die Endung Async aufweisen.

Sehen wir uns als Beispiel eine asynchrone Methode DoAsync() an, die eine lange dauernde Berechnung als Task startet und dann parallel dazu andere Berechnungen durchführt (1), bis sie mittels einer await-Anweisung auf das Ergebnis des Tasks wartet und schließlich mit diesem Ergebnis weiterarbeitet (2).

```
async void DoAsync() {
    Task<int> task = Task.Run( () => {... lang dauernde Berechnung, die int zurückgibt ...} );
    ... // (1)
    int result = await task;
    ... // (2)
}
```

Der Ablauf dieser Methode hängt davon ab, ob der gestartete Task zum Zeitpunkt der Ausführung von await task; bereits fertig ist oder nicht. Ist er bereits fertig, so wird das in Task<int> gespeicherte int-Ergebnis abgeholt und der Variablen result zugewiesen. Anschließend setzt die Methode ihre Arbeit fort und kehrt schließlich zum Rufer zurück (Abb. 21–2).

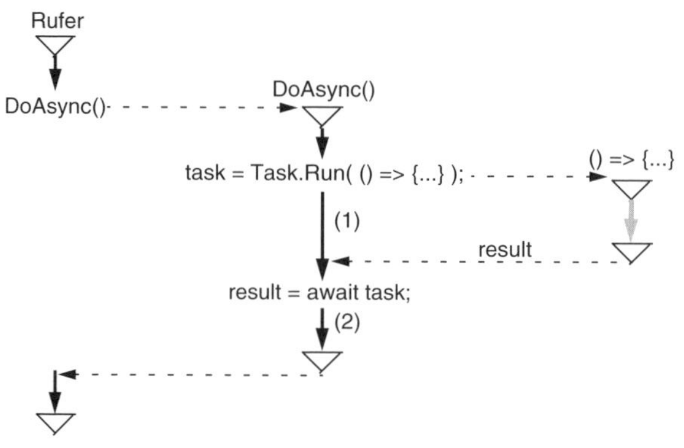

Abb. 21–2 *Ablauf von DoAsync(); Task ist bereits vor der await-Anweisung fertig*

Wie man sieht, läuft der neue Task parallel zum Codestück (1) in DoAsync(). Da sein Ergebis zum Zeitpunkt der await-Anweisung bereits vorliegt, wird sofort mit dem Codestück (2) fortgesetzt. In diesem Fall entspricht der Ablauf von DoAsync() dem einer synchronen Methode. Das ändert sich aber, wenn das Ergebnis des Tasks zum Zeitpunkt der await-Anweisung noch nicht vorliegt (Abb. 21–3).

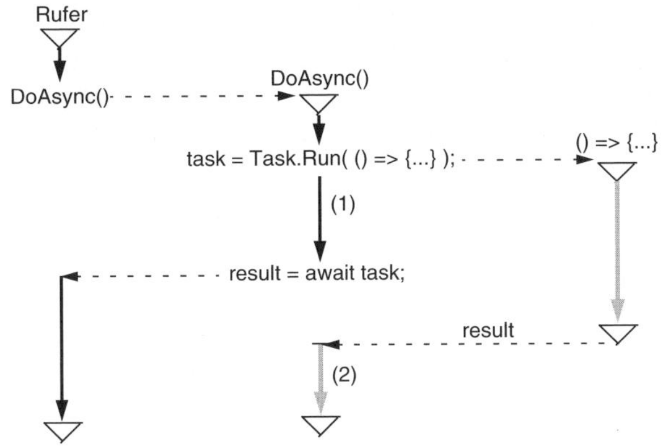

Abb. 21–3 *Ablauf von DoAsync(); Task ist erst nach der await-Anweisung fertig*

Wenn der Task, auf den gewartet wird, noch nicht fertig ist, kehrt die await-Anweisung zum Rufer zurück, der nach dem Aufruf von DoAsync() weiterarbeitet. Sobald dann der Task, auf den gewartet wurde, zu Ende ist und sein Ergebnis vorliegt, wird es an result zugewiesen und DoAsync() setzt mit dem Codestück (2) fort.

Man beachte die Färbung der Pfeile, die unterschiedliche Threads ausdrückt. Der Rufer und der erste Teil von DoAsync() werden vom schwarzen Thread ausgeführt, während der Task und das Codestück (2) vom grauen Thread ausgeführt werden. Der zweite Teil von DoAsync() wird also von einem anderen Thread ausgeführt als der erste Teil. Man nennt dieses Konzept *Continuation*. Der Teil nach der await-Anweisung wird also als Continuation ausgeführt, d.h. als neuer, implizit erzeugter Task, auf den der Rufer mit await warten kann. Continuations sind in anderen Sprachen oft ein eigenes Sprachkonstrukt. In C# werden sie implizit benutzt, was äußerst elegant ist. Für den Programmierer sieht es so aus, als wäre DoAsync() eine rein sequenzielle Methode. In Wirklichkeit werden Teile davon von unterschiedlichen Threads und zu unterschiedlichen Zeiten ausgeführt.

Man beachte auch, dass jede asynchrone Methode bis zu ihrer ersten await-Anweisung synchron ausgeführt wird. Lediglich der Teil nach der await-Anweisung läuft asynchron und somit parallel zum Rufer. Man sollte also die await-Anweisung möglichst bald platzieren, damit die asynchrone Methode so bald wie möglich zum Rufer zurückkehren kann. Falls es im Codestück (1) von DoAsync() keine sinnvolle Arbeit gibt, die parallel zum gestarteten Task erledigt werden kann, so kann man anstatt der Langform

```
Task<int> task = Task.Run(...);
int result = await task;
... // Continuation
```

auch folgende Kurzform verwenden

```
int res = await Task.Run(...);
... // Continuation
```

bei der sofort nach der Erzeugung des Tasks auf sein Ergebnis gewartet wird, wobei auch hier wieder zum Rufer zurückgekehrt wird, falls das Ergebnis noch nicht vorliegt. Dasselbe gilt natürlich auch, wenn man mit Task anstatt mit Task<T> arbeitet. Der Langform

```
Task task = Task.Run(...);
await task;
... // Continuation
```

entspricht die Kurzform

```
await Task.Run(...);
... // Continuation
```

Umwandlung von synchronen in asynchrone Methoden

Es ist vielleicht hilfreich, sich zu überlegen, wie man eine synchrone Methode in eine asynchrone umwandeln kann. Wenn die synchrone Methode eine void-Methode ist

```
void M() {...}
```

so hat man zwei Möglichkeiten der Umwandlung. Will man später auf die asynchrone Methode warten, so muss diese einen Task liefern, den man in einer await-Anweisung verwenden kann, also etwa so:

```
async Task MAsync() {
   await Task.Run(...); // (a)
   ... // (b)
}
```

Das mit (b) bezeichnete Codestück wird vom Compiler automatisch in einen Task umgewandelt und an den Rufer zurückgegeben, der dann darauf warten kann. Man beachte, dass der aus (b) erzeugte Continuation-Task ein anderer ist als der Task, der mit Task.Run() erzeugt wird und auf den die await-Anweisung in (a) wartet. Der Aufruf und das Warten auf MAsync() sehen im Rufer folgendermaßen aus:

```
await MAsync();
```

Will der Rufer auf die asynchrone Methode nicht warten, so kann man MAsync() auch als void-Methode implementieren:

```
async void MAsync() {
    await Task.Run(...); // (a)
    ... // (b)
}
```

Auch hier wird (b) asynchron zum Rufer durch einen Continuation-Task ausgeführt. Der Rufer kann aber nicht auf das Ende von MAsync() warten und muss daher diese Methode wie eine synchrone Methode aufrufen:

```
MAsync();
```

Will man eine synchrone *Funktions*methode

```
int F() {
    int result;
    ... Berechnungen ...
    return result;
}
```

in eine asynchrone Methode umwandeln, so muss diese ein Task<T>-Objekt liefern (in diesem Fall ein Task<int>-Objekt):

```
async Task<int> FAsync() {
    int result = await Task.Run( () => {... Berechnungen ...} ); // (a)
    ... weitere Berechnungen ... // (b)
    return result;
}
```

Der Compiler erzeugt aus dem Codestück (b) automatisch einen Task<int>, in dem der mit return gelieferte Ergebniswert result gespeichert wird. Dieser Task wird dann an den Rufer zurückgegeben, der folgendermaßen darauf warten und sich das Ergebnis abholen kann:

```
int result = await FAsync();
```

Einschränkungen und Hinweise

Beim Arbeiten mit Asynchronität sind einige Einschränkungen zu beachten. Zum Beispiel darf man das Schlüsselwort async nur für Methoden oder für Lambda-Ausdrücke verwenden, nicht aber für Konstruktoren oder für den Zugriffscode von Properties und Indexern. Auch die main()-Methode des Programms darf nicht asynchron sein. Außerdem darf eine asynchrone Methode keine Ref- oder Out-Parameter haben, da sie ja bereits bei der ersten await-Anweisung zurückkehrt, wo diese Parameter vielleicht noch nicht eingestellt wurden.

Die await-Anweisung wiederum darf man nicht in unsafe-Blöcken verwenden, da dies zu Komplikationen führen könnte.

Vorsicht ist auch in anderer Hinsicht geboten: Wenn ein Task erzeugt wird, wird automatisch ein Thread gestartet, der jedoch als Hintergrundprozess läuft (siehe Abschnitt 15.1). Das Gesamtprogramm endet, wenn alle Vordergrund-Threads an ihr Ende gekommen sind; Hintergrund-Threads werden hingegen abgebrochen. Das bedeutet, dass am Programmende nicht automatisch auf noch laufende Tasks gewartet wird. Will man das tun, muss man explizit mittels task.Wait() bzw. mit Task.WaitAll(task1, ..., taskn) warten (siehe Online-Dokumentation der Klasse Task).

Eine interessante Frage ist auch, was mit Ausnahmen (Exceptions) geschieht, die in einem Task geworfen, aber dort nicht gefangen werden. Solche Exceptions können an der Stelle der entsprechenden await-Anweisung mittels einer try-Anweisung behandelt werden.

Asynchronität in Schleifen

Manchmal möchte man eine asynchrone Operation in einer Schleife ausführen. Hier soll kurz gezeigt werden, was sich dabei im Hintergrund abspielt. Folgender Code startet in jedem Schleifendurchlauf einen Task, führt parallel dazu irgendwelche Berechnungen durch (1), bevor er auf das Ergebnis des Tasks wartet und die Schleife dann mit (2) fortsetzt:

```
async void DoAsync() {
   while (...) {
      Task<int> task = Task.Run(...);
      ... // (1)
      int result = await task;
      ... // (2)
   }
}
```

Abb. 21–4 zeigt, was dabei geschieht.

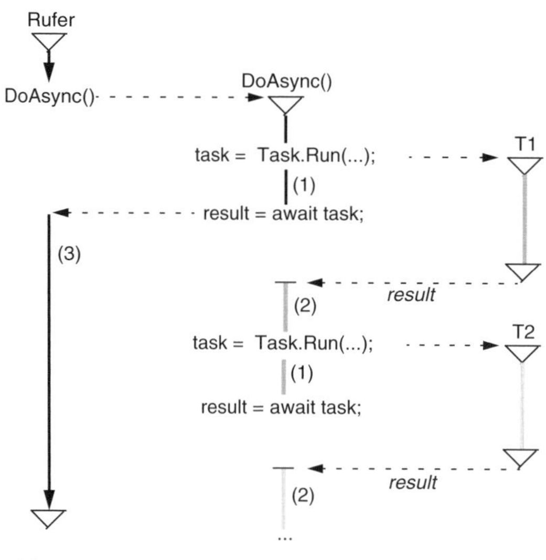

***Abb. 21–4** Asynchrone Operation in einer Schleife*

Wenn die Schleife zum ersten Mal auf die await-Anweisung stößt und der vorher gestartete Task T1 noch nicht fertig ist, kehrt DoAsync() zum Rufer zurück, der anschließend asynchron weiterarbeitet (3). Am Ende von T1 wird sein Ergebnis zurückgegeben und die Schleife wird in einem Continuation-Task mit (2) fortgesetzt. Anschließend wird ein neuer Task T2 erzeugt, der nun wieder parallel zu (1) läuft. Beim nächsten await wird nun aber nicht zum Rufer von DoAsync() zurückgekehrt, sondern der Continuation-Task wird beendet und sein Thread wird an den Thread-Pool zurückgegeben. Die Farben Schwarz, Dunkelgrau und Hellgrau deuten hier wieder die unterschiedlichen Threads an, die zur Ausführung des Codes verwendet werden. Der Nutzen der Asynchronität besteht in diesem Beispiel darin, dass das Codestück (1) in jedem Schleifendurchgang parallel zum jeweils neu gestarteten Task läuft und dass der Rufer von DoAsync() nicht blockiert ist.

Weiteres Beispiel

Die .NET-Klassenbibliothek unterstützt Asynchronität an vielen Stellen, zum Beispiel bei Methoden der Klassen System.IO.FileStream, System.Net.Http.HttpClient oder System.Net.WebRequest, also bei Operationen, auf deren Fertigstellung der Rufer oft lange warten muss. Das folgende Beispiel zeigt, wie man solche asynchronen Bibliotheksmethoden benutzt.

Die folgende asynchrone Methode GetAsync() öffnet eine Datei *input.txt*, liest daraus mittels der Bibliotheksmethode ReadAsync() 1000 Bytes und gibt sie als String zurück.

```
async Task<string> GetAsync() {
   Stream s = new FileStream("input.txt", FileMode.Open);
   byte[] buffer = new byte[1000];
   Task<int> task1 = s.ReadAsync(buffer, 0, 1000);
   ... // (1) erledige Arbeit, während buffer gefüllt wird
   int len = await task1;
   ... // (2) konvertiere buffer in einen String str
   return str;
}
```

Während ReadAsync() läuft, können in (1) parallele Arbeiten durchgeführt werden. Die await-Anweisung wartet dann auf das Ende von ReadAsync() und holt sich die Anzahl der tatsächlich gelesenen Bytes. Anschließend wird in (2) der Puffer in einen String umgewandelt und an den Rufer zurückgegeben.

Nehmen wir nun an, dass GetAsync() von einer weiteren asynchronen Methode DoAsyc() aufgerufen wird, die wie folgt aussieht:

```
async void DoAsync() {
   Task<string> task2 = GetAsync();
   ... // (3) erledige Arbeit, während GetAsync läuft
   string str = await task2;
   ... // (4) verarbeite str
}
```

Auch hier läuft das Codestück (3) parallel zu GetAsync() ab. Anschließend wird auf den Ergebnisstring gewartet, der schließlich in (4) weiterverarbeitet wird. Abb. 21–5 zeigt, wie der Steuerfluss und die daran beteiligten Threads verzahnt ablaufen, um möglichst viel Parallelität auszunutzen.

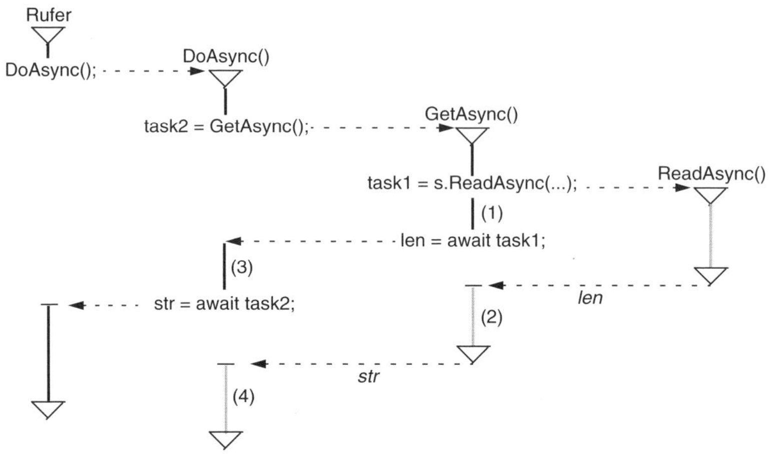

Abb. 21–5 *Verzahnter Steuerfluss beim Aufruf von DoAsync(), GetAsync() und ReadAsync()*

Man beachte, dass auch hier wieder zwei Threads beteiligt sind, die verzahnt ablaufen. Der schwarze Thread führt den Rufer aus sowie die synchronen Teile (1) und (3) von GetAsync() und DoAsync(). Der graue Thread wird für den Task in ReadAsync() gestartet und führt anschließend die asynchronen Teile (2) und (4) von GetAsync() und DoAsync() aus.

Der Programmierer muss diesen komplizierten Steuerfluss aber nicht im Kopf behalten. Er kann so tun, als ob DoAsync() und GetAsync() rein sequenziell von einem einzigen Thread ausgeführt würden. Die Aufspaltung in mehrere Threads geschieht automatisch im Hintergrund und sorgt für größtmögliche Parallelität.

21.4 Explizite Parallelität

Neben asynchronen Methoden, die eine Art von impliziter Parallelität darstellen, bietet .NET auch explizite Parallelität in Form von Bibliotheksklassen, mit denen man Aktionen gezielt parallel ausführen kann. Eine der wichtigsten Klassen ist dabei die Klasse Parallel des Namensraums System.Threading.Tasks, die statische Methoden anbietet, mit denen man Codestücke parallel zueinander laufen lassen kann.

Die Methode Parallel.Invoke() erlaubt zum Beispiel, eine beliebige Anzahl parameterloser void-Methoden parallel zu starten und anschließend auf ihre Beendigung zu warten. Anstatt Methoden kann man natürlich auch Lambda-Ausdrücke verwenden, was folgendermaßen aussieht:

```
Parallel.Invoke(
    () => { ... Anweisungsfolge 1 ...},
    () => { ... Anweisungsfolge 2 ... },
    ...
    () => { ... Anweisungsfolge n ... }
);
```

Die Lambda-Ausdrücke werden hier in nicht spezifizierter Reihenfolge parallel zueinander ausgeführt, wenn möglich auf unterschiedlichen Prozessoren, so dass sie tatsächlich gleichzeitig laufen. Am Ende wird gewartet, bis alle parallelen Codestücke an ihr Ende gelangt sind.

Für jedes Codestück wird ein neuer Task erzeugt, der es in einem eigenen Thread ausführt. Man beachte, dass man sich weder um die Erzeugung der Tasks noch um das Starten der Threads kümmern muss, was die parallele Programmierung wesentlich erleichtert.

Die Klasse Parallel bietet auch Methoden an, mit denen man die Durchläufe einer Schleife parallelisieren kann. Man spricht hier von *Datenparallelität*, weil mit diesem Konstrukt üblicherweise die einzelnen Elemente eines Arrays oder einer Collection parallel verarbeitet werden. Natürlich muss man sicherstellen, dass die parallele Verarbeitung der einzelnen Elemente tatsächlich voneinander unabhängig ist und in beliebiger Reihenfolge erfolgen kann.

Die Methode Parallel.For() entspricht einer parallelen for-Schleife. Sie führt für jedes Element des Zahlenbereichs [low..high[eine Methode oder einen Lambda-Ausdruck aus, der das Element als Parameter bekommt. Das Beispiel

```
Person[] person = new Person[100];
...
Parallel.For(0, 100, i => { ... process person[i] ... });
```

startet 100 Lambda-Ausdrücke für die Werte 0 bis 99 und führt sie parallel zueinander in nicht spezifizierter Reihenfolge aus. Anschließend wird gewartet, bis alle parallelen Codestücke an ihr Ende gelangt sind.

Die Methode Parallel.ForEach() entspricht einer foreach-Schleife. Sie führt für jedes Element einer Collection eine Methode oder einen Lambda-Ausdruck aus, der das Element als Parameter bekommt. Das Beispiel

```
List<Person> list = new List<Person>();
... initialisiere list ...
Parallel.ForEach(list, person => { ... verarbeite person ... });
```

startet für jede Person aus list einen Lambda-Ausdruck und führt diese Codestücke parallel zueinander in nicht spezifizierter Reihenfolge aus. Anschließend wird wieder gewartet, bis alle parallelen Codestücke an ihr Ende gelangt sind.

Tritt in einem der parallelen Codestücke eine Ausnahme auf, so wird diese in ein Objekt der Klasse AggegateException verpackt, das man mit einer try-Anweisung abfangen kann. AggregateException hat eine Methode Handle zur Behandlung der verpackten Ausnahme, zum Beispiel:

```
try {
   Parallel.Invoke(...);
} catch (AggregateException outerExc) {
   outerExc.Handle( innerExc => {
      if (innerExc is MyException) {
         ... Ausnahmebehandlung ...
         return true; // signalisiere, dass die Ausnahme behandelt wurde
      }
      return false; // signalisiere, dass die Ausnahme nicht behandelt wurde
   });
}
```

21.5 Übungsaufgaben

1. **Asynchrone Suche in Dateien**
   Schreiben Sie ein Programm, das alle C#-Dateien (also alle Dateien mit der Endung *.cs) eines gegebenen Verzeichnisses, die ein bestimmtes Textmuster enthalten, auf der Konsole ausgibt. Die Dateien des Verzeichnisses bekommen Sie mit Hilfe der Klasse DirectoryInfo. Das asynchrone Lesen der Dateien können Sie mit der Methode reader.ReadToEndAsync() der Klasse StreamReader implementieren.
2. **Parallele Suche in Dateien**
   Wie in Aufgabe 1 sollen alle C#-Dateien eines gegebenen Verzeichnisses gelistet werden, die ein bestimmtes Textmuster enthalten. Diesmal soll das Lesen der Dateien und die Suche darin jedoch mittels Parallel.ForEach() erfolgen. Benutzen Sie wieder die Klasse DirectoryInfo sowie die Methode reader.ReadToEnd der Klasse StreamReader.
3. **Parallele Implementierung des »Spiel des Lebens«**
   Das bekannte »Spiel des Lebens« (Game of Live) simuliert die Entwicklung einer Population über mehrere Generationen. Jede Generation wird durch eine Matrix von Zellen repräsentiert, die lebend (1) oder tot (0) sein können. Die nächste Generation berechnet sich aus der vorausgegangenen wie folgt:
   - Hat eine lebende Zelle weniger als 2 oder mehr als 3 lebende Nachbarn, so stirbt sie, ansonsten bleibt sie am Leben.
   - Hat eine tote Zelle genau 3 lebende Nachbarn, so erwacht sie zum Leben.

   Führen Sie die Berechnungen für die einzelnen Zellen parallel aus und verwenden Sie dazu zwei geschachtelte Aufrufe der Methode Parallel.For().

22 Tupel

Oft benötigt man Gruppen von Daten gleicher oder unterschiedlicher Typen. Natürlich bieten sich dazu Arrays oder Klassen an. Arrays können aber nur gleichartige Elemente gruppieren, und Klassen sind oft zu schwergewichtig: Man muss zum Beispiel vor ihrer Verwendung erst einen Klassentyp mit Feldern deklarieren. Außerdem sind sowohl Arrays als auch Klassen Referenztypen; ihre Objekte leben auf dem Heap und belasten den Garbage Collector. Daher bietet C# ab Version 7 zur Gruppierung von Daten das leichtgewichtigere Konzept der Tupel an.

22.1 Tupel-Typen

Ein Tupel ist eine geordnete Gruppe von Daten, die als geklammerte und durch Kommas getrennte Liste von Werten geschrieben wird, zum Beispiel:

```
(1, 2)
(5, "Hello", 3.14)
```

Der Typ des ersten Tupels ist hier (int, int), der Typ des zweiten Tupels (int, string, double). Bei der Deklaration von Variablen kann man Tupel-Typen entweder explizit angeben, also

```
(int, int) a = (1, 2);
(int, string, double) b = (5, "Hello", 3.14);
```

oder implizit durch var

```
var a = (1, 2);
var b = (5, "Hello", 3.14);
```

wobei der Compiler dann den Tupel-Typ aus den Elementtypen des zugewiesenen Tupels ableitet.

Tupel-Typen sind *Werttypen*, d.h., ihre Objekte leben nicht auf dem Heap, sondern auf dem Stack bzw. eingebettet in andere Objekte, und sind somit leichtgewichtiger als Arrays oder Klassen. Tupel-Typen haben außerdem *keinen Namen*, sondern werden einfach durch die Aufzählung ihrer Elementtypen spezifiziert. Die Elemente eines Tupels können übrigens nicht nur Konstanten sein, sondern auch Variablen oder Ausdrücke, zum Beispiel:

```
var c = (i, 2 * j + 1);
```

Wie kann man auf die Elemente eines Tupels zugreifen? Im einfachsten Fall über ihre Position. b.Item1 bezeichnet zum Beispiel das erste Element des Tupels b (mit dem Wert 5), b.Item3 bezeichnet das dritte Element des Tupels b (mit dem Wert 3.14). Man kann den Elementen eines Tupels aber auch explizite Namen geben, entweder im Tupel-Typ oder im Tupel selbst:

```
(int x, int y) d = (1, 2);    // Elementnamen im Tupel-Typ
var e = (x:3, y:4);           // Elementnamen im Tupel selbst
```

In diesem Fall kann man die Elemente über ihre Namen ansprechen:

```
Console.WriteLine(d.x + " " + d.y + " " + e.x + " " + e.y);    // liefert: 1 2 3 4
```

Elemente eines Tupels sind wie Variablen zu verstehen, denen auch neue Werte zugewiesen werden können, zum Beispiel:

```
e.x = d.x + d.y;
```

Als leichtgewichtige Typen enthalten Tupel keine Methoden und unterstützen auch keine Vererbung. Allerdings kann man sie Variablen vom Typ object zuweisen, zum Beispiel:

```
object obj = d;
Console.WriteLine(obj);    // liefert: (1, 2)
```

22.2 Zuweisungen

Tupel können einander zugewiesen werden, wenn sie dieselbe Anzahl von Elementen haben und die Typen der Elemente an den entsprechenden Positionen zuweisungskompatibel sind. Das folgende Codestück zeigt einige Beispiele erlaubter Zuweisungen:

```
(int, int)     a = (1, 2);          // (int, int)       <= (int, int)
var            b = (10, 50);        // (int, int)       <= (int, int)
               a = b;               // (int, int)       <= (int, int)
(float, int)   c = (1, 2);          // (float, int)     <= (int, int)
(int, int)     d = (x:1, y:2);      // (int, int)       <= (int x, int y)
var            e = (x:1, y:2);      // (int x, int y)   <= (int x, int y)
(int x, int y) f = (m:1, n:2);      // (int x, int y)   <= (int m, int n)
```

In den ersten drei Zuweisungen sind die Typen der linken und der rechten Seite exakt gleich und somit zuweisungskompatibel. Die Zuweisung an c ist erlaubt, weil die Tupel-Typen der linken und der rechten Seite jeweils aus zwei Elementen bestehen und int an float zuweisbar ist. Bei der Zuweisung an d ist zu beachten, dass die Elementnamen der rechten Seite nicht übernommen werden. Der Typ von d ist (int, int), weshalb die Elemente von d nicht als d.x und d.y angesprochen werden können, sondern nur als d.Item1 und d.Item2. Ähnliches gilt für die Zuweisung an f, bei der die Elementnamen der rechten Seite ebenfalls nicht übernommen werden. Der Typ von f ist (int x, int y), weshalb die Elemente von f als f.x und f.y angesprochen werden und nicht als f.m und f.n. Interessant ist die Zuweisung an die Variable e, die mit dem Schlüsselwort var deklariert ist. In diesem Fall leitet der Compiler den Typ von e aus dem Typ der rechten Seite ab. Der Typ von e ist also wie der Typ der rechten Seite (int x, int y). Die Felder von e können daher als e.x und e.y angesprochen werden.

22.3 Anwendungen

Tupel sind immer dann nützlich, wenn man kurzfristig mehrere Werte zu einem Ganzen zusammenfassen möchte, ohne einen benannten Typ deklarieren zu müssen. Typische Anwendungen sind Funktionen mit mehreren Rückgabewerten oder Projektionen von Typen, wie sie zum Beispiel in LINQ oft verwendet werden.

Funktionen mit mehreren Rückgabewerten

Funktionen haben in C# nur einen einzigen Rückgabewert. Wenn man mehrere Rückgabewerte braucht, kann man mit Out- oder Ref-Parametern arbeiten, aber das ist oft unpraktisch, wenn man die zurückgegebenen Werte gleich wieder in einen Ausdruck einfließen lassen möchte. Mit Hilfe von Tupeln lassen sich mehrere Werte zu einem einzigen Objekt zusammenfassen, das dann von einer Funktion zurückgegeben werden kann.

Nehmen wir als Beispiel eine Funktion Distance, die den Abstand zweier Punkte im zweidimensionalen Raum berechnen und als dx- und dy-Wert zurückgeben soll.

```
public struct Point { public int x, y; }

public (int dx, int dy) Distance (Point p, Point q) {
   return (q.x - p.x, q.y - p.y);
}
```

Die Funktion Distance spezifiziert als Rückgabetyp ein Tupel mit den Elementen dx und dy. Sie kann wie folgt aufgerufen werden:

```
var dist = Distance(p, q);
Console.WriteLine(dist.dx + ", " + dist.dy);
```

Das zurückgegebene Tupel wird der Variablen dist zugewiesen, deren Elemente dann als dist.dx und dist.dy angesprochen werden können. Da die Variable dist mit dem Schlüsselwort var deklariert wurde, wird ihr Typ aus dem Funktionstyp übernommen und ist (int dx, int dy).

Der Rückgabetyp einer Funktion kann auch ein Tupel-Typ ohne Elementnamen sein, zum Beispiel:

```
public (int, int) Distance (Point p, Point q) {
   return (q.x - p.x, q.y - p.y);
}
```

In diesem Fall müssen die Elemente des Rückgabewerts dann allerdings mittels Item1 und Item2 angesprochen werden.

```
var dist = Distance(p, q);
Console.WriteLine(dist.Item1 + ", " + dist.Item2);
```

Aus Lesbarkeitsgründen ist es sinnvoll, Tupel-Funktionstypen immer mit Elementnamen zu spezifizieren.

Tupel-Typen als Typparameter

Generische Typen können mit anderen Typen parametrisiert werden (siehe Kapitel 14). Der generische Typ List<T> definiert zum Beispiel eine Liste von Elementen des Typs T, wobei T ein Typparameter ist, der später durch einen konkreten Typ ersetzt werden muss. Dieser konkrete Typ kann auch ein Tupel-Typ sein. Das folgende Beispiel deklariert und erzeugt eine Liste von Tupeln, die jeweils aus zwei int-Werten bestehen:

```
List<(int a, int b)> list = new List<(int a, int b)>();
list.Add((1, 2));
list.Add((3, 4));
...
```

Die Liste kann anschließend wie folgt verarbeitet werden:

```
foreach (var tuple in list) {
   Console.WriteLine(tuple.a + ", " + tuple.b);
}
```

Die Variable tuple durchläuft dabei die einzelnen Tupel der Liste. Da es sich um Tupel mit Elementnamen handelt, können die Elemente mit tuple.a und tuple.b angesprochen werden.

Tupel-Typen als Projektionen

Eine Projektion greift eine Teilmenge der Felder einer Klasse oder eines Structs heraus und fasst sie zu einem neuen Typ zusammen. In Abschnitt 20.6 haben wir zum Beispiel in einem LINQ-Ausdruck eine Projektion dazu verwendet, aus einer Folge von Studenten eine Folge von Objekten zu erzeugen, die jeweils nur den Namen und die Matrikelnummer jedes Studenten enthalten. Als Typ dieser Objekte haben wir einen anonymen Typ (siehe Abschnitt 20.5) verwendet. Dies lässt sich nun mittels Tupel-Typen einfacher und leichtgewichtiger implementieren.

```
public class Student {
   public string Name;
   public int Id;
   public string Field {get; set;}
   ...
}
```

```
var result =
   from s in students
   where s.Field == "Computing"
   select (s.Name, s.Id);
```

Das Resultat result ist vom Typ IEnumerable<(string Name, int Id)>. Es ist also eine Folge von Tupeln mit den Elementen Name und Id und kann wie folgt weiterverarbeitet werden:

```
foreach (var s in result) {
   Console.WriteLine(s.Name + " " + s.Id);
}
```

22.4 Zerlegung von Tupeln

Ein Tupel fasst mehrere Werte zu einem neuen Objekt zusammen. Umgekehrt lässt sich ein Tupel aber auch wieder in seine Einzelteile zerlegen, die dann in Variablen abgelegt werden. Man nennt das *Dekonstruktion* von Tupeln. Nehmen wir zum Beispiel folgendes Tupel:

```
var tuple = (1, 2);
```

Die Variable tuple lässt sich wie folgt in ihre Einzelteile zerlegen, die den beiden int-Variablen a und b zugewiesen werden:

```
(int a, int b) = tuple;            // Zerlegung in zwei int-Variablen
Console.WriteLine(a + " " + b);
```

Man beachte den Unterschied zu folgender Zuweisung:

```
(int a, int b) tuple2 = tuple;
```

Hier wird das Tupel nicht zerlegt, sondern einer anderen Tupel-Variablen tuple2 zugewiesen, deren Elemente dann mit tuple2.a und tuple2.b angesprochen werden können.

Anstatt bei der Zerlegung eines Tupels die Zielvariablen jeweils mit Typ und Namen anzugeben, kann man auch schreiben:

```
var (a, b) = tuple;
Console.WriteLine(a + " " + b);
```

Hier werden die Typen der Elemente von tuple automatisch als die Typen der beiden Variablen a und b verwendet. a und b sind hier also beide vom Typ int.

Falls die Zielvariablen bereits vorher deklariert wurden, sieht die Zerlegung einfach wie folgt aus:

```
(a, b) = tuple;
```

Zerlegung unter Weglassung einzelner Elemente

Bei der Zerlegung von Tupeln mit vielen Elementen ist man unter Umständen nicht an allen Teilen interessiert, sondern möchte nur einzelne Elemente herausgreifen. Das folgende Tupel besteht zum Beispiel aus vier Elementen, die den Vornamen, den Nachnamen, den Wohnort und das Alter einer Person beschreiben:

```
var person = ("John", "Miller", "London", 25);
```

Wenn wir nur am Nachnamen und am Alter der Person interessiert sind, können wir das Tupel wie folgt zerlegen:

```
var (_, lastName, _, age) = person;
Console. WriteLine(lastName + " " + age);
```

Das Zeichen "_" (*discard*) bedeutet, dass das zugehörige Element des Tupels bei der Zerlegung verworfen wird. Es wird also nur der Nachname in lastName und das Alter in age gespeichert.

In seiner Langform kann man das Beispiel auch wie folgt schreiben:

```
(_, string lastName, _, int age) = person;
```

22.5 Dekonstruktoren für Klassen und Structs

Seit C# 7 kann man nicht nur Tupel, sondern auch Objekte von Klassen und Structs in ihre Einzelteile zerlegen. Dazu muss man in der Klasse oder im Struct einen *Dekonstruktor* deklarieren, der gewissermaßen das Gegenstück zu einem Konstruktor ist. Das folgende Beispiel zeigt einen Struct-Typ Complex mit einem Konstruktor und einem Dekonstruktor.

```
public struct Complex {
   public double re;    // reeller Teil
   public double im;    // imaginärer Teil

   public Complex (double re, double im) {  // Konstruktor
      this.re = re; this.im = im;
   }

   public void Deconstruct (out double re, out double im) {  // Dekonstruktor
      re = this.re; im = this.im;
   }
}
```

Ein Dekonstruktor ist eine void-Methode namens Deconstruct, die eine beliebige Anzahl von Out-Parametern hat, die die Einzelteile beschreiben, in die ein Objekt des betreffenden Typs zerlegt wird. Dekonstruktoren können auch überladen werden, wodurch man mehrere unterschiedliche Zerlegungen implementieren kann. Der Dekonstruktor wird analog zur Zerlegung von Tupeln wie folgt verwendet:

```
Complex c = new Complex(3, 2);
(double x, double y) = c;              // oder var (x, y) = c;
Console.WriteLine(x + " " + y);
```

Durch die Zuweisung in der zweiten Zeile wird der Dekonstruktor von c aufgerufen und seine Out-Parameter werden den Variablen der linken Seite der Reihe nach zugewiesen. Auch hier können wie bei der Zerlegung von Tupeln einzelne Elemente durch Angabe von Discard-Zeichen ("_") ignoriert werden.

22.6 Übungsaufgaben

1. **Umwandlung von Sekunden in Uhrzeiten**
   Schreiben Sie eine Methode ToClockTime(sec), die eine Anzahl von Sekunden sec in Stunden, Minuten und Sekunden umwandelt und diese als Tupel mit benannten Elementen zurückgibt. Das Tupel soll anschließend wieder in Einzelvariablen zerlegt werden.
2. **Tupel als Typparameter**
   Schreiben Sie ein Programm, das eine generische Liste von Büchern eines Typs Book mit den Feldern Autor, Titel, Verlag und Erscheinungsjahr erzeugt. Durchlaufen Sie diese Liste dann mit einer foreach-Schleife und erzeugen Sie daraus eine generische Liste von Tupeln, die für jedes Buch nur den Titel und den Autor speichern. Durchlaufen Sie schließlich die Liste der Tupel und geben Sie sie am Bildschirm aus.
3. **Arrays von Tupeln**
   Erzeugen und initialisieren Sie ein Array von Messwerttupeln des Typs (double, double). Berechnen Sie anschließend die Mittelwerte des ersten und des zweiten Werts jedes Tupels und geben Sie diese aus.
4. **Geschachtelte Tupel**
   Erzeugen Sie eine generische Liste von Studenten einer Klasse Student mit den Properties Id, FirstName, LastName und Field. Erzeugen Sie anschließend daraus eine neue Liste von geschachtelten Tupeln der Art (Id, (FirstName, LastName), Field) und geben Sie diese dann in geeigneter Weise aus.
5. **Dekonstruktoren für Klassen**
   Schreiben Sie zwei überladene Dekonstruktoren für eine Klasse Student, die die Matrikelnummer, den Vor- und Nachnamen und das Studienfach eines Studenten speichert. Der erste Dekonstruktor soll ein Student-Objekt in Matrikelnummer und Nachname zerlegen, der zweite in Matrikelnummer, Vor- und Nachname.

23 Pattern Matching

In objektorientierten Programmen kann eine Variable von unterschiedlichem dynamischem Typ sein (siehe Abschnitt 9.2). In solchen Fällen wird häufig mittels Typtest geprüft, ob eine Variable einen bestimmten dynamischen Typ hat, bevor sie mit Hilfe einer Typumwandlung in diesen Typ konvertiert wird, zum Beispiel:

```
object obj = ...;
...
if (obj is String) {              // Typtest
    String s = obj as String;     // Typumwandlung
    ... use s ...
}
```

Ab C# 7 kann man den Typtest und die darauf folgende Typumwandlung zu einer einzigen Operation zusammenfassen, was als *Pattern Matching* bezeichnet wird. Das obige Beispiel kann dadurch wie folgt geschrieben werden:

```
if (obj is String s) {
    ... use s ...
}
```

Auch hier wird geprüft, ob obj vom dynamischen Typ String ist. Wenn ja, wird obj nach String konvertiert und der String-Variablen s zugewiesen. Wenn nicht, wird keine Konvertierung durchgeführt und die Variable s (die übrigens nur in der if-Anweisung sichtbar ist) bleibt undefiniert. Falls obj den Wert null hat, wird die if-Anweisung nicht betreten.

Pattern Matching funktioniert auch bei Werttypen wie int. Das folgende Codestück zeigt einige Beispiele:

```
if (obj is String s) {
    Console.WriteLine("Well, it's string " + s);
} else if (obj is int i) {
    Console.WriteLine("Oh, it's just an int " + i);
} else if (obj is Rectangle r) {
    Console.WriteLine("The area of this rectangle is " + (r.width * r.height));
} else if (obj is null) {
    Console.WriteLine("Just got a null");
} else {
    Console.WriteLine("What?");
}
```

Interessant ist die Abfrage obj is null, die nicht wie ein Typtest aussieht (da null kein Typ ist) und auch nicht wie Pattern Matching (da keine Variable deklariert wird). Sie liefert true, wenn obj den Wert null hat, und könnte auch als obj == null geschrieben werden.

Pattern Matching in switch-Anweisungen

Pattern Matching kann auch in switch-Anweisungen verwendet werden, wobei anstatt einer case-Marke die Deklaration einer Variablen vom erwarteten dynamischen Typ steht. Das folgende Codestück zeigt ein Beispiel einer solchen switch-Anweisung, wobei angenommen wird, dass die Klasse Student eine Unterklasse von Person ist.

```
switch (obj) {
   case String s:
      Console.WriteLine("Well, it's string " + s); break;
   case int i:
      Console. WriteLine("Oh, it's just an int " + i); break;
   case Student student:
      Console.WriteLine("Student " + student.Name + ": " + student.Id); break;
   case Person person:
      Console.WriteLine("Person " + person.Name); break;
   case double d:
   case char ch:
      Console.WriteLine("Did not expect this"); break;
   case null:
      Console.WriteLine("Damned, it's null); break;
   default:
      Console.WriteLine("What?"); break;
}
```

Die case-Zweige werden (anders als in normalen switch-Anweisungen) sequenziell geprüft, wobei der erste passende Zweig betreten wird. Daher ist es wichtig, zuerst auf die Unterklasse Student zu prüfen und erst dann auf die Oberklasse Person. Würde man zuerst auf Person prüfen, würden Studenten als Personen erkannt werden. Der Zweig case null: wird betreten, wenn obj den Wert null hat.

Interessant ist auch der Zweig mit zwei case-Mustern (für double und char). Er wird betreten, wenn obj vom dynamischen Typ double oder char ist. Dabei werden auch die Variablen d oder ch initialisiert, aber eben nicht beide, weshalb man sie im case-Zweig nicht verwenden darf. Die in den Mustern deklarierten Variablen sind übrigens nur in jenem case-Zweig sichtbar, für den sie deklariert wurden.

In switch-Anweisungen mit Pattern Matching kann das angegebene Muster noch durch eine *when-Klausel* ergänzt werden, die eine zusätzliche Bedingung darstellt, unter der ein case-Zweig betreten werden soll. Das folgende Codestück zeigt ein Beispiel dafür:

```
switch (obj) {
   case Student s when s.Field == "Computing":
      Console.WriteLine("Computer Science student " + s.Name); break;
   case Student s:
      Console.WriteLine("Student " + s.Name + ": " + s.Field); break;
   case Person p:
      Console.WriteLine("Person " + p.Name); break;
}
```

Der erste Zweig dieser switch-Anweisung wird nur dann betreten, wenn obj vom dynamischen Typ Student ist und dieser Student zusätzlich das Studienfach "Computing" aufweist. Für andere Studenten wird der zweite Zweig betreten. Es stellt übrigens kein Problem dar, dass in beiden Zweigen eine Variable s deklariert wird, da diese Variablen nur in jenem Zweig sichtbar sind, für den sie deklariert wurden.

24 Interoperabilität mit COM

.NET ist der neueste Microsoft-Standard, mit dem man Software-Komponenten entwickeln kann, die von unterschiedlichen Programmiersprachen aus verwendbar sind. Es gab aber bereits einen Vorgängerstandard, der ähnliche Ziele verfolgte, nämlich COM (*Component Object Model*). Weltweit gibt es unzählige COM-Komponenten, deren Entwicklung enorme Summen gekostet hat. Diese Investitionen möchte man natürlich mit einem Wechsel zu .NET nicht verlieren. Deshalb bietet Microsoft Wege an, um COM-Objekte unter .NET zu verwenden sowie auch .NET-Assemblies in älteren Windows-Anwendungen anzusprechen.

Ein COM-Objekt ist wie ein .NET-Assembly ein Baustein, der in binärer Form vorliegt und über klar definierte Schnittstellen (Interfaces) angesprochen werden kann. Sowohl COM als auch .NET bieten *Binärkompatibilität* zwischen verschiedenen Programmiersprachen. Eine in Visual Basic geschriebene Komponente kann zum Beispiel von einem C++-Programm verwendet werden und umgekehrt. Beide Standards erlauben es, Operationen wie normale Methoden aufzurufen (frühe Bindung, *early binding*) oder sie über ihren Namen zu suchen und mit Laufzeitbindung aufzurufen (späte Bindung, *late binding*). In COM funktioniert die späte Bindung über das Interface `IDispatch`. In .NET bewerkstelligt man sie mittels *Reflection* (siehe Abschnitt 19.4).

COM und .NET sind zwar nicht direkt kompatibel, aber es gibt Werkzeuge, die so genannte *Wrapper* erzeugen, welche ein COM-Objekt wie ein .NET-Assembly aussehen lassen und umgekehrt. Wenn man mit Visual Studio.NET arbeitet, sind diese Werkzeuge sogar bereits integriert und die Wrapper werden automatisch erzeugt.

In diesem Kapitel werden wir uns zunächst ansehen, wie man COM-Objekte in .NET-Programmen ansprechen kann, und anschließend auch den umgekehrten Weg zeigen: wie man .NET-Assemblies in einem Windows-Programm verwenden kann, das nicht mit .NET entwickelt wurde. Wir setzen voraus, dass der Leser mit den Grundlagen von COM vertraut ist. Eine detaillierte Beschreibung von COM findet man zum Beispiel in [Box98], nähere Informationen über die Interoperabilität zwischen .NET und COM findet man zum Beispiel in [Troe02] oder [SDKDoc].

24.1 COM-Objekte von .NET aus ansprechen

COM-Objekte können als Bibliotheken (mit der Endung dll), als Applikationen (mit der Endung exe) oder als ActiveX-Komponenten (mit der Endung ocx) vorliegen. Jedes COM-Objekt enthält eine Klasse sowie mehrere Interfaces, die von dieser Klasse unterstützt werden. Alle Klassen und Interfaces werden in COM durch global eindeutige Bezeichner, so genannte GUIDs (*globally unique identifiers*), angesprochen, die man in der *Windows-Registry* eintragen muss, damit andere Programme diese Typen verwenden können. Eine genaue Beschreibung der Typen und Methoden mit ihren Signaturen wird in einer so genannten *Type Library* abgelegt, die entweder als eigene Datei (mit der Endung tlb) existiert oder in die COM-Datei eingebettet ist. All das macht die Erstellung, Benutzung und Auslieferung von COM-Objekten umständlich und fehleranfällig.

Unter .NET werden Komponenten hingegen in Form von Assemblies realisiert, für die man keine GUIDs festlegen muss. Sie sind selbstbeschreibend, d.h., sie tragen alle Informationen über ihre Typen und Methoden bereits als Metadaten in sich, so dass keinerlei Einträge in der Windows-Registry nötig sind, um sie in anderen Programmen zu benutzen. .NET-Assemblies stellen also einen wesentlichen Fortschritt gegenüber COM-Objekten dar. Sie sind einfacher zu erstellen, einfacher zu benutzen und auch einfacher auszuliefern.

In manchen Fällen möchte (oder muss) man aber trotzdem ein COM-Objekt von .NET aus ansprechen. Das ist auf überraschend einfache Weise möglich. Angenommen, wir haben ein COM-Objekt MyLib.dll, das zum Beispiel in Visual Basic geschrieben wurde und eine Klasse Sample mit einer Methode GCD enthält, die den größten gemeinsamen Teiler ihrer beiden Parameter x und y liefert.

```
Public Function GCD(ByVal x As Long, ByVal y As Long) As Long
```

Erzeugen eines Assemblies (tlbimp)

Zunächst muss man für MyLib.dll ein Assembly erzeugen, das von .NET aus benutzt werden kann und alle Aufrufe an MyLib.dll weiterleitet. Dieses Assembly wird als *Runtime Callable Wrapper* (RCW) bezeichnet. Man erzeugt es mit Hilfe eines Dienstprogramms namens tlbimp.exe (*Type Library Importer*), das die Typbeschreibungen aus MyLib.dll in Metadaten des Assemblies übersetzt.

```
tlbimp MyLib.dll /out:MyLibNET.dll
```

Als Ausgabedatei erhalten wir hier MyLibNET.dll. Obwohl beide Dateien die gleiche Endung haben, ist MyLib.dll ein COM-Objekt, während MyLibNET.dll ein .NET-Assembly ist. Wir können uns MyLibNET.dll zum Beispiel mit ildasm (siehe Anhang A.2.1) ansehen und erhalten das in Abb. 24–1 gezeigte Bild.

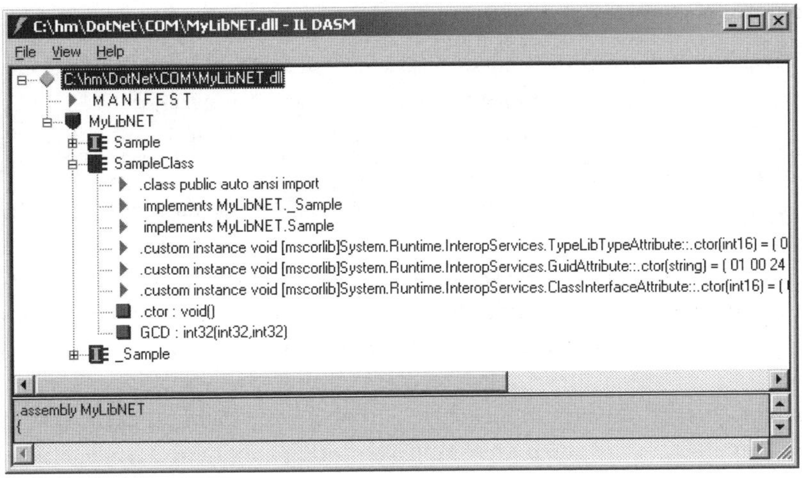

Abb. 24–1 *Ansicht von MyLibNET.dll in ildasm*

Wie man sieht, wurde ein Namensraum MyLibNET erzeugt, der aus dem Namen der DLL-Datei abgeleitet wurde. Aus der COM-Klasse Sample wurde eine .NET-Klasse SampleClass erzeugt, die die beiden Interfaces Sample und _Sample implementiert. Die Methode GCD hat in .NET zwei int-Parameter und liefert wieder ein int-Ergebnis als Funktionswert.

Wenn man mit Visual Studio .NET arbeitet, ist die Benutzung von COM-Objekten sogar noch einfacher. Man braucht dort tlbimp gar nicht erst aufzurufen, sondern referenziert einfach die gewünschte COM-Datei mittels *Project > Add Reference*. Dadurch wird automatisch ein entsprechendes Assembly erzeugt und zu den Projektdateien hinzugefügt.

Registrieren der COM-Objekte (regsvr32)

Auch wenn man nun ein .NET-Assembly MyLibNET.dll hat, greift dieses noch immer auf die COM-Datei MyLib.dll zu, um gewünschte Operationen wie GCD auszuführen. Man muss also neben MyLibNET.dll auch die Datei MyLib.dll ausliefern und diese in der Windows-Registry des Zielrechners eintragen. Das erfolgt durch das Kommando

```
regsvr32 MyLib.dll
```

Benutzung des Assemblies

Nun kann man das Assembly MyLibNET.dll wie jedes andere unter .NET erzeugte Assembly benutzen. Das wird im folgenden C#-Programm gezeigt:

```
using System;
using MyLibNET;

class CallCOM {
    static void Main() {
        SampleClass obj = new SampleClass();
        Console.WriteLine(obj.GCD(12, 8));
    }
}
```

Nachdem man den Namensraum MyLibNET importiert hat, kann man ein Objekt der Klasse SampleClass erzeugen und seine Methoden aufrufen, wie wenn das Objekt in C# implementiert worden wäre.

Beim Übersetzen der Datei CallCOM.cs muss man wie gewohnt das referenzierte Assembly angeben, damit es vom Compiler gefunden wird:

```
csc /reference:MyLibNET.dll CallCOM.cs
```

Spät gebundener Methodenaufruf

Als Alternative zum normalen (früh gebundenen) Methodenaufruf bietet COM die Möglichkeit, Methoden mittels IDispatch.Invoke spät gebunden aufzurufen (*dynamic dispatch* oder *late binding*). Auch von .NET aus kann man Operationen von COM-Objekten spät gebunden aufrufen. Allerdings verwendet man dort anstelle von IDispatch den Reflection-Mechanismus (siehe Abschnitt 19.4).

Das folgende Beispiel zeigt, wie man die Methode GCD der Komponente MyLib.dll spät gebunden aufrufen kann. Dazu muss man die DLL nicht in ein .NET-Assembly umwandeln, sondern kann sie direkt als COM-Objekt verwenden. Allerdings handelt man sich damit den Nachteil ein, dass der Compiler nicht prüfen kann, ob die Methode tatsächlich existiert und ob sie mit den richtigen Parametern aufgerufen wird. Folgende Schritte sind nötig:

1. Mittels Type.GetTypeFromProgID("MyLib.Sample") holt man sich die COM-Klasse MyLib.Sample als .NET-Typ.
2. Mittels Activator.CreateInstance() erzeugt man ein Objekt dieses Typs.
3. Mittels InvokeMember() ruft man die gewünschte Methode über ihren Namen und ihre Parameterliste auf.

Diese drei Aktionen werden nun im folgenden Programm LateBinding.cs zusammengefasst.

```
using System;
using System.Reflection;

class LateBinding {
    static void Main() {
        Type t = Type.GetTypeFromProgID("MyLib.Sample");
        object obj = Activator.CreateInstance(t);
        object[] params = new object[] {12, 8};
        object res = t.InvokeMember("GCD", BindingFlags.InvokeMethod, null, obj, params);
        Console.WriteLine((int)res);
    }
}
```

Der Aufruf von InvokeMember entspricht hier einem Aufruf von obj.GCD(params). Mit Hilfe der Enumeration BindingFlags kann man angeben, ob eine Methode oder ein Feld angesprochen werden soll, ob dieses Element public oder private ist und ob es static ist oder nicht. Standardmäßig wird angenommen, dass das Element public und nicht static ist. Der dritte Parameter von InvokeMember erlaubt die Angabe eines Binder-Objekts, das benutzt werden kann, um überladene Methoden zu finden. Wenn man null angibt, wird der Standard-Binder verwendet. Die Übersetzung erfolgt mittels

```
csc LateBinding.cs
```

Auch beim spät gebundenen Methodenaufruf muss man das COM-Objekt natürlich mittels regsvr32 in die Windows-Registry eintragen.

24.2 .NET-Assemblies von COM aus ansprechen

Auch wenn es selten vorkommt, kann es nötig sein, ein .NET-Assembly von COM oder einem anderen Windows-Programm aus anzusprechen. Hier muss man zuerst aus dem Assembly einen COM-Wrapper (*COM Callable Wrapper*, CCW) erzeugen, den man dann von COM-Programmen aus verwenden kann.

Auch beim Aufruf von .NET-Methoden aus COM kann man zwischen einem früh gebundenen und einem spät gebundenen Methodenaufruf unterscheiden. Im ersten Fall wird die Methode direkt aufgerufen und der Compiler kann Typprüfungen vornehmen. Im zweiten Fall wird die Methode über ihren Namen gesucht und mittels Dynamic Dispatch aktiviert.

Früh gebundener Methodenaufruf

Sehen wir uns das gleich wieder anhand eines Beispiels an. Folgendes C#-Programm NETLib.cs enthält eine Klasse NETLib mit einer Methode GCD, die den größten gemeinsamen Teiler zweier ganzer Zahlen berechnet.

```
using System.Reflection;
[assembly:AssemblyKeyFile("NETLib.snk")]
public class NETLib {
   public int GCD(int x, int y) {
      int rest = x % y;
      while (rest != 0) { x = y; y = rest; rest = x % y; }
      return y;
   }
}
```

Assemblies, die unter COM verwendet werden, sollten signiert und in den globalen Assembly-Cache eingetragen werden (siehe Anhang A.2.2). Wir erzeugen uns deshalb mittels

```
sn /k NETLib.snk
```

eine Schlüsseldatei NETLib.snk und signieren damit das Assembly, indem wir sie im AssemblyKeyFile-Attribut angeben. Nun übersetzen wir unser Programm mittels

```
csc /target:library NETLib.cs
```

und erhalten ein Assembly NETLib.dll. Bevor wir das Assembly aber unter COM verwenden können, müssen wir noch folgende Schritte ausführen:

1. Mit Hilfe des Werkzeugs tlbexp.exe (*Type Library Exporter*) erzeugen wir aus den Metadaten des Assemblies eine COM-Typbibliothek NETLib.tlb:
   ```
   tlbexp NETLib.dll
   ```
2. Mit Hilfe des Werkzeugs regasm.exe (*Assembly Registration Tool*) tragen wir die Typen des Assemblies in der Windows-Registry ein:
   ```
   regasm NETLib.dll
   ```
3. Mit Hilfe des Werkzeugs gacutil.exe (*Global Assembly Cache Utility*, siehe Anhang A.2.2) tragen wir das Assembly in den Assembly-Cache ein:
   ```
   gacutil /i NETLib.dll
   ```

Die ersten beiden Schritte können auch durch das Kommando

```
regasm /tlb NETLib.dll
```

zusammengefasst werden, das sowohl eine COM-Typbibliothek NETLib.tlb erzeugt als auch die Typen des Assemblies registriert.

Nun können wir unser Assembly von einem (z.B. in Visual Basic geschriebenen) COM-Programm aus verwenden. Wir wählen dazu in Visual Studio 6 das Menükommando *Project > References* und installieren mit Hilfe des Browse-Knopfs die Datei NETLib.tlb. Anschließend können wir im Basic-Programm die Klasse NETLib verwenden, wie wenn sie unter COM entwickelt worden wäre.

Spät gebundener Methodenaufruf

Um .NET-Methoden spät gebunden aufrufen zu können, müssen wir bloß die Typen des Assemblies mit Hilfe von regasm in der Windows-Registry eintragen, ohne jedoch eine COM-Typbibliothek zu erzeugen:

```
regasm NETLib.dll
```

Nun können wir unsere Klasse NETLib zum Beispiel von Visual Basic Script aus ansprechen. Wir erstellen dazu folgende Datei TestNETLib.vbs

```
Set obj = CreateObject("NETLib")
MsgBox(obj.GCD(12,8))
```

und rufen Sie folgendermaßen auf:

```
TestNETLib
```

Als Ausgabe erhalten wir:

24.3 Übungsaufgaben

1. **Microsoft Agent**
   Microsoft bietet unter dem Namen *Microsoft Agent* Software an, mit der man animierte Hilfesysteme erstellen kann. Diese Software besteht aus einer Reihe von COM-Objekten, die verschiedene Figuren (so genannte Agents) darstellen, welche auf dem Bildschirm erscheinen, Aktionen vorführen, Hilfetexte anzeigen oder sie sogar vorlesen (siehe Abb. 24–2).

Abb. 24–2 *Beispiele für Figuren unter Microsoft Agent*

Laden und installieren Sie die Microsoft-Agent-Software sowie eine oder mehrere der in Abb. 24–2 gezeigten Figuren von *http://www.microsoft.com/msagent/*. Auf dieser Webseite befindet sich auch eine Beschreibung, wie man die Figuren programmieren kann. Bevor Sie mit dem Programmieren beginnen, müssen Sie aber noch die COM-Datei agentctl.dll in ein .NET-Assembly umwandeln, das Sie z.B. AgentNET.dll nennen:

```
tlbimp \WINNT\msagent\agentctl.dll /out:AgentNET.dll
```

Nun können Sie die einzelnen Figuren von einem .NET-Programm aus ansprechen. Das folgende C#-Programm lädt zum Beispiel die Figur »Merlin« und lässt sie einen Text anzeigen:

```
using System;
using AgentNET;

class AgentDemo {
    public static void Main() {
        Agent agent = new AgentNET.AgentClass();
        agent.Connected = true;
        agent.Characters.Load("merlin", "merlin.acs");
        IAgentCtlCharacter merlin = agent.Characters["merlin"];
        merlin.Show(true);
        merlin.MoveTo(300, 200, 1000);
        merlin.Play("Greet");
        merlin.Speak("Hallo, ich bin Merlin", null);
        System.Console.Out.WriteLine("Hit Enter to stop the program");
        System.Console.In.Read();
    }
}
```

Übersetzen Sie dieses Programm mittels

```
csc /reference:AgentNET.dll AgentDemo.cs
```

und rufen Sie es auf. Als Ergebnis erscheint Merlin und zeigt den Text "Hallo, ich bin Merlin" an. Experimentieren Sie mit Merlin und den anderen Figuren. Benutzen Sie dazu die Dokumentation auf *www.microsoft.com/msagent/* sowie die Schnittstellenbeschreibung in AgentNET.dll, die sie sich mit ildasm ansehen können.

2. **Aufruf eines .NET-Programms unter COM**
   Implementieren Sie die Klasse NETLib aus Abschnitt 24.2 und rufen Sie die Methode GCD von einem COM-Programm aus auf.

25 Dynamisch getypte Variablen

C# ist eine statisch getypte Sprache, d.h., der Compiler kennt die Typen aller Variablen, Ausdrücke und Methoden und kann dieses Wissen daher für Typprüfungen verwenden. Typprüfungen zur Compilezeit erlauben es, Fehler bereits vor der Ausführung eines Programms zu entdecken, wenn ihre Behebung noch billig ist, und nicht erst zur Laufzeit, wenn das Programm vielleicht sogar schon ausgeliefert ist und eine Fehlerbehebung teuer wird.

Andere Sprachen wie *Smalltalk*, aber auch viele Skriptsprachen wie *JavaScript*, *Python* oder *Ruby* sind dynamisch getypt, d.h., es wird dort erst zur Laufzeit festgestellt, ob die Operanden einer Operation den richtigen Typ haben. Das ist flexibel und kommt vor allem interpretierten Sprachen entgegen, die keinen aufwendigen Compiler besitzen und sich daher den »Luxus« einer Typprüfung zur Compilezeit nicht leisten wollen.

Wenn nun eine Sprache wie C# Programmteile verwenden will, die in einer dynamisch getypten Sprache geschrieben sind, so steht für diese Programmteile keine Typinformation zur Verfügung und ihr Aufruf gestaltet sich mühsam und schwer lesbar. Aus diesem Grund wurde in C# der Typ dynamic eingeführt, der es erlaubt, Typprüfungen für Variablen dieses Typs auf die Laufzeit zu verschieben.

25.1 Typ dynamic

Wenn man eine Variable d als

```
dynamic d;
```

deklariert, so kann sie Werte beliebiger Typen aufnehmen. Sie ist lediglich ein Behälter, über dessen Typ der Compiler nichts weiß. Konzeptionell kann man sich den Typ dynamic wie einen Basistyp von Object vorstellen (siehe Abb. 25–1).

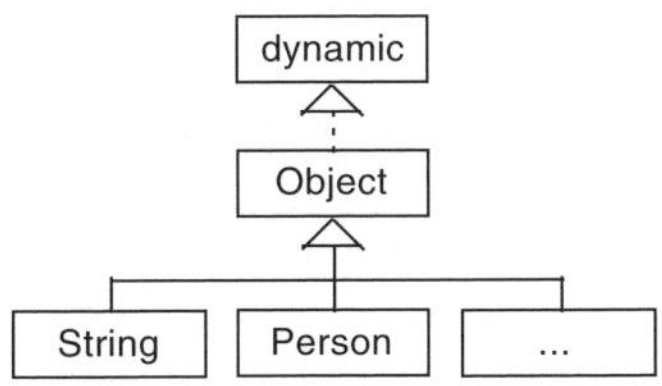

Abb. 25–1 *Alle Typen sind mit dynamic kompatibel*

Während der Compiler aber von Object weiß, dass dieser Typ Methoden wie ToString oder GetType besitzt, weiß er über dynamic nichts. Er weiß nur, dass man Werte beliebiger Typen an dynamic-Variablen zuweisen darf, zum Beispiel:

```
d = 5;                  // d enthält nun einen int-Wert
d = 'x';                // d enthält nun einen char-Wert
d = true;               // d enthält nun einen bool-Wert
d = "Hello";            // d zeigt nun auf ein String-Objekt
d = new Person();       // d zeigt nun auf ein Person-Objekt
```

Bei der Zuweisung eines Werttyps (int, char, bool etc.) findet Boxing statt (siehe Abschnitt 3.8): dynamic ist also ein Referenztyp. Der Wert in d kann auch wieder einer getypten Variablen zugewiesen werden, wobei eine implizite Typumwandlung (Type Cast) und eventuell Unboxing erfolgen:

```
int i = d;
char c = d;
bool b = d;
string s = d;
Person p = d;
```

Wenn der Wert in d nicht dem Typ der linken Zuweisungsseite entspricht, tritt eine RuntimeBinderException auf. Man muss also aufpassen, was man tut. Der Compiler kann die Korrektheit der Zuweisung nicht prüfen.

Der Typ dynamic wird vor allem dazu verwendet, Objekte zu verarbeiten, deren Typ man zur Compilezeit nicht kennt. Das können Objekte aus einer dynamisch getypten Sprache wie *Python* oder *Ruby* sein, COM-Objekte, DOM-Objekte eines HTML-Dokuments oder Objekte, die man mittels Reflection erhalten hat. dynamic erleichtert den Umgang mit solchen Objekten.

Der Leser mag sich vielleicht fragen, was der Unterschied zwischen einer dynamic-Variablen d und einer mit var deklarierten Variablen v ist.

```
var v = from s in students ...;
```

Der Unterschied liegt darin, dass der Compiler den Typ von v kennt, auch wenn dieser vielleicht nicht durch einen Namen benannt werden kann, während der Typ von d zur Compilezeit unbekannt ist. Der Compiler kann also mit v Typprüfungen durchführen, mit d aber nicht. Ähnlich verhält es sich mit dem Unterschied zwischen d und einer Object-Variablen o:

```
Object o = new Person();
```

Obwohl man auch an o beliebige Werte zuweisen darf, weiß der Compiler, dass o vom Typ Object ist und daher zum Beispiel o.ToString() erlaubt ist, während die Gültigkeit von Operationen wie d.Foo() erst zur Laufzeit geprüft werden kann.

25.2 Operationen auf dynamic-Variablen

Das Interessante an einer dynamic-Variablen ist, dass man auf sie alle Operationen anwenden darf, die auf das Objekt erlaubt sind, das sich zur Laufzeit in dieser Variablen befindet. Natürlich kann der Compiler die Korrektheit solcher Operationen nicht prüfen, aber die Prüfung wird zur Laufzeit nachgeholt. Wenn die Operation erlaubt ist, wird sie ganz normal ausgeführt, wenn nicht, gibt es eine RuntimeBinderException.

Wenn wir eine Variable d haben, die als dynamic d; deklariert ist, so zeigen die folgenden Beispiele, was man mit dieser Variablen machen kann:

```
d.Foo(3);           // Methodenaufruf
d.f = ...;          // Feldzugriff
d.P = d.P + 1;      // Property-Aufruf
d[5] = d[3];        // Indexer-Aufruf
d = d + 1;          // Anwendung eines Operators
d(1, true);         // Aufruf von d als Delegate
```

Bei der Ausführung dieser Operationen wird zur Laufzeit geprüft, ob der Typ des Objekts in d

- eine Methode Foo mit einem int-Parameter hat;
- ein Feld f hat, dessen Typ zur rechten Zuweisungsseite passt;
- ein Property P hat, das kompatibel zu int ist;
- einen Indexer mit einem int-Parameter hat;

bzw. ob das Objekt in d

- die Operation + unterstützt;
- ein Delegate mit einem int- und einem bool-Parameter ist.

Die Laufzeitumgebung führt exakt die gleichen Prüfungen durch wie der Compiler für getypte Variablen, nur dass die Prüfungen eben hier zur Laufzeit stattfinden. Weil eine Prüfung zur Laufzeit teuer ist, sind Operationen auf dynamisch getypte Variablen deutlich langsamer als solche auf statisch getypte Variablen. Man sollte dynamic also nur dann verwenden, wenn man es unbedingt braucht.

Nicht nur die Typprüfungen, sondern auch die Berechnung von Feldadressen sowie die Methodensuche müssen bei dynamic-Variablen zur Laufzeit erfolgen. Bei überladenen Methoden muss sogar die Suche nach der passenden Variante der Methode zur Laufzeit geschehen. Wenn wir zum Beispiel folgende zwei überladenen Methoden haben

```
void Foo(string s) { ... }
void Foo(int i) { ... }
```

so führt das Codestück

```
dynamic d = "abc";
Foo(d);
```

zum Aufruf von Foo(string), während

```
dynamic d = 3;
Foo(d);
```

zum Aufruf von Foo(int) führt. Die Regeln für die Suche nach der passenden Methodenvariante sind die gleichen wie für Methoden mit statisch getypten Parametern.

Sobald ein Ausdruck eine dynamic-Variable enthält, ist auch das Ergebnis des Ausdrucks vom Typ dynamic. Der Compiler kennt den Typ des Ausdrucks d + 1 nicht (er könnte int, long, float, double oder string sein) und muss ihn daher als dynamic annehmen.

Implementierung der dynamischen Methodensuche

Wie wir gesehen haben, erfolgen die Typprüfung und die Methodensuche by dynamic-Variablen erst zur Laufzeit. Aber wie wird das gemacht? Wie weiß das Laufzeitsystem, welche Methode bei

```
d.Foo(3);
```

aufgerufen werden soll?

Der Compiler hinterlässt bei so einem Aufruf am Laufzeitkeller die Adresse der Variablen d, den Namen "Foo" sowie die Anzahl, die Typen und die Werte der aktuellen Parameter. Das Laufzeitsystem holt sich dann aus dem von d referenzierten Objekt den Laufzeittyp dieses Objekts (der in jedem Objekt hinterlegt ist) und führt folgende Fallunterscheidung durch:

- Wenn der Laufzeittyp ein normaler .NET-Typ ist, wird dort mittels Reflection nach einer Methode Foo mit einem int-Parameter gesucht. Gibt es so eine Methode, wird sie mittels Reflection aufgerufen, wobei die am Keller hinterlegten aktuellen Parameter mitgegeben werden. Gibt es so eine Methode nicht, wird eine Exception ausgelöst.
- Wenn das von d referenzierte Objekt ein COM-Objekt ist, wird die Methode Foo über das IDispatch-Interface dieses COM-Objekts aufgerufen. Eventuell auftretende Fehler werden als Exceptions gemeldet. Diese Möglichkeit wird zum Beispiel für die Anbindung von C# an Applikationen wie *Word* oder *Excel* verwendet.
- Die dritte Möglichkeit besteht darin, dass das von d referenzierte Objekt das Interface IDynamicObject implementiert. Dieses Interface enthält Methoden, an die die gesammelten Aufrufinformationen übergeben werden. Diese Methoden können dann auf beliebige Weise nach einer passenden Methode Foo suchen und sie aufrufen. Diese dritte Möglichkeit wurde eingeführt, um C# an dynamisch getypte Sprachen anzubinden. Für die Anbindung an *Python* kann man zum Beispiel ein Objekt mit dem Interface IDynamicObject implementieren, das C#-Aufrufe in *Python*-Aufrufe übersetzt.

26 Diverses

Im Laufe der Zeit wurde C# um zahlreiche neue Sprachmerkmale erweitert, die oft auf anderen Sprachmerkmalen aufbauen und stark miteinander verschränkt sind. Da es manchmal schwer war, sie in bestehende Kapitel dieses Buchs zu integrieren, fassen wir einige davon hier in einem eigenen Kapitel zusammen.

26.1 Null-fähige Werttypen

Wie kann man ausdrücken, dass eine Variable keinen Wert enthält? Bei Variablen eines Referenztyps wie String ist das leicht: Man gibt ihnen den Wert null, was so viel bedeutet wie »kein Wert«. Was macht man aber bei Variablen eines Werttyps wie int? Eine int-Variable kann alle Werte zwischen int.MinValue und int.MaxValue annehmen, aber keiner davon bedeutet »kein Wert« (auch nicht der Wert 0, der ja ein legaler int-Wert ist).

Aus diesem Grund wurden *null-fähige Typen* (engl. *nullable types*) eingeführt. Jeder Werttyp (int, char, bool, ..., Struct, Enumeration) kann zu einem null-fähigen Typ gemacht werden, indem man an den Typnamen ein Fragezeichen anhängt. Die Deklaration

```
int? value;
```

führt eine Variable value ein, die alle int-Werte annehmen kann, aber auch den Wert null, der »kein Wert« oder »undefiniert« bedeutet. Folgende Zuweisungen sind zum Beispiel erlaubt:

```
value = 3;       // value hat den Wert 3
value = null;    // value hat keinen Wert
```

Wenn man ein Objekt einer Klasse erzeugt, die ein Feld des Typs int? enthält, dann wird dieses Feld nicht mit 0 initialisiert, sondern mit null. Es ist also undefiniert. Ähnliches gilt auch bei der Erzeugung eines Arrays des Typs int?[]. Die Elemente dieses Arrays sind nach der Erzeugung undefiniert.

Jeder Typ T? wird vom Compiler in den generischen Typ Nullable<T> übersetzt, der auszugsweise wie folgt aussieht:

```
public struct Nullable<T> {
    private bool defined;                // ist value definiert?
    private T value;                     // gespeicherter Wert

    public T Value { get; }              // liefert value oder InvalidOperationException
    public bool HasValue { get; }        // ist value definiert?
    public T GetValueOrDefault() {...}   // liefert Default-Wert, wenn value undefiniert ist
    ...
}
```

Wenn also eine Variable x wie folgt deklariert ist

```
int? x;
```

dann liefert x.Value den Wert von x, falls dieser definiert ist. Wenn nicht, löst der Zugriff eine InvalidOperationException aus. Ob der Wert von x definiert ist, kann man mit x.HasValue abfragen. Der Methodenaufruf x.GetValueOrDefault() liefert den Wert von x, falls dieser definiert ist, und ansonsten den Standard-Nullwert des entsprechenden Typs, der im Fall von int 0 ist.

Hier sind noch einige weitere Beispiele für die Verwendung von null-fähigen Typen:

```
struct Point {                        // Werttyp Struct
    public int x, y;
}
enum Color { Red, Blue, Green }       // Werttyp Enumeration

char?    ch = 'x';
bool?    b = null;
Point?   p = null;
Color?   c = Color.Red;
int?[]   a = new int?[10];
```

Null-fähige Typen sind nützlich, wenn ein bestimmter Wert nicht in allen Fällen berechnet werden kann, wie bei der folgenden Methode Pos(a, x), die die Position des Wertes x im Array a berechnen soll:

```
int? Pos(int[] a, int x) {
    for (int i = 0; i < a.Length; i++)
        if (a[i] == x) return i;
    return null;
}
```

Wenn x im Array a nicht vorkommt, dann liefert der Aufruf

```
int? pos = Pos(a, x);
```

den Wert null, was bedeutet, dass die Position von x in a undefiniert ist. Ob pos definiert ist, kann man dann folgendermaßen abfragen:

```
if (pos.HasValue) { ... }
```

Rechnen mit null-fähigen Typen

Natürlich möchte man mit Variablen vom Typ int? oder double? auch rechnen können. C# erlaubt alle Operationen, die auch auf den Originaltypen wie int oder double zulässig sind, allerdings ist das Ergebnis undefiniert, wenn zumindest einer der Operanden einen undefinierten Wert hat. Genauer gesagt, ist der Ergebnistyp ein null-fähiger Typ, wenn zumindest einer der Operandentypen null-fähig ist. Zum Beispiel liefert folgendes Programmstück

```
int? a = 3;
a = 2 * a + 1;
```

den Wert 7 in a. Der Typ von 2 * a + 1 ist int?, da der Operand a vom Typ int? ist. Man darf diesen Audruck aber nicht einer int-Variablen zuweisen

```
int b = 2 * a + 1;     // Fehler: int? ist nicht an int zuweisbar
```

da int? nicht an int zuweisbar ist. Setzt man a auf null, so bewirkt die Zuweisung

```
int? c = 2 * a + 1;
```

dass auch der Wert von c undefiniert ist. Undefinierte Werte pflanzen sich also fort, was durchaus vernünftig ist, da man aus undefinierten Operanden kein definiertes Ergebnis berechnen kann. Ein boolescher Ausdruck, der undefinierte Operanden enthält, liefert immer false.

Konversion zwischen null-fähigen Typen und Originaltypen

Wie wir gesehen haben, ist int? nicht an int zuweisbar. Wenn eine Variable a zum Beispiel vom Typ int? ist, könnte man die Konversion zwar wie folgt erzwingen

```
int b = (int)a;       // löst bei undefiniertem a eine Ausnahme aus
int c = a.Value;      // löst bei undefiniertem a eine Ausnahme aus
```

was aber bei undefiniertem a eine Ausnahme auslösen würde. Mit

```
int d = a.GetValueOrDefault();
```

kann man zwar diese Ausnahme verhindern, bekommt aber bei undefiniertem a den für int definierten Nullwert 0. Will man jedoch bei undefiniertem a einen anderen als den Standard-Nullwert haben, kann man den Operator ?? verwenden, der nach folgendem Schema arbeitet:

<*Ausdruck vom Typ* T?> **??** <*Ausdruck vom Typ* T>

Ist der erste Ausdruck definiert, so wird sein Wert verwendet und nach T konvertiert, ansonsten wird der Wert des zweiten Ausdrucks benutzt. Die Zuweisung

```
int d = a ?? -1;
```

speichert in d den Wert von a, sofern dieser definiert ist, andernfalls den Wert -1.

26.2 Bedingter Zugriff über Referenzen

Klassen und Arrays sind in C# Referenztypen, d.h., Variablen dieser Typen enthalten eine Referenz auf ein Klassen- oder Array-Objekt. Will man auf die Elemente eines solchen Objekts zugreifen, muss man vorher prüfen, ob die Referenz nicht null ist. Das kann lästig sein, und wenn man die Prüfung vergisst, kann es zu NullReferenceExceptions führen.

Aus diesem Grund gibt es in C# den bedingten Zugriff über Referenzen, die null sein können. Der bedingte Zugriff ist sowohl für Klassen als auch für Arrays möglich und wird durch die Operatoren ?. und ?[] ausgedrückt (engl. *null-conditional operators*). Die Zugriffe

```
obj?.f
arr?[i]
```

werden wie folgt ausgeführt: Hat obj bzw. arr den Wert null, so ist das Ergebnis des Zugriffs null, andernfalls wird der Zugriff wie gewohnt durchgeführt und liefert den Wert des angesprochenen Felds oder Array-Elements.

Da das Ergebnis des Zugriffs null sein kann, darf man es nur einer Variablen zuweisen, deren Typ null-fähig ist, also zum Beispiel:

```
int? x = obj?.f;
char? y = arr?[i];
```

Der bedingte Zugriff über Null-Referenzen ist vor allem dann nützlich, wenn man solche Zugriffe kaskadiert, wie in den folgenden Beispielen, in denen eine Variable person vom Typ Person verwendet wird:

```
class Person {
   public string name;
   ...
}
```

Die folgenden Codestücke zeigen jeweils den bedingten Zugriff und rechts daneben den Zugriff mit expliziter Prüfung auf null.

```
string s = person?.name;               if (person != null) s = person.name; else s = null;
int? len = person?.name?.Length;       if (person != null)
                                          if (person.name != null)
                                             len = person.name.Length;
                                          else
                                             len = null;
                                       else len = null;
char? ch = person?.name?[0];           if (person != null)
                                          if (person.name != null)
                                             ch = person.name[0];
                                          else
                                             ch = null;
                                       else ch = null;
```

Wie man sieht, ist der bedingte Zugriff über Null-Referenzen wesentlich kürzer.

Der bedingte Zugriff lässt sich auch mit dem ??-Operator kombinieren, wie im folgenden Beispiel:

```
int len = person?.name?.Length ?? 0;
```

Wenn person oder person.name den Wert null haben, hat der gesamte Ausdruck person?.name?.Length den Wert null und len wird auf 0 gesetzt. Ansonsten bekommt len den Wert person.name.Length. Man beachte, dass len hier vom Typ int ist und nicht vom Typ int?, da die rechte Seite der Zuweisung auf jeden Fall einen int-Wert liefert.

Bedingter Aufruf von Delegates

Delegates sind ebenfalls Referenztypen, d.h., eine Variable mit Delegate-Typ kann den Wert null enthalten. Wenn man eine solche Delegate-Variable aufruft, bricht das Programm allerdings mit einer NullReferenceException ab:

```
delegate int Function(int x);
...
Function f = null;
int res = f(3);  // Programm bricht mit einer NullReferenceException ab
```

Man würde erwarten, dass man für Delegate-Variablen, die den Wert null enthalten, ebenfalls eine Art von bedingtem Aufruf verwenden kann, zum Beispiel:

```
int? res = f?(3);  // funktioniert nicht!
```

Das ist aber in der derzeitigen Version von C# aus syntaktischen Gründen nicht erlaubt. Vielmehr muss man mit der expliziten Invoke-Methode von Delegate-Typen arbeiten, also

```
int? res = f?.Invoke(3);
```

Wenn f den Wert null hat, bekommt auch res den Wert null. Ansonsten wird die in f gespeicherte Funktion mit dem Parameterwert 3 aufgerufen.

26.3 using static

Das Schlüsselwort using wird normalerweise zum Importieren öffentlicher Typen aus anderen Namensräumen verwendet (siehe Abschnitt 5.1 bzw. Abschnitt 13.1). Seit C# 6.0 kann man damit aber auch statische Elemente von Typen ansprechbar machen, ohne sie qualifizieren zu müssen. Dazu wird using mit dem Schlüsselwort static kombiniert.

Statische Methoden und Felder müssen normalerweise mit ihrem Typnamen qualifiziert werden. Wenn man zum Beispiel mit

```
using System;
```

die öffentlichen Typen von System (z.B. System.Console oder System.Math) importiert, kann man ihre statischen Methoden wie folgt ansprechen:

```
Console.WriteLine(Math.Sqrt(9));
```

Ebenso braucht man die explizite Qualifikation, wenn man die Werte eines Enumerationstyps ansprechen, möchte:

```
enum Color { Red, Blue, Green }
...
Console.WriteLine(Color.Red);
```

Mit using static kann man nun statische Methoden und Felder sowie Enumerationskonstanten ohne Qualifikation ansprechbar machen, wie das im folgenden Beispiel gezeigt wird:

```
using static System.Console;      // erlaubt unqualifizierten Zugriff auf statische Elemente
                                  // von System.Console
using static System.Math;         // erlaubt unqualifizierten Zugriff auf statische Elemente
                                  // von System.Math
using static Color;               // erlaubt unqualifizierten Zugriff auf Enumerations-
                                  // konstanten von Color

enum Color { Red, Blue, Green }
public class Sample {
   public static void Main() {
      WriteLine(Sqrt(9));         // keine Qualifikation nötig
      WriteLine(Red);             // keine Qualifikation nötig
   }
}
```

Unqualifizierte Zugriffe sparen Schreibarbeit, insbesondere wenn sie häufig vorkommen. Sie können aber auch die Lesbarkeit eines Programms beeinträchtigen, weil man nun nicht mehr sieht, zu welchem Typ die Methoden WriteLine und Math oder die Enumerationskonstante Red gehören. Man sollte using static daher sparsam verwenden.

26.4 Geschachtelte Methoden

Wie in allen C-artigen Sprachen durften Methoden in C# ursprünglich nicht geschachtelt werden, sondern mussten auf äußerster Ebene einer Klasse deklariert werden. Seit C# 7 ist es nun möglich, Methoden wie in Pascal-artigen Sprachen auch lokal zu anderen Methoden zu deklarieren, sie also beliebig tief zu schachteln. Das erlaubt in manchen Fällen eine bessere Strukturierung von Programmen, weil man bei geschachtelten Methoden sofort sieht, dass es sich um Hilfsmethoden handelt, die nur von ihrer äußeren Methode benutzt werden. Außerdem können geschachtelte Methoden auf die lokalen Variablen ihrer äußeren Methode zugreifen. Diese Variablen müssen also nicht global gehalten werden.

Das folgende Beispiel zeigt eine Methode PrintPrimes, die alle Primzahlen bis zu einer Obergrenze max berechnet und ausgibt. Sie benutzt zwei geschachtelte Methoden IsPrime und AddPrime, die auf die lokalen Variablen primes und n ihrer äußeren Methode zugreifen. IsPrime enthält außerdem eine weitere geschachtelte Methode DividableBy, die auf die lokale Variable p von IsPrime zugreift.

```
public void PrintPrimes (int max) {
    int[] primes = new int[1000];      // bisher gefundene Primzahlen
    int n = 0;                         // Anzahl gefundener Primzahlen

    bool IsPrime (int p) {             // prüft, ob p eine Primzahl ist

        bool DividableBy (int x) {     // prüft, ob p durch x teilbar ist
            return p % x == 0;
        }

        for (int i = 0; i < n; i++) {
            if (DividableBy(primes[i])) return false;
        }
        return true;
    }

    void AddPrime (int p) {            // fügt p zu Primzahlen hinzu
        primes[n] = p; n++;
    }

    if (max >= 2) { AddPrimes(2); Console.Write(2); }
    for (int i = 3; i <= max; i = i + 2) {
        if (IsPrime(i)) { AddPrime(i); Console.Write(", " + i); }
    }
}
```

Wie man sieht, können Methoden beliebig tief geschachtelt werden. IsPrime und AddPrime sind sofort als Hilfsmethoden von PrintPrimes erkennbar. DividableBy ist eine Hilfsmethode von IsPrime.

Jede Methode kann auf ihre eigenen lokalen Variablen zugreifen sowie auf die lokalen Variablen ihrer umgebenden Methoden. Der Sichtbarkeitsbereich einer Variablen geht von ihrer Deklaration bis zum Ende der Methode, in der sie deklariert ist. Er erstreckt sich auch über geschachtelte Methoden, sofern er dort nicht durch den Sichtbarkeitsbereich einer gleichnamigen lokalen Variablen verdeckt ist.

26.5 Rückgabe von Funktionswerten by reference

Eine Funktion gibt normalerweise einen Wert zurück, der eine Kopie des Wertes in der return-Anweisung ist (*return by value*). Wenn der Rückgabewert allerdings ein größeres Objekt ist, ist das Kopieren dieses Wertes nicht besonders effizient. Aus diesem Grund ist es ab C# 7 möglich, anstatt eines Wertes eine Referenz auf diesen Wert zurückzugeben (*return by reference*). Dies wird auch als *Ref-Return* bezeichnet und durch das Schlüsselwort ref spezifiziert.

Nehmen wir als Beispiel ein Array von Punkten im dreidimensionalen Raum:

```
public struct Point {
    public int x;
    public int y;
    public int z;
    public int color;
}
Point[] points = ...;
```

Eine Funktion Find soll aus diesem Array den ersten Punkt zurückgeben, der eine bestimmte Bedingung erfüllt, wobei die Bedingung durch einen Lambda-Ausdruck spezifiziert werden soll. Da Punkte relativ große Objekte sind, soll der gefundene Punkt nicht kopiert werden, sondern es soll nur eine Referenz auf ihn zurückgegeben werden. Das kann man wie folgt schreiben:

```
ref Point Find (Point[] points, Func<Point, bool> matches) {
    for (int i = 0; i < points.Length; i++) {
        if (matches(points[i])) return ref points[i];
    }
    throw new Exception("not found");
}
```

Der Funktionstyp ist hier nicht Point, sondern ref Point, was bedeutet, dass eine Referenz auf einen Punkt zurückgegeben wird. Die entsprechende return-Anweisung muss daher return ref points[i] lauten und nicht return points[i].

Man darf auf diese Weise nur Referenzen auf Komponenten eines Heap-Objekts zurückgeben, also Referenzen auf Array-Elemente oder Klassenfelder. Außerdem darf der Rückgabewert nicht null sein, weshalb in unserem Beispiel eine Ausnahme ausgelöst wird, falls kein passender Punkt gefunden wurde.

Die Funktion Find kann dann wie folgt aufgerufen werden, wobei hier nach dem ersten Punkt gesucht wird, dessen x-Koordinate negativ ist.

```
ref Point p = ref Find(points, q => q.x < 0);
p.x = ...; // verändert den Punkt im Array
```

Da Find eine Referenz zurückgibt, muss die Variable, an die der Rückgabewert zugewiesen wird, als ref Point p deklariert werden und nicht als Point p. Weil p nun eine Referenz auf einen Punkt enthält, greift die Zuweisung an p.x über diese Referenz direkt auf den Punkt im Array points zu und verändert dessen x-Koordinate.

Man kann Find allerdings auch ohne ref aufrufen, was bedeutet, dass die zurückgegebene Referenz *dereferenziert* und der so angesprochene Punkt als Wert an die Variable p zugewiesen wird.

```
Point p = Find(points, q => q.x < 0);
p.x = ...; // verändert nur die Variable p und nicht den Punkt im Array
```

Die Zuweisung an p.x modifiziert nun die Variable p und nicht den Punkt im Array points.

27 Fallstudien

Würde dieses Buch nur die Sprache C# behandeln, dann ergäbe das ein ziemlich unvollständiges Bild der .NET-Technologie. Zu .NET gehört zumindest auch die reichhaltige Klassenbibliothek, von der wir einen Ausschnitt in Kapitel 19 gezeigt haben, sowie Web-Services und dynamische Webseiten, die mittels ASP.NET entwickelt werden.

Das alles im Detail zu beschreiben würde allerdings den Rahmen dieses Buchs sprengen. Der Leser sollte aber zumindest einige Beispiele sehen, die ihm zeigen, was man alles mit C# unter .NET machen kann. Daher sehen wir uns nun drei Fallstudien an: Eine Anwendung mit grafischer Benutzeroberfläche, einen Web-Service und eine mit ASP.NET entwickelte Webseite. Sie zeigen die wichtigsten für diese Anwendungen nötigen Konzepte, die wir ad hoc und in aller Kürze erklären. Weitere Details finden sich zum Beispiel in [BBMW03] oder [NEGWS12].

27.1 Anwendungen mit grafischer Benutzeroberfläche

Moderne Anwendungen besitzen heute eine grafische Benutzeroberfläche (GUI, *graphical user interface*) mit Textfeldern, Buttons, Checkboxen und anderen Steuerelementen. Solche Oberflächen können unter .NET mittels *Windows Forms* entwickelt werden, einer Sammlung von Typen, die vorwiegend im Namensraum System.Windows.Forms enthalten sind. Tabelle 27–1 zeigt eine kleine Auswahl davon.

Application	Die Hauptklasse jeder GUI-Applikation. Sie öffnet ein Fenster mit den GUI-Elementen und reagiert auf Benutzereingaben (Tastendrucke, Mausklicks).
Form	Ein Fenster mit GUI-Elementen.
Button	Ein Knopf, der beim Anklicken eine Aktion auslöst.
TextBox	Ein ein- oder mehrzeiliges Textfeld, in dem editiert werden kann.
CheckBox	Ein Kästchen, das man durch Anklicken ein- und ausschalten kann.
Label	Ein nicht editierbarer Text.

Tabelle 27–1 *Einige der in Windows Forms benötigten Typen*

Eine grafische Benutzeroberfläche kann man unter .NET entweder manuell erstellen, indem man ein Programm schreibt, das Objekte der benötigten Klassen erzeugt, initialisiert und miteinander verknüpft, oder man kann sie mittels *Visual Studio .NET* interaktiv zusammenbauen.

Visual Studio .NET ist eine integrierte Entwicklungsumgebung mit Editor, Compiler und Debugger, die es auch erlaubt, grafische Benutzeroberflächen mittels *Drag and Drop* zusammenzusetzen. Dabei wählt man aus einer Palette die gewünschten GUI-Elemente (Buttons, Textfelder, etc.) aus, zieht sie in ein Entwurfsfenster, schiebt sie an die gewünschte Position und stellt über ein Property-Fenster ihre Eigenschaften wie Farbe, Schriftart oder Umrandung ein. Visual Studio .NET generiert im Hintergrund den nötigen Code, der diese GUI-Elemente erzeugt, initialisiert und verknüpft. In diesen Code braucht man nur noch seine Programmteile einzufügen, die ausgeführt werden sollen, wenn der Benutzer zum Beispiel auf einen Button klickt oder ein Textfeld ändert. Visual Studio .NET erleichtert natürlich die Erstellung grafischer Benutzeroberflächen enorm. Im Gegensatz zum C#-Compiler und dem .NET-Framework ist Visual Studio .NET jedoch nicht kostenlos, sondern muss von Microsoft gekauft werden.

Wir werden in diesem Kapitel beide Techniken zur Entwicklung grafischer Oberflächen besprechen. Abschnitt 27.1 zeigt, wie man lokale Windows-Anwendungen mittels Visual Studio .NET erstellt. Abschnitt 27.2 und Abschnitt 27.3 beschreiben dann, wie man Web-Services und Webseiten, die man im Prinzip ebenfalls mit Visual Studio .NET erstellen könnte, manuell entwickelt.

Spezifikation eines Dateivergleichsprogramms

Als Beispiel wählen wir ein Programm, das zwei Textdateien miteinander vergleicht und uns hilft, diejenigen Stellen zu finden, an denen sich die beiden Texte unterscheiden. Die Benutzeroberfläche soll wie in Abb. 27–1 aussehen.

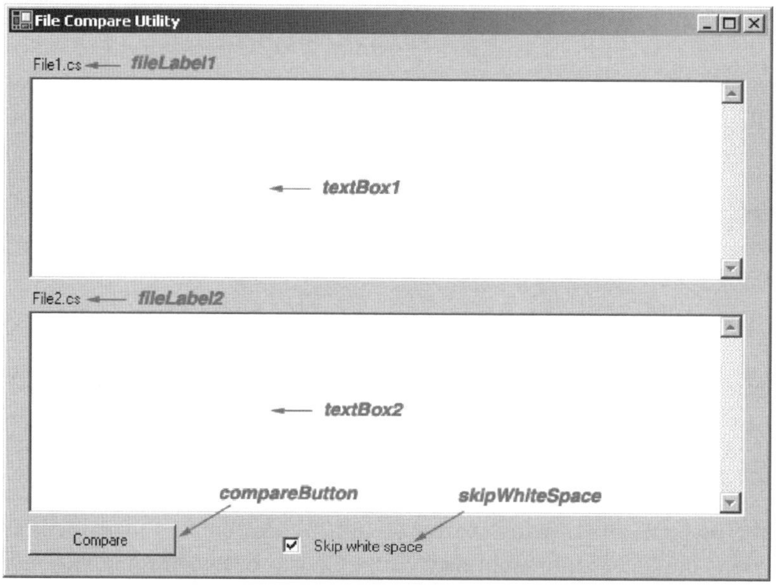

Abb. 27–1 *Benutzeroberfläche des Dateivergleichswerkzeugs*

Der Inhalt der beiden Textdateien wird in die Textfelder textBox1 und textBox2 geladen. Ihr Name wird in fileLabel1 und fileLabel2 angezeigt. Die Stelle, ab der die beiden Dateien verglichen werden sollen, wird in jedem Textfeld durch die Einfügemarke bzw. durch eine Selektion angegeben. Anschließend drückt man auf den Compare-Button. Nun werden die beiden Texte ab der gewünschten Stelle verglichen. Das erste Zeichen, in dem sie sich unterscheiden, wird schließlich in jedem Textfeld durch Selektion angezeigt. Durch neuerliches Setzen der Selektion und Drücken des Compare-Buttons kann der Vergleich ab einer späteren Stelle fortgesetzt werden. Die Checkbox skipWhiteSpace kann man anklicken, wenn man Unterschiede, die nur in Leerzeichen, Tabulatorzeichen oder Zeilenenden bestehen, ignorieren möchte.

Erstellen der Benutzeroberfläche mit Visual Studio .NET

Wir beginnen damit, die gewünschte Benutzeroberfläche mittels Visual Studio .NET zu erstellen. Dazu starten wir das Programm und legen ein neues Projekt an, das wir zum Beispiel Diff nennen. Wir wählen als Projekttyp *Visual C# Projects* und *Windows Application* (siehe Abb. 27–2).

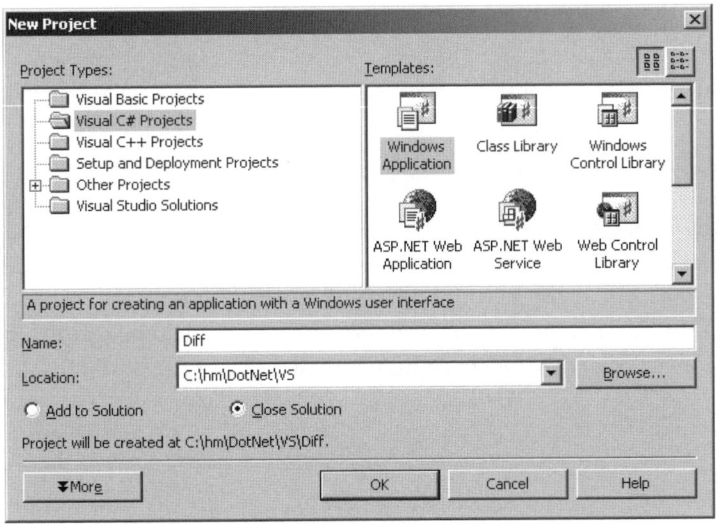

Abb. 27–2 *Anlegen eines neuen Projekts*

Visual Studio legt nun einige Projektdateien an und zeigt uns dann eine leere Entwurfsfläche, auf der wir die gewünschten GUI-Elemente platzieren können. Am linken Rand sehen wir einen Reiter namens *Toolbox*, den wir durch Anklicken öffnen können, worauf eine Palette mit GUI-Elementen erscheint. Wir wählen daraus ein Element der Art *TextBox* und ziehen mit der Maus auf der Entwurfsfläche die beiden gewünschten Textfelder auf. Ebenso verfahren wir mit dem Button, der

Checkbox und den Dateinamen (Elemente vom Typ *Label*). Die Position und Größe der Elemente kann man mit der Maus verändern (siehe Abb. 27–3).

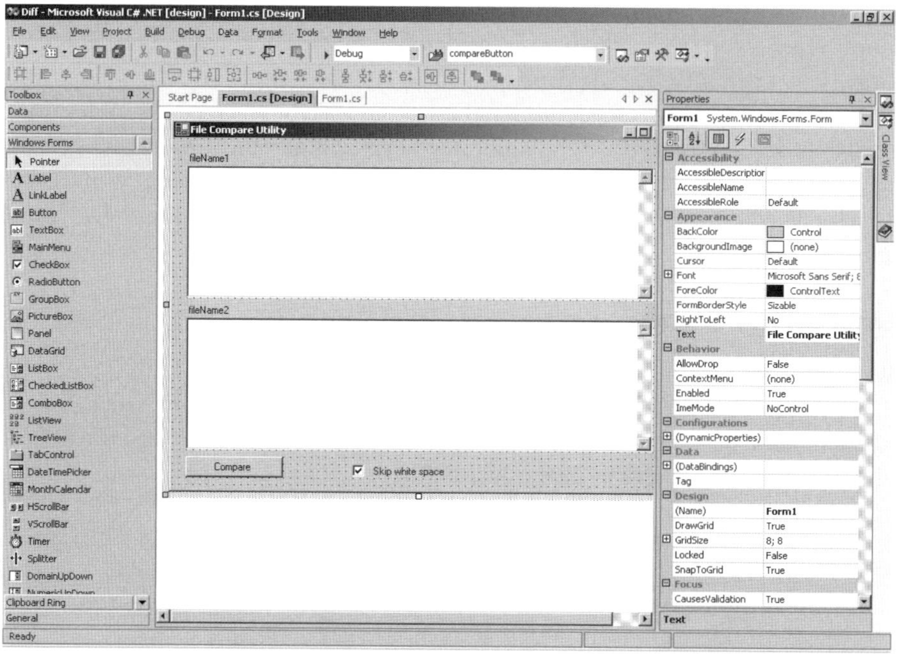

Abb. 27–3 *Entwurfsfläche mit Toolbox-Palette und Property-Fenster*

Nachdem wir alle GUI-Elemente platziert haben, müssen wir ihre Eigenschaften einstellen. Das geschieht mit Hilfe des Property-Fensters, das wir durch Klick auf den Reiter *Properties* am rechten Rand öffnen können (siehe Abb. 27–3). Wir wählen ein GUI-Element aus, öffnen das Property-Fenster und stellen dort für das gewählte GUI-Element folgende Eigenschaften ein (siehe Tabelle 27–2).

Property	Wert	Bedeutung
textBox1, textBox2		
Name	textBox1, textBox2	Name des Objekts im Programm
ScrollBars	Vertical	soll vertikale Scrollbars haben
AcceptsReturn	True	soll Zeilenumbrüche zulassen
AcceptsTab	True	soll Tabulatoren zulassen
HideSelection	False	soll Selektion zulassen
Multiline	True	soll mehrere Zeilen lang sein dürfen
fileName1, fileName2		
Name	fileName1, fileName2	Name des Objekts im Programm
compareButton		
Name	compareButton	Name des Objekts im Programm
Text	Compare	Beschriftung des Buttons
skipWhiteSpace		
Name	skipWhiteSpace	Name des Objekts im Programm
Checked	True	soll standardmäßig angekreuzt sein
Text	Skip white space	Beschriftung neben der Checkbox
TextAlign	MiddleRight	Beschriftung soll rechts neben der Box stehen

Tabelle 27–2 *Properties der GUI-Elemente des Dateivergleichsprogramms*

Als Nächstes muss man auf die Ereignisse reagieren, die in der Benutzeroberfläche auftreten können. Wenn der Benutzer zum Beispiel auf den Compare-Button klickt, soll eine Methode aufgerufen werden, die den Textvergleich durchführt.

Die meisten GUI-Elemente können Ereignisse auslösen: Ein Button löst zum Beispiel ein Click-Ereignis aus, wenn er angeklickt wird, ein Textfeld löst ein TextChanged-Ereignis aus, wenn sich sein Inhalt ändert. Diese Ereignisse sind als Events vom Typ EventHandler in den Klassen der einzelnen GUI-Elemente implementiert, zum Beispiel:

```
public class Button: WebControl, IPostBackEventHandler {
   public event EventHandler Click;
   ...
}
```

EventHandler ist ein Delegate-Typ, der eine Methode bezeichnet, mit der auf das Ereignis reagiert werden soll:

```
public delegate void EventHandler(object sender, EventArgs e);
```

Der Parameter sender bezeichnet das GUI-Element, das das Ereignis ausgelöst hat, der Parameter e kann weitere Informationen über das Ereignis enthalten, wird aber meist nicht benutzt.

Um auf einen Klick auf den Compare-Button zu reagieren, schreiben wir also eine Methode

```
public void Compare(object sender, EventArgs e) {...}
```

und implementieren in ihr den Textvergleichsalgorithmus. Diese Methode müssen wir in den von Visual Studio erzeugten Code einfügen. Dazu öffnen wir mittels *View > Code* die Code-Ansicht zu der von uns entworfenen Benutzeroberfläche und sehen, dass Visual Studio bereits Deklarationen und Initialisierungen aller GUI-Elemente erzeugt hat, die wir auf der Entwurfsfläche platziert haben. In diesen Code fügen wir die Methode Compare ein. Wir können übrigens jederzeit zwischen der Code-Ansicht und der GUI-Ansicht mittels eines Reiters am oberen Rand des Fensters hin und her wechseln.

Nun verknüpfen wir das Click-Ereignis mit der Compare-Methode. Wir wählen dazu den Compare-Button aus, öffnen das Property-Fenster und klicken dort folgendes Bildchen an

wodurch die Ereignisse angezeigt werden, die ein Button auslösen kann. In der Zeile des Click-Ereignisses wählen wir über ein Dropdown-Menü die Compare-Methode aus. Visual Studio fügt dadurch folgende Zeile in den Code ein:

```
compareButton.Click += new EventHandler(this.Compare);
```

Es gibt noch ein weiteres Ereignis, das für uns wichtig ist: Wir wollen die Startposition des Vergleichs in beiden Textfeldern durch Selektion angeben können. Wenn wir aber zuerst einen Text in textBox1 selektieren und dann in textBox2, verschwindet die Selektion in textBox1 wieder. Der Klick in textBox2 hat dazu geführt, dass textBox1 den Fokus verliert. Dies löst ein Leave-Ereignis in textBox1 aus, das wir mit einer Methode

```
public void Unfocus(object sender, EventArgs e) {...}
```

abfangen können, in der wir uns die Position der Selektion merken. Wir fügen die Methode Unfocus wieder in den erzeugten Code ein und verknüpfen sie mit Hilfe des Property-Fensters mit dem Leave-Ereignis beider Textfelder.

Schließlich stellen wir unser Programm fertig, indem wir den Rest der Ablauflogik schreiben und in den erzeugten Code einfügen. Dies wird im nächsten Unterabschnitt gezeigt.

Erzeugter Code

Das folgende Codestück zeigt die fertige Dateivergleichs-Anwendung, die zum Teil aus erzeugtem und zum Teil aus selbst geschriebenem Code besteht. Alle von Visual Studio .NET erzeugten Codestücke werden im folgenden Programmtext kursiv dargestellt.

```
using System;
using System.Drawing;
using System.Collections;
using System.ComponentModel;
using System.Windows.Forms;
using System.Data;
using System.IO;
```

```
namespace Diff
{
  public class Form1 : System.Windows.Forms.Form {
    private System.Windows.Forms.Button compareButton;
    private System.Windows.Forms.TextBox textBox1;
    private System.Windows.Forms.TextBox textBox2;
    private System.Windows.Forms.CheckBox skipWhiteSpace;
    private System.Windows.Forms.Label fileLabel1;
    private System.Windows.Forms.Label fileLabel2;
    private System.ComponentModel.Container components = null;
    private int pos1 = 0; // Selektionsstelle in textBox1
    private int pos2 = 0; // Selektionsstelle in textBox2

    public Form1() { InitializeComponent(); }

    #region Windows Form Designer generated code
    // Required method for Designer support - do not modify with the code editor.
    private void InitializeComponent() {
      this.textBox1 = new System.Windows.Forms.TextBox();
      this.textBox2 = new System.Windows.Forms.TextBox();
      this.fileLabel1 = new System.Windows.Forms.Label();
      this.compareButton = new System.Windows.Forms.Button();
      this.skipWhiteSpace = new System.Windows.Forms.CheckBox();
      this.fileLabel2 = new System.Windows.Forms.Label();
      this.SuspendLayout();

      this.textBox1.AcceptsReturn = true;
      this.textBox1.AcceptsTab = true;
      this.textBox1.HideSelection = false;
      this.textBox1.Location = new System.Drawing.Point(16, 32);
      this.textBox1.Multiline = true;
      this.textBox1.Name = "textBox1";
      this.textBox1.ScrollBars = System.Windows.Forms.ScrollBars.Vertical;
      this.textBox1.Size = new System.Drawing.Size(536, 152);
      this.textBox1.TabIndex = 0;
      this.textBox1.Text = "";
      this.textBox1.Leave += new System.EventHandler(this.Unfocus);

      this.textBox2.AcceptsReturn = true;
      this.textBox2.AcceptsTab = true;
      this.textBox2.HideSelection = false;
      this.textBox2.Location = new System.Drawing.Point(16, 208);
      this.textBox2.Multiline = true;
      this.textBox2.Name = "textBox2";
      this.textBox2.ScrollBars = System.Windows.Forms.ScrollBars.Vertical;
      this.textBox2.Size = new System.Drawing.Size(536, 152);
      this.textBox2.TabIndex = 1;
      this.textBox2.Text = "";
      this.textBox2.Leave += new System.EventHandler(this.Unfocus);

      this.fileLabel1.Location = new System.Drawing.Point(16, 16);
      this.fileLabel1.Name = "fileLabel1";
      this.fileLabel1.Size = new System.Drawing.Size(528, 16);
      this.fileLabel1.TabIndex = 2;
      this.fileLabel1.Text = "fileName1";
```

```
        this.compareButton.Location = new System.Drawing.Point(16, 368);
        this.compareButton.Name = "compareButton";
        this.compareButton.Size = new System.Drawing.Size(112, 24);
        this.compareButton.TabIndex = 3;
        this.compareButton.Text = "Compare";
        this.compareButton.Click += new System.EventHandler(this.Compare);

        this.skipWhiteSpace.Checked = true;
        this.skipWhiteSpace.CheckState = CheckState.Checked;
        this.skipWhiteSpace.Location = new System.Drawing.Point(208, 376);
        this.skipWhiteSpace.Name = "skipWhiteSpace";
        this.skipWhiteSpace.Size = new System.Drawing.Size(112, 16);
        this.skipWhiteSpace.TabIndex = 4;
        this.skipWhiteSpace.Text = "Skip white space";
        this.skipWhiteSpace.TextAlign = System.Drawing.ContentAlignment.MiddleRight;

        this.fileLabel2.Location = new System.Drawing.Point(16, 192);
        this.fileLabel2.Name = "fileLabel2";
        this.fileLabel2.Size = new System.Drawing.Size(528, 16);
        this.fileLabel2.TabIndex = 5;
        this.fileLabel2.Text = "fileName2";

        this.AutoScaleBaseSize = new System.Drawing.Size(5, 13);
        this.ClientSize = new System.Drawing.Size(568, 405);
        this.Controls.AddRange(new System.Windows.Forms.Control[] {
                this.fileLabel2,
                this.skipWhiteSpace,
                this.compareButton,
                this.fileLabel1,
                this.textBox2,
                this.textBox1});
        this.Name = "Form1";
        this.Text = "File Compare Utility";
        this.ResumeLayout(false);
    }
    #endregion

    // Lade Datei <name> nach tb
    private void LoadFile(string name, TextBox tb, Label lab) {
        lab.Text = name;                      // setze den Label über der Textbox
        StreamReader r = File.OpenText(name); // Öffne die Datei,
        tb.Text = r.ReadToEnd();              // weise ihren gesamten Inhalt tb.Text zu
        tb.SelectionLength = 0;               // standardmäßig wäre der gesamte Text selektiert
        r.Close();
    }

    // Setze Selektion in tb auf pos und zeige sie an
    private void Select(TextBox tb, int pos) {
        tb.Focus();                           // tb wird der Fokus (nötig für Selektion)
        tb.SelectionStart = pos;              // Selektion soll bei pos beginnen
        tb.SelectionLength = 1;               // und 1 Zeichen lang sein.
        tb.ScrollToCaret();                   // scrolle zur Selektion
    }
```

```
        // Aufgerufen, wenn Textbox den Fokus verliert. Selektion wird in pos aufbewahrt.
        private void Unfocus(object sender, EventArgs e) {
            TextBox tb = (TextBox)sender;
            if (tb.Name == "textBox1") pos1 = tb.SelectionStart; else pos2 = tb.SelectionStart;
        }

        // Das ist die eigentliche Vergleichsroutine
        private void Compare(object sender, EventArgs arg) {
            string t1 = textBox1.Text;
            string t2 = textBox2.Text;
            while (pos1 < t1.Length && pos2 < t2.Length) {
                if (t1[pos1] == t2[pos2]) { pos1++; pos2++; }
                else if (skipWhiteSpace.Checked) {
                    if (t1[pos1] <= ' ') pos1++;
                    else if (t2[pos2] <= ' ') pos2++;
                    else break;
                } else break;
            }
            Select(textBox2, pos2); // setze Selektion in textBox2 auf pos2
            Select(textBox1, pos1); // setze Selektion in textBox1 auf pos1
        }

        static void Main(string[] arg) {
            if (arg.Length == 2) {
                Form1 f = new Form1();
                f.LoadFile(arg[0], f.textBox1, f.fileLabel1);
                f.LoadFile(arg[1], f.textBox2, f.fileLabel2);
                Application.Run(f);
            }
        }
    }
}
```

Wie man sieht, wurde der meiste Code von Visual Studio generiert. Zu den selbst geschriebenen Codestücken folgen hier noch einige Bemerkungen.

Visual Studio importiert bereits die meisten Namensräume, die für GUI-Applikationen benötigt werden. Für das Lesen der Texte von einer Datei benötigen wir aber zusätzlich den Namensraum System.IO, den wir selbst importieren.

Die Klasse Form1 stellt das Fenster der Applikation dar und enthält die Deklarationen der GUI-Elemente wie textBox1, textBox2, compareButton, etc. All das wurde automatisch erzeugt. Wir fügen nur zwei private Variablen pos1 und pos2 hinzu, die die Textpositionen der Selektion in textBox1 und textBox2 darstellen.

Die Hauptmethode Main wurde ebenfalls bereits automatisch erzeugt. Sie legt ein neues Form1-Objekt an und übergibt es an Application.Run, wodurch das Fenster geöffnet wird und das Programm in eine Schleife geht und auf Benutzereingaben wartet. Wir haben die Main-Methode etwas erweitert, so dass sie die Namen der beiden Textdateien als Kommandozeilenparameter entgegennimmt und damit die Methode LoadFile aufruft.

LoadFile(name, tb, lab) öffnet die Datei name, weist ihren Inhalt dem Property Text des Textfelds tb zu und setzt den Label lab über dem Textfeld auf den Namen der Datei. Anfangs ist die Selektionsposition in beiden Textfeldern 0. An dieser Position beginnt der Textvergleich.

Klickt der Benutzer auf den Compare-Button, wird die Methode Compare aufgerufen, die den Textvergleich durchführt. Sie benutzt den Zustand der Checkbox skipWhiteSpace, um Leerzeichen gegebenenfalls zu ignorieren. Die while-Schleife dieser Methode bricht ab, wenn eine Stelle gefunden wird, an der sich die beiden Texte unterscheiden. Die Variablen pos1 und pos2 zeigen dann auf diese Stelle in den beiden Texten. Durch Aufruf der Methode Select(tb, pos) wird die Selektion im Textfeld tb auf die Stelle pos gesetzt und der Text so weit verschoben, dass die Selektion sichtbar wird.

Die Methode Unfocus wird schließlich aufgerufen, wenn in einem der Textfelder ein Leave-Ereignis auftritt. Da bei diesem Ereignis die Selektion im Textfeld gelöscht wird, muss sie von Unfocus gerettet und in einer der Variablen pos1 und pos2 gespeichert werden.

Die Anwendung muss nun mit Hilfe des Menübefehls *Build > Build Solution* übersetzt werden, anschließend kann man sie mit *Debug > Start Without Debugging* ausführen. Da es in Visual Studio umständlich ist, Anwendungen mit Kommandozeilenparametern auszuführen, kann man das Programm auch aufrufen, indem man ein Konsolenfenster öffnet, ins Verzeichnis bin/Debug/ wechselt, in dem die Anwendungsdatei Diff.exe steht, und folgende Zeile eintippt:

```
Diff file1.txt file2.txt
```

In diesem Beispiel sind file1.txt und file2.txt die beiden zu vergleichenden Dateien.

Sowohl Windows Forms als auch Visual Studio .NET sind viel mächtiger als hier gezeigt werden konnte. Dieser Abschnitt hat nur den Zweck, die wichtigsten Konzepte von Windows Forms einzuführen und eine Vorstellung davon zu geben, wie man unter .NET Anwendungen mit grafischer Oberfläche entwickelt. Wer weitere Details wissen will, zieht am besten die gut geschriebene Online-Dokumentation [SDKDoc] zu Rate oder schlägt in einem Buch wie [NEGWS12] nach.

27.2 Ein Web-Service für Börsenkurse

Web-Services sind Dienstprogramme, die über das Internet von jedem beliebigen Rechner auf der Welt aufgerufen werden können. Sie sind die Bausteine, aus denen B2B-Anwendungen (*business to business applications*) zusammengesetzt sind. Abb. 27–4 zeigt ein Beispiel einer solchen Anwendung: Um eine Urlaubsbuchung durchzuführen, wird die Webseite eines Reisebüros aufgesucht und eine entsprechende Applikation gestartet. Diese konsultiert über das Internet einen Web-Service der gewünschten Fluglinie, um die Flugzeiten und die verfügbaren Plätze herauszufinden, und anschließend einen Web-Service einer Hotelkette, der wiederum

Anfragen an Web-Services einzelner Hotels stellt und die Angebote liefert. Mit diesen Informationen kann dann die Buchung durchgeführt werden.

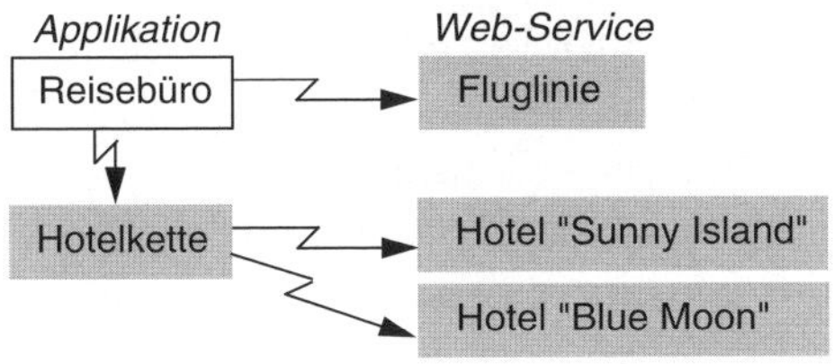

Abb. 27–4 *Eine Applikation holt sich Informationen von verschiedenen Web-Services*

Obwohl Web-Services über das Internet angesprochen werden, handelt es sich um *keine* Webseiten für den menschlichen Leser, sondern um Methoden, die mittels *Remote Procedure Call* (RPC) aufgerufen werden. Die Parameter werden dabei in ein Nachrichtenpaket verpackt und über das Internet verschickt. Auf der Gegenseite werden sie wieder ausgepackt und an die gewünschte Methode übergeben, die die Ergebnisse wieder als Nachrichtenpaket zurückschickt. All das geschieht ohne Zutun des Programmierers, für den es den Anschein hat, als rufe er eine lokale Methode auf.

Spezifikation eines Web-Services für Börsenkurse

Wir wollen nun als Beispiel einen Web-Service entwickeln, der Börsenkurse von Firmen liefert. Die gewünschte Methode soll folgende Schnittstelle haben:

```
double GetQuote(string symbol);
```

GetQuote wird mit dem Namen einer Firma in der üblichen Codierung (z.B. "MSFT" für Microsoft) aufgerufen und liefert den aktuellen Börsenkurs als double-Wert. Für unbekannte Firmennamen soll der Wert 0.0 geliefert werden.

Der Web-Service wird auf einem Server-Rechner installiert und von einem Client-Rechner aus aufgerufen. Wir sehen uns daher zuerst den serverseitigen und anschließend den clientseitigen Teil der Implementierung an.

Serverseitige Implementierung

Am Server muss eine Klasse (z.B. StockTicker) geschrieben werden, die von System.Web.Services.WebService abgeleitet und in einer Datei mit der Endung asmx gespeichert werden muss (z.B. StockTicker.asmx). Ferner muss am Server Microsofts *Internet Information Server* (IIS) sowie das .NET-Framework installiert sein. Die Datei StockTicker.asmx muss in einem virtuellen Verzeichnis des IIS abgelegt werden. Unter Windows 2000 (hier in der englischen Version) legt man ein solches Verzeichnis an, indem man im Control Panel *Administrative Tools* und dort *Computer Management* öffnet. Im erscheinenden Fenster öffnet man *Services and Applications* und dann *Internet Information Services*. Mittels Rechts-Klick auf *De-*

fault Web Site wählt man den Menübefehl *New > Virtual Directory* aus und wird dann durch einen Dialog geführt, in dem man ein virtuelles Verzeichnis anlegt und mit dem physischen Verzeichnis verknüpft, in dem StockTicker.asmx steht. Als Name des virtuellen Verzeichnisses wählen wir hier Samples.

Würden wir für die Erstellung unseres Web-Services Visual Studio .NET verwenden, so würde automatisch ein virtuelles Verzeichnis angelegt. Wir wollen in diesem Abschnitt aber zeigen, dass es auch ohne Visual Studio geht.

Die Datei StockTicker.asmx sieht nun folgendermaßen aus (die kursiven Teile geben jenen Code an, der diese Datei zu einem Web-Service macht):

```
<%@ WebService Language="C#" Class="StockTicker"%>
using System.Collections;
using System.Web.Services;

public class StockTicker: WebService {
    Hashtable tab = new Hashtable();

    public StockTicker() {
        tab["CSCO"] = 13.86; // Cisco
        tab["MSFT"] = 34.33; // Microsoft
        // ...
    }

    [WebMethod]
    public double GetQuote(string symbol) {
        object quote = tab[symbol];
        if (quote == null) return 0.0; else return (double)quote;
    }
}
```

Die erste Zeile ist eine Direktive, die angibt, dass in dieser Datei ein Web-Service steht, der in C# geschrieben ist. Der Name der Web-Service-Klasse ist StockTicker. Wie bereits erwähnt, muss sie von System.Web.Services.WebService abgeleitet sein. Vor jede Methode, die als Web-Service aufgerufen werden soll, schreibt man schließlich noch das Attribut [WebMethod]. Das ist alles, was man als Programmierer tun muss. Den Rest erledigt .NET.

Die Börsenkurse sind in diesem Beispiel in einer Hashtabelle gespeichert. In der Praxis würde man sie natürlich aus einer Datenbank auslesen, um Aktualität zu gewährleisten. Darauf verzichten wir hier aus Einfachheitsgründen.

Wir können unseren Web-Service bereits testen, indem wir einen Web-Browser öffnen und die Adresse

```
http://localhost/Samples/StockTicker.asmx
```

eingeben (localhost bezeichnet den lokalen Web-Server). Es erscheint eine von .NET generierte Seite, über die man alle in StockTicker implementierten Web-Service-Methoden aufrufen kann (siehe Abb. 27–5).

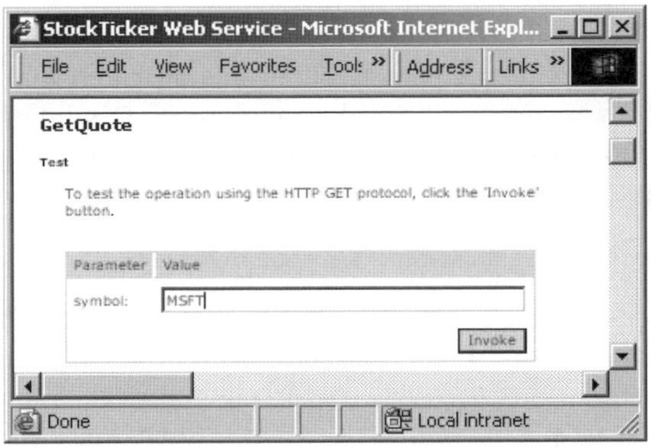

Abb. 27–5 *Von .NET generierte Seite zum Testen des Web-Services*

Wenn wir als Parameter den Wert MSFT (für Microsoft) eingeben und den Invoke-Button klicken, wird GetQuote("MSFT") aufgerufen. Der Rückgabewert und sein Typ werden in XML codiert und in einem neuen Fenster dargestellt:

```
<?xml version="1.0" encoding="utf-8" ?>
<double xmlns="http://tempuri.org/">34.33</double>
```

Wie weiß ein Client, wie eine Web-Service-Methode aufzurufen ist, d.h., welche Parameter sie hat und welchen Rückgabewert sie liefert? Diese Informationen werden in einer WSDL-Beschreibung (*Web Services Description Language*) spezifiziert, die .NET automatisch aus StockTicker.asmx erzeugt. Man kann sich diese WSDL-Beschreibung ansehen, indem man im Browser folgende Adresse eingibt:

http://localhost/Samples/StockTicker.asmx**?WSDL**

Die WSDL-Beschreibung spezifiziert die Schnittstelle eines Web-Services für drei verschiedene Übertragungsprotokolle, die von .NET unterstützt werden:

- HTTP-GET
  Parameter werden als Name/Wert-Paare an die URI des Web-Service-Aufrufs angehängt (z.B. http://...StockTicker.asmx?symbol=MSFT).
- HTTP-POST
  Parameter werden als Name/Wert-Paare in einem Datenstrom an den Web-Service übergeben (z.B. symbol=MSFT).
- SOAP
  Parameter werden in einer auf XML basierenden Beschreibung an den Web-Service übergeben. Auch SOAP-Nachrichten werden normalerweise über HTTP-POST versandt.

Der Client kann sich dann aussuchen, welches dieser drei Protokolle er verwenden will. Alle drei basieren auf reinen Textdaten und dem am Internet gebräuchlichen HTTP-Protokoll, so dass sie von allen Rechnern und Betriebssystemen verstanden werden.

Clientseitige Implementierung

Bevor wir StockTicker.GetQuote von einem Client-Rechner aus aufrufen können, müssen wir dort eine *Proxy-Klasse* installieren, die als Stellvertreter für die Klasse StockTicker am Server fungiert. Diese Proxy-Klasse kann mit Hilfe des .NET-Werkzeugs wsdl.exe aus der WSDL-Beschreibung von StockTicker erzeugt werden:

```
wsdl /out:StockTicker.cs http://localhost/Samples/StockTicker.asmx?WSDL
```

Das Werkzeug wsdl erzeugt hier eine Datei StockTicker.cs, die eine Klasse StockTicker mit einer Methode GetQuote enthält. Diese Methode kann nun von unserem Client-Programm aufgerufen werden. Sie verpackt den Parameter symbol in eine SOAP-Nachricht, schickt sie zum Web-Service, wartet auf die SOAP-Antwort und holt daraus den Ergebniswert heraus, den sie an das Client-Programm zurückgibt. Das Client-Programm ruft also statt der Web-Service-Methode die gleichnamige lokale Proxy-Methode auf, die alles Weitere erledigt.

Nun brauchen wir nur noch das Client-Programm zu schreiben. Wir nennen es StockTickerClient.cs und implementieren es wie folgt:

```
using System;

class StockTickerClient {
    public static void Main(string[] arg) {
        StockTicker ticker = new StockTicker();
        double val = ticker.GetQuote(arg[0]);
        Console.WriteLine(arg[0] + " = " + val);
    }
}
```

Nun übersetzen wir unseren Client zusammen mit dem Proxy

```
csc StockTickerClient.cs StockTicker.cs
```

und rufen ihn zum Beispiel folgendermaßen auf:

```
StockTickerClient MSFT
```

Als Ergebnis erhalten wir

```
MSFT = 34.33
```

Abb. 27–6 fasst nochmals zusammen, wie der Aufruf einer Web-Service-Methode funktioniert: StockTickerClient ruft die Methode GetQuote aus der Proxy-Klasse auf. Diese schickt eine SOAP-Anforderung an den Server, wo dann das eigentliche GetQuote aufgerufen wird. Der Proxy-Code auf dem Client wurde mittels wsdl.exe erzeugt. Der Skeleton-Code auf dem Server wird von .NET automatisch beim ersten Ansprechen des Web-Services generiert und übersetzt. Deshalb dauert der erste Aufruf von GetQuote etwas länger. Die weiteren Aufrufe gehen dann schneller.

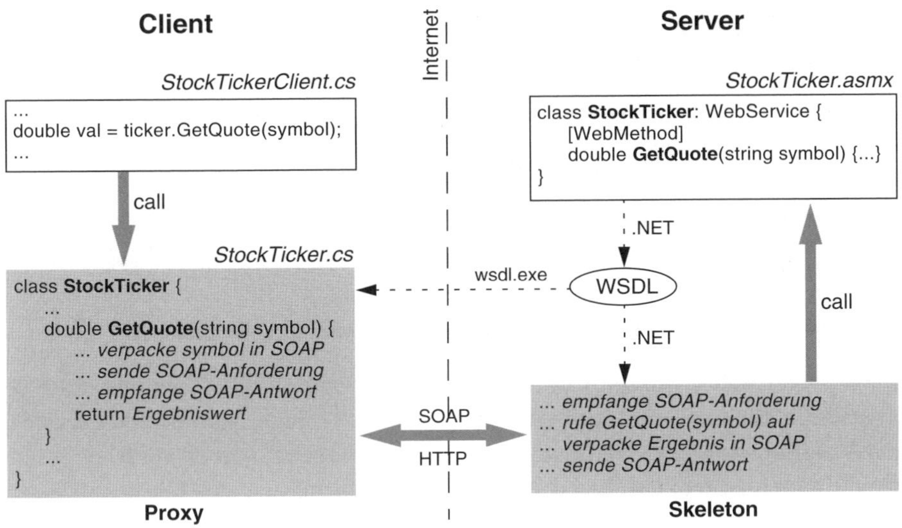

Abb. 27–6 *Aufruf der Web-Service-Methode GetQuote*

Web-Services sind eine Technologie, die es auch außerhalb von .NET gibt. SOAP und WSDL sind offene W3C-Standards und werden zum Beispiel auch unter Java verwendet. Da das Protokoll von Web-Services auf SOAP-Texten und HTTP basiert, kann es im Prinzip in jeder Programmiersprache und in jedem Betriebssystem benutzt werden. Es gibt aber derzeit keine andere Plattform, auf der Web-Services so gut integriert sind wie unter .NET. Angefangen von der automatischen Erzeugung von WSDL aus C#-Code über die (halb-)automatische Generierung von Proxy- und Skeleton-Code bis zur Unterstützung von Web-Services in Visual Studio .NET wird hier die Entwicklung von Web-Services zu einem Kinderspiel.

27.3 Dynamische Webseiten mit ASP.NET

ASP.NET ist jener Teil der .NET-Technologie, der die Erstellung dynamischer Webseiten ermöglicht. Solche Webseiten heißen *dynamisch*, weil sie erst bei ihrer Anforderung am Server aus aktuellen Daten zusammengestellt werden. Damit lassen sich zum Beispiel Abfragen von Börsenkursen, Flugplänen oder Sonderangeboten in tagesaktueller Form realisieren.

Wir wollen nun als Fallstudie zeigen, wie man mit ASP.NET eine dynamische Webseite zur Abfrage von Börsenkursen erstellt. Die Börseninformationen besorgen wir uns dabei mit dem Web-Service aus Abschnitt 27.2. Die Webseite soll ein Textfeld enthalten, in dem man einen Firmennamen (z.B. MSFT) eingibt. Anschließend klickt man auf einen Button und erhält den gewünschten Börsenkurs. Alternativ dazu soll man einen Firmennamen auch aus einer Dropdown-Liste auswählen können, die die zuletzt eingegebenen Firmennamen enthält (siehe Abb. 27–7).

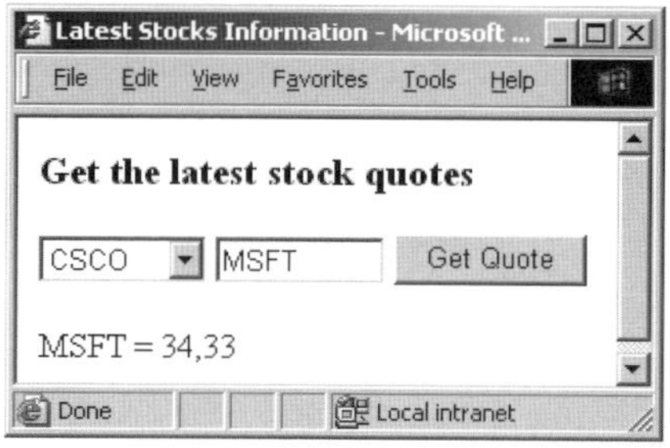

Abb. 27–7 *Benutzeroberfläche einer Webseite zur Abfrage von Börsenkursen*

Eine dynamische Webseite besteht zum einen aus GUI-Elementen (z.B. Texte, Textfelder, Buttons) und ihrer Anordnung auf der Seite; zum anderen besteht sie aus Programmcode, der dafür sorgt, dass die Benutzereingaben verarbeitet und die gewünschten Ergebnisse berechnet und angezeigt werden.

Unter ASP.NET kann man diese beiden Teile sauber trennen und in unterschiedlichen Dateien speichern. Das hat den Vorteil, dass der Web-Designer, der für das Layout der Seite zuständig ist, und der Programmierer, der die Logik der Seite implementiert, unabhängig voneinander an getrennten Dateien arbeiten können. Die Programmlogik wird als *Hintergrundcode* bezeichnet und kann in jeder .NET-Sprache (z.B. C#, Visual Basic oder Eiffel) implementiert werden. Beide Dateien müssen in einem virtuellen Verzeichnis abgelegt werden (die Erzeugung eines virtuellen Verzeichnisses wurde in Abschnitt 27.2 erklärt).

Layout der Webseite

Das Layout der Webseite wird in einer Datei mit der Endung aspx beschrieben. Wir legen also für unsere Fallstudie eine Datei StockInfo.aspx an und speichern sie im virtuellen Verzeichnis Samples (siehe Abschnitt 27.2). Der Inhalt dieser Datei sieht in unserem Fall wie folgt aus:

```
<%@ Page Language="C#" Inherits="StockInfoPage" CodeFile="StockInfo.cs"%>
<html>
  <body>
    <h3>Get the latest stock quotes</h3>
    <form Runat="server">
      <asp:DropDownList ID="list" Width="80" AutoPostBack="true"
        OnSelectedIndexChanged="LookupFromList" Runat="server"/>
      <asp:TextBox ID="symbol" Width="80" Runat="server"/>
      <asp:Button ID="button" Text="Get Quote"
        OnClick="LookupFromText" Runat="server" />
      <br><br>
      <asp:Label ID="result" Runat="server"/>
    </form>
  </body>
</html>
```

Die erste Zeile ist eine *Direktive*, die angibt, dass dies eine ASP.NET-Seite ist, deren Hintergrundcode in C# geschrieben ist und in der Datei StockInfo.cs steht. Jede Webseite ist unter ASP.NET ein Objekt einer partiellen Klasse. Die Direktive sagt, dass diese Klasse von StockInfoPage abgeleitet ist, einer partiellen Klasse, die wir später im Hintergrundcode erweitern werden.

Der Rest der aspx-Datei ist eine Seitenbeschreibung in HTML, die an einigen Stellen Steuerelemente von ASP.NET enthält. Diese Elemente haben alle die Form

```
<asp:xxx ... />
```

und sind in ein Web-Formular eingebettet, das durch die Elemente

```
<form Runat="server">
    ...
</form>
```

beschrieben wird. Das Attribut Runat="server" ist wichtig und findet sich auch in allen Steuerelementen von ASP.NET wieder. Es besagt, dass das Formular und die Steuerelemente nicht clientseitig (d.h. im Web-Browser), sondern serverseitig ausgewertet werden sollen.

Das Web-Formular enthält in unserem Fall vier Steuerelemente, die wir uns nun etwas detaillierter ansehen. Das Element

```
<asp:DropDownList ID="list" Width="80" AutoPostBack="true"
   OnSelectedIndexChanged="LookupFromList" Runat="server"/>
```

beschreibt eine *Dropdown-Liste* (siehe erstes Element in Abb. 27–7), also ein Textfeld, das man durch einen Klick zu einer Auswahlliste öffnen kann. Jedes Steuerelement hat einen Namen, den man mit dem Attribut ID angibt und über den man das Element dann im Hintergrundcode anspricht. Das Attribut Width gibt die Breite des Steuerelements in Pixeln an.

AutoPostBack="true" spezifiziert, dass eine Auswahl aus der Dropdown-Liste sofort dazu führt, dass das Formular zum Server geschickt und ausgewertet wird. Fehlt dieses Attribut, wird das Formular erst beim nächsten Button-Klick zum Server geschickt.

Mittels OnSelectedIndexChanged kann man eine Methode angeben, die auf das SelectedIndexChanged-Ereignis reagiert, das auftritt, wenn der Benutzer aus der Dropdown-Liste einen neuen Eintrag auswählt. In unserem Fall heißt die Methode LookupFromList und ist im Hintergrundcode deklariert.

Jedes Steuerelement wird durch eine gleichnamige Klasse (z.B. durch die Klasse DropdownList) aus der .NET-Bibliothek repräsentiert. Die Attribute wie ID oder Width werden auf gleichnamige Properties dieser Klasse abgebildet. Neben den hier gezeigten Attributen haben Steuerelemente noch zahlreiche weitere Attribute wie Height, Font oder ForeColor, die man am besten aus der Online-Dokumentation von .NET entnimmt [SDKDoc].

Das zweite Steuerelement unserer Beispielseite lautet

```
<asp:TextBox ID="symbol" Width="80" Runat="server"/>
```

und beschreibt ein Textfeld mit dem Namen symbol und der Pixelbreite 80. Wie bei allen Steuerelementen darf man auch hier nicht das Attribut Runat="server" vergessen.

Das dritte Steuerelement spezifiziert einen Button mit dem Namen button und der Beschriftung Get Quote:

```
<asp:Button ID="button" Text="Get Quote" OnClick="LookupFromText" Runat="server" />
```

Auch hier wird wieder eine Methode LookupFromText aus dem Hintergrundcode angegeben, die auf das Click-Ereignis reagieren soll, das ausgelöst wird, wenn der Benutzer auf den Button klickt.

Das letzte Steuerelement stellt schließlich einen nicht editierbaren Text (Label) dar, in dem das Ergebnis der Börsenabfrage angezeigt werden soll.

```
<asp:Label ID="result" Runat="server"/>
```

Der Name dieses Steuerelements ist result. Sein Text ist hier leer, anderenfalls müsste man ein Attribut Text="..." angeben.

Damit ist der Aufbau der Webseite beschrieben. Was jetzt noch fehlt, ist die Programmlogik, also die Verarbeitung der Benutzereingaben und die Berechnung der Ergebnisse. Unter ASP.NET folgt die Programmlogik einem *ereignisgesteuerten Modell*: Jede Benutzereingabe (z.B. jeder Klick auf einen Button oder jede Auswahl aus einer Dropdown-Liste) führt zu einem Ereignis, das man durch selbst geschriebene Methoden (so genannte Ereignisbehandler) abfangen und behandeln kann. Dies werden wir uns nun genauer ansehen.

Hintergrundcode

Die Programmlogik wird unter ASP.NET in einer eigenen Datei beschrieben, die man *Hintergrundcode* nennt. In der Page-Direktive von StockInfo.aspx haben wir angegeben, dass diese Datei StockInfo.cs heißen soll. Sie enthält eine partielle Klasse StockInfoPage, die von System.Web.UI.Page abgeleitet sein muss und die Webseite darstellt. Sie ergänzt die andere Hälfte der partiellen Klasse StockInfoPage, die von ASP.NET automatisch erzeugt wurde und unter anderem die Deklarationen der benötigten Steuerelemente list, symbol, button und result enthält:

```
protected DropDownList list;
protected TextBox symbol;
protected Button button;
protected Label result;
```

Der von uns zu schreibende Teil der partiellen Klasse StockInfoPage enthält die beiden Ereignisbehandler LookupFromList und LookupFromText, in denen auf die Benutzereingaben reagiert wird. Die beiden Methoden greifen auf die oben beschriebenen Steuerelemente list, symbol, button und result zu. Hier ist der Quelltext der Hintergrundcode-Datei StockInfo.cs:

```
using System;

public partial class StockInfoPage : System.Web.UI.Page {

    private void Search(string sym) {
        StockTicker ticker = new StockTicker();
        result.Text = sym + " = " + ticker.GetQuote(sym);
    }

    public void LookupFromList(object sender, EventArgs e) {
        if (list.SelectedItem != null) Search(list.SelectedItem.Value);
    }

    public void LookupFromText(object sender, EventArgs e) {
        if (symbol.Text != "") {
            Search(symbol.Text);
            list.Items.Add(symbol.Text);
        }
    }
}
```

Wenn der Benutzer auf den Button »Get Quote« klickt, wird die Methode LookupFromText aufgerufen (OnClick="LookupFromText"). Der Parameter sender bezeichnet das Objekt, das den Klick ausgelöst hat (also den Button), und e enthält zusätzliche Parameter, die hier aber irrelevant sind.

Wenn das Textfeld nicht leer war (symbol.Text != ""), wird der Börsenkurs des eingegebenen Firmennamens mit Hilfe der Methode Search ermittelt und in result.Text angezeigt. Anschließend wird der Firmenname in die Dropdown-Liste aufgenommen (list.Items.Add(...)), um für zukünftige Abfragen rascher zur Verfügung zu stehen.

Wenn der Benutzer einen Eintrag aus der Dropdown-Liste auswählt, wird die Methode LookupFromList aufgerufen. Der ausgewählte Eintrag (list.SelectedItem.Value) wird wieder mit Search gesucht und der entsprechende Börsenkurs wird angezeigt.

Einbinden weiterer Klassen

In unserem Beispiel haben wir den in Abschnitt 27.2 beschriebenen Web-Service StockTicker verwendet. Erinnern Sie sich, dass wir dort mittels wsdl.exe aus dem Web-Service eine Proxy-Klasse StockTicker erzeugt haben, die in der Datei StockTicker.cs steht. Wenn wir diese Klasse nun in unserem Hintergrundcode verwenden wollen, müssen wir sie zuerst in eine dll-Datei übersetzen und im Unterverzeichnis bin des virtuellen Verzeichnisses ablegen:

```
csc /target:library /out:bin\StockTicker.dll StockTicker.cs
```

Alle Klassen, die in dll-Dateien des Unterverzeichnisses bin stehen, werden von ASP.NET automatisch gefunden und können im Hintergrundcode verwendet werden.

Benutzung der Webseite

Nun können wir unsere Webseite endlich benutzen. Wir richten dazu unseren Web-Browser auf

```
http://localhost/Samples/StockInfo.aspx
```

und erhalten das in Abb. 27–7 gezeigte Bild.

Beim ersten Zugriff erzeugt ASP.NET aus der aspx-Datei die entsprechende Seitenklasse, übersetzt sie und bindet sie mit den benötigten dll-Dateien. Bei weiteren Zugriffen entfallen diese Schritte und es geht wesentlich schneller.

Wenn wir uns nun im Web-Browser den Quelltext der gelieferten Seite ansehen, merken wir, dass er reines HTML enthält. ASP.NET wandelt alle Steuerelemente in HTML um, bevor es die neue Seite zum Browser schickt. Dadurch kann das Ergebnis von jedem beliebigen Browser angezeigt werden.

Interaktive Erstellung von Webseiten

In Abschnitt 27.1 haben wir gesehen, dass man mit Visual Studio .NET grafische Oberflächen von Desktop-Applikationen interaktiv erstellen kann, indem man die GUI-Elemente mittels Drag and Drop auf einer Entwurfsfläche platziert.

Dasselbe ist auch bei dynamischen Webseiten möglich. Auch hier kann man die gewünschten Steuerelemente mit Drag and Drop zusammenstellen. Visual Studio erzeugt automatisch ein Gerüst des entsprechenden Hintergrundcodes, in das man nur noch seine Ereignisbehandler einfügen muss.

Die Vorgehensweise ist nahezu identisch zu der in Abschnitt 27.1 geschilderten Art, mit dem kleinen Unterschied, dass man beim Anlegen eines neuen Projekts einfach *ASP.NET Web Application* statt *Windows Application* angeben muss.

Weitere Möglichkeiten von ASP.NET

Die .NET-Klassenbibliothek enthält bereits zahlreiche Steuerelemente für Webseiten, die weit über das hinausgehen, was unter HTML zur Verfügung steht. Dazu gehören neben den einfachen Elementen wie Textfelder, Buttons, Checkboxen oder Radio-Buttons auch Tabellenelemente (DataGrid), die sehr einfach mit Daten aus einer Datenbank befüllt werden können, oder ein Kalender-Element zur Auswahl eines Datums.

Daneben kann der Programmierer aber auch eigene Steuerelemente implementieren, zum Beispiel grafische Buttons oder eine Farbpalette zur Auswahl von Farben. Bei eigenen Steuerelementen unterscheidet man zwischen *User Controls*, bei denen vorhandene Steuerelemente zu einem neuen Steuerelement gruppiert werden können, und *Custom Controls*, die vollständig neue Steuerelemente sind.

ASP.NET enthält ferner ausgefeilte Mechanismen, um den Zustand einer Webseite, einer Sitzung (d.h. mehrerer Zugriffe vom gleichen Client innerhalb einer gewissen Zeit) und einer Web-Applikation zu verwalten. Auf diese Weise kann man zum Beispiel einen Warenkorb eines Web-Shops realisieren, der über einzelne Seitenzugriffe hinweg erhalten bleiben soll.

Schließlich bietet ASP.NET auch Möglichkeiten der Authentifizierung (Identitätsfeststellung) und Autorisierung (Berechtigung) eines Benutzers. All das und vieles mehr lässt sich über XML-Dateien konfigurieren.

Allein das Thema ASP.NET ist so umfangreich, dass es eigene Bücher darüber gibt. Wer an diesem Thema näher interessiert ist, findet weiterführende Informationen zum Beispiel in [BBMW03] oder [FMS13].

27.4 Übungsaufgaben

1. **Taschenrechner**
   Implementieren Sie mittels Windows Forms einen Taschenrechner für die vier Grundrechenarten. Die Benutzeroberfläche könnte wie folgt aussehen:

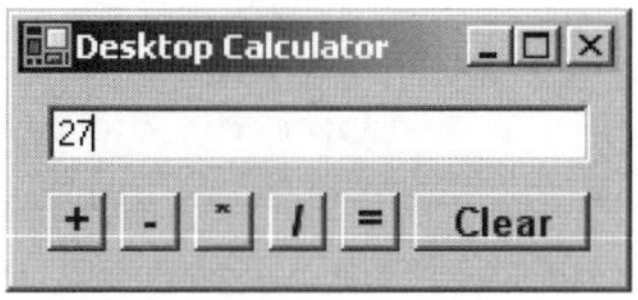

   Im Gegensatz zu Abschnitt 27.1 soll die Implementierung nicht mit Visual Studio .NET erfolgen, sondern mit einem gewöhnlichen Texteditor und dem Kommandozeilen-Compiler `csc`. Sehen Sie sich den von Visual Studio .NET erzeugten Quellcode in Abschnitt 27.1 an und versuchen Sie, Ähnliches manuell zu implementieren. Sie benötigen die Klassen `Form` (für das Fenster), `TextBox` (für das Eingabefeld) und `Button` (für die Tasten).

2. **Web-Service einer Buchhandlung**
   Implementieren Sie einen Web-Service einer Buchhandlung, der Informationen über lagernde Bücher anbietet. Benutzende Programme sollen die Möglichkeit haben, über eine ISB-Nummer die Verfügbarkeit, den Preis und den Autor eines bestimmten Buchs abzufragen. Sehen Sie eine Methode für jede der drei Abfragearten vor und implementieren Sie auch ein Testprogramm, das diese Informationen vom Web-Service abfragt.

3. **Web-Oberfläche mittels ASP.NET**
   Implementieren Sie zur Buchhandlung in Aufgabe 2 eine Web-Oberfläche unter ASP.NET, die zum Beispiel so aussehen kann:

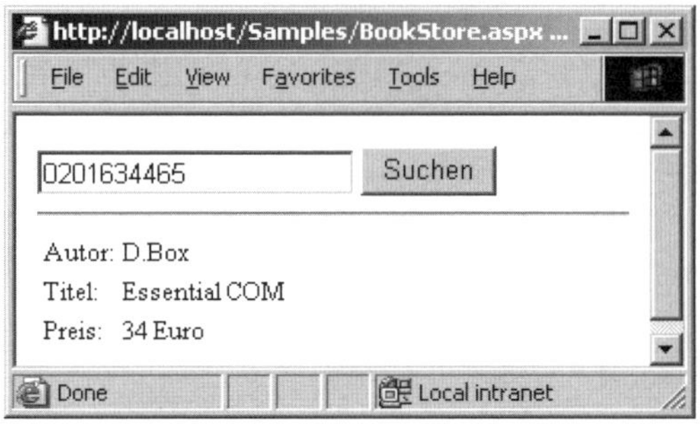

Der Benutzer gibt eine ISB-Nummer ein und klickt auf den Knopf »Suchen«. Daraufhin werden mit Hilfe der Web-Service-Methoden aus Aufgabe 2 der Autor, der Titel und der Preis des Buchs gesucht und angezeigt. Ist das Buch nicht vorhanden oder stimmt die ISB-Nummer nicht, so sollen die Felder für Autor, Titel und Preis leer bleiben.

Zerlegen Sie die Implementierung der Webseite in eine aspx-Datei, die das Layout der Seite festlegt, und eine Hintergrundcode-Datei, die die Logik enthält. Denken Sie daran, dass die Proxy-Klasse des Web-Services in eine dll-Datei übersetzt und in einem Unterverzeichnis namens bin des virtuellen Verzeichnisses abgelegt werden muss.

A Anhang

A.1 Compileroptionen

Wer nicht mit Visual Studio .NET arbeitet, ruft den C#-Compiler (csc) von der Kommandozeile aus auf. Dabei können diverse Optionen angegeben werden, die bestimmen, welche Ausgabe erzeugt werden soll und welche Bibliotheken in die Übersetzung mit einbezogen werden sollen. Die allgemeine Aufrufsyntax lautet:

```
csc {option} sourcefile {sourcefile}
```

Optionen und Dateinamen werden durch Leerzeichen getrennt und können in Anführungszeichen eingeschlossen werden (z.B. "my file.cs"). Pfadnamen werden durch \ gebildet (z.B. Samples\myfile.cs). Optionen haben die Form:

```
/optionname:parameters
```

Manche Optionsnamen können abgekürzt werden (z.B. /t statt /target).

Optionen zur Bestimmung der erzeugten Ausgabe

/t[arget] — *Bestimmt die Art der zu erzeugenden Datei.*

- /t:exe — Erzeugt eine Konsolenapplikation mit Endung exe. Standard.
- /t:winexe — Erzeugt eine Windows-GUI-Applikation mit der Endung exe. Unterschied zu /t:exe: Es geht kein Konsolenfenster auf.
- /t:library — Erzeugt ein Bibliotheks-Assembly mit der Endung dll.
- /t:module — Erzeugt ein Modul mit der Endung netmodule.

/out:name — *Bestimmt den Namen der zu erzeugenden Datei.*

Bei /t:exe oder /t:winexe: Fehlt die /out-Option, heißt die erzeugte Datei *n*.exe, wobei *n* der Name der Quelldatei ist, die die Main-Methode enthält.

Bei /t:library oder /t:netmodule: Fehlt die /out-Option, heißt die erzeugte Datei *n*.dll oder *n*.netmodule, wobei *n* der Name der ersten Quelldatei in der Aufrufzeile ist.

/doc:name — *Erzeugt zusätzlich eine XML-Dokumentationsdatei.*

Der Name der erzeugten Datei ist *name* (z.B. myfile.xml).

Optionen zum Einbinden von Bibliotheken

/r[eference]:*name* Macht die Metadaten des Assemblies *name* (z.B. myfile.dll) in der Compilation verfügbar, ohne *name* zum erzeugten Assembly hinzuzufügen.

/addmodule:*name*{,*name*}
Fügt die angegebenen Module (z.B. myfile.netmodule) zum erzeugten Assembly logisch hinzu, belässt sie aber physisch als eigene Dateien. Die Modulnamen werden durch Kommas und nicht durch Leerzeichen getrennt. Zur Laufzeit müssen die Module im gleichen Verzeichnis stehen wie das Assembly, zu dem sie gehören.

/lib:*path*{,*path*} Gibt Verzeichnisse an, in denen nach Dateien gesucht werden soll, die mit /r oder mit /addmodule referenziert werden. Die Pfade werden durch Kommas und nicht durch Leerzeichen getrennt. Die Suchreihenfolge ist wie folgt:

1. Aktuelles Verzeichnis
2. Systemverzeichnis der CLR
3. Die mit /lib angegebenen Verzeichnisse
4. Die in der Systemvariablen LIB angegebenen Verzeichnisse

Weitere Optionen (Auswahl)

/checked Gibt an, dass ein Überlauf einer ganzzahligen arithmetischen Operation zu einer Ausnahme führen soll, außer die Operation befindet sich in einem Konstrukt der Art:

unchecked {*statements*} oder
unchecked (*expression*)

/debug Erzeugt für den Debugger Informationen zu den übersetzten Dateien.

/define:*sym*{,*sym*} Definiert ein oder mehrere Symbole, die in Präprozessor-Anweisungen (#if, #else, #elif, #endif) oder im Conditional-Attribut (siehe Abschnitt 17.5) verwendet werden können. Diese Option hat dieselbe Auswirkung wie die Präprozessor-Anweisung #define *sym*.

/help Gibt auf der Konsole eine Liste aller Compileroptionen aus.

/unsafe Nötig, um Code übersetzen zu können, der mit dem Schlüsselwort unsafe gekennzeichnet ist (siehe Abschnitt 4.8).

Beispiele

Hier sind einige Beispiele für den Aufruf des C#-Compilers mit verschiedenen Optionen:

Aufruf	erzeugt	Bemerkungen
csc A.cs	A.exe	Da keine Option angegeben wurde, wird eine exe-Datei (Konsolenapplikation) erzeugt. A.cs muss eine Main-Methode enthalten.
csc A.cs B.cs C.cs	B.exe	Da keine Option angegeben wurde, wird eine exe-Datei erzeugt. Hier wurde angenommen, dass B.cs die Main-Methode enthält.
csc /out:X.exe A.cs B.cs	X.exe	Die Ausgabedatei wurde explizit X.exe genannt. Eine der beiden Quelldateien muss eine Main-Methode enthalten.
csc /t:library A.cs	A.dll	Die /t-Option bewirkt die Erzeugung eines dll-Assemblies.
csc /t:library A.cs B.cs	A.dll	Die /t-Option bewirkt die Erzeugung eines dll-Assemblies. Der Name wird aus dem Namen der ersten Quelldatei (A.cs) abgeleitet.
csc /t:library /out:X.dll A.cs B.cs	X.dll	Die /t-Option bewirkt die Erzeugung eines dll-Assemblies. Der Name wurde mit /out angegeben.
csc /r:X.dll A.cs B.cs	A.exe	A.cs und/oder B.cs benutzen Typen aus X.dll, weshalb dieses Assembly dem Compiler durch die /r-Option bekannt gemacht werden muss. Hier wurde angenommen, dass A.cs die Main-Methode enthält.
csc /t:module Y.cs	Y.netmodule	Die /t-Option bewirkt die Erzeugung eines Moduls (d.h. ohne Manifest).
csc /addmodule:Y.netmodule A.cs	A.exe	Y.netmodule wird zum Assembly A.exe logisch hinzugefügt, bleibt aber als separate Datei erhalten.
csc /lib:util /r:X.dll /r:Y.dll A.cs	A.exe	A.cs referenziert Typen in X.dll und Y.dll, die mit der /r-Option bekannt gemacht werden. Der Compiler sucht diese dll-Dateien unter anderem auch im Verzeichnis util.
csc /doc:A.xml A.cs B.cs	A.exe	Übersetzt A.cs und B.cs in ein Assembly und erzeugt gleichzeitig eine XML-Dokumentationsdatei mit Informationen über alle mit ///-Kommentaren beschriebenen Elemente.

Tabelle A–1 *Beispiele für den Aufruf des C#-Compilers*

A.2 Werkzeuge unter .NET

A.2.1 ildasm

Manchmal ist es hilfreich, sich den Aufbau eines Assemblies oder den erzeugten CIL-Code einer Methode anzusehen. Dies ist mit dem Werkzeug ildasm (*Intermediate Language Disassembler*) möglich. Das Programm wird mittels

ildasm *filename*.exe (oder *filename*.dll)

gestartet (unter Umständen muss man vorher den Pfad zur Datei ildasm.exe in der Windows-Umgebungsvariablen Path setzen). Man erhält eine baumartige Übersicht des Assemblies (siehe Abb. A–1). Die möglichen Argumente von ildasm kann man sich mit der Option /help anzeigen lassen.

Abb. A–1 *Ansicht eines Assemblies Primes.exe in ildasm*

Das Fenster zeigt die Klasse Primes mit ihren Methoden Main und PrintPrimes sowie mit ihrem Konstruktor (ctor). Durch Doppelklick auf eine Zeile erhält man in einem neuen Fenster eine Detailansicht dieses Elements (siehe Abb. A–2).

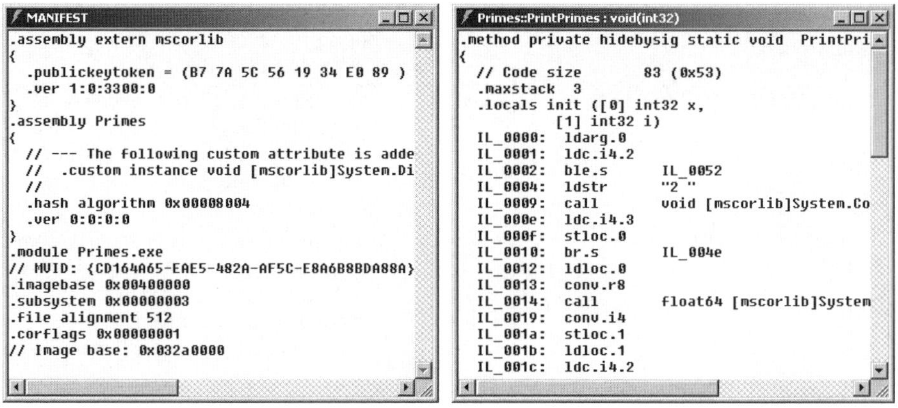

Abb. A–2 *Links: Manifest von Primes.exe; rechts: CIL-Code der Methode PrintPrimes*

Im Manifest sieht man, dass darin das Assembly mscorlib referenziert und das Assembly Primes samt dem Modul Primes.exe definiert wird. Im rechten Teil von Abb. A–2 sieht man den CIL-Code der Methode PrintPrimes.

Eine detaillierte Benutzeranleitung von ildasm findet man unter dem *Help*-Menü. Nähere Informationen zum Aufbau von Assemblies und des CIL-Codes kann man zum Beispiel in [BBMW03] oder [Gou02] nachlesen.

A.2.2 Globaler Assembly-Cache

Wird ein Assembly (also eine exe- oder dll-Datei) nur von einer einzigen Anwendung benutzt, dann genügt es, die Assembly-Datei im Verzeichnis dieser Anwendung abzulegen. Wird ein Assembly jedoch von mehreren Anwendungen benutzt, so müsste man es eigentlich in mehrere Verzeichnisse kopieren, was Platz vergeudet und unerwünschte Redundanz schafft.

Daher werden global benutzte Assemblies in einem speziellen Verzeichnis gesammelt, das man den *globalen Assembly-Cache* (GAC) nennt. Dort sind sie für alle Anwendungen erreichbar und müssen daher nicht mehr in den einzelnen Anwendungsverzeichnissen stehen.

Der GAC darf allerdings nur solche Assemblies enthalten, die mit einem Public-Key-Verfahren signiert wurden und einen *starken Namen* (*strong name*) besitzen, der neben dem Assembly-Namen und dem öffentlichen Schlüssel auch eine Versionsnummer und eine länderspezifische Kulturinformation enthält.

Wir sehen uns nun an, wie man ein Assembly signiert und wie man es im globalen Assembly-Cache ablegt.

Signieren von Assemblies

Um ein Assembly zu signieren, muss man sich zuerst mit Hilfe des Werkzeugs sn.exe (*strong name tool*) ein Schlüsselpaar erzeugen. Der Aufruf

```
sn /k mykeys.snk
```

erzeugt eine Datei mykeys.snk, die einen 128 Byte langen öffentlichen und einen 436 Byte langen privaten Schlüssel enthält. Mit dieser Datei kann man nun ein Assembly signieren.

Nehmen wir an, wir hätten eine Klasse Utilities in einer Datei Utilities.cs, die Hilfsfunktionen enthält, die von mehreren Anwendungen benutzt werden. Um das bei der Übersetzung erzeugte Assembly Utilities.dll zu signieren, geben wir im Quellcode mit Hilfe des Attributs System.Reflection.AssemblyKeyFile die gewünschte Schlüsseldatei an:

```
using System.Reflection;
[assembly:AssemblyKeyFile("mykeys.snk")]
public class Utilities { // utility functions used by multiple applications
   public void Foo() {...}
   ...
}
```

Bei der Übersetzung mittels

```
csc /t:library Utilities.cs
```

wird nun das Assembly Utilities.dll erzeugt und mit mykeys.snk signiert.

Verzögertes Signieren von Assemblies

Um einen eventuellen Missbrauch des Schlüssels zu vermeiden, möchte ein Manager den Entwicklern vielleicht nur den öffentlichen Schlüssel geben und den privaten Schlüssel geheim halten. Die Entwickler können dann ihre Assemblies mit dem öffentlichen Schlüssel vorsignieren und testen. Bevor die Assemblies aber in den GAC kopiert werden, müssen sie vom Manager mit dem privaten Schlüssel vollständig signiert werden (im GAC dürfen nämlich nur vollständig signierte Assemblies stehen).

Um ein Assembly auf diese Weise verzögert zu signieren, muss man zunächst aus der Schlüsseldatei den öffentlichen Schlüssel extrahieren. Der Aufruf

```
sn /p mykeys.snk mypubkey.snk
```

erzeugt aus der Schlüsseldatei mykeys.snk eine neue Schlüsseldatei mypubkey.snk, die nur den öffentlichen Schlüssel enthält. Die Entwickler können damit ihre Assemblies wie folgt vorsignieren:

```
using System.Reflection;
[assembly:AssemblyKeyFile("mypubkey.snk")]
[assembly:AssemblyDelaySign(true)]
class Utilities {...}
```

Die private Schlüsseldatei mykeys.snk wird vom Manager geheim gehalten. Bevor ein vorsigniertes Assembly in den GAC kopiert wird, muss es vom Manager mit der privaten Schlüsseldatei und der Option /R (resign) vollständig signiert werden:

```
sn /R Utilities.dll mykeys.snk
```

Nun ist die Datei Utilities.dll vollständig signiert und kann in den GAC kopiert werden.

Verwaltung des globalen Assembly-Cache

Der globale Assembly-Cache ist ein spezielles Verzeichnis (%windir%\assembly\), das vom Windows-Explorer mit Hilfe des Plugins shfusion.dll wie ein normales Verzeichnis angezeigt werden kann. Wenn man es öffnet, bietet sich das in Abb. A–3 dargestellte Bild.

Das Fenster zeigt die Namen, Versionen, Kulturinformationen und öffentlichen Schlüssel aller Assemblies im GAC. Wie man aus Abb. A–3 sieht, kann der GAC sogar gleichnamige Assemblies enthalten (z.B. CalcR), die sich nur in ihrer Versionsnummer unterscheiden. Auf diese Weise können verschiedene Anwendungen unterschiedliche Versionen desselben Assemblies benutzen, ohne sich gegenseitig zu stören.

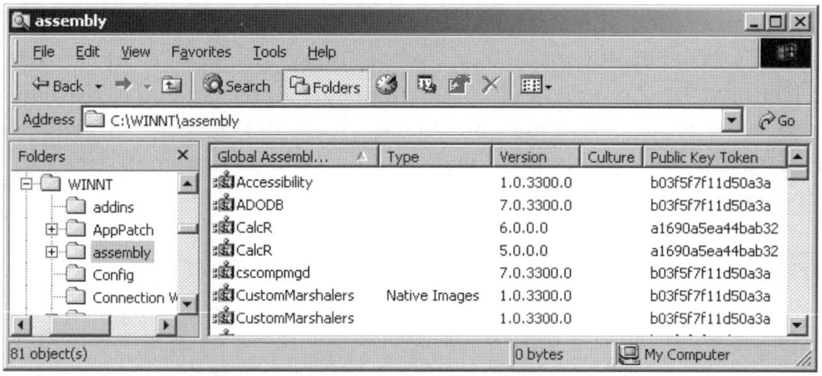

Abb. A–3 *Globaler Assembly-Cache*

Um ein Assembly zum GAC hinzuzufügen, zieht man es einfach mit der Maus in das Fenster. Um es zu löschen, klickt man mit der rechten Maustaste darauf und wählt *Delete*. Wählt man nach einem Rechts-Klick das Kommando *Properties*, erhält man weitere Informationen über das Assembly.

Mit Hilfe des Programms ngen.exe (siehe [SDKDoc]) kann man häufig benutzte Assemblies vorkompilieren, so dass sie beim Laden nicht mehr in Maschinencode übersetzt werden müssen. Solche Assemblies werden *Native Images* genannt und ebenfalls im GAC gespeichert (z.B. das Assembly CustomMarshalers in Abb. A–3).

Manchmal möchte man Assemblies mit Hilfe einer Batch-Datei in den GAC spielen. Für diesen Zweck kann man das Werkzeug gacutil.exe benutzen (siehe [SDKDoc]).

A.3 Grammatik von C#

Die Grammatik von C# wurde für dieses Buch in eine leichter lesbare Form gebracht und vereinfacht (z.B. wurden die Tupel-Syntax sowie alle Sprachteile für die Zeigerarithmetik in unsafe-Codestücken weggelassen). Wir verwenden folgende Schreibweise:

- Terminalsymbole beginnen mit Kleinbuchstaben (z.B. ident).
- Nonterminalsymbole beginnen mit Großbuchstaben (z.B. Statement).
- Schlüsselwörter und Sonderzeichen werden unter Hochkommas gestellt und bedeuten sich selbst (z.B. "while", "+", ">=").
- In den Grammatikregeln werden die in Tabelle A–2 beschriebenen Metazeichen verwendet.

Manche Spracheigenschaften lassen sich syntaktisch nur umständlich beschreiben. Die folgende Grammatik wurde daher etwas gelockert, d.h., sie lässt mehr zu, als eigentlich erlaubt ist. Zum Beispiel könnte man laut dieser Grammatik in einer abstrakten Klasse eine Methode mit einem Codeblock ({...}) deklarieren. Die Syntax lässt das zwar zu, aber solche Fehler werden dann vom Compiler auf semantischer Ebene abgefangen.

<table>
<tr><th>Metazeichen</th><th>Beispiel</th><th>Bedeutung</th></tr>
<tr><td>=</td><td>A = b c d.</td><td>Trennt die beiden Seiten einer Regel</td></tr>
<tr><td>.</td><td>A = b c d.</td><td>Schließt eine Regel ab</td></tr>
<tr><td>|</td><td>a | b c | d</td><td>Trennt Alternativen (a oder b c oder d)</td></tr>
<tr><td>( )</td><td>a (b c | d)</td><td>Gruppiert Alternativen (a b c oder a d)</td></tr>
<tr><td>[ ]</td><td>[a] b</td><td>Optionalität (a b oder b)</td></tr>
<tr><td>{ }</td><td>{a} b</td><td>Wiederholung (b oder a b oder a a b oder ...)</td></tr>
</table>

***Tabelle A–2** Metazeichen in Grammatikregeln*

Zeichenmengen

```
letter = "A" | "B" | ... | Z" | "a" | "b" | ... | "z" | '_'.
digit  = "0" | "1" | ... | "9".
hex    = digit | "A" | "B" | "C" | "D" | "E" | "F" | "a" | "b" | "c" | "d" | "e" | "f".
quote  = Hochkomma (d.h. ").
char1  = beliebiges Zeichen außer ', \ oder Zeilenende.
char2  = beliebiges Zeichen außer quote, \ oder Zeilenende.
char3  = beliebiges Zeichen außer quote oder Zeilenende.
```

Namen und Konstanten

ident = ["@"] letter {letter | digit}.

intCon = digit {digit} [intSuffix]
| ("0x"|"0x") hex {hex} [intSuffix].
intSuffix = "U" | "u" | "L" | "l" | "UL" | "Ul" | "uL" | "ul" | "LU" | "Lu" | "lU" | "lu".

floatCon = [digit {digit}] fractions.
fractions = "." digit {digit} [("E"|"e") ["+"|"-"] digit {digit} [floatSuffix]].
floatSuffix = "F" | "f" | "D" | "d" | "M" | "m".

charCon = "'" (char1 | escape) "'".

stringCon = quote {char2 | escape} quote
| "@" quote {char3 | quote quote} quote.
escape = "\'" | "\"" | "\\" | "\0" | "\a" | "\b" | "\f" | "\n" | "\r" | "\t" | "\v"
| "\x" hex [hex] [hex] [hex]
| "\u" hex hex hex hex
| "\U" hex hex hex hex hex hex hex hex.

Deklarationen

CSharpFile
= {UsingDirective} {GlobalAttributes} {NamespaceMember}.

UsingDirective
= "using" [ident "="] Qualident ";".

NamespaceMember
= "namespace" Qualident "{" {UsingDirective} {NamespaceMember} "}"
| {Attributes} {ClassModifier} TypeDecl.

TypeDecl
= "class" ident [TypePars] [ClassBase] {Constraints} "{" {ClassMember} "}"
| "struct" ident [TypePars] [Base] {Constraints} "{" {StructMember} "}"
| "interface" ident [TypePars] [Base] {Constraints} "{" {InterfaceMember} "}"
| "enum" ident [":" IntType] "{" [EnumMember {"," EnumMember}] "}"
| "delegate" ResultType ident [TypePars] "(" [FormalParams] ")" {Constraints} ";".

TypePars
= "<" TypePar {"," TypePar} ">".

TypePar
= {Attributes} ["in" | "out"] ident.

ClassBase
= ":" (TypeName | "object") {"," TypeName}.

Base
= ":" TypeName {"," TypeName}.

Constraints
= "where" ident (Base ["," "new" "(" ")"] | ":" "new" "(" ")").

ClassMember
= StructMember
| "~" ident "(" ")" OptionalBlock.

StructMember
= {Attributes} {MemberModifier}
(VarDecl ";"
| ConstDecl ";"
| TypeDecl
| ResultType Qualident [TypePars] "(" [FormalParams] ")" [Constraints] OptionalBlock
| ident "(" [FormalParams] ")" [ConstructorCall] OptionalBlock
| Type Qualident "{" Accessors "}"
| Type [Qualident "."] "this" "[" FormalParams "]" "{" Accessors "}"
| Type "operator" Op "(" Type ident ["," Type ident] ")" OptionalBlock
| ("implicit" | "explicit") "operator" Type "(" Type ident ")" OptionalBlock
| "event" VarDecl ";"
).

InterfaceMember
= {Attributes} ["new"]
(ResultType ident [TypePars] "(" [FormalParams] ")" [Constraints] ";"
| Type ident "{" InterfaceAccessors "}"
| Type "this" "[" FormalParams "]" "{" InterfaceAccessors "}"
| "event" Type ident ";"
).

EnumMember
= {Attributes} ident ["=" Expr].

VarDecl
= Type Var {"," Var}.

Var
= ident ["=" VarInit].

VarInit
= Expr | ArrayInit.

ArrayInit
= "{" [VarInit {"," VarInit}] "}".

ConstDecl
= "const" Type ident "=" Expr {"," ident "=" Expr}.

FormalParams
= Par {"," Par} ["," ArrayPar]
| ArrayPar.

Par
= {Attributes} ["ref" | "out" | "this"] Type ident ["=" Expr].

ArrayPar
= {Attributes} "params" Type ident.

ConstructorCall
= ":" ("base" | "this") "(" [Argument {"," Argument}] ")".

Argument
= [ident ":"] ["ref" | "out"] Expr.

Accessors
= GetAccessor [SetAccessor]
| SetAccessor [GetAccessor].

GetAccessor
= {Attributes} [AccessorVisibility] "get" OptionalBlock.

SetAccessor
= {Attributes} [AccessorVisibility] "set" OptionalBlock.

AccessorVisibility
= "protected" | "internal" | "private".

InterfaceAccessors
= {Attributes} "get" ";" [{Attributes} "set" ";"]
| {Attributes} "set" ";" [{Attributes} "get" ";"].

GlobalAttributes
= "[" ("assembly" | "module") ":" Attr {"," Attr} "]".

Attributes
= "[" [("field" | "property" | "method" | "event" | "param" | "type" | "return") ":"] Attr {"," Attr} "]".

Attr
= TypeName ["(" [AttrArgument {"," AttrArgument}] ")"].

AttrArgument
= [ident "="] Expr.

ClassModifier
= "public" | "protected" | "internal" | "private"
| "abstract" | "sealed" | "static" | "partial" | "new" | "unsafe".

MemberModifier
= "public" | "protected" | "internal" | "private"
| "abstract" | "virtual" | "override" | "new" | "sealed" | "extern" | "partial" | "async"
| "static" | "readonly" | "unsafe".

Qualident
= ident {"." ident}.

Typen

Type
= (TypeName ["?"] | SimpleType ["?"] | "object" | "string") {"[" {","} "]"}
| "var"
| "dynamic".

SimpleType
= IntType | "float" | "double" | "decimal" | "bool".

IntType
= "sbyte" | "byte" | "short" | "ushort" | "int" | "uint" | "long" | "ulong" | "char".

ResultType
= Type | "void".

TypeName
= ident [TypeArgs] {"." ident [TypeArgs]}.

TypeArgs
= "<" Type {"," Type} ">".

Anweisungen

Statement
= ident ":" Statement
| ConstDecl ";"
| VarDecl ";"
| SimpleStatement.

SimpleStatement
= Block
| ";"
| StatementExpr ";"
| "if" "(" Expr ")" SimpleStatement ["else" SimpleStatement]
| "switch" "(" Expr ")" "{" {SwitchSection} "}"
| "while" "(" Expr ")" SimpleStatement
| "do" SimpleStatement "while" "(" Expr ")" ";"
| "for" "(" [ForInit] ";" [Expr] ";" [ForInc] ")" SimpleStatement
| "foreach" "(" Type ident "in" Expr ")" SimpleStatement
| "break" ";"
| "continue" ";"
| "goto" ident ";"
| "goto" "case" Expr ";"
| "goto" "default" ";".
| "return" [Expr] ";"
| "throw" [Expr] ";"
| "try" Block CatchClause {CatchClause} ["finally" Block]
| "try" Block "finally" Block
| ("checked" | "unchecked") Block
| "lock" "(" Expr ")" SimpleStatement
| "using" "(" Resource ")" SimpleStatement
| "unsafe" Block.

Block
= "{" {Statement} "}".

OptionalBlock
= Block | ";".

StatementExpr
= Unary [AssignOp Expr].

AssignOp
= "=" | "+=" | "-=" | "*=" | "/=" | "%=" | "&=" | "|=" | "^=" | "<<=" | ">>=".

SwitchSection
= SwitchLabel {SwitchLabel} Statement {Statement}.

SwitchLabel
= "case" Expr ":" | "default" ":".

ForInit
= VarDecl
| StatementExpr {"," StatementExpr}.

ForInc
= StatementExpr {"," StatementExpr}.

CatchClause
= "catch" ["(" TypeName [ident] ")"]
["when" "(" Expr ")"]
Block.

Resource
= VarDecl | Expr.

Ausdrücke

Expr
= StatementExpr | CondExpr | LambdaExpr | QueryExpr.

CondExpr
= NullableExpr ["?" Expr ":" Expr].

NullableExpr
= OrExpr {"??" OrExpr}.

OrExpr
= AndExpr {"||" AndExpr}.

AndExpr
= BitOrExpr {"&&" BitOrExpr}.

BitOrExpr
= BitXorExpr {"|" BitXorExpr}.

BitXorExpr
= BitAndExpr {"^" BitAndExpr}.

BitAndExpr
= EqlExpr {"&" EqlExpr}.

EqlExpr
= RelExpr {("!=" | "==") RelExpr}.

RelExpr
= ShiftExpr {RelOp ShiftExpr | CheckOp Type}.

ShiftExpr
= AddExpr {("<<" | ">>") AddExpr}.

AddExpr
= MulExpr {("+" | "-") MulExpr}.

MulExpr
= Unary {("*" | "/" | "%") Unary}.

Unary
= {"+" | "-" | "!" | "~" | "++" | "--" | "(" Type ")"} Primary.

Primary

```
= ( ident [TypeArgs]
| intCon | floatCon | charCon | stringCon
| "true" | "false"
| "null"
| "this"
| "base" "." ident
| "base" "[" Expr { "," Expr } "]"
| "new" Type "(" [Argument {"," Argument}] ")" [ObjectInit]
| "new" Type "[" Expr {"," Expr} "]" {"[" {","} "]"} [ArrayInit]
| "new" Type (ObjectInit | ArrayOrCollectionInit)
| "new" "{" [ident "="] Expr {"," [ident "="] Expr} "}"
| "delegate" [ "(" [Argument {"," Argument}] ")"] Block
| "await" Expr
| "typeof" "(" (Type | "void") ")"
| "sizeof" "(" Type ")"
| "checked" "(" Expr ")"
| "unchecked" "(" Expr ")"
| "(" Expr ")"
)
   { "++" | "--"
   | ["?"] "[" Expr {"," Expr} "]"
   | ["?"] "." ident [TypeArgs]
   | "(" [Argument {"," Argument}] ")"
   }.
```

ArrayOrCollectionInit

```
= ArrayInit.
```

ObjectInit

```
= "{" ident "=" Expr {"," ident "=" Expr} "}".
```

LambdaExpr

```
= ["async"] AnonFuncSignature "=>" (Expr | Block).
```

AnonFuncSignature

```
= ident
| "(" [ ident {"," ident} ] ")"
|  "(" LambdaPar {"," LambdaPar} ")".
```

LambdaPar

```
= ["ref" | "out"] Type ident.
```

QueryExpr

```
= "from" [Type] ident "in" Expr
QueryBody.
```

QueryBody

```
= { "from" [Type] ident "in" Expr
  | "let" ident "=" Expr
  | "where" Expr
  | "join" [Type] ident "in" Expr "on" Expr "equals" Expr ["into" ident]
  | "orderby" Ordering {"," Ordering}
  }
  ( "select" Expr [ "into" ident QueryBody]
  | "group" Expr "by" Expr [ "into" ident QueryBody]
  ).
```

Ordering
= Expr ["ascending" | "descending"].

RelOp
= "<" | ">" | "<=" | ">=".

CheckOp
= "is" | "as".

Op
= "+" | "-" | "*" | "/" | "%" | "!" | "~" | "&" | "|" | "^" | "++" | "--" | "true" | "false"
| "<<" | ">>" | "==" | "!=" | ">" | "<" | ">=" | "<=".

A.4 Unicode und ASCII

In C# werden Zeichen (char) und Zeichenketten (string) im *Unicode-Zeichensatz* dargestellt, in dem jedes Zeichen durch mehrere Bytes codiert wird. Dadurch können auch Umlaute und Zeichen aus fremden Alphabeten (z.B. griechisch, arabisch oder hebräisch) benutzt werden.

Die ersten 128 Zeichencodes von Unicode entsprechen denen des ASCII-Zeichensatzes (*American Standard Code for Information Interchange*, siehe Tabelle A–3), bei dem jedes Zeichen durch ein einziges Byte codiert wird. Das Zeichen 'a' entspricht zum Beispiel in beiden Zeichensätzen dem Code \u0061 (dezimal 97).

<table>
<tr><th></th><th>0x00</th><th>0x10</th><th>0x20</th><th>0x30</th><th>0x40</th><th>0x50</th><th>0x60</th><th>0x70</th></tr>
<tr><td>0</td><td>NUL</td><td>DLE</td><td>space</td><td>0</td><td>@</td><td>P</td><td>‘</td><td>p</td></tr>
<tr><td>1</td><td>SOH</td><td>DC1</td><td>!</td><td>1</td><td>A</td><td>Q</td><td>a</td><td>q</td></tr>
<tr><td>2</td><td>STX</td><td>DC2</td><td>"</td><td>2</td><td>B</td><td>R</td><td>b</td><td>r</td></tr>
<tr><td>3</td><td>ETX</td><td>DC3</td><td>#</td><td>3</td><td>C</td><td>S</td><td>c</td><td>s</td></tr>
<tr><td>4</td><td>EOT</td><td>DC4</td><td>$</td><td>4</td><td>D</td><td>T</td><td>d</td><td>t</td></tr>
<tr><td>5</td><td>ENQ</td><td>NAK</td><td>%</td><td>5</td><td>E</td><td>U</td><td>e</td><td>u</td></tr>
<tr><td>6</td><td>ACK</td><td>SYN</td><td>&</td><td>6</td><td>F</td><td>V</td><td>f</td><td>v</td></tr>
<tr><td>7</td><td>BEL</td><td>ETB</td><td>'</td><td>7</td><td>G</td><td>W</td><td>g</td><td>w</td></tr>
<tr><td>8</td><td>BS</td><td>CAN</td><td>(</td><td>8</td><td>H</td><td>X</td><td>h</td><td>x</td></tr>
<tr><td>9</td><td>HT</td><td>EM</td><td>)</td><td>9</td><td>I</td><td>Y</td><td>i</td><td>y</td></tr>
<tr><td>A</td><td>LF</td><td>SUB</td><td>*</td><td>:</td><td>J</td><td>Z</td><td>j</td><td>z</td></tr>
<tr><td>B</td><td>VT</td><td>ESC</td><td>+</td><td>;</td><td>K</td><td>[</td><td>k</td><td>{</td></tr>
<tr><td>C</td><td>FF</td><td>FS</td><td>,</td><td><</td><td>L</td><td>\</td><td>l</td><td>|</td></tr>
<tr><td>D</td><td>CR</td><td>GS</td><td>-</td><td>=</td><td>M</td><td>]</td><td>m</td><td>}</td></tr>
<tr><td>E</td><td>SO</td><td>RS</td><td>.</td><td>></td><td>N</td><td>^</td><td>n</td><td>~</td></tr>
<tr><td>F</td><td>SI</td><td>US</td><td>/</td><td>?</td><td>O</td><td>_</td><td>o</td><td>DEL</td></tr>
</table>

Tabelle A–3 *Der ASCII-Zeichensatz (entspricht den ersten 128 Zeichen von Unicode)*

Die deutschen Umlaute haben folgende Unicode-Werte:

ä	\u00e4	Ä	\u00c4	ß	\u00df
ö	\u00f6	Ö	\u00d6		
ü	\u00fc	Ü	\u00dc		

Einige weitere Beispiele für Unicode-Bereiche sind:

\u0000 - \u007f	ASCII-Zeichen
\u0080 - \u024f	Umlaute, Akzente, Sonderzeichen
\u0370 - \u03ff	griechische Zeichen
\u0400 - \u04ff	kyrillische Zeichen
\u0600 - \u06ff	arabische Zeichen
...	

Die vollständige Definition des Unicodes sowie die Nummern für Zeichen aus fremden Alphabeten findet man unter [UniC].

Literatur

[BBMW03] Wolfgang Beer, Dietrich Birngruber, Hanspeter Mössenböck, Albrecht Wöß: Die .NET-Technologie. dpunkt.verlag, 2003

[Box98] Don Box: COM. Microsofts Technologie für komponentenbasierte Softwareentwicklung. Addison-Wesley, 1998

[C#Std] ECMA-Standard 334: C# Language Specification
https://www.ecma-international.org/publications/standards/Ecma-334.htm

[CK09] Charlie Calvert, Dinesh Kulkarni: Essential LINQ. Addison-Wesley, 2009

[CLI] ECMA-Standard 335: Common Language Infrastructure (CLI)
https://www.ecma-international.org/publications/standards/Ecma-335.htm

[CodeGal] MSDN Code Gallery
http://code.msdn.microsoft.com

[FMS13] Adam Freeman, Matthew MacDonald, Mario Szpuszta: Pro ASP.NET 4.5 in C#. 5th ed., Apress, 2013

[Fow03] Martin Fowler: UML Distilled. 3rd ed., Addison-Wesley, 2003

[Gou02] John Gough: Compiling for the .NET Common Language Runtime (CLR). Prentice Hall PTR, 2002

[HTWG10] Anders Hejlsberg, Mads Torgersen, Scott Wiltamuth, Peter Golde: The C# Programming Language. 4th ed., Addison-Wesley, 2010

[JKU] Webseite zu diesem Buch und zu diversen .NET-Themen
http://dotnet.jku.at

[Moe14] Hanspeter Mössenböck: Sprechen Sie Java? Eine Einführung in das systematische Programmieren. 5. Aufl., dpunkt.verlag, 2014

[Mono] Informationen und Ressourcen zum Mono-Projekt
http://www.mono-project.com

[MS] Microsoft-Webseite zu .NET
http://www.microsoft.com/net/

[MSData] Microsoft-Webseite über den Zugriff auf Datenquellen
http://msdn.microsoft.com/en-us/data/

[MSDN] Microsoft Developer Network (MSDN)
http://msdn.microsoft.com/netframework/

[NEGWS12] Christian Nagel, Bill Evjen, Jay Glynn, Karli Watson, Morgan Skinner: Professional C# 2012 and .NET 4.5. Wrox, 2012

[RJB04] James Rumbaugh, Ivar Jacobson, Grady Booch: Unified Modeling Language Reference Manual. 2nd ed., Addison-Wesley, 2004

[SDKDoc] Dokumentation des .NET-Frameworks
https://docs.microsoft.com/en-us/dotnet/api/

[SGM03] Clemens Szyperski, Dominik Gruntz, Stephan Murer: Component Software: Beyond Object-Oriented Programming. 2nd ed., Addison-Wesley, 2003

[SharpDev] Kostenlose Entwicklungsumgebung für .NET
http://www.icsharpcode.net/OpenSource/SD/Default.aspx

[SNS03] David Stutz, Ted Neward, Geoff Shilling: Shared Source CLI Essentials. O'Reilly, 2003

[SOAP] Simple Object Access Protocol (SOAP) 1.1
http://www.w3.org/TR/soap/

[SOAP2] Web Service Activity: SOAP 1.2
http://www.w3.org/TR/soap12-part0/

[Troe02] Andrew Troelsen: COM and .NET Interoperability. Springer-Verlag, 2002

[UniC] Unicode-Zeichensatz
http://www.unicode.org

[WaLa02] Lonnie Wall, Andrew Lader: Building Web Services and .NET Applications. McGraw-Hill, 2002

[WSDL] Web Service Description Language Specification
http://www.w3.org/TR/wsdl

Index

E

F

M

N

O

T

U

Sonderzeichen